Ursula von Petz (Hg.):
„Going West?" Stadtplanung in den USA – gestern und heute

Herausgeber
Institut für Raumplanung (IRPUD),
Fakultät Raumplanung
- vertreten durch die Schriftenkommission -
Universität Dortmund

Cover und Layout
Micha Fedrowitz, Violetta Kappelmann

Titelbild
Wieland Halbroth, unter Verwendung eines Fotos von Mark Girouard.
Mit freundlicher Genehmigung des Campus-Verlag, Frankfurt/New York.

Druck
Kolander & Poggel GbR, Dortmund

Vertrieb
Dortmunder Vertrieb für Bau- und Planungsliteratur
(im Auftrag vom Informationskreis für Raumplanung e.V.)

Nachdruck, auch auszugsweise,
nur mit Genehmigung des Herausgebers

Dortmund 2004
ISBN 3-88211-146-1

Blaue Reihe

Dortmunder Beiträge zur Raumplanung
116

Ursula von Petz (Hg.)
„Going West?"
Stadtplanung in den USA –
gestern und heute

IRPUD

Institut für Raumplanung   Universität Dortmund   Fakultät Raumplanung

"Going West?"
Stadtplanung in den USA - gestern und heute

Leitung: Ursula von Petz, Institut für Raumplanung Fakultät Raumplanung, Universität Dortmund
mittwochs 12.15-13.45 Uhr Geschossbau III, Raum 408

Seminar mit Ringvorlesung im WS 2001/02

Datum	Referent	Thema
24.10.01	**Ursula von Petz**	Einführung in das Seminar
31.10.01	**Gerhard Fehl**, Aachen	Bodie, California: Die Grenzstadt im National Grid und die Grundrente in der Einöde
7.11.01	**Birgit Kasper**	Stadterneuerungspolitik in Chicago
14.11.01	**Gerd Held**	Die Republik als Bauherr. Von Tocqueville bis zur Chicagoer Schule
21.11.01	**Andrew Isenberg**, Princeton	The Gold Rush - Environmental impacts on California
28.11.01	**Dirk Schubert**, TU HH	Die Nachbarschaftsidee im Wandel - von der Gartenstadt zur ›gated community‹?
5.12.01	**Frank Pflüger**, Aachen	Seattle und Vancouver: kulturelle Nähe, kulturelle Ferne
12.12.01	**Roger Keil**, Toronto	Common Sense Urbanism: Toronto als Stadt des Neoliberalismus
19.12.01	**Christiane Ziegler-Hennings / Gerd Hennings**	Wiedernutzung von Brachflächen in den USA - Brownfield Development
9.1.02	**Michael Wegener**	Portland - Rationalistische Planung im deregulierten Amerika
16.1.02	**Klaus R. Kunzmann**	Las Vegas - Die Zukunft der europäischen Stadt
23.1.02	**Robert Fishman**, Michigan	New Urbanism America
30.1.-13.2.02		Seminartermine

Inhaltsverzeichnis

URSULA VON PETZ
Vorwort 7

GERD ALBERS
Amerikanische Einflüsse auf die deutsche Stadtplanung 11

URSULA VON PETZ
Lernen vom Anderen: Der Städtebau in Deutschland im Dialog
mit den USA zu Beginn des 20. Jahrhunderts 22

GERHARD FEHL
Stadt im „National Grid": Zu einigen historischen Grundlagen der
US-amerikanischen Stadtproduktion 42

BIRGIT KASPER
Stadterneuerungspolitik in Chicago 69

GERD HELD
Die Bedeutung der Schule von Chicago –
über die amerikanische Konstruktion eines zentralen Ortes 104

DIRK SCHUBERT
Die Nachbarschaftsidee im Wandel 120

FRANK PFLÜGER
Seattle und Vancouver – Zwei Städte am Pazifik 155

CHRISTIANE ZIEGLER-HENNINGS, GERD HENNINGS
Wiedernutzung von Gewerbebrachen in den USA –
Brownfield Development 172

KLAUS R. KUNZMANN
Las Vegas – Die Zukunft der europäischen Stadt 200

MICHAEL WEGENER
Portland – Rationalistische Planung im deregulierten Amerika 219

HARALD KEGLER
New Urbanism – Bewegung und Strategie für die postmoderne Stadt 229

ARNOLD VOSS
Immer wieder aufstehen und den Tiger reiten. New York Citys
Stadtentwicklung vor und nach dem 11. September 2001 243

Zu den Autorinnen und Autoren 259

Ursula von Petz
Vorwort

Dieser Band ist aus einer Vortragsreihe hervorgegangen, die im Wintersemester 2001/2002 an der Fakultät Raumplanung der Universität Dortmund durchgeführt wurde, jedoch bereits im Sommer 2001 konzipiert worden war. Das Schreckensdatum des 11. September 2001 findet daher in diesem Band bis auf den Beitrag von Arnold Voß keine Beachtung, das Thema der Globalisierung von Prozessen der Raumentwicklung hingegen klingt in mehreren Beiträgen an, die sich mit aktuellen Planungsfragen in den USA befassen. Ohne den Hintergrund einer globalisierten Welt hätten die Terroranschläge auf New York und Washington wohl nicht erdacht und die von den Attentätern intendierte Wirkung haben können.

Die Idee, eine Vortragsreihe über Stadtplanung in den USA zu organisieren, hatte verschiedene Anlässe:

Zum einen resultiert die Konzeption aus einer Exkursion nach Seattle und Vancouver mit Studierenden und Mitarbeitern des Lehrstuhls Planungstheorie und Stadtplanung der RWTH Aachen im Sommer 2001, an deren Konzeption die Herausgeberin beteiligt war.

Zum anderen waren schon länger Nachrichten über einen neuen Ansatz im Städtebau in den USA, den *new urbanism*, über den Atlantik gelangt. Die Konturen waren jedoch noch undeutlich: Es war die Frage, ob es sich wie im Falle von *Celebration* um die Übernahme einer vom Disney-Konzern entworfenen, sozial kontrollierten, stilistisch rückwärtsgewandten Form kleinstädtischen Siedlungsbaus handeln würde oder aber, wie in Portland, Oregon, um die Konzeption einer Stadtentwicklungsstrategie, die auf Begrenzung des räumlichen Wachstums, Stärkung des öffentlichen Verkehrs und eine dadurch verbesserten Erreichbarkeit urbaner Zentren abzielt. Anhand eines Vortrags von Robert Fishman, University of Michigan, im Rahmen der Vortragsreihe, dessen Text jedoch leider nicht in diese Veröffentlichung aufgenommen werden konnte, wurde deutlich, dass innerhalb der Bewegung des *new urbanism* unterschiedliche Richtungen unter einem Dach vereint sind. Vereinfacht gesagt wird die komplexe, „städtische" Variante stärker an der Westküste des Landes vertreten, während die siedlungsorientierte Variante eher die Diskussion an der Südostküste, vorrangig in Florida, dominiert. Schließlich werden Aspekte des *new urbanism*, wie im Falle Chicagos und anderer Industriestädte, nicht nur für Siedlungsneubau oder allgemein Stadtentwicklungsplanung, sondern auch bei Stadterneuerungsmaßnahmen eingesetzt und genutzt: Nach Abriss einer Reihe als soziale Brennpunkte berüchtigter, viel geschossiger Hochhausblocks aus den 1970er Jahren versucht man hier, auf Brachen in der Innenstadt oder in innenstadtnaher Lage verdichtete, niedrigere, mit qualitativ hochwertigem öffentlichen Raum ausgestattete Wohnquartiere zu errichten, in denen zu mindest ein Teil (wenn auch meist der zahlungskräftigere) der ehemaligen Bewohner untergebracht werden kann. Vorrangiges Ziel des insbesondere an der Westküste vertretenen *new urbanisim* ist jedoch, dem generellen *urban sprawl* entgegenzuwirken. Zu diesem Zweck werden einerseits, wie in Portland oder Seattle, Konzepte entworfen, die auf die Verdichtung bestehender Quartiere ausgerichtet sind, zum anderen wird der Schwerpunkt auf die Gestaltung des öffentlichen Raumes in der Stadt gelegt. Beides geschieht unter Beteiligung der Bewohner und der dafür notwendigen Akteure in Workshops (*charrettes*) sowie durch Anwendung neuer, auf Kooperation basierender Verfahren in der Umsetzung (Kelbaugh, 1999). Es dürfte wichtig sein, sich mit diesem neuen Ansatz und seiner Organisation weiter auseinanderzusetzen.

Schließlich, zum dritten, geht es um den transatlantischen Dialog: Schon zur Wende vom 19. zum 20. Jahrhundert und weiter im Verlauf der Nachkriegszeiten gab es rege Kontakte und fachlichen Austausch über den Atlantik hinweg. Zeitweise jedoch – z.B. während des Vietnam-Krieges – war der Blick in die USA von Deutschland und Europa aus verstellt. Nach dessen Ende an die Tradition der bilateralen Kommunikation wieder anzuknüpfen, war nötig und versprach eine fachliche Öffnung. Spätestens seit anlässlich der auch in Europa rapide einsetzenden Deindustrialisierung der Umgang mit brach gefallenen Flächen ein Desiderat in der Planungsdiskussion geworden war, richteten sich die Blicke wieder auf die Neue Welt. Insbesondere als die Krise eine gesamte Region wie das Ruhrgebiet erfasste, wurde nach Vorbildern gesucht und in Städten wie Pittsburgh auch gefunden (Kunzmann u.a. 1993). Das Ruhrgebiet mit seinem großflächigen Industriebrachen hat hier verstärkt den Dialog eingefordert. Ähnliches gilt für brach gefallene Hafen- und Uferzonen (Schubert 2001), für Bahnbrachen, letztlich auch Konversionsflächen, d.h. *brownfields* verschiedenster Art. Der Transfer erhielt weiterhin durch intensive planungstheoretischen Diskurse deutliche Impulse. In einer Zeit, als „das Projekt der Moderne (...) einen Wendepunkt erreicht" hat, wie Friedmann es 1988 formulierte (Friedmann 1991, 16), wuchs der Bedarf nach einer neuen Positionsbestimmung der Planung. Friedmanns Forderung nach einer stärker handlungsorientierten anstelle der bis dahin verfolgten wissensorientierten Planung hatte die Diskussion angefacht, man denke aber ebenso an die Rezeption innovativer stadträumlicher Untersuchungen und Erklärungsansätze wie jener von Saskia Sassen, Edward W. Soja oder Mike Davies. Sie waren notwendig geworden, nachdem fordistische Rauminterpretationen nicht mehr tragfähig waren. Die Diskussionen um die Internationale Bauausstellung (IBA) Emscher Park sowie um den Frankfurter GrünGürtel hatten an dieser Theorie-Diskussion besonderen Anteil, indem sie den

Anstoß gaben, die bis dahin eingeübte Planungspraxis zu überdenken. Der Fall der Mauer verstärkte zudem den Bedarf an theoretischer wie praktischer Innovation.

Raumplanung ist eine interdisziplinäre Wissenschaft und ein umfassendes Handlungsfeld. In dem vorliegenden Band kann nur ein kleiner thematischer Ausschnitt aus einer breiten Debatte Berücksichtigung finden. Zudem informiert die Veröffentlichung weniger im formalen Sinne über Normen und Verfahren, über Aufbau und Organisation des amerikanischen Planungssystems, das von je her weniger formalisiert und über Planungsbehörden kontrolliert ist als das deutsche, er gibt vielmehr einen gewissen Ausschnitt aktueller Planungstendenzen und -ansätze wieder, befasst sich aber ebenso mit einigen rückblickenden Fragestellungen. Beides – die Retrospektive wie der Report über aktuelle Entwicklungen – haben zum Ziel, den Austausch über Planungstheorien und -methoden diesseits und jenseits des Atlantik fortzusetzen und zu intensivieren. Es gilt, am traditionellen Dialog anzuknüpfen und weiterhin Neues zu entdecken.

Ohne Layout und ohne die mühseligen Kleinarbeit, die notwendig ist, um einen Band für den Druck vorzubereiten, könnte dieses Buch nicht erscheinen. Wieland Halbroth und insbesondere Micha Fedrowitz haben sich sehr engagiert um die Gestaltung des Bandes gekümmert. Dafür gilt ihnen mein Dank. Es ist mir jedoch, bewusst zum Schluss, ein ganz besonderes Anliegen, an dieser Stelle allen Autorinnen und Autoren für ihre Mitarbeit an diesem Band zu danken – im besonderen für die Geduld, der es bedurfte, bis sie das fertige Produkt in Händen halten.

Ursula von Petz
Dortmund, im Winter 2003

Literatur

Friedmann, J. (1991): Dialektik der Vernunft. Dortmunder Beiträge zur Raumplanung, Bd. 55, Dortmund

Kelbaugh, D. (1999): Common Place. Toward Neighborhood and Regional Design. University of Washington Press (Seattle)

Kunzmann, K., M. Lang und R. Theisen (Hg.) (1993): Pittsburgh – Eine Erfolgsgeschichte?, Dortmund

Schubert, D. (Hg.) (2000): Hafen- und Uferzonen im Wandel, Berlin

Gerd Albers
Amerikanische Einflüsse auf die
deutsche Stadtplanung

Einführung

Die Stadtplanung, wie wir sie heute kennen, hat sich seit der zweiten Hälfte des 19. Jahrhunderts im Gefolge der Industrialisierung und des Stadtwachstums schrittweise herausgebildet. Dabei führten trotz ähnlicher Probleme örtliche Gegebenheiten und Traditionen zu unterschiedlichen Antworten – sowohl in sachlicher wie in institutioneller Hinsicht. Schon früh aber richteten die Experten in den einzelnen Ländern ihre Blicke über die Grenzen, um auch Erfahrungen aus anderen Ländern in ihre Überlegungen einzubeziehen, und bereits im frühen zwanzigsten Jahrhundert entstanden die ersten internationalen Organisationen, die auf den Austausch von Gedanken und Erfahrungen auf städtebaulichem Gebiet zielten. Zu den Kongressen über solche Themen kamen individuelle Besuchsreisen ebenso wie der Austausch von Studenten und Hochschullehrern – und natürlich auch der Einblick in ausländische Literatur bis hin zur Übersetzung von Fachbüchern.

Dabei ist der Austausch zwischen unmittelbar benachbarten Ländern der nächstliegende; wenn aber ein Ozean zu überwinden ist, bedarf es schon besonderer Anstrengungen – und gewiss auch eines spezifischen Interesses –, um solche Kontakte herzustellen.

Betrachtet man unter diesem Gesichtspunkt die Art, wie der amerikanische Städtebau auf Deutschland eingewirkt hat, so lassen sich mit einer gewissen Vergröberung drei Phasen unterscheiden – durch die beiden Weltkriege voneinander getrennt –, die durch jeweils andere Schwerpunkte der aus den USA nach Deutschland ausstrahlenden Einflüsse gekennzeichnet sind.

Vor dem Ersten Weltkrieg

Offenbar war die Weltausstellung in Chicago 1893 – „World's Columbian Exhibition" – eines der ersten Ereignisse, die den Städtebau und die Architektur der USA stärker ins europäische Bewußtsein rückten. Zugleich aber stellte es den Einbruch des Eklektizismus mit den anspruchsvollen Formen der französischen Beaux-Arts-Architektur in eine bis dahin einfachere und strengere amerikanische Bautradition dar. Aber nur wenige schienen Louis Sullivans Klage darüber zu teilen: „Thus Architecture died in the land of the free and the home of the brave. (...) The damage wrought by the World's Fair will last for half a century from its date, if not longer" (Sullivan 1956: 325), und in Europa dürfte sie damals kaum Resonanz gefunden haben.

Tatsächlich ist der Einfluss der Weltausstellung auf den amerikanischen Städtebau offenkundig; das deutlichste Zeugnis dürfte Daniel Burnhams planerische Vision für Chicago sein, die sogar in die Schulbücher Eingang gefunden hat, und mit ihr das sogenannte „City Beautiful Movement", das in einer Reihe von Städten auf eine Stadtverschönerung hinwirkte. Einiges davon schlug sich auch in der deutschen Fachliteratur nieder; so enthält die 1904 gegründete erste deutsche Fachzeitschrift „Der Städtebau" von Anfang an viele Hinweise auf ausländische Entwicklungen, unter denen die amerikanischen kaum weniger Raum einnehmen als die an erster Stelle – dank der Gartenstadtbewegung – stehenden englischen.

Meist handelt es sich um Berichte deutscher Fachleute über Besuche in den USA; so enthält der zweite Jahrgang einen ausführlichen und reich illustrierten Artikel über die Grünflächensysteme in amerikanischen Städten (Kayser 1905). Eine spätere Notiz weist auf die „National City Planning Conference" in Philadelphia im Jahre 1911 hin, und unter den – seltenen – Hinweisen auf ausländische Bücher findet sich eine Besprechung von John Nolens Berichten über die Städte Roanoke und San Diego.

Eine wichtige Rolle als Interpret des amerikanischen Städtebaues spielte Werner Hegemann, der sich 1909 zur Vorbereitung eines deutschen Beitrags für eine Bostoner Städtebauausstellung in den USA aufhielt und von dort mehrere Beiträge für die Zeitschrift „Der Städtebau" lieferte, so auch über eine Ausstellung in New York „on city planning and civic art". In den Jahren 1909 und 1910 veröffentlichte er zwei Bücher – über die Parksysteme in amerikanischen Städten und über den erwähnten Burnham-Plan für Chicago.

In der von Hegemann vorbereiteten und dokumentierten großen Städtebauausstellung in Berlin 1910 nahmen die Entwicklungen in amerikanischen Städten beträchtlichen Raum ein. Der den städtischen Freiflächen gewidmete Teil wurde mit einem Spruch eingeleitet, mit dem in den USA für die Schaffung von Parks geworben worden war: „Der Knabe ohne Spielplatz ist der Vater des Mannes ohne Arbeit", und ein weiteres Ausstellungsmotto hatte Hegemann dem Buch von Benjamin Marsh „An Introduction to City Planning" (1909) entnommen und ins Deutsche übersetzt: „Eine Stadt ist nicht gesünder, als die höchste Sterblichkeitsziffer in irgend einem Stadtviertel oder Häuserblock anzeigt; und eine Stadt ist nicht schöner als ihre hässlichste Mietskaserne. Die Hinterhöfe einer Stadt und nicht die Schmuckplätze sind der wahre Maßstab ihres Wertes und ihrer Kraft" („No city is more healthy than the highest death rate in any ward or block, and (…) no city is more beautiful than its most unsightly tenement. The back yard of a city and not its front lawn is the real criterion for its standards and its efficiency" Marsh 1909: 27).

Deutschen Beobachtern der amerikanischen Entwicklung im frühen zwanzigsten Jahrhundert fielen vor allem die Unterschiede gegenüber den heimischen Verhältnissen ins Auge: die Weite des amerikanischen Raumes, die lockere Bebauung der Vorstädte, die dagegen übermäßig erscheinende bauliche Verdichtung in den Stadtkernen und das offenbare Fehlen von Rechtshandhaben zur Steuerung von Baumassenanordnung und Gestaltung; zwar hatte man von den deutschen Zonen- oder Staffelbauordnungen das System des „Zoning" übernommen, aber es beschränkte sich in aller Regel auf die Art der Nutzung, während es dem Maß der Nutzung und der Höhenentwicklung viel Spielraum ließ (Logan 1976). Gelegentlich wurde auch auf die breite Erörterung von Planungsfragen in der Öffentlichkeit hingewiesen; zwar schien sie dem eher obrigkeitlich geprägten deutschen Vorgehen fremd, doch wurde sie meist positiv bewertet.

Zwischen den Kriegen

In der Rückschau scheint ein Merkmal der zwanziger Jahre die besondere Faszination zu sein, die Amerika – „das Land der unbegrenzten Möglichkeiten" – auf den „alten Kontinent" und speziell auf Deutschland ausübte. In den Vereinigten Staaten schienen sich Zeitgeist und Lebensstil auf eine Weise zu verknüpfen, die jenem ersten Nachkriegsjahrzehnt eine charakteristische Note gab. Zu diesem „Image" der USA gehörten natürlich die Wolkenkratzer und die rechtwinkligen Straßenraster mit ihrer höchst uneinheitlichen Bebauung, die allerdings deutschen Stadtplanern doch als eine fremde Welt erschienen. Dass es offenbar keine Rechtshandhaben – und anscheinend auch kaum Interesse – für eine räumliche Zuordnung von Baumassen und Gebäudehöhen gab, musste dem gestaltungsbewussten europäischen „Städtebauer" als schwerwiegender Mangel gelten.

So ähnelten auch in Fachzeitschriften Artikel über Architektur und Städtebau in den USA manchmal den Berichten von Forschungsexpeditionen in ein sehr fernes Land; allerdings gab es in ihnen auch Hinweise auf positive und nachahmenswerte Elemente. So schrieb Gerson – der Erbauer des „Ballinhauses" in Hamburg – anerkennend: „Der Chefplaner einer Stadt fühlt sich nicht belästigt, wenn auch Privatleute ihr Interesse an der öffentlichen Planung bekunden" (Gerson 1929).

Den meisten Beobachtern erschien ein anderer Aspekt besonders wichtig: Die wachsende Verbreitung des privaten Autos und sein starker Einfluss auf die Stadtentwicklung; es ist kennzeichnend, dass Raymond Unwin 1923 vor der „Freien Deutschen Akademie des Städtebaues", als deren korrespondierendes Mitglied er im Jahre nach ihrer Gründung zu einer Tagung eingeladen war, als Thema seines Vortrags „Hochhaus und Kraftwagen" wählte und dabei die Situation in den amerikanischen Städten kritisch kommentierte.

Aber in wachsendem Maße wurde deutlich, dass sich hier eine Entwicklung vollzog, die auch auf die europäischen Länder zukam, und so fanden neue Ansätze wie das „Radburn-System" oder sein Vorläufer, Clarence Steins „Superblock" mit seinen Sackgassen (ähnlich übrigens einem 1915 von Martin Wagner in seiner Dissertation entwickelten Modell) auch hier Beachtung. Ein Artikel zu diesem Thema in der Zeitschrift „Der Städtebau" (Ewers 1934) enthielt zugleich den wohl ersten Hinweis in der deutschen Fachliteratur auf das in den USA einige Jahre zuvor entwickelte Konzept der Nachbarschaftseinheit (Neighborhood Unit); es hatte allerdings – insbesondere in den „wards" von Howards Gartenstadtmodell – gewisse Vorläufer in Europa, und auch die Charta von Athen nahm mit der „Wohneinheit angemessener Größe" diesen Gedanken auf. Im „Dritten Reich" wurde daraus die „Siedlungszelle" als Werkzeug politischer Kontrolle, und es ist nicht ohne Ironie, dass in den USA zu gleicher Zeit die Nachbarschaftseinheit als Bereich persönlicher Kontakte und individuellen Gedankenaustausches empfohlen wurde – und damit als Gegengewicht gegen die Massenmedien als Werkzeuge totalitärer Manipulation (Ascher 1942).

Die zwanziger Jahre markierten in Deutschland die Anfänge der Landesplanung, die vor allem in den dicht besiedelten Regionen wie dem Ruhrgebiet oder dem mitteldeutschen Industriebereich um Halle und Merseburg auf eine ordnende Lenkung der Entwicklung gerichtet war. Mit großem Interesse wurde daher das Experiment der „Tennessee Valley Administration" verfolgt, das mit seiner Kombination von Flussregulierung, Wasserkraftgewinnung, Siedlungsplanung und Industrieförderung eine echte „Entwicklungsplanung" im später üblich gewordenen Wortsinne war. So wurde 1936 in einer Fachzeitschrift in positivem Sinne über „Raumordnung in den Vereinigten Staaten von Amerika" berichtet - unter lobender Hervorhebung der wissenschaftlichen Bestandsaufnahmen und ihrer kartografischen Wiedergabe (Wehner 1936).

In ähnlicher Weise wurden die neuen organisatorischen Ansätze beobachtet, die mit Präsident Roosevelts „New Deal" verknüpft waren – wie die „Resettlement Administration" oder das „National Planning Board" und später das „National Resources Committee"; eine Fachzeitschrift brachte eine ausführliche Besprechung des Buches „Our Cities. Their Role in the National Economy" (Lufft 1938). Roosevelts Planungsberater Rexford Tugwell forderte gar für die Planung den Status einer „Fourth Power", einer „vierten Gewalt" neben Legislative, Exekutive und Judikative, doch blieb das offenbar in Deutschland ohne Resonanz, hatte allerdings auch in den USA keine realen Konsequenzen.

Nach dem Zweiten Weltkrieg

Die unmittelbare Präsenz der USA als Besatzungsmacht in Deutschland schuf eine ganz neue Situation – auch für den fachlichen Austausch. Die Amerika-Häuser vermittelten nicht nur eine Vorstellung vom „American way of life", sondern boten auch mit Vorträgen und Fachliteratur Informationen über die amerikanischen Städte und ihre Planung. Die Militärregierung brachte Experten nach Deutschland – so Walter Gropius – und organisierte Besuche deutscher Fachleute in den USA. Eine besondere Rolle spielte dabei eine Reihe von durch die ECA (Economic Cooperation Administration) finanzierten Wohnsiedlungen mit insgesamt rund 3300 Wohnungen; an den vorbereitenden Wettbewerben wirkten US-amerikanische und deutsche Preisrichter mit.

„Planung" erschien in diesen Jahren vielen Deutschen ambivalent; der Begriff war mit dem Dirigismus des „Dritten Reiches" belastet, aber man sah natürlich ein, dass jeder Wiederaufbau auf Planung angewiesen war. Da war es interessant zu beobachten, dass Planung in den USA offenbar besser in die Demokratie integriert, die – begrenzte – Rolle des Fachmanns klarer definiert war. In den Amerikahäusern gab es einige Bücher zu diesem Thema: Henry Churchills „The City is the People", das Buch „Communitas" der Brüder Goodman oder Joseph Hudnuts „Architecture and the Spirit of Man". Vieles schien sehr einleuchtend, aber Hudnuts Plädoyer für mehr Parteipolitik und Wahlkampfhitze in der Stadtplanung schien dem in der deutschen Tradition aufgewachsenen Planer doch ein wenig unheimlich, ebenso wie seine Schlussfolgerung: „…and if it should happen that the people prefer bad planning to good, then, God bless them, they shall have it" (Hudnut 1949: 194)

Die Frage nach der angemessenen Beziehung zwischen räumlicher Planung und Politik, in einem Artikel von Catherine Bauer „Planning is Politics – but are Planner Politicians?" (1944) griffig formuliert, hatte auch im deutschen Sprachraum Aufmerksamkeit gefunden, wie aus den Buchtiteln „Kulturpolitik. Neue Streifzüge eines Architekten" (Schumacher 1920) und „Baupolitik als Wissenschaft" (Brunner 1925) hervorgeht. Bei Fritz Schumacher findet sich auch die Forderung, der Städtebauer müsse „ein Stück Sozialpolitiker und Wirtschaftspolitiker werden" – allerdings nicht um der Macht willen, sondern um seiner Kunst, seiner Planung zum Durchbruch zu verhelfen (Schumacher 1951: 52).

Die spezifische Nachkriegssituation musste es nahelegen, wichtige amerikanische Beiträge zur Stadtplanung in Übersetzungen einer breiteren deutschen Leserschaft zugänglich zu machen; indessen war das erste – und für mehr als ein Jahrzehnt das einzige – Buch zu einem solchen Thema Frank Lloyd Wrights „When Democracy Builds" (1950). Vielleicht war es neben dem Renommee des Autors als Architekt auch dieser – in einer Situation demokratischer Neuorientierung ungemein aktuell scheinende – Titel, der die Veröffentlichung auslöste; der Inhalt mit dem Konzept der „Broadacre City" kann es kaum gewesen sein, da es auf europäische Verhältnisse ganz unanwendbar ist: die dort vorgesehene „städtische" Dichte von 2,5 Einwohnern je Hektar entsprach genau der Siedlungsdichte der Bundesrepublik Deutschland, auf ihr Gesamtgebiet bezogen. Mag sein, dass deshalb die deutsche Übersetzung den Titel „Usonien" trägt – in Anlehnung an „Usonia", wie Wright sein Modell, wohl mit gewolltem Anklang an „Utopia", bezeichnet hatte.

1963 erschien Mumfords „City in History" in deutscher Sprache unter dem Titel „Die Stadt – Geschichte und Ausblick", und ein Jahr später wurde die Übersetzung der Streitschrift von Jane Jacobs „The Death and Life of Great American Cities" als „Tod und Leben großer amerikanischer Städte" veröffentlicht. 1965 kam Kevin Lynchs „Das Bild der Stadt" (The Image of the City) hinzu, 1967 Harvey Cox' „Stadt ohne Gott" (The Secular City), 1969 Herbert Gans' „Die Levittowner, Soziographie einer Schlafstadt" (The Levittowners), 1971 Erving Goffmanns „Verhalten in sozialen Situationen" (Behavior in Public Places) und 1973 Alexander Tzonis' „Das verbaute Leben" (Toward a Non-oppressive Environment). Allerdings wurden nach Venturis „Lernen von Las Vegas" (Venturi et al. 1979) und „Collage City" von Rowe und Koetter (1984) Buchübersetzungen rarer; so sind leider zwei andere Bücher von Kevin Lynch: „What Time is This Place?" (1972) und „Good City Form" (1981) unübersetzt geblieben. Die Verlage begegnen entsprechenden Anregungen häufig mit dem Argument, es sei kaum Nachfrage zu erwarten, weil die daran interessierten Planer meist genug englische Sprachkenntnisse hätten, um das Buch im Original zu lesen.

Planungstheorie

Der bedeutendste Beitrag der USA zur internationalen Diskussion über die räumliche Planung dürfte in den kritischen Betrachtungen über das Wesen und die Arbeitsweise der Planung liegen. Gewiss hat es spätestens seit der Jahrhundertwende auch in Europa eine ganze Reihe von Bemühungen um die „richtige" Definition von Planung gegeben, denen wir interessante Formulierungen verdanken. Aber offenbar artikulierte sich in der zweiten Jahrhunderthälfte vor allem in den Vereinigten Staaten ein besonderes Interesse an einem rationalen und nachvollziehbaren Planungsprozess – im Gegensatz zu dem traditionellen Selbstverständnis vieler europäischer Planer, die hier den „schöpferischen Akt" des kompetenten Fachmanns im Mittelpunkt sahen. Offenbar sind der systemtheoretische Ansatz im Umgang mit Planungsfragen, die Nutzung großer Datenmengen zur Beschreibung und Analyse der Situation, die Anwendung quantitativer Methoden als Entscheidungshilfe vor allem in den USA entwickelt worden und haben sich von dort nach Europa verbreitet, wo sie allerdings auch auf verwandte Tendenzen stießen.

In der Folge entwickelte sich ein allgemeiner Konsens über die sinnvollen Schritte eines Planungsprozesses, der die traditionellen Stufen – Bestandsaufnahme, Planung, Durchführung – differenzierend überlagerte. Dabei eröffnete der Computer ganz neue Perspektiven im Bereich der Bestandsanalyse. Hatten früher die Planer über einen Mangel an Daten geklagt, so standen diese jetzt im Überfluss zur Verfügung - und warfen die neue Frage auf, welche von ihnen denn wirklich für die Planung von Bedeutung seien. So haben beispielsweise die amerikanischen Untersuchungen über Sozialindikatoren auch die deutsche Diskussion über dieses Thema beeinflusst.

Im Bereich der demografischen und soziologischen Forschung stand zunächst der empirische Ansatz der Amerikaner im Gegensatz zu dem generalisierenden, auf große Systeme gerichteten Denken deutscher Wissenschaftler wie Georg Simmel, Max Weber oder Werner Sombart. Für die USA waren dagegen eher Adna Ferrin Weber („The Growth of Cities in the 19th Century", 1899) oder der großangelegte „Regional Survey of New York and Its Environs" (1929) kennzeichnend und maßstabsetzend für den empirischen Ansatz; die berühmte Chicago School of Sociology mit Park, Burgess und McKenzie mag man vielleicht in einer Zwischenstellung sehen. Es ist auffällig, dass es im Grunde keine europäischen Gegenstücke zu den von Burgess oder Hoyt vertretenen Theorien über die Veränderung der Nutzungsstrukturen im Zeitablauf beim Flächenwachstum der Städte gibt – vielleicht, weil in Europa die vielen Bindungen an ältere Siedlungsstrukturen die Marktkräfte stärker überlagerten als in dem „voraussetzungslosen" Amerika.

Inzwischen steht auch bei uns die empirische Forschung im Vordergrund – gewiss nicht ganz ohne angelsächsischen Einfluss. Um nun solche Forschungsergebnisse für die Praxis nutzbar zu machen, bedarf es einer Brücke zwischen dem beschreibenden und analytischen Vorgehen des Forschers und der Entwicklung eines Handlungskonzepts durch den Planer. Einen Ansatz zu solcher Überbrückung bietet das Modell, das der Darstellung bestimmter Bereiche der Wirklichkeit dient und die Kausalzusammenhänge zwischen solchen Bereichen zu simulieren sucht. Als mathematisches Modell hat es offenbar bei den Verkehrsplanern begonnen, zumal sich der Verkehr mit seinen exakt zählbaren Bestandteilen bevorzugt der Quantifizierung anbietet. So wird in den frühen Artikeln deutscher Verkehrsplaner häufig auf das amerikanische „Highway Capacity Manual" Bezug genommen. Dementsprechend fand auch das „land use/transportation model", das Flächennutzung und Verkehr in Beziehung setzt, Eingang in die europäische Planungsszenerie – nicht anders als der „modal split", für den man sich nicht einmal um eine deutsche Übersetzung bemühte.

Andere Modelle folgten, bezogen auf Sachzusammenhänge oder zeitliche Abläufe, und die deutschen Planer brauchten einige Zeit, den Modellbegriff, den sie bisher nur für eine dreidimensionale Wiedergabe des Entwurfs – oder der Wirklichkeit – benutzt hatten, in seiner allgemeinen Bedeutung zu würdigen. Die neuen Möglichkeiten zur Analyse und Prognose wurden von großen Hoffnungen auf eine Steuerbarkeit der Zukunft begleitet, die manchmal in Europa höher gewesen sein mögen als in den USA; so enttäuschte einmal bei einer Fachtagung der OECD (Organization for Economic Cooperation and Development) in Paris der amerikanische Planer Britton Harris die Europäer mit der Feststellung, das Beste am Modell sei der Zwang für seinen Entwerfer, sich das Zusammenspiel der Einflussfaktoren zu vergegenwärtigen; auf die Rechenergebnisse solle man sich nicht zu sehr verlassen. Einige Jahre später bestätigte das „Requiem to Large-Scale Models" (Lee 1973) solche Skepsis.

Die Zweifel an der Verlässlichkeit deterministischer Modelle führten zu neuen Ansätzen – zur Einführung einerseits des Zufalls im stochastischen Modell und andererseits des subjektiven Elements menschlicher Entscheidungen im Planspiel („gaming simulation"), das, aus den USA importiert, gegen Ende der sechziger Jahre in Deutschland Verbreitung fand.

Auch die Interpretation des Planungsprozesses und der Planungsziele erhielt manche Anstöße aus den USA. Lange Zeit verstand sich Planung in Deutschland als eine Aufgabe der Ordnung, dem Allgemeinwohl verpflichtet und darauf gerichtet, „dem Zuge der natürlichen Entwicklung eine lenkende Hand zu bieten" (so die treffende Formulierung von Abercrombie, 1936). Dabei kam der Bestandsaufnahme und Situationsanalyse eine wichtige Rolle zu – aus den exakten Vorarbeiten und der schöpferischen Zusammenschau des Planers schien sich gleichsam von selbst der „richtige" Plan zu ergeben, ohne dass es einer expliziten Zielsetzung bedurfte; ihn galt es dann durch die politische Entscheidung zu bestätigen. Diese Sicht der Dinge schlug sich auch in den Formulierungen der Gesetze nieder; so tauchte im Bundesbaugesetz von 1960 der Zielbegriff nur in Gestalt der Forderung auf, die Bauleitpläne an die Ziele von Landesplanung und Raumordnung anzupassen – was zu dem Bonmot Anlass gab, erst aus diesem Gesetzestext habe die Landesplanung erfahren, dass sie Ziele haben müsse. Auch Planalternativen spielten im traditionellen Planungsverständnis kaum eine Rolle – eben weil es zu den Qualitäten des kompetenten Planers gehört, die „richtige" zu finden.

Dass Planung jedoch in ihrem Wesen einen Auswahlvorgang aus möglichen Handlungsalternativen darstellt, wurde von Davidoff und Reiner („A Choice Theory of Planning", 1962) überzeugend dargelegt. Solche Auswahl setzt Klarheit über die zu erreichenden Ziele voraus, und hier hat die amerikanische Planungstheorie das Vokabular mit der Differenzierung von „goals", „objectives" und „program targets" bereichert, durch die das Feld zwischen übergeordneten gesellschaftlichen Zielen und den konkreten, im Einzelfall zu erreichenden Ergebnissen gegliedert wird. Damit verknüpft wiederum sind die Bemühungen um eine objektivierbare Bewertung möglicher Handlungsalternativen – von der „cost-benefit analysis" bis zur „goals achievement matrix" meist amerikanischen Ursprungs.

So stellt sich das Feld der Planungstheorie – verstanden als eine Theorie des Planungsprozesses – in besonderem Maße als amerikanische Domäne dar; schon früh zitierte Umlauf (1958: 187) zustimmend eine amerikanische Definition der Planung als „an aid to improve the making of decisions". Es ist kennzeichnend, dass Andreas Faludi – ein seinerzeit in England lehrender Österreicher, also unverdächtig amerikanischer Voreingenommenheit – in seinem „Reader in Planning Theory" (1973) unter 19 Beiträgen nur je einen Artikel deutschen, englischen und israelischen Ursprungs aufgenommen hat – alle anderen entstammen den USA.

Dieses Übergewicht hat natürlich auch etwas mit der amerikanischen Hochschulkultur des „publish or perish" zu tun; und man könnte in der intensiven Beschäftigung mit der Theorie vielleicht auch eine Kompensation für die geringe Durchschlagskraft der Planung in der amerikanischen Praxis sehen. Gleichwohl ist ihr Einfluss auf die Planungsdiskussion in Deutschland unverkennbar; so ist gewiss auch Karl Gansers Wortprägung des „perspektivischen Inkrementalismus" als Antithese zum „disjointed incrementalism" von Braybrook und Lindblom zu verstehen.

Die besondere Wirkung von Kevin Lynchs Buch „Das Bild der Stadt" in Deutschland erklärt sich wohl vor allem daraus, dass hier auch Gestaltungsfragen in einer systematischen Weise behandelt wurden und damit nicht mehr als reine „Geschmacksfragen" rationaler Diskussion zu entziehen waren. Die von Lynch entwickelten Kategorien – Weg, Merkzeichen, Brennpunkt, Grenzlinie, Bereich – fanden, manchmal in leicht abgewandelter Form, vielfache Anwendung. Ähnliche Beachtung fand auch die Arbeit von Rapoport und Kantor („Complexity and Ambiguity in Urban Design" 1967, deutsch „Komplexität und Ambivalenz in der Umweltgestaltung" 1970) mit ihren Betrachtungen über die Ursachen – und Hindernisse – ästhetischen Interesses im städtischen Raumgefüge.

Planungspraxis

Einflüsse aus der Praxis der Raumplanung können einerseits von beispielhaften verwirklichten Projekten ausgehen, sich andererseits aber auch auf die Verfahrensweisen zur Realisierung von Plänen, zur Umsetzung von Konzepten in Maßnahmen beziehen. Für diesen zweiten Aspekt ist natürlich die rechtliche und administrative Grundstruktur von großer Bedeutung, und deren ausgeprägte Unterschiede von Land zu Land stehen meist einer unmittelbaren Übertragung solcher Verfahrensweisen im Wege. Indessen gibt es immer wieder spezielle Aufgabenbereiche, die jeweils besondere Regelungen erfordern und damit der Lösung vergleichbarer Probleme in anderen Ländern als Anregung dienen können. Das trifft beispielsweise für das in den USA entwickelte „environmental impact assessment" zu, das inzwischen in die Vorschriften der Europäischen Union Eingang gefunden hat. Auch die finanziellen Regelungen des Städtebauförderungsgesetzes von 1971 mit seinen Bundeszuschüssen für Sanierungsmaßnahmen mögen von dem gleichartigen US-amerikanischen Verfahren beeinflusst worden sein.

Auf eine andere Weise sind Erfahrungen aus den USA für die deutsche Stadterneuerung fruchtbar geworden – durch Jane Jacobs' Buch „Tod und Leben großer amerikanischer Städte". Es traf in eine Situation, in der Sanierung auch bei uns noch meist im Sinne einer vollständigen Abräumung und Neugestaltung eines Baugebietes verstanden wurde, und trug mit seinen kritischen, teilweise auch polemischen Ausführungen zu den Diskussionen bei, die bald zu einer differenzierteren Betrachtung dieses Problemkomplexes führten.

In engem Zusammenhang mit dieser Entwicklung stand eine Tendenz zur Neubewertung der Vergangenheit und ihrer baulichen Zeugnisse, die auch in den USA eine Parallele hatte; schon lange vor dem „Europäischen Denkmalschutzjahr" (1975) mit der Parole „Eine Zukunft für unsere Vergangenheit" hatte die Stadt Philadelphia eine großangelegte Planung zur Pflege und „Inwertsetzung" des historischen Bestandes in Angriff genommen; auch Umnutzungen bestehender Anlagen wie Fisherman's Wharf in San Francisco oder Quincy Market in Boston fanden in Europa Beachtung.

Indessen werden Einflüsse nicht nur durch positive Beispiele, sondern auch durch Entwicklungen ausgeübt, die der auswärtige Beobachter als negativ empfindet und deshalb im eigenen Land vermieden wissen möchte. So ist der Begriff der „europäischen Stadt", die in den letzten Jahren bei vielen Gelegenheiten beschworen wurde, weitgehend als Gegenbild zur typischen „amerikanischen Stadt" zu verstehen, für die meist Los Angeles als Prototyp zitiert wird. Er ist anscheinend um so gängiger geworden, je mehr sich im Umland unserer Städte eine weitläufige und zunehmend heterogene Bebauung ausdehnt, vergleichbar dem „urban sprawl" amerikanischer Prägung – einer Bebauungsform, die den ökologischen Prinzipien der sparsamen Verwendung von Boden und Energie radikal zuwiderläuft. Auch andere Erscheinungen der amerikanischen Stadtentwicklung lösen Unbehagen aus – so die weitgehende Segregation ethnischer und sozialer Gruppen, von den „no-go areas" bis zu den künstlich wirkenden Gebilden des „New Urbanism" und zu den „Gated Communities" mit ihren eigenen „Wach- und Schließgesellschaften", die man sich im eigenen Lande nicht wünschen möchte – und die doch die Frage aufwerfen, ob sich damit nicht Ansätze einer Entwicklung zeigen, die uns auch auf dem alten Kontinent vor ähnliche Probleme stellen könnte.

Blicken wir zurück auf die Einflüsse amerikanischer Planung auf die deutschen Verhältnisse, so prägen sie sich vielleicht stärker aus im Selbstverständnis des Berufsstandes als im konkreten Planungsgeschehen. Es mag mit der in den USA sehr viel deutlicher von der Praxis abgehobenen akademischen „Subkultur" zusammenhängen, dass vor allem die intellektuellen Auseinandersetzungen der Amerikaner mit Wesen und Methodik der Planung als wichtiger Beitrag zur Entwicklung der Raumplanung gesehen werden, während die Planungswirklichkeit weniger Resonanz auslöst.

Auch in einer anderen Hinsicht haftete dem Blick der Planer auf Amerika stets eine eigentümliche Ambivalenz an: einerseits sah man mit einer gewissen Herablassung auf die geringe Ordnungswirkung, die von der amerikanischen Planung ausging, andererseits erkannte man, dass dort frühzeitig Probleme sichtbar wurden, mit denen auch Europa sich würde auseinandersetzen müssen. Das scheint auch auf die heutige Situation noch zuzutreffen.

Literatur

Abercrombie, Patrick (1936): Town and Country Planning. London.
Anderson, Stanford (Hg)(1968): Planning for Diversity and Choice. Cambridge, Mass.: MIT Press. Deutsch (1971): Die Zukunft der menschlichen Umwelt. Freiburg: Rombach.
Ascher, Charles S.(1941): Better Cities. Washington: Government Printing Office.
Bauer, Catherine (1944): Planning is Politics - but are Planners Politicians ? Pencil Points, März 1944
Brunner, Karl (1925): Baupolitik als Wissenschaft. Wien.
Churchill, Henry S.(1945): The City is the People. New York; Harcourt, Brace.
Cox, Harvey (1965): The Secular City. New York. Deutsch (1967): Stadt ohne Gott. Stuttgart: Kreuz-Verlag.
Davidoff, Paul und Thomas Reiner (1962): A Choice Theory of Planning. Journal of the American Institute of Planners, XXVIII. 103-115.
Ewers, Klaus (1934): Eine amerikanische Wohnsiedlung. Monatshefte für Baukunst und Städtebau, 29. 502-504.
Gans, Herbert (1967): The Levittowners. New York; Random House. Deutsch (1969): Die Levittowner. Soziographie einer „Schlafstadt". Gütersloh: Bertelsmann.

Gerson, Ernst (1929): Reise-Eindrücke in Nordamerika. Der Städtebau, 24. 295-300.
Giedion, Sigfried (1941): Space, Time, and Architecture, Cambridge, Mass.: Harvard University Press.
Goffmann, Erving (1969): Behavior in Public Places. New York; The Free Press. Deutsch (1971): Verhalten in sozialen Situationen. Gütersloh: Bertelsmann.
Goodman, Percival und Paul Goodman (1947): Communitas. Chicago: University of Chicago Press.
Harris, Britton (1967): The Limits of Science and Humanism in Planning. Journal of the American Institute of Planners, XXXIII. 324-335.
Hegemann, Werner (1910): Der neue Bebauungsplan für Chicago. Berlin: Wasmuth.
Hegemann, Werner (1911): Amerikanische Parkanlagen. Berlin: Wasmuth.
Hegemann, Werner (1911): Der Städtebau nach den Ergebnissen der Allgemeinen Städtebauaustellung in Berlin. Berlin: Wasmuth.
Howard, Ebenezer (1902): Garden Cities of To-Morrow. London; Faber & Faber. Deutsch (1907): Gartenstädte in Sicht. Jena: Diederichs.
Hudnut, Joseph (1949): Architecture and the Spirit of Man. Cambridge, Mass.: Harvard University Press.
Jacobs, Jane (1961): The Death and Life of Great American Cities. New York: Random House. Deutsch (1963): Tod und Leben großer amerikanischer Städte. Berlin; Ullstein.
Kayser, H.(1905): Nordamerikanische Parkanlagen. Der Städtebau, 2, 113-123.
Lee, Douglass B., jr.(1973): Requiem for Large-Scale Models. Journal of the American Institute of Planners, 39. 163-178.
Loeks, C. David (1967): The New Comprehensiveness: Interpretive Summary. Journal of the American Institute of Planners, XXXIII. 347-352.
Logan, Thomas H. (1976): The Americanization of German Zoning. Journal of the American Institute of Planners, 42. 377-385.
Lufft, Hermann (1938): Amerikanische Städte. Monatshefte für Baukunst und Städtebau, 33. 85-89.
Lynch, Kevin (1960): The Image of the City. Cambridge, Mass.: MIT Press. Deutsch (1965): Das Bild der Stadt. Berlin: Ullstein.
Lynch, Kevin (1972): What Time is This Place ? Cambridge, Mass.: MIT Press.
Lynch, Kevin (1981): Good City Form. Cambridge, Mass.: MIT Press
Marsh, Benjamin C.(1909): An Introduction to City Planning. New York.
Mumford, Lewis (1961): The City in History. New York, Deutsch (1963): Die Stadt – Geschichte und Ausblick. Köln: Kiepenheuer & Witsch.
Park, Robert E., Ernest W. Burgess u. Roderick McKenzie (1925): The City. Chicago: University of Chicago Press.
Rapoport, Amos u.Robert E. Kantor (1967): Complexity and Ambiguity in Environmental Design. Journal of the American Institute of Planners, XXXIII. 210-221. Deutsch (1970): Komplexität und Ambivalenz in der Umweltgestaltung. Stadtbauwelt, 7. 114-120.
Regional Survey of New York and Its Environs (1927-31). New York.
Schumacher, Fritz (1920): Kulturpolitik. Neue Streifzüge eines Architekten. Jena: Diederichs.
Schumacher, Fritz (1951): Vom Städtebau zur Landesplanung und Fragen städtebaulicher Gestaltung. Tübingen: Wasmuth.
Sullivan, Louis (1965): The Autobiography of an Idea. New York: Dover.
Tzonis, Alexander (1972): Toward a Non-Oppressive Environment. Boston: i Press. Deutsch (1973): Das verbaute Leben. Düsseldorf: Bertelsmann.
Umlauf, Joseph (1958): Wesen und Organisation der Landesplanung. Essen: Bacht.
Unwin, Raymond (1909): Town Planning in Practice. London: Fisher Unwin. Deutsch (1910): Grundlagen des Städtebaues. Berlin: Baumgärtel.
Venturi, Robert, Denise Scott-Brown und Steven Izenour (1972): Learning from Las Vegas. Cambridge, Mass.: MIT Press. Deutsch (1979): Lernen von Las Vegas. Braunschweig: Vieweg.
Wagner, Martin (1915): Städtische Freiflächenpolitik. Berlin: Carl Heymanns Verlag.
Weber, Adna Ferrin (1899): The Growth of Cities in the 19th Century. New York.
Wehner, Bruno (1936): Raumordnung in den Vereinigten Staaten von Amerika. Monatshefte für Baukunst und Städtebau 31. 103-107, 115-119.
Wright, Frank Lloyd (1945): When Democracy Builds.Chicago: University of Chicago Press. Deutsch (1950): Usonien. Berlin: Gebr. Mann.

Ursula von Petz
Lernen vom Anderen: Der Städtebau in Deutschland im Dialog mit den USA zu Beginn des 20. Jahrhunderts

„Ich glaube, dass diese Schrift für Deutschland in gewissem Maße epochemachend sein wird. Sie müsste in die Hände aller Stadtväter gebracht werden, die in Deutschland ein entscheidendes Wort in den Fragen der Entwicklung unserer Großstädte mitzusprechen haben. Sie müssten dann mit Scham bekennen, wie ungeheuer rückständig wir in Deutschland auf diesem für die Volksgesundheit und Volkskraft so überaus wichtigen Gebiete sind gegenüber den Amerikanern, denen wir nur gar zu leicht den größten Materialismus und rücksichtslose Erwerbssucht vorzuwerfen geneigt sind."
(Landesbaurat a.D. Rehorst, Köln, über „Amerikanische Parkanlagen, Ein Parkbuch" von Werner Hegemann)

„Mit Behagen habe ich mich der nachwirkenden Anregung erinnert, die ich von der Führung durch die Berliner Ausstellung mitgenommen. Ich glaube, was ich damals als einzelner gehabt, wird nun durch dieses schlagende Werk ganz Deutschland erleben. Ich finde es glänzend, wie es ohne weitere Reflexionen und Anzüglichkeiten die Sache gibt und dadurch unsern Angstmeiern und Wehmüllern die Augen öffnet. Das muß wirken."
(Professor Alfred Lichtwark, Direktor der Kunsthalle zu Hamburg über „das Parkbuch")

„Ich habe seit Jahren keinem Vortrag beigewohnt, der mir so Fesselndes und Wichtiges gelehrt hatte wie dieser. Hegemann hielt uns Bewohnern von Groß-Berlin die Bestrebungen des amerikanischen Städtebaus unter die Nase (...). Hier waren die Wunder der Zukunft; man hatte wirklich das Gefühl, dass da drüben, jenseits des Wassers, eine neue Renaissancezeit im Gange ist. (...) Schönheit ist für diese Baumeister Gesundheit. Ihre Städte werden einst völlig mit Parks durchsetzt sein. (...) das Prinzip ist: jedes Kind hat nur ein paar Schritte zu gehen, um in „seinen" Park einzutreten. Herrlich, was?"
(Alfred Kerr über den Vortrag Hegemanns über „Der neue Bebauungsplan für Chicago" und das „Parkbuch")

Diese werbenden Hinweise für eine Veröffentlichung mit dem Titel „Amerikanische Parkanlagen, ein Parkbuch" von Werner Hegemann und seinen Vortrag über die Planung von Chicago im Innentitel des ersten Bandes der Veröffentlichung über die Berliner Städtebauausstellung von 1910 (Hegemann 1911) benennen verschiedene Aspekte, die Gegenstand diese Beitrags sind: Mit der Wende zum 20. Jahrhundert erfahren Städtebau und Stadtplanung im Zuge der fortschreitenden Industrialisierung eine Professionalisierung, die über den funktional-technischen Aus- und Umbau der Städte, der vornehmlich das 19. Jahrhundert prägt, hinausreicht. Einen wesentlichen Eckpunkt dieses Prozesses in der Auffindung neuer Konzepte bildet die Ausschreibung des Wettbewerbs für Groß-Berlin und die Präsentation der Wettbewerbsergebnisse im Rahmen einer (internationalen) Städtebau-Ausstellung im Jahr 1910, auf der neben den Wettbewerbsarbeiten eine Reihe deutscher, europäischer sowie Beiträge aus den USA gezeigt werden. Zum Generalsekretär dieser Ausstellung wird Dr. Werner Hegemann, Autor der oben kommen-

Abb. 1: Berlin-Kreuzberg: Arbeiten und Wohnen im Block 1906
(Foto: Manfred Hamm. In: Girouard 1987: 337)

tierten Schrift, berufen, ein vielseitig interessierter, informierter und versierter Akteur im Bereich des Städtebaus und der Stadtplanung mit intensiven Kontakten in die Vereinigten Staaten. Er agiert als engagierter Vermittler zwischen den Kontinenten und richtet die Aufmerksamkeit, neben der Frage des Wohnungswesens, auf die beiden an Aktualität gewinnenden Themen: Verkehrswesen und Freiflächenpolitik. Ihnen widmet er in der Dokumentation der Ausstellung auch jeweils ein ausführliches Kapitel (Hegemann Teil I: 1911, Teil II: 1913). Der Beitrag behandelt somit die Inhalte eines vorrangig deutsch-europäischen Diskurses mit der neuen Welt sowie die zentrale Rolle, die Werner Hegemann in dem Prozess der transatlantischen fachlichen Vermittlung spielt.

Zur Ausgangssituation in Deutschland

Gegen Ende des 19. Jahrhunderts hat die industrialisierte Stadt, die Großstadt, in bürgerlichen Kreisen ein weitgehend negatives Image. Auf allen Sektoren städtischer Entwicklung werden die Folgen eines bis dahin ungekannt schnellen Wachstums identifiziert: ökonomisch, räumlich, ästhetisch, hygienisch, sozial. Die Privatisierung des Bodens hatte der Spekulation massiv Vorschub geleistet, und der Intensität baulicher Nutzungen war unter nur minimalen hygienischen Vorgaben viel Raum gegeben. Berlin mit seinen neuen Industrien war hierfür der Inbegriff: Die Fabrik erforderte Wohnen und Arbeiten in enger Nachbarschaft, Verdichtung, eine Nähe, die erhebliche Unverträglichkeit erzeugte. Auch Lärm und schlechte Luft waren in den von Industrie- und Gewerbestandorten geprägten Stadtteilen die Folge. Ein „Heer" aus vom Land zugewanderten Industriearbeitern konnte oft nur als Schlafgänger Unterkunft finden. Moralische und aus der Überbelegung von Wohnungen resultierende hygienische Missstände waren die Folge. Kinder- und Heimarbeit in engen Wohnungen und fehlender Freiraum schwächten die Jugend und verminderten ihre Chancen auf dem „etablierten" Arbeitsmarkt, ließ sie oft chancenlos werden. Bei der Ver-

Abb. 2: Berlin: Verkehrsinfrastruktur um 1910
(Quelle: Sammlung Eickemeyer, Berlin/Hist. Stadtbild H 88)

mietung von Schlafgänger-Betten im 8-Stundenrhythmus wurde die Eckkneipe im Baublock oft zum bequemen Ort der Reproduktion. Proletarischer Alkoholismus aber wurde durch die bürgerliche Gesellschaft gegeißelt. Die Liste der beklagten Missstände ließe sich fortschreiben. Der Wandel von der vorindustriellen, durch ein biedermeierliches Bürgertum geprägten Residenzstadt zur Arbeiter-, Industrie-, und Mietskasernenstadt und schließlich kaiserlichen Metropole ist unzählige Male beschrieben worden – ebenso wie die Kritik an der auf linearem Raster gebauten Stadt mit ihren Defiziten an räumlicher Qualität und geordneten Nutzungen, dem Mangel an Grün, an sozialen Angeboten und ästhetischen Regeln. Es gab wenig Raum, der die gesellschaftliche Kluft zwischen Arm und Reich sowie die moralischen und kulturellen Konflikte zwischen Proletariat und Großbürgertum in dieser Stadt hätte harmonisieren können.

Schon im Verlauf des 19. Jahrhunderts begann man über Abhilfe nachzudenken. Vorboten alternativer Vorstellungen zu einer Stadt mit verbesserten Lebensbedingungen lassen sich mit Robert Owen, Charles Fourier, Gräfin Dohna-Poninski (Arminius), Rudolf Eberstadt und anderen bereits seit dem frühen 19. Jahrhundert ausmachen. Gleichwohl waren die Städte zunächst über ihre Leistungen in der Anpassung an die technischen und gesellschaftlichen Fortschritte auch stolz. Eine Ausstellung in Dresden im Jahr 1903 über „Die Deutschen Städte" (Wuttke 1903) zeigt rückblickend die kommunalen baulich-technischen Ergebnisse und aus damaliger Sicht planerischen Errungenschaften der vorangegangenen Jahrzehnte. Zeitgleich, zu Beginn des neuen Jahrhunderts, erfährt die Diskussion um eine verbesserte Zukunft der Industriestadt Aufschwung durch das Aufkommen allgemeiner

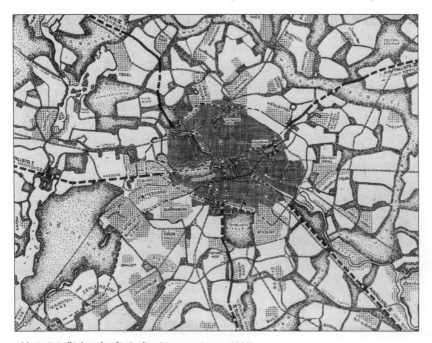

Abb. 3: Grünflächenplan für Berlin (Hermann Jansen 1909)

Lebensreformbewegungen. In Europa markieren Camillo Sittes Essay vom „Künstlerischen Städtebau" (Sitte 1889) und Ebenezer Howards Vision aus dem Jahr 1898 von der Entflechtung der Großstadt durch den Bau von „Gartenstädten" (Posener 1968) eine Wende in der Auffassung städtischer Entwicklung. Die Reformbewegung wird durch eine Vielfalt neuer Theorien und wissenschaftlicher Erkenntnisse gespeist, wie den medizinischen Forschungsergebnissen Virchows, Riehls Klassifizierung der Gesellschaft, Darwins Abstammungslehre, Kropotkins anarchischer Gesellschaftsvision, Nietzsches Naturphilosophie, Fidus' Sonnensehnsucht, um nur einige zu nennen. Der daraus verstärkt erwachsende Wunsch nach „mehr Natur" in den Städten, der sich in vielen Bereichen insbesondere des bürgerlichen Lebens artikuliert (Die Lebensreform 2001) bestimmt einen Diskurs, der auch über die eigenen Grenzen hinaus geführt wird.

Die Stadt Berlin hatte sich zu diesem Zeitpunkt längst bis an die Grenzen ihrer Nachbarstädte ausgedehnt, und die dichte Bebauung unterschied sich diesseits und jenseits dieser Grenzen oft nicht mehr. Vor diesem Hintergrund forderte man in Fachkreisen zunehmend, die Metropole als Groß-Berlin zu konstituieren. Doch diese Diskussion zog sich ebenso hin wie die um die Ausschreibung eines Wettbewerbs mit dem Ziel, Vorschläge für eine zukünftige Stadtgestaltung zu gewinnen. Schließlich erfolgte die Auslobung des Wettbewerbs, im Jahr 1909 lagen die Arbeiten vor (Becker 1992: 115ff). Die thematische Breite der Wettbewerbsbeiträge war groß: Hermann Jansen, einer der Preisträger, entwarf beispielsweise für dieses „Groß-Berlin" nicht nur innerstädtische Konzepte, sondern machte auch einen Vorschlag für einen, auch die im Einzugsbereich der S-Bahn liegenden Randkommunen umfassenden Grünflächenplan. Die Gruppe von Rudolf Eberstadt, Bruno Möhring und Richard Petersen entwickelte als Alternative zu Blockbebauung und Strassenraster das Wohngebiet „Bebauung am Havelufer" mit geschwungenen Straßen und einer nach innen gestaffelten, durchgrünten Wohnhausbebauung oder einen Bebauungsvorschlag für das Schöneberger Südgelände, für das sie „Reihenhäuser mit Hausgärten" vorschlagen (Hegemann II: 388, A 402). Für innerstädtische Standorte, d.h. zentrale Orte wie den Spreebogen neben dem Reichstag beispielsweise, wurden zugleich eher „klassische", repräsentative Gebäudekomplexe („Königsplatz") entworfen.

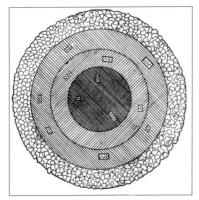

Abb. 4: Die konzentrische Stadt
(Eberstadt, Möhring, Petersen 1909)

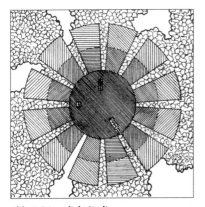

Abb. 5: Die radiale Stadt
(Eberstadt, Möhring, Petersen 1909)

Als neue Sichtweise städtischer Entwicklung wird in der Gegenüberstellung der bislang üblicherweise konzentrisch erweiterten Stadt mit der radialen Stadt als Diagramm (ebenfalls von der Gruppe Eberstadt/Möhring/Petersen) der Paradigmenwechsel in der stadträumlichen Organisation markiert. Dies ist sicherlich ein scheinbar unspektakulärer, für die weitere planungstheoretische Auffassung städtischer Entwicklung jedoch zentraler Beitrag von langfristiger Tragweite.

Das Spektrum des Wettbewerbs war somit groß und mit innovativen Vorschlägen durchsetzt, ein „fast uferloses" Programm (Becker 1992: 115), dessen Beiträge man in Fachkreisen auszustellen beschloss – im Rahmen einer Städtebauausstellung, die neben Berlin auch in Düsseldorf (hier mit dem Zusatz „international") und im Oktober des gleichen Jahres in der Royal Acedamy in London gezeigt wurde. Die Düsseldorfer Ausstellung war um den im Jahr zuvor, 1909, fertig gestellten Plan von Daniel H. Burnham und Edward H. Bennett für Chicago erweitert (Burnham/Bennett: 1909). Man war mit der Berliner wie der Düsseldorfer Ausstellung also auf einem aktuellen Stand der Diskussion. Der Plan für Chicago repräsentiert wohl in markanter Weise den Zenit jener Bewegung, die die städtebauliche Diskussion in den USA zu jenem Zeitpunkt seit etwa zwei Jahrzehnten prägte, die des „city beautiful movement", die ihrerseits wiederum unter dem Einfluß europäischer Entwicklungen im Städtebau stand (Wilson 1980: 165-198, Hall 1989: 175-183, Albers in diesem Band).

Die amerikanische Situation

In den Vereinigten Staaten von Amerika hatten sich Industrialisierung und Urbanisierung früher, rasanter und radikaler als in Europas Städten entwickeln können. Das weite Land bot viel Platz, Siedlungen konzentrierten sich an den Knotenpunkten der Eisenbahn oder dort, wo sich der Transport von Gütern über das Wasser günstig abwickeln ließ – und die Industrie boomte. Dazwischen gab es genug „Wildnis" und ausreichend Fläche für neue Siedler – in seiner Jugend hat sich auch Howard kurzfristig als solcher versucht. Die Städte waren Immigrantenstädte, New York war hierfür der Prototyp. Als wirtschaftliches Tor nach Europa und - andersum – als Tor für europäische Migranten in das ‚Land der unbegrenzten Möglichkeiten', entwickelte sich die Stadt schnell zur reichen Metropole, hatte aber ebenso schnell, um 1900, ein negatives Image, als Stadt der *slums*, der hoffnungslos überbelegten licht- und luftlosen Mietshausblöcke, als Stadt der Armut und Kriminalität. Man beschrieb sie entsprechend auch als „politischen und sozialen Köper einem Krebsgeschwür gleich", als Stadt „sozialer Korruption und totalen Verfalls" (Schlesinger nach Hall 1989: 34, Übers. UP). Diese Zustände provozierten bürgerliches Engagement, aber dies reichte nicht aus, um die Spanne zwischen Arm und Reich, Boom und Elend wirksam zu „harmonisieren". Das Instrument der Zonierung – in Anlehnung an die Frankfurter Zonenbauordnung lokal adaptiert – diente der Abgrenzung privaten gegenüber öffentlichen Grund und Bodens, regelte jedoch nicht die Dichte der Bebauung. Gleichwohl bemühte sich die Politik, die Lebensbedingungen in den Mietshausblöcken zu verbessern: Ein Gesetz von 1901 kodifizierte Raumstandards, Feuersicherheit sowie Richtlinien für eine sanitäre (Mindest-) Ausstattung. Die individuelle baulich-räumliche Ausprägung der Quartiere war unterschiedlich, die negativen Erscheinungsformen einer Großstadt hingegen waren sich diesseits und jenseits des Atlantik durchaus ähnlich, denn insbesondere die Wohnsituation der Minderbemittelten war wegen der Überbelegung des vorhandenen Wohnraums desolat.

Chicago war neben New York, Washington oder Boston eine Stadt, die schon deshalb städtebaulich von Bedeutung war, weil hier wesentliche Elemente amerikanischer Architektur entstanden waren, nachdem die Stadt 1871 durch einen Brand weit gehend zerstört und es damit notwendig geworden war, über eine zeitgemäße Neugestaltung zu diskutieren. Kurz darauf, 1873, wurde die Stadt zudem vom Börsenkrach erfaßt – dennoch wurde die Stadt schnell wieder zum Drehpunkt einer massiven industriellen Entwicklung an der Schnittstelle zwischen dem agrarischen Osten und dem stärker urbanisierten Westen des Landes. In dieser Stadt boomte das Fabrik- und Eisenbahnwesen. Entsprechend wurde die Stadt zugleich zu einer reichen bürgerlichen wie zu einer proletarischen Stadt, gleichermaßen geprägt von Bürgersinn und einem blühenden Geschäftsleben wie von der Arbeiterklasse, einem aktiven Gewerkschaftswesen sowie schließlich einem ausgeprägten Gangstertum. In diesen Jahren des dynamischen Wachstums von Handel und Industrie war die Nachfrage nach einer Steuerung der Stadtentwicklung und neuen Geschäftshausbauten entsprechend groß. Dies stimulierte gestalterische und bautechnische Innovationen. Ab dieser Zeit entstand die für viele Jahrzehnte in Architektur und Städtebau Richtung gebende Chicagoer Schule. Gegen Ende des Jahrhunderts hatte die Stadt zudem städtebaulich auf die nationale Diskussion verstärkt Einfluss nehmen können durch die fulminante Konzeption der Weltausstellung, die Columbian Exposition von 1893. Frederik Law Olmsted, der mit einer eigenständigen Gestaltung des Central Park in New York bereits in den 1850er Jahren in der westlichen Welt Aufmerksamkeit und große Anerkennung gefunden hatte, war zusammen mit seinem Mitarbeiter Henry Codman mit der Konzeption der Ausstellung beauftragt. Fasziniert von der Lage Chicagos am Michigan See, entwarfen sie zusammen mit Daniel Burnham und dessen Partner Root (schon!) damals den Plan eines „American Venice" (s. Kunzmanns Beitrag in diesem Band), einer inszenierten Landschaft aus Kanälen, Basins und Lagunen, gesäumt von weißen Ausstellungspavillons, unter denen Sullivans Gebäude mit dem monumentalen Bogenportal

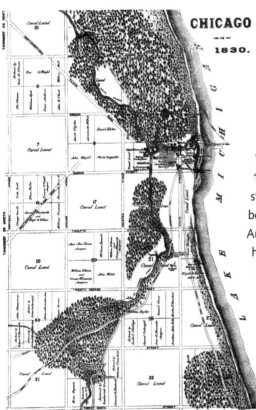

Abb. 6: Plan Chicago 1830
(Quelle: Miller 1996: 54)

als Fassade dominierte. Auf diese Weise wurde ein vernachlässigtes Seeufer in eine Sensation aus Wasser und weißen Gebäuden verwandelt, gemäß Olmsteds Vorstellung einer Kombination von Städtebau und Landschaftsplanung. Dieses Konzept inspirierte mehr als ein Jahrzehnt später den Planentwurf von Burnham und Bennett, den die Handelskammer (Commercial Club) von Chicago im Jahr 1906 bei ihnen in Auftrag gegeben hatte. Das achsiale Straßenraster des Plans und die weitläufigen Plätze, das pompös-monumentale Rathaus sowie die eintönige Blockbebauung schienen nicht die Lösung für eine – hüben wie drüben – wahrhaftige Abkehr von der verdichteten Industrie- und Mietskasernenstadt zu sein: Eine großräumige Planung, die jedoch aufgrund ihrer strengen Ästhetik sich kaum für eine Übertragung auf europäische bzw. deutsche Städte eignete. Doch die *city beautiful*-Bewegung widmete sich, dem Ansatz vom „künstlerischen Städtebau" verwandt, städtebaulichen Gestaltungsfragen, die eher dazu geeignet waren, auf mittelständische Wohngebiete zugeschnitten zu werden. Der Burnham-Plan für Chicago verstärkt diesen Planungsansatz, indem in ihm auch eine ausgeprägte städtische Grünflächenplanung integriert und ein hierarchisch gegliedertes Netzwerk von kunstfertig gestalteten Parks und grünen Wegesystemen vorgesehen war. Diese Planung basiert auf ersten Ansätzen aus den 1870er Jahre, die

Abb. 7: Chicago, Wabash Ave., ca. 1905
(Quelle: Postkarte, Chicago Historical Society)

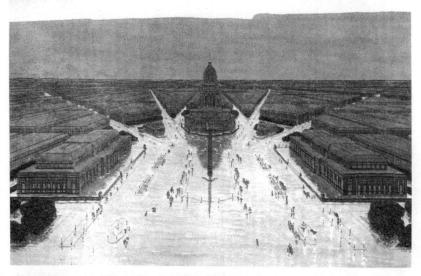

Abb. 8: Chicago Civic Center, Aquarell von Jules Guerin für den Plan of Chicago von Burnham und Bennett 1909 (Quelle: Hall 1989: 182)

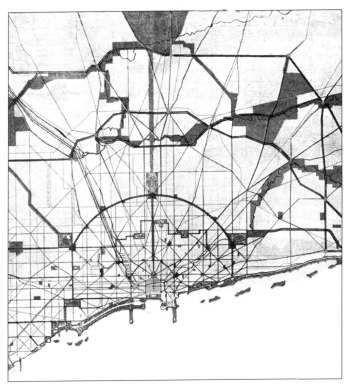

Abb. 9: Plan of Chicago, Grünflächenplan (Norden ist rechts)
(Quelle: Burnham/ Bennett 1909)

später durch die Südpark-Kommission weitergeführt wurde. Hegemann dokumentiert gleichwohl Ausschnitte aus dem Parksystem auch im Detail als vorbildhaft (Hegemann II:354, A 306, 308-321) und setzt die Qualiät der der Bostoner Planung gleich. „Die Schaffung einzelner Parks und eines zusammenhängenden und die Stadt durchdringenden Parksystems ist nur die eine Hälfte der großstädtischen Parkaufgaben. Die andere und nicht weniger wichtige Hälfte liegt in der wirkungsvollen Organisation und Nutzbarmachung der Parks für den öffentlichen Gebrauch. Das gilt ganz besonders von den Parks im Innern der Stadt. Wenn die großen grünen Flächen in der Umgebung der Großstadt dem Ausflugs- und Erholungsbedürfnis der Großstadtbevölkerung an Sonn- und Festtagen und an freien Nachmittagen dienen, so muß innerhalb der Stadt in sogenannter Kinderwagen-Entfernung, also 10 Minuten höchstens von jedem Hause ein gesunder Spielplatz gelegen sein, groß genug, um dem Großstadtkinde den Segen der freien Natur zu ersetzen und anziehend genug, um Kinder und Erwachsene dauernd zu jeder Jahreszeit und bei jedem Wetter zu fesseln. Nachdem Chicago bereits in den 1870er Jahren ansehnliche Fundamente zu seinem heutigen ausgedehnten Parksystem gelegt hatte, blieb die Parkentwicklung in den 1880er Jahren stehen (…), in der (dann) neu einsetzenden Parkbewegung muß besonders das Werk der sogenannten Social Settlements oder Nachbarschaftshäuser hervorgehoben werden (…)". Diese Parkbewegung zeigte, „daß große Dinge nur durch große ideale Anstrengungen entstehen können. (…) In diesem Zusammenhang muß des deutschen Einflusses gedacht werden, der aus den deutschen Kindergärten und ihren Sandhaufen für kleine Kinder zuerst in Boston und dann in anderen amerikanischen Städten wirkte. 1893 wurden in Chicago philantropischerseits die ersten kleinen Spielgelegenheiten auf unbebauten Baustellen eröffnet." (Hegemann II: 354)

Als der Berliner Architekt Werner Hegemann mit der Organisation der Berliner Ausstellung im Jahr 1910 beauftragt wird, ist er im Jahr zuvor bereits mit einer ähnlichen Aufgabe in Boston betraut gewesen und hat dabei Erfahrungen für eine solche Aufgabe sammeln können. Mit der Wahl Hegemanns war zugleich gewährleistet, dass internationale Beiträge nicht nur aus den Ländern Europas gezeigt wurden, sondern auch aus den Vereinigten Staaten von Nordamerika. Den *state of the art* in der Planung zwischen Europa und den USA zur Diskussion zu stellen, sich über die neuesten Entwicklungen diesseits und jenseits des Atlantik zu informieren, schien lohnend.

Werner Hegemann – Werdegang, Professionalisierung und Aufgaben

Die Art, wie die Berliner Ausstellung konzipiert und in die internationale städtebauliche Diskussion jener Zeit eingebettet war und werden konnte, ist zu hohen Teilen der Bildung und dem Verständnis Hegemanns nicht nur gegenüber der Architektur sondern insbesondere auch städtebaulicher Fragen im allgemeinen zuzurechnen. Werner Hegemann (1881-1936) war kein Architekt. Sein Interesse konzentrierte sich nicht auf den Entwurf von Gebäuden, vielmehr hat er sich im Lauf seines Studiums und späteren Lebens Wissen und Fähigkeiten in verschiedene Disziplinen angeeignet, die ihn insbesondere befähigten, ökonomische, soziale, organisatorische und schließlich auch ästhetische Aspekte der Planung zu reflektieren.

In einem 1916 datierten Lebenslauf schreibt Hegemann: „Mein Studium stand unter dem glücklichen Einfluss des verstorbenen (angeheirateten Onkels, UP) Otto March – Dr. March war Ordinarius der Fakultät Architektur an der Technischen Universität Berlin. Neben seiner Lehrtätigkeit unterhielt er ein eigenes Büro und war zugleich – inspiriert durch die Einrichtung einer Distriktverwaltung zur Schaffung eines Groß-Bostoner Parks im Jahr 1893 – ein enthusiastischer Verfechter der Idee der Gründung eines Verbandes Groß-Berlin als Selbstverwaltungsorgan, das 1911 – als freiwilliger Zusammenschluss (Erg. UP) – auch zustande kam" (BG-AS 1584.92.1/3).

Hegemann studiert zunächst in Berlin für kurze Zeit Philosophie und Geschichte (Crasemann Collins 1996: 2), reist im Anschluss 1898-1902 durch Europa und Nordafrika und setzt sein Studium erneut in den Jahren 1902 und 1903 fort, erst in Paris und im Jahr darauf in München. Noch 1904 geht er auf Empfehlung seines Pariser Lehrers Charles Gide nach Philadelphia (1904/05) und lernt bei Simon N. Patten mit dem Schwerpunkt der Sozialökonomie eine neue Richtung in diesem Fach kennen. Nachdem er zwischenzeitlich nach Europa zurückkehrt und in München mit einer Arbeit über die Goldwährung Mexikos promoviert, reist er 1908 erneut nach Philadelphia, wo er bei der Stadt mit einer Untersuchung über Lebensbedingungen in *slums* volontiert. Anschließend verfasst er für New York eine ähnliche Studie. Seinem Onkel in Berlin berichtet er von dort über die New Yorker Ausstellung zu Fragen städtebaulicher Verdichtung. Schon kurz darauf nimmt er eine Einladung nach Boston an, um in dem Komitee für die Ausstellung „Boston 1915" mitzuwirken. Dabei arbeitet er mit einer Reihe führender amerikanischer Architekten, Stadt- sowie Landschaftsplanern zusammen, mit Daniel H. Burnham, den Herren

Olmsted, Charles Mulford Robinson sowie John Nolen, ebenfalls ein Schüler Pattens. Der Bostoner Architekt Edward Filene macht ihn zum Sekretär der dortigen Städtebau-Ausstellung (Crasemann Collins 1996: 3; BG-AS 1584.92). Aufenthalt und Aufgabe in Boston erwiesen sich für Hegemann als prägend – von Bedeutung waren sie vermutlich für die Stadtplanung generell.

Noch im November 1909 wird Hegemann zum Generalsekretär der Berliner Ausstellung ernannt, die nun den Rahmen für die Präsentation der Wettbewerbsarbeiten bilden sollte. Diese Aufgabe bringt ihn umgehend mit einer Vielzahl bedeutender Vertreter des europäischen Städtebaus und deren Ideen in Verbindung. Dabei kann er auch bestehende Kontakte ausbauen. Anschließend kehrt Hegemann in die Vereinigten Staaten zurück, hält eine Reihe von Vorträgen in insgesamt 15 Städten und nutzt am Schluß das Angebot, sich für ein halbes Jahr in Oakland und Berkeley aufzuhalten.

Kaum zurück, geht er erneut auf Reisen, über Tokio, Canton, Sydney, Melbourne und Adelaide. Auf seinem Rückweg – mitten im Ersten Weltkrieg – wurde er einige Monate in Mozambique (Ostafrika) interniert. Noch 1916 kehrt er erneut in die Vereinigten Staaten zurück, wo er mit Elbert Peets, einem Landschaftsarchitekten in Milwaukee, Wisconsin, bis zum Jahr 1922 ein Büro betreibt und wo sie mit der Planung verschiedener kleinerer Gartenstadtsiedlungen beauftragt werden. Zusammen veröffentlichen Hegemann und Peets 1922 „The American Vitruvius", ein opulentes Œuvre über Stadtbaukunst, „an architects' handbook of civic art". Ziel war einen Thesaurus zu erstellen, eine repräsentative Beispielsammlung der Stadtbaukunst (civic art). Zunächst beziehen sich die Autoren auf Camillo Sitte, stellen dann jedoch in thematisch geordneten Kapiteln stadtbaukünstlerische Projekte aus der ganzen Welt vor (vorrangig jedoch aus den USA und Europa) – vom Siedlungsbau bis zu repräsentativen Stadtanlagen: insgesamt 1.203 Abbildungen, gezeichnet oder als reproduzierte Fotos, in Grundriss, Ansicht und/oder Schnitt. „Mit Peets teilte er (Hegemann) eine Architektur- und Planungs-Philosophie, die von einem starken sozialen Impetus geprägt war ebenso wie von praktischen Überlegungen und ästhetischen Wertvorstellungen" (Crasemann Collins 1988: XII). Nach dem ersten Weltkrieg erschienen, war die Resonanz auf dieses Sammelwerk in Deutschland jedoch verhalten, denn nach Kriegsende kehrt man dem Kaiserreich und seinen Traditionen weitgehend den Rücken und orientiert sich in Städtebau und Architektur an den neuen Formen der Moderne, der neuen

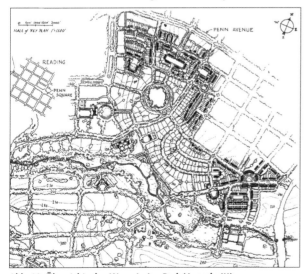

Abb. 10: Übersichtsplan Wyomissing Park (Ausschnitt)
(Quelle: Hegemann/Peets 1922: 281)

Sachlichkeit. Künstlerischer Städtebau oder „civic art" waren zu diesem Zeitpunkt kaum mehr von Relevanz, oder erhielten durch die Moderne neue Akzente.

Nach einem Aufenthalt in Süd-Amerika, wo er wiederum zahlreiche Vorträge hält, übernimmt Hegemann 1924 in Berlin schließlich die Redaktion und Herausgeberschaft von „Wasmuths Monatshefte für Baukunst" und „Der Städtebau", eine Aufgabe, die man ihm angeboten hatte. Hegemann baut die Zeitschrift in den folgenden Jahren zu einem führenden Fachorgan aus. In dieser Zeit schreibt Hegemann auch sein berühmtes Buch „Das steinerne Berlin", eine massive Anklage städtebaulicher Missstände in der Mietskasernenstadt und zugleich eine detaillierte Bau- und Sozialgeschichte Berlins. Als Publizist verfasst und veröffentlicht Hegemann zudem oft unter Pseudonym zahlreiche Schriften gegen Hitler – unter anderem in der „Weltbühne" – und wird somit als engagierter Widersacher bald Ziel einer von Hass erfüllten nationalsozialistischen Presse. Als er im Mai 1933 sieht, wie auch seine Bücher öffentlich verbrannt werden, entscheidet er sich umgehend, Deutschland zu verlassen: Er übersiedelt mit seiner Familie nach New York, wo er 1936 im Alter von 55 Jahren stirbt. Zwei Jahre später, 1938, erscheint posthum noch sein dreibändiges Werk ‚City Planning: Housing'.

Transatlantischer Dialog

Mit seiner „Welterfahrung" und den häufigen Reisen zwischen Europa und den Vereinigten Staaten von Amerika war Hegemann zweifelsohne ein kompetenter Vermittler zwischen der Alten und der Neuen Welt. Vertieft wurde der Dialog jedoch noch dadurch, dass Hegemann über das Interesse an formalen Fragen des Städtebaus hinaus auch an den ökonomischen und sozialen Zusammenhängen von Stadt und Stadtplanung eine intensive Neugier entwickelt hatte. Wenn man seine Unterlagen, soweit sie zugänglich sind*, durchsieht, hat seine Arbeit gelegentlich auch sehr akribische Züge – so studiert er bei seinem Aufenthalt 1909 in Boston Straßenführungen, und verliert sich dabei scheinbar in endlose Details. Dabei erwirbt er sich diese Genauigkeit zugunsten wichtiger Erkenntnisse beispielsweise über den Zusammenhang von Zentrum und Peripherie einer Großstadt (Boston), d.h. dem Verhältnis von Erreichbarkeit und dem Prozess der Suburbanisierung zu einem Zeitpunkt, zu dem in Europa die Stadt noch kompakt ist und nur zögerlich die ersten Gartenstädte am Rand der Städte entstehen. Verkehrsfragen werden später ein Schwerpunktthema im zweiten Teil des Ausstellungsbandes.

Als Hegemann 1909 die Organisation der Berliner Ausstellung übernimmt, hatte er sich auch – über die Kenntnis der Orte diesseits und jenseits des Atlantik hinaus – Einsicht darüber erworben, wie eine solche Ausstellung didaktisch aufzubauen sei. Als er für die Bostoner Ausstellung tätig wird, hatte er im Mai 1909 über die Ausstellung in New York geschrieben, „die erste Städtebau-Ausstellung (planning exhibition), (sei) ... eine hervorragende Arbeit, vielleicht die erste ihrer Art auf der Welt und weltweit beispielhaft" (BG-AS 1584/92). Für die Bostoner Ausstellung fragt er sich, wie ein entsprechendes didaktisches Konzept auszusehen habe, damit sie „eine gewisse Dramatik aufweist sowie spannend und überzeugend" ist. Sowohl der Fachwelt wie der Öffentlichkeit sollte sie nützen, wobei die Öffentlichkeit schrittweise auf den komplexen Charakter des Gegenstandes hinzuführen sei, auf einen sorgfältig aufgebauten Höhepunkt zuzugehen habe, der es (dem Besucher) unmöglich mache die Ausstellung zu verlassen, ohne dass ihm das dringende Bedürfnis zu Handeln „eingehämmert" worden sei. Außerdem reflektiert Hegemann, welcher Art Informationen und Material sein müssten, um eine Ausstellung, die durch und durch wissenschaftlich strukturiert ist, für die Bevölkerung einer Stadt interessant und attraktiv zu machen. Diese Betrachtungen führen ihn zu einer Definition von Stadtplanung als einem Gegenstand, der all das beinhaltet „was einen gemeinschaftlich genutzten Ort für die Bürger wünschenswert und zur Heimat macht" (BG-AS 1584.86). Seiner Meinung nach gehören dazu die Frage nach Haus und Wohnung, dem Kampf gegen die Rauchplage (d.h. gegen Luftverschmutzung), Spielplätze, Möglichkeiten für die Errichtung von Clubs für die arbeitende Bevölkerung, ... , Vergnügungsstätten (dance halls), Schulen (auch) für Immigranten, Siedlungen, Krankenhäuser, Wohlfahrteinrichtungen und vieles andere" (a.a.O.).

Hegemann war somit überzeugt davon, dass es nicht ausreicht entwerfen zu können, um ein guter Planer zu sein, sondern dass es ebenso erforderlich ist, sich mit Fragen der Umwelt, mit wirtschaftlichen und sozialen Belangen sowie mit technischen und administrativen Dingen auseinanderzusetzen. Außerdem gälte es darüber nachzudenken, wie er seine Arbeit den Menschen präsentiert und schließlich auch mit der Bevölkerung als Bertroffene und Nutzer kommuniziert.

Wie weit nun die Berliner Ausstellung diesen seinen Kriterien entspricht, ist nicht deutlich und hier auch von nachrangiger Bedeutung. Der Grundriss der Ausstellung zeigt eine gemischte Abfolge von Themengruppen und Stadtpräsentationen (Becker (1992: 122). Dass die Arbeiten und Materialien zu Berlin an besonders repräsentativer Stelle – in der Eingangshalle zusammen mit Wien und im Mittelsaal des 1. Obergeschosses mit Paris und Budapest – gezeigt werden, ist selbstverständlich, waren diese Städte als Metropolen gleichwertig und durch ihren Umbau im 19. Jahrhunderts auch am ehesten vergleichbar.

Ergiebiger ist, die beiden Bände über die Ausstellung auszuwerten, obgleich sie nicht die Ausstellung als solche im Sinne eines Katalogs wiedergeben. Der erste Band handelt vorrangig von der Berliner Stadtentwicklung mit zahlreichen Exkursen zu anderen Städten in Europa und Amerika. Der zweite Band thematisiert insbesondere zwei Schwerpunkte – städtische Verkehrssysteme sowie Grün- und Freiflächenplanung, jeweils mit Hinweisen auf Beispiele in europäischen und amerikanischen Städten. Lewis Mumford (1979/II: 828) nennt die Bände später in seiner „Geschichte der Stadt" die „besten Dokumentationen über Stadtplanung und Wohnungsbau vor dem ersten Weltkrieg".

Hegemann war ein ausgezeichneter Kenner Berlins, zugleich aber ein heftiger Kritiker der jüngsten Entwicklung dieser Stadt als Industriemetropole, als Stadt der Spekulation, als „verschlammte" Stadt (I: 81), die sich in der hoch verdichteten Mietskasernenstadt manifestierte. Der erste Band beginnt jedoch zunächst mit der Schilderung Berlins und seiner Entwicklung von einer bescheidenen preußischen Garnisons- und Residenzstadt zu einer Stadt des Klassizismus, verschönert durch repräsentative Bauten des Architekten Friedrich Schinkel unter der Regentschaft Friedrich Wilhelms III („Die Monumentalstadt", Band I, 114 ff). Im späten 19. Jahrhundert unterliegt sie schließlich dem Wandel zur Industriestadt und kaiserlichen Metropole. Dieses rasante Wachstum zwingt notwendigerweise dazu, so Hegemann, die weitere Entwicklung stärker zu steuern – der Wettbewerb ist ein Mittel, um ein Bild von einer möglichen zukünftigen Entwicklung zu entwerfen. Aber auch die Gründung von Groß-Berlin, einer erweiterten Metropole, in der eine einheitliche Bauordnung trotz vorhandener kommunalen Grenzen gilt, wo die Verwaltung in einer Hand liegt – ähnlich dem Verband von Groß-Boston – dient diesem Zweck.

Zugleich stellt Hegemann in diesem Band Berlin auch anderen Städten Europas und Nordamerikas gegenüber, er vergleicht sie statistisch mit Paris, Wien, London, New York oder Chicago (Band I: Abb. 107), mit der *downtown* Bostons und deren Erweiterung durch eine großbürgerliche Bebauung am umgestalteten Charles River (wofür wiederum die Hamburger Binnenalster als Vorbild gedient hatte). Downtown und Back Bay schildert er, gemäß seiner Studien, umgeben von einem endlos sich in die Fläche ausbreitenden Angebot an niedrig geschossiger Wohnbebauung und preiswerten „Gartenstädten" („City, Slums und Millionärsviertel im inneren Boston", Band I: Abb 23). Hegemann vergleicht die Berliner Situation aber nicht nur mit Beispielen des Wohnungsbaus. Er zeigt anhand eines Plans über Grundeigentum das Verhältnis zwischen Grundbesitz und Verkehrssystemen und stellt dabei Berlin Boston mit seiner elektrischen Straßenbahn gegenüber indem er die räumlichen Auswirkungen dieses Verkehrsmittels erläutert (Band I: 55).

Drei Zitate auf der Titelseite des zweiten Bandes dokumentieren sein Engagement und seine eigene fachliche Position in dem Willen, die Missstände zu lindern bzw. zu beseitigen:

„Die besitzenden Klassen müssen aus ihrem Schlummer aufgerüttelt werden; sie müssen endlich einsehen, dass, selbst wenn sie große Opfer bringen, die nur eine mäßige, bescheidene Versicherungssumme ist, mit der sie sich schützen gegen die Epidemien und gegen die soziale Revolutionen, die kommen müssen, wenn wir nicht aufhören, die unteren Klassen in unseren Großstädten durch die Wohnungsverhältnisse zu Barbaren, zu tierischem Dasein herabzudrücken."
(Gustav von Schmoller)

„Berlin müssen wir zuerst erobern; dann kann auch den anderen Städten geholfen werden" und *„Es ist die allgemeine nationale Sache, die wir vertreten. Und unser Ziel muss das größte sein, das in der Gegenwart unserem Lande gestellt ist: Unser Volk emporzuheben aus dem Stande und den Gesinnungen des Proletariats zu der Stellung des Staatsbürgers."*
(Rudolf Eberstadt)

Im diesem zweiten Band behandelt Hegemann jene zwei Themen, die mittlerweile – neben dem Engagement für das städtische Wohnen – von zentraler Bedeutung sind: Verkehrs- und Grünflächenplanung. Aus der Ausstellung dokumentiert Hegemann Beiträge zum Großstadtverkehr für Berlin, London und New York, für Stockholm und München, Wien, Paris und Budapest. In Düsseldorf kamen noch die Pläne von Burnham und Bennett für Chicago hinzu.

Die Verkehrsplanung betrachtet Hegemann als Schlüsselfrage der Stadtentwicklung. Seine Erfahrungen aus den Vereinigten Staaten lassen ihn zudem zu einem Verfechter der dezentralisierten, radialen Stadtstruktur werden, weil die Bevölkerung in ihr stärker mit der Natur in Berührung kommt. Dazu bedarf es neben einem radialen Verkehrskonzept einer extensiven Parkpolitik, die den städtischen Organismus strukturiert. Auf diese Weise wird es den Bewohnern ermöglicht, Sport und Erholung zu einem Teil ihres täglichen Lebens zu machen. Angebote für sportliche Aktivitäten im Wohnumfeld zu unterstützen bedeutet für Hegemann zugleich, die Bebauung entsprechend zu ordnen und auf diese Weise die Wohngebiete zu durchlüften.

„Beinahe alle neuen Errungenschaften des Städtebaus, die an Stelle der konzentrierten Städte (…) die dezentralisierten Städte der Neuzeit gestellt haben, wurden in England und Amerika gemacht. Dort entwickelte sich seit dem 17. Jahrhundert ein neues Verkehrswesen; auf Grund dieses Verkehrswesens kam es zur Trennung von Wohn- und Geschäftsstadt, zur Zentralisation der Geschäfte in der City und zum Auseinanderschwärmen der Wohnstätten in gartenstadtartige Vororte. Der an die freie Natur gewöhnte Bewohner dieser dezentralisierten Großstädte stellte neue, bis dahin unerhörte Anforderungen an Freiflächen, und dank der durch Kleinhaus und gartenmäßige Verwendung niedrig bleibenden Bodenwerte konnte es zur Planung und Entstehung von großen Parksystemen mit radialer Durchdringung des städtischen Organismus kommen, die Natur und Luft auch bis in die aus früheren städtebaulichen Epoche verbliebenen und sich schnell in Geschäftszentralen wandelnden Altstädte zu tragen anfangen. (…) Diese neue Behandlung der Freiflächen wiederum förderte ganz neue Gedanken über die Verteilung und Gruppierung der öffentlichen Gebäude und der Orientierung und Durchlüftung der Wohnstraßen zutage, wobei (…) die ‚briefmarkenartig' verteilten ‚Schmuckplätze' (…) ersetzt werden durch planvolle Zusammenfassung der Freiflächen zu zusammenhängenden, ganze Quartiere durchlüftenden Streifen. – Diese ganz neuartige Entwickelung des Städtebaus in den anglosaxonischen Ländern steht und fällt mit der Entwicklung des modernen Verkehrswesens (…)" (Hegemann 1913/II: 156-157).

In die Darstellung der beiden Themenkomplexe Verkehrs- und Transportwesen (Band II: 155-336) und Freiflächen (Band II: 337-397) integriert Hegemann eine Analyse der europäischen Stadtplanung und nutzt die Geschichte dabei, um moderne Probleme oder Entwicklungen zu erklären – sowohl anhand der europäischen Städte und Metropolen wie an amerikanischen Beispielen. Außerdem erläutert er die Prinzipien zentraler und dezentraler Stadtstrukturen in vorindustriellen Zeiten und deren Einfluss auf die Stadtplanung.

Zu Beginn des Kapitels über die Freiflächen zitiert er verschiedene Pläne aus den Vereinigten Staaten: Dabei unterstreicht er die Rolle des Sports als eine Möglichkeit (sozialer) Assimilierung. In diesem Kontext verweist er auf den Plan von Charles Eliot für Boston und die Vernetzung von Parks und Spielflächen, die diesen Plan kennzeichnen (s. auch Petz 1986, 1997). Mit der dramatischen Situation in Berlin vor Augen plädiert Hegemann für ein neues Verfahren, städtische Siedlungsgebiete zu strukturieren, in dem Grünräume identifiziert werden und er schlägt vor – in der Kenntnis, dass solch ein Ziel zu erreichen lange dauert –, die betroffenen Gemeinden mit der Stadt Berlin in einem Verband zusammenzufassen, um diesen Plan zu realisieren. In diesem Kontext

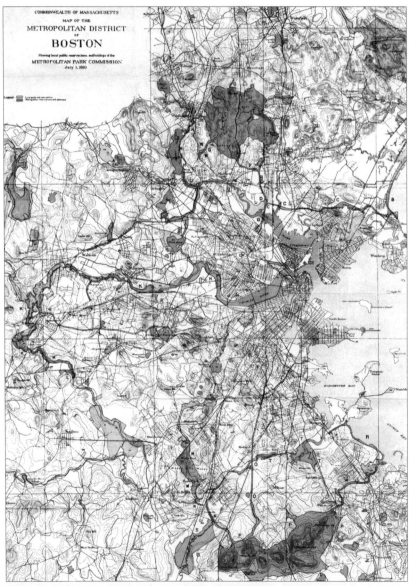

Abb. 11: Grünflächenplan für Boston, Charles Eliot, Planung 1903
(Quelle: Eliot 1902, Faltblatt)

zitiert er erneut den Plan für Chicago, aber auch Beispiele wie den Plan des Beigeordneten Robert Schmidt, dem späteren Direktor des Siedlungsverbandes, für die Stadt Essen, der bereits – so Hegemann – zu diesem Zeitpunkt erfolgreich umgesetzt wird (vgl. II: 357 und 389; A 398). Weiter geht Hegemann auf die Gestaltung von Flächen hinsichtlich ihres Gebrauchs ein und erwähnt die Kosten, die für den Erwerb für Grund und Boden erforderlich sind – ebenso wie er über die Rolle der lokalen Verwaltung und deren notwendige Kompetenzen reflektiert.

Er beschreibt auch den Plan von Charles Eliot für Boston sowie, ausführlich, die Parks der bereits vor dem Burnham/Bennett-Plan tätigen Chicagoer Südpark-Kommission (II: A 306, 308-314, 316-321). Aber auch Beispiele aus New York werden aufgeführt, darunter natürlich der Central Park (A 408), Konzepte aus Philadelphia, Washington und anderen Städten und zahlreiche Einzel-Projekte der berühmten Gebrüder Olmsted, Brookline-Boston, wie den Entwurf einer Gartenvorstadt für Boston von 1884 (II: A 299), Planung und Realisierung des Sumpfflüßchen-Parks in Boston von 1892 („Muddy River"; II: A 300-302), Franklin Park, Boston 1891 (II: A292) beispielhaft zwei Squares in Chicago, „Park Number Fourteen" und „Park Number Two" (II: A304, 305), sowie den Plan von Chicago selbst (II: A 214-216 ; A 329 und 330).

Fragen der Stadtplanung als theoretischer Diskurs nach 1900

Wohnungsfragen, Verkehrsplanung und Freiraumpolitik sind somit um 1910 die wesentlichen Themen in dem Bemühen um ein verbessertes Leben in der Großstadt. Entsprechend fördert die allgemeine Diskussion die Entwicklung der Disziplin Städtebau und Stadtplanung. Es gilt, die Reformansätze zu nutzen. Es werden Visionen für ein neues, von Zwängen befreites Leben entworfen sowie nach neuen Wegen zum Abbau gesellschaftlicher Differenzen gesucht. Doch auch das Leben im Haus sollte, befreit von den muffigen Einrichtungen des vergangenen Jahrhunderts, durch die Rückkehr zur handwerklichen Produktion dem alltäglichen Leben Helligkeit und Licht geben – eine Idee, die sich gut mit den Idealen des Deutschen Werkbundes und dem Bau von Gartenstädten verbinden ließ. Damit kam die Verbindung von Kunst und Handwerk insbesondere in der Realisierung der Gartenstadt dem Wunsch nach einem künstlerisch gestalteten Städtebau entgegen. Beide, die Stadt im Grünen und künstlerischer Städtebau waren willkommene Entwürfe und vermutete wirksame Heilmittel gegen die Industriestadt. Das erste Jahrzehnt des neuen Jahrhunderts war somit für viele Menschen Motivation im Städtebau neue Wege einzuschlagen. Eine zwar durchaus kritische zugleich aber zuversichtliche Stimmung hatte sich breit gemacht – bis die Niederlagen des Ersten Weltkriegs dieser Zuversicht ein Ende bereiteten.

Die Sichtweise analog der Beschreibung, die Hegemann von der amerikanischen Stadt liefert, bestätigt sich: Sie als radiales, und damit offenes System zu sehen, bei dem sich die suburbane Entwicklung entlang von Radialen des Verkehrs vollzieht, setzt sich durch, denn es ist gegenüber dem konzentrischen System in der Lage einen Dialog zwischen Stadt und Land zu führen sowie den Freiraum in die Stadt zu holen und ihn als Netzwerk zu nutzen. So das Modell. Die Pläne für Boston und Chicago demonstrierten, dass dies in die Praxis umzusetzen auch intendiert ist.

Die ausgestellten Pläne machten deutlich – wie bei Hegemann dokumentiert –, dass Verkehrssysteme – Schiene wie Straße – als lineare Verknüpfungen von Orten Netze bilden. Freiflächen jedoch als Netzwerk zu entwickeln ist nur dann möglich, wenn die einzelnen Flächen untereinander durch grüner Bänder verbunden, bestehende Korridore dafür erhalten oder geschaffen und beide mit der Stadtstruktur verknüpft werden. Das radiale System bietet die Gelegenheit, die Stadtstruktur nach diesen neuen Erkenntnissen zu gestalten und von der Stadt aus den Zugang zu Natur und Freiraum zu verstärken. Dieser potentielle Wandel in der Betrachtung städtischer Raumstrukturen wird von verschiedenen neuen Ideen und Konzepten unterstützt und vorangebracht:

- Howards Konzept verlagert bewusst die zu errichtenden Gartenstädte ins grüne Umland der Metropolen, sein Ziel ist, die Vorteile des Landes mit denen der Stadt zu verbinden: Ein sich ergänzendes, dezentrales Siedlungsmodell.
- Das Bedürfnis der Städter nach einem verstärkten Kontakt mit der Natur in der Industriestadt stimuliert Bemühungen, den Zugang zur Natur zu verbessern, Stadt und Natur gleich berechtigt nebeneinander zu behandeln und den Austausch untereinander zu ermöglichen .
- „Licht, Luft und Sonne" – und damit die Wirkung des Sport – werden als Mittel gegen Krankheiten und Seuchen eingesetzt, ein Mittel, das die Gesundheit stärkt und die Lebensbedingungen gegenüber einer von Krankheit und Mangel geschwächten Bevölkerung wieder herstellt.

Praktische Anwendung: Boston und das Ruhrgebiet

Charles Eliot, Autor des Plans für Boston, fasst dies so zusammen: „Der Park (…) sollte Ort der Ruhe und Erholung sein für Menschen, die keine Zeit oder auch nicht die Kraft haben, sich oft auf zu machen um in der Landschaft draußen Erholung zu finden. Der müde Städter sollte nach der Arbeit schnell die Möglichkeit haben sich in der Natur zu erholen, Frauen und Kinder sollten in der Nähe der Wohnung einen Naturraum haben, wo sie den Tag oder Nachmittag in Ruhe verbringen oder spielen können. Dort sollte es so ruhig als möglich sein und alles sollte so gestaltet sein, dass der Friede des Landes den Geist erfreuen kann und uns die Stadt vergessen macht" (Eliot 1999: 228, Brief v. 10. Mai 1888). Nicht nur dem wohlhabenden Bürgertum sollte dies zu kommen, sondern auch dem Arbeiter und seiner Familie.

Ab 1892 entwickelte Charles Eliot, ein junger Landschaftsplaner, der im Büro der Firma Olmsted kurz gelernt, sich aber bald selbständig gemacht hatte, einen Plan für ein Netzwerk von Parks, Wasserflächen, Frei- und Grünräumen unter Einbeziehung der Küste für die Großstadt Boston, in dem Parks und Freiflächen untereinander durch grüne Achsen, Wege oder von Grün gesäumten Tälern verbunden wurden. Eliots Plan für die Großstadtregion von Boston wurde, wie gesagt, auf der Ausstellung in Berlin bzw. Düsseldorf gezeigt und hat möglicherweise mehr noch als der Plan von Chicago Aufmerksamkeit erregt. Hegemanns Onkel, March, war die Bostoner Planung schon vor der Auslobung des Wettbewerbs bekannt gewesen.

Anlässlich der Ausstellungseröffnung in Düsseldorf wurde eine Vortragsreihe organisiert sowie eine Besichtigungsfahrt arrangiert mit dem Ziel, die Schaffung eines rechtsrheinischen Nationalparks zu diskutieren. Zu einer ersten, vertraulichen, Besprechung in dieser Sache im September 1911 hatte man auch den Geschäftsführer der Städtebauausstellung, Dr. Hegemann, in den „Arbeitsausschuß zur Erhaltung und Erschließung von Grünflächen im rheinischen Industriebezirk zu Düsseldorf" eingeladen. Hegemann hielt „einen längeren Vortrag (...), in dem er seine Erfahrungen und Beobachtungen in der Anlage und Schaffung von Wiesen- und Waldgürteln in den amerikanischen Gemeinwesen darlegte und diese auf das Industriegebiet des hiesigen Bezirks an der Hand von Karten übertrug". Hegemann beschreibt in seinem Vortrag den Plan für Groß-Boston als ein besonders schönes System öffentlicher Grünflächen, das man bereits seit 1893 zu erhalten und zu pflegen beschlossen hatte. Dies wäre gelungen, weil durch den Zusammenschluss einer Vielzahl von Städten und Gemeinden die Last der Pflege sich auf viele Träger verteilten. Im Falle Bostons lobt Hegemann zudem die Gestaltung der Landschaft, die Führung der Wege, die Betonung von Baumgruppen, die Einbindung von Wasserflächen und sogar eines aufgelassenen Steinbruchs, der ebenfalls in das System integriert werden sollte. Hegemann konstatiert ein zunehmendes Bedürfnis von Seiten der Bevölkerung, sich im Freien zu betätigen, Sport zu machen, zu Wandern, zu Reiten, Rad zu fahren – aber auch Freude am „Wagen- und Automobilfahren" zu haben. In Amerika, so Hegemann, habe er zudem beobachtet, dass es „neben der Freude am eigenen Heim vielleicht kein wirksameres Gegengift gegen Schwierigkeiten sozialer Natur, als gemeinsame Interessennahme verschiedener Gesellschaftsschichten an edelen sportlichen Bestrebungen" gibt (Vortrag Düsseldorf, 29.09.1911, StA Duisburg).

Die Darstellung Hegemanns zu diesem Plan hat die Gründung einer Kommission stimuliert, die in der Tat ihr Ziel darin sah, einen Nationalpark für den rheinisch-westfälischen Industriebezirk zu schaffen. Diese Initiative führte nach dem ersten Weltkrieg im Jahr 1920 – allerdings mit veränderter Zielsetzung – schließlich zur Gründung des ersten regionalen Planungsverbandes in Deutschland, des Siedlungsverbands Ruhrkohlenbezirk (SVR). Dessen Hauptaufgaben wurden darin gesehen, auf regionaler Ebene für den Erhalt von Grün- und Freiraum zu sorgen sowie die Verkehrsstruktur der Region zu verbessern - analog zu den Themen des zweiten Bandes der Hegemannschen Dokumentation. Im Revier galt es in der Tat, ein effizientes Verkehrsnetz zu schaffen und damit die wirtschaftliche Zukunft der Region zu sichern, sowie die für die Gesundheit der Bevölkerung erforderlichen Grünräume zu erhalten und auszubauen (Petz 1986, 1995). Dies ist bis heute die Grundstruktur für eine Wirtschaftsregion, die an der Wende zum 21. Jahrhundert zwar massiv von der De-Industrialisierung betroffen ist, deren System von Freiräumen jedoch über die Jahrzehnte hinweg nach und nach von einem Fleckenteppich aus Einzelstandorten zu einer Art Netzwerk entwickelt werden konnte und noch wird. Der Emscherpark, diese Addition aus höchst verschiedenartigen Grünflächen, läßt sich inzwischen als Rückgrat für eine regionale Parklandschaft nutzen, die zusammen mit dem Verkehrsnetz nun die Basis bildet, für zukünftige Entwicklungen neue räumliche Angebote bereit stellen zu können.

Das lange Jahrzehnt zwischen der Jahrhundertwende und dem Ersten Weltkrieg hat, so läßt sich feststellen, die Disziplin Städtebau und Stadtplanung in den USA und in Europa gestärkt sowie im Bemühen, die städtische Umwelt den modernen Entwicklungen anzupassen, befördert – und dies im gegenseitigen Austausch.
Nach dem verlorenen Krieg 1918 war in Deutschland aus einem (verspäteten) Kaiserreich die Republik von Weimar geworden, das russische Zarenreich durch die Revolution beseitigt. Das öffnete den Weg für die Realisierung einer in Europa von sozialistischen Ideen getragenen „absoluten" Moderne, die sich traditioneller Strukturen weit gehend entledigen wollte; das öffnete zudem den Weg in eine Neue Sachlichkeit in Architektur und Städtebau und das öffnete schließlich der Möglichkeit den Weg, analog zu den von Henry Ford entwickelten Produktionsverfahren auch durch einen rationalisierten Siedlungsbau in Europa der allgegenwärtigen Wohnungsnot zu begegnen. Am Krieg hatte Amerika Anteil, aber er fand in Europa statt und Amerika gehörte zu den Siegermächten. Der – nach wirtschaftlicher Stagnation und Ruhrbesetzung – schon fast abrupte Übergang in die städtebauliche Moderne war zudem begünstigt durch den Einfluß aus den Niederlanden, die, vom Krieg betroffen jedoch an ihm nicht beteiligt, sich bereits neuen Ansätzen in der Stadtplanung geöffnet hatten. Das erleichterte insgesamt den Blick über die Grenzen, auch in die nun etablierte Neue Welt, die mittlerweile eine Welt des „Fordismus" und „Amerikanismus" war. Vor Ort galt es, sich dies auch anzusehen: Schmidts Stellvertreter in Essen, Rappaport, studierte Straßenführung und Straßenbau in den 1920er Jahren auf mehreren Reisen in die Vereinigten Staaten, der Berliner Stadtbaurat Martin Wagner und Ernst Reuter, Stadtrat für Verkehrswesen, informierten sich vor Ort über die Moderne, über neue Transport- und Verkehrssysteme, über Architektur, Siedlungs- und Hochhauswesen oder die Dynamik der amerikanischen Großstadt, an der die Dynamik der Wirtschaft abzulesen war (Barclay 2000: 101). Es gab jedenfalls wieder genug Fragen über die sich Planer aus Europa und Amerika auf dem Internationalen Städtebaukongress 1924 in Amsterdam und ein Jahr später, 1925, in New York auszutauschen wußten. Robert Schmidt konnte dort bereits über eine sich als erfolgreich abzeichnende Landesplanung im Ruhrgebiet berichten - ihr Einfluß auf die später unter Roosevelt im Rahmen des

New Deal initiierte Planungs- und Gestaltungsaufgaben der Tennessee Valley Authority (TVA) ist belegt (Pepler 1967).

Die Radikalität des Wandels zur Neuen Sachlichkeit hingegen mobilisierte schließlich in Deutschland erneut konservative Kräfte, derer die Moderne und ihre Vertreter gehofft hatten, sich entledigt zu haben. Werner Hegemann ist 1936 in New York im Exil gestorben. Die weiteren Entwicklungen, auch in der Stadt- und Landschaftsplanung, blieben ihm, dem frühen Gegner Hitlers erspart, doch man lernte weiterhin vom Anderen.

Literatur

Barclay, David E. (2000), Schaut auf diese Stadt. Der unbekannte Ernst Reuter, Berlin
Becker, Heidede unter Mitarbeit von Sabine Knott (1992): Geschichte der Architektur und Städtebauwettbewerbe, Stuttgart u.a.
BG: Berlinische Galerie, Nachlass Hegemann
Burnham, Daniel H. und Edward H. Bennett (1909): Plan of Chicago (reprint 1970)
Collins, George R. und Christiane Crasemann Collins (1986): Camillo Sitte: The Birth of Modern City Planning. New York
Crasemann Collins, Christiane (1988): Hegemann and Peets: Cartographers of an Imaginary Atlas. In: Werner Hegemann und Elbert Peets: The American Vitruvius. An Architect's Handbook of Civic Art. Princeton AP. New York, XII-XXII
Eliot, W. Charles (1902): Charles Eliot, Landscape Architect. Boston
d'Eramo, Marco (1996): Das Schwein und der Wolkenkratzer. Chicago: Eine Geschichte unserer Zukunft. München
Girouard, Mark (1987): Die Stadt. Frankfurt/New York: Campus
Goecke, Theodor und Camillo Sitte (1904): Der Städtebau. Heft 1, Vorwort
Hall, Peter (1989): Cities of Tomorrow. Oxford
Hegemann, Werner (1911, 1913): DER STÄDTEBAU nach den Ergebnissen der Allgemeinen Städtebau-Ausstellung in Berlin nebst einem Anhang: Die Internationale Städtebau-Ausstellung in Düsseldorf. Berlin
Hegemann, Werner und Elbert Peets (1922): The American Vitruvius, an architects' handbook on civic design. New York (reprint 1988: New York, Braunschweig, Wiesbaden)
Die Lebensreform (2000): Entwürfe zur Neugestaltung von Leben und Kunst um 1900. 2 Bde. Darmstadt
Miller, Donald L. (1996): City of the Century. The Epic of Chicago and the Making of America. New York
Mumford, Lewis (1979): Die Stadt. Geschichte und Ausblick. 2 Bde. München
Petz, Ursula von (1986): Planung im Revier. Entstehungsbedingungen der Landesplanung im Ruhrgebiet nach 1900. In: RaumPlanung 33, 82-87
Petz, Ursula von (1997): Ruhr Basin 1920. Wirtschaftsplan für den Ruhrkohlenbezirk. In: Bosma, Koos und Helma Hellinga (Hg.): Mastering the City. North European City Planning 1900-2000. vol II, 184-191
Posener, Julius (1968): Ebenezer Howard: Gartenstädte von morgen (1902). Das Buch und seine Geschichte. Frankfurt/M, Wien
Reps, John W. (1965): The Making of Urban America: A History of City Planning in the United States. Princeton.
Pepler, G.L. (1940): Memorandum. In: Royal Commission on the Distribution of the Industrial Population, Report London (reprint 1967), Appendix IV
Sitte, Camillo (1909): Der Städtebau nach seinen künstlerischen Grundsätzen, vermehrt um „Großstadtgrün". Reprint der 4. Auflage. Braunschweig/Wiesbaden
Wilson, William H. (1980): Ideology, Aesthetics and Politics of the City Beautiful Movement. In: Sutcliffe, Anthony (Hrsg.): The Rise of Modern Urban Planning 1800-1914. London, 166-198
Wuttke, Robert (1903): Die Deutschen Städte, Dresden

Anmerkungen

* Ein Teil des Nachlasses ist noch in privater Hand.
** Neben den Metropolen werden auch Beispiele aus Städten wie Savannah, Reading, Roanoke, San Diego, Madison, Seattle, Louisville, Demoines, Baltimore, etc. zitiert.

Gerhard Fehl
Stadt im ‚National Grid': Zu einigen historischen Grundlagen US-amerikanischer Stadtproduktion

„Stadt im Raster" ist ein immer wieder beliebtes Thema bei Städtebauern (u.a. Kostof 1992, Lindemann 1999), lässt sich doch darüber trefflich streiten und gleichzeitig ein roter Faden durch die Geschichte des Städtebaus ziehen von Hippodamus von Milet über römische Stadtgründungen, mittelalterliche Bastiden, hin zu barocken Stadtplänen wie Mannheim oder Turin und schließlich zum Barcelona des mittleren 19. Jahrhunderts; auf diesen roten Faden werden gern auch aufgereiht New York und jene US-amerikanischen Städte, die seit dem ausgehenden 18. Jahrhundert zu Hunderten im Raster angelegt wurden – am bekanntesten wohl Cincinnati (Ohio), Chicago (Illinois), Houston (Texas) und Seattle (Washington).

Während die griechischen, römischen, mittelalterlichen, barocken und gründerzeitlichen Raster-Stadtpläne Europas alleine auf die Stadt zugeschnitten waren und mit ihrer Regelmäßigkeit ihre Dominanz über das Land demonstrierten, wurde demgegenüber in den USA seit dem ausgehenden 18. Jahrhundert zunächst das regelmäßige Raster über ein ganzes Territorium ausgespannt; die Städte mussten sich dann in das Raster einordnen. Die Bodenaufteilung von Stadt und Land wurde durchgehend durch das geodätische 1-Meilen-Gitter (1 *american standard mile* = 1,61 km) des später so genannten National Grid geregelt. Mit der Vermessung der zwischen Appalachen und Mississippi neu aufzuschließenden „Nord-Westlichen Territorien" (*North-Western Territories*, zuweilen auch *Western Territories* genannt) trug dieses Prinzip einer weitmaschig-gleichförmigen Grobaufteilung des Landes maßgeblich dazu bei, die überlieferte Dominanz der Stadt über das Land aufzuheben oder doch zumin-

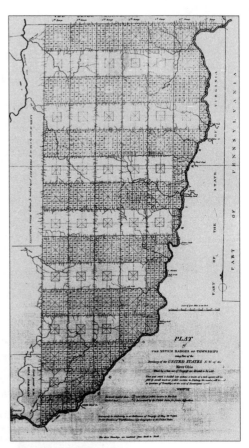

Aufteilung des ersten Erprobungsgebietes Seven Ranges im Osten von Ohio, 1786: Aufteilung in Quadratmeilen und Zusammenfassung von je 36 Quadratmeilen zu townships, die nach dem folgenden Schema von der Bundesregierung vermarktet wurden.
(Quelle: Reps 1992)

dest stark einzuebnen – und verlieh den auf dieser Grundlage produzierten amerikanischen Rasterstädten eine deutlich andere Qualität, als den zuvor erwähnten europäischen: Stadt und Land waren fortan ein und demselben Ordnungsprinzip der groben Bodenaufteilung unterworfen; ein Prinzip, das vor allem einen von Privilegien freien, egalitären Zugang zum Grunderwerb in Stadt und Land unterstützte (Conzen 1990: 146, Grant 2001: 225 ff), eine Stadtgründung an jeder beliebigen Stelle einzufügen erlaubte und, als neutral gegenüber den Nutzungen, ebenso in einem landwirtschaftlichen Zusammenhang bestehen konnte, wie in einem gewerblich-industriellen. Schließlich ließ sich bei Stadtgründungen die Feinaufteilung des Bodens, die Straßen- und Parzelleneinteilung, vielfältig variieren – ja sie wich, ohne den *National Grid* in Frage zu stellen, häufig genug auch von ihm ab, wenn beispielsweise die Topografie es erforderte.

In den USA ging es beim *National Grid* indes nicht nur um die gleichförmige Aufteilung von Boden. Vielmehr wurde mit der von Privilegien freien und mit der dem Markt konformen Verteilung des Bodens von staatlicher Seite der äußerst knappe Rahmen eines „National Land Systems" (Treat 1910) gesetzt, der die geordnete Besiedlung der neuen Territorien sicherstellte und die Grundlage bildete für das heute noch bestehende, breit gestreute private Grundeigentum. Der staatliche Rahmen war so zweckmäßig, wie er knapp gehalten war, hatte doch die 1787 verabschiedete Neue Verfassung in Artikel I, Abschnitt 8 das Prinzip der Subsidiarität verankert: Die Bundesregierung darf nur diejenigen Aufgaben regeln und tragen, die die Bundesstaaten oder die Gemeinden nicht zu erfüllen vermögen, wie z.B. die Landesverteidigung, die politische Vertretung nach Außen, das Münz-, Währungs-, Post- und Zollwesen (Blanke 1949: 12-18). Eine Einmischung der Bundesregierung in

E = Education / Ausbildung
V = Veteranen
SR = Staats - Reserve

township von 36 sqm nur als Ganzes zu kaufen

township von 36 sqm nur nach sqm zu kaufen. Die Ziffern bezeichnen die verkäuflichen Rasterflächen

1 sqm = 2,59 qkm
36 sqm = 92,73 qkm

Schema der Reservierung von Boden für die Bundesregierung in den zwei verschiedenen Arten von townships im Erprobungsgebiet Seven Ranges in Ohio, 1786.

die inneren Angelegenheiten der Einzelstaaten oder der Gemeinden lässt dieses Prinzip nicht zu – schon gar nicht einen Eingriff in die Steuerung ihrer räumlichen Entwicklung. Der knapp gesetzte Rahmen konnte bei dem von der Bundespolitik als besonders bedeutsam angesehen Aspekt der Auf- und Verteilung des Bodens nur einen hilfreichen Anstoß bieten; eine Art von zentral gegebener Initialzündung, nach der jede weitere regelnde Aktivität den neu entstehenden Bundesstaaten und vor allem den Gemeinden überlassen bleiben musste.

A. de Tocqueville stellte in seinem Buch „Über die Demokratie in Amerika" 1835 heraus, dass „das Volk, als es das Land besiedelte, schon aufgeklärt ankam": So stand hinter der der Aufklärung verpflichteten Verfassung das „Recht des Einzelnen, der oft sein Glück am ehesten dann erreicht, wenn ihn die Regierung alleine lässt und sich nicht einmischt. Jeder Mensch hat seine eigene Würde in sich selbst und hat das Recht ein eigener und besonderer zu sein, der sein Heil in sich selbst hat und nicht in einem verewigten Staat" (J. Beck 1910, zit. Blanke 1949: 28). Im Recht des „allein gelassenen Einzelnen" beruhte auch die Bau- und Nutzungsfreiheit, dass nämlich jeder dort, wo er rechtmäßig Boden gekauft hatte, das Land so nutzen und bebauen durfte, wie er es wollte. Eine der bürgerlichen Freiheiten, die durch die Verfassung impliziert war und folglich nicht besonderer Erwähnung bedurfte – anders als im alten Europa, wo sie erst erkämpft und auch dann nur beschränkt zugestanden wurde. Für den Fall aber, dass die örtliche Gemeinschaft gravierende Nachteile aus dem Missbrauch der Freiheit eines Einzelnen erlitt, konnte ihr das Recht des *eminent domain* an die Hand gegeben werden: die Enteignung privaten Bodens mit staatlicher Genehmigung.

Zwei weitere Neuerungen mussten zum staatlich gesetzten Rahmen in den neu aufgeschlossenen Nord-Westlichen Territorien indes noch hinzutreten, um zusammen erst eine neue tragfähige Grundlage für die Verallgemeinerung der Idee von Stadt im *National Grid* zu bieten:

1) Zum einen die in der Folge des Unabhängigkeitskriegs (1775-1783) vom Bundesstaat Massachusetts aus rasch sich auch in den Nord-Westlichen Territorien verbreitende Idee der auf Grundeigentum, Wirtschaftsliberalität, Eigeninitiative und Bürgerbeteiligung gründenden politischen Gemeinde, die zugleich eine Gemeinschaft (*community*) gleich- oder ähnlich Gesonnener ist (ausf. Teaford 1975: 64 ff). Die Neusiedler, überwiegend Neuengländer, aber auch Einwanderer der 1. oder 2. Generation aus Europa, ließen es hier im Allgemeinen nicht zu, dass ihnen die älteren kolonialen Gemeindeverfassungen englischer oder holländischer Art, die mit ihrer rigiden Bevormundung den wirtschaftlichen Handlungsfreiraum in Neuengland scharf eingeschränkt hatten (ibid.: 16-44), aufgedrückt wurden und im neu eröffneten „Land der Hoffnung" Fuß gefasst hätten; damit hätte sich für sie im neuen Land ja nur die Repression des zurückgelassenen absolutistischen Europa oder auch der alten Kolonien wiederholt. Die Neusiedler, die sich im neuen Land in *communities* zusammen fanden, folgten überwiegend dem Ideal der Aufklärung, dass alle Gewalt vom Volk ausgehen müsse

und damit „von unten" her sich aufbaue: von der örtlichen, Stadt und Umland umfassenden Gemeinschaft. In der *community* entfalte und verwirkliche sich einerseits die individuelle und die örtliche wirtschaftliche Handlungsfreiheit, andererseits verpflichte sie jedes ihrer Mitglieder auf das örtliche öffentliche Wohl und verlange von jedem die Wahrnehmung seines Rechts auf unprivilegierten Zugang zur örtlichen Politik. Der Begriff der *grassroot-democracy*, der örtlichen Basis-Demokratie auf Gegenseitigkeit wurde hier in den neuen Nord-Westlichen Territorien besonders ernst genommen: „In allem, was die gegenseitigen Pflichten der Bürger angeht, ist jeder ein Untertan (der Gemeinschaft, d.V.). In allem, was nur ihn angeht, ist er ein Herr; er ist frei und schuldet Gott allein Rechenschaft für sein Tun... Die Gesellschaft darf sich in seine Handlungen nur einmischen, wenn sie sich durch sein Tun verletzt fühlt oder wenn sie seine Mitarbeit benötigt" (Tocqueville 1985 (1835): 56). Die mit dem Unabhängigkeitskrieg gewonnene und mit der Neuen Verfassung garantierte Freiheit gründete auf dem privaten Grundeigentum – auf möglichst breit gestreutem Grundeigentum in Händen des Volkes! War doch zur gleichen Zeit im alten, vor-revolutionären Europa fast überall das Grundeigentum, besonders Baugrundstücke, ein Privileg der Kirche, des Adels, der Günstlinge der Fürsten und, nur langsam ‚durchsickernd', auch wohlhabender Bürger. Folglich war die neue amerikanische *community* als eine Gemeinschaft von örtlichen Grundeigentümern und deren Angehörigen gedacht – gleich ob reich oder weniger reich –, denn auch der Arme sollte dort, nach protestantischem Grundsatz, durch Fleiß sein Glück machen und Grundeigentümer werden können. Dergleichen Ideale prägen auch noch heute das Denken vor allem in republikanischen Kreisen.

2) Zum anderen kam unter dem Schirm der neu gewonnenen Freiheiten ein neuer Rollenträger hinzu, der u.a. aus der neuen Praxis des unprivilegierten Zugangs zum Land heraus bei gleichzeitig rasch zunehmender gewerblicher Kapitalakkumulation hervorging: der *urban developer*, der private Investor oder Bodenunternehmer, der aus eigener Initiative die „Produktion von städtischem Boden" übernahm, indem er größere Ländereien, sogenannte „Terrains" aufkaufte, in den noch jungfräulichen Boden investierte, die Bodenaufteilung (*platting*) in Straßen und in Baublöcke (*tracts*) und weiter in Bauparzellen (*lots*) übernahm, die er, in der Hoffnung auf Gewinn, der Vermarktung als ein Zwischenprodukt der Urbanisierung zuführte. Ein sowohl eigen- als auch gemeinnütziges Engagement bei der Produktion von städtischem Boden, der ja nur dann einen Ertragswert haben konnte, wenn ihm auch ein Nutzwert eigen war.

Mit dem anfänglich staatlichen Grundeigentum, der auf Vermessung beruhenden Bodengrobaufteilung im *National Grid*, dem von staatlicher Seite garantierten freien Bodenmarkt und der dem Käufer gewährleisteten unbeschränkte Auswahl und Verwertung seines Boden waren vier bedeutsame Grundlagen gelegt für den späteren Erfolg des *National Land Systems* und für die mit ihm verbundene neuartige Produktion der amerikanischen Gründungsstadt; Grundlagen, auf die sich freilich die Praxis der Stadtproduktion im Lauf der anfänglichen Jahrzehnte nach dem Unabhängigkeitskrieg erst einspielen musste und die im weiteren Verlauf der gesellschaftlichen Entwicklung immer wieder durch den Gesetzgeber und die Rechtsprechung von Fehlentwicklungen abzuhalten und an neu entstehende Anforderungen anzupassen waren; die Grundlagen haben trotz vieler Wandlungen ihre Gültigkeit im Prinzip aber bis heute bewahrt. An ihnen lässt sich erkennen, dass es bei der amerikanischen Produktion von Stadt im *National Grid* – zunächst in den Nord-Westlichen Territorien, später bis hin zur Pazifikküste (Reps 1981) – nicht um „Städtebau" im kontinental-europäischen Sinn ging, also um die Gestaltung und den Aufbau der schönen und repräsentativen Stadt, möglichst aus landesfürstlich-obrigkeitlicher Hand unter Vereinnahmung der Untertanen und unter weit gehender Ignorierung derer Interessen; vielmehr ging es um *community-building*, also um den Aufbau funktionsfähiger, selbst verantwortlicher und demokratischer Gemeinwesen aus eigener Kraft und um die von privaten und zugleich gemeinschaftlichen Interessen bestimmte räumliche Organisation der Stadt. Es bedarf kaum einer weiteren Erläuterung, dass solche an das private Bodeneigentum gebundene Gemeinwesen von vorneherein zur „Egozentrik" neigten.

Die Nord-Westlichen Territorien und die „Land-Ordinance" von 1785

Der Unabhängigkeitskrieg gegen die Kolonialmacht England hatte den siegreichen 13 Gründerstaaten, die sich 1781 unter einer ersten vorläufigen Verfassung zusammengefunden hatten, mit dem Friedensvertrag von Versailles 1783 die Unabhängigkeit von der englischen Krone gebracht; die Siegestrophäe bestand im weiten Territorium zwischen Appalachen und Mississippi, welches die englische Krone als Verlierer dem neuen Staatenbund überlassen musste. In dessen mittlerem Teil, insbesondere in den späteren Bundesstaaten Kentucky und Tennessee, hatte die offiziell genehmigte Besiedlung durch Einwanderer schon zuvor eingesetzt, wogegen die nördlichen Teile, eben jene Nord-Westlichen Territorien fast von der Größe des heutigen Frankreich, als „Indianerland" noch kaum von Einwanderern besiedelt waren: Es gab nicht viel mehr als jene Pfade, auf denen die nomadisierenden Indianerstämme zogen oder die zu den wenigen das Grenzgebiet sichernden Forts hinführten. Eine schwere Last, die auf dem neuen Territorium ruhte, waren die weit nach Westen bis zum Mississippi hinüber reichenden Gebietsansprüche der 13 alten, an der Ostküste gelegenen Bundesstaaten – eine Last, die nur auf diplomatischem Weg in Jahrzehnte langen Verhandlungen zu tilgen war. Die Indianer, die ihre angestammten Jagdreviere gegen den „weißen Mann" mit zunehmend wilder Entschlossenheit verteidigten, bildeten den Schrecken dieses Territoriums, der vom neuen Staatenbund mit Brutalität abgelöst wurde. Ein Problem bildeten die illegal in das Territorium einsickernden weißen *trapper* (Fallensteller) und *squatter* (Landbesetzer), die mit Polizeigewalt auf den Boden des amerikanischen Gesetzes zurück geholt wurden: Sie wurden vertrieben, ihre Hütten und Kanus niedergebrannt

(Treat 1910: 46) und ihnen nur dort, wo es noch keinen rechtmäßigen Eigentümer gab die Chance gelassen, nachträglich einen Eigentumstitel für den von ihnen besetzten Boden zu erwerben (Havighurst 1956: 69ff).

Die Frage der politischen Zugehörigkeit, Nutzung und Erschließung dieses Nord-Westlichen Territoriums war schon vor dem Friedensschluss in dem von den Gründerstaaten gebildeten vorläufigen *Continental Congress* (*Government of the United States in Congress assembled*) auf den Tisch gelegt worden (Hockett 1925: 170ff). Lang wurde darum gestritten, ob den Gebietsansprüchen der 13 alten Bundesstaaten statt gegeben werden sollte oder aber, ob dort nicht, den Vorschlägen Thomas Jeffersons von 1784 folgend, besser einige neue Bundesstaaten als künftige Mitglieder des jungen Staatenbundes gebildet werden sollten. Die Meinung im neuen *Congress* setzte sich 1787 durch, dass das Gebiet in fünf neue, nach Längen- und Breitengraden abgegrenzten Bundesstaaten zu teilen war, deren jeder sich nach angemessener Besiedlung mit mindestens 60.000 Einwohnern, durch Volkes Wille konstituieren sollte: *Ohio* (1802), *Indiana* (1816), *Illinois* (1818), *Michigan* (1837) und *Wisconsin* (1848) (Hockett 1925: 195ff); in der Zwischenzeit wurden vorläufige Verwaltungen unter der Aufsicht der Bundesregierung in den künftigen Bundesstaaten eingesetzt. Damit waren zwar noch nicht sämtliche Gebietsansprüche ausgeräumt, aber ein Prinzip war aufgestellt, dem sich dann bis 1802 auch der letzte der alten Bundesstaaten beugte. Das an Pennsylvania angrenzende und zwischen dem Ohio Fluss und dem Erie See gelegene Land, auf das sowohl Connecticut, als auch New York und Massachusetts Ansprüche erhoben hatten, war bereits 1786 als künftiges Gebiet des Staates Ohio weit gehend konsolidiert und bot sich daher als Boden für das Experiment mit dem *National Land System* an.

Gründungsplan von Canfield, Ohio von 1800, unmittelbar auf dem Kreuzungspunkt zweier Gitterlinien des National Grid angelegt. Die Bauparzellen sind nummeriert, die Kreuzung ist zum Platz erweitert und vier der outlots sind in den vier Ecken eingetragen. Großes Interesse bestand an der Gründung nicht, sie blieb immer ein Dorf.

Mit dem ersten Streit verband sich ein weiterer, bei dem es um die mögliche Trennung von politisch-administrativer Zuständigkeit für ein Territorium und die Verfügungsberechtigung über den Grund und Boden ging: Wem sollte der Boden des neuen Territoriums gehören – einzelnen der 13 alten Gründerstaaten, oder den neu zu bildenden Bundesstaaten oder aber der neu geschaffenen Bundesregierung? Sollten dort Zuständigkeit und Bodeneigentum von einander getrennt werden, indem der Boden im gesamten Nord-Westlichen Territorium als „staatliche Domäne" (*eminent domain*) in die Hände der Bundesregierung gelegt wurde, dann mussten die 13 alten Bundesstaaten auf ihre politischen Ansprüche einer Gebietserweiterung im Nord-Westlichen Territorium verzichten und damit ihre Ansprüche auch auf den Boden an die Bundesregierung mit Brief und Siegel abtreten. Dadurch würden, so das Argument der Befürworter dieser Lösung, aus dem schrittweisen Verkauf des staatlichen Bodens die für den Aufbau der neuen Bundesregierung erforderlichen finanziellen Mittel gezogen und auf die 13 Gründerstaaten keine weiteren Lasten fallen. In zähen Einzelverhandlungen gaben die 13 Bundesstaaten nach und bis 1802 war schließlich der gesamte Boden des Territoriums in die Hände der Bundesregierung als deren Staatseigentum übergegangen (Treat: 1910: Kap.XIII), bzw. schon von der Bundesregierung an Private weiterverkauft worden.

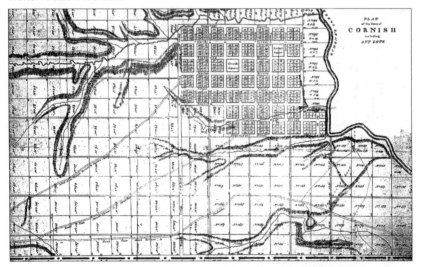

Die so genannte „Indianerfrage" (*Indian Affair*) erschwerte indes die unmittelbare Verfügung über den in Staatseigentum übergegangenen Boden, der nämlich gemäß der *Land Ordinance* von 1785 zunächst den Indianern abzukaufen war: Die Bundesregierung musste, u.a. zur Sicherheit der Vermessungstrupps, die Ablösung der Rechtsansprüche eines jeden Indianerstamms an ihren Jagdgründen (*Indian Title*) vertraglich regeln, ehe dort die vorgesehene Landvermessung begonnen werden konnte – eine nicht abreißende Kette von mühseligen und vielfach von blutigem Widerstand begleiteten Verhandlungen (ausf. Hockett 1925: 193 ff, 244 ff), die in der Regel in so genannten „einseitigen Verträgen" mündeten; auf Grund langer Beobachtung im Grenzbereich stieg nämlich die Be-

Gründungsplan von Cornish, Ohio von 1829. Gründer war ein College, auf dessen Stiftungsland die Stadt spekulativ angelegt wurde, um die Finanzen des Colleges aufzubessern.
Der Plan zeigt das Stadtgebiet mit den townlots und die große Fläche der outlots, ferner die quer hindurchführenden Trampelpfade. Der Plan folgt den Richtungen des National Grid, dessen Gitterlinien am linken und unteren Rand liegen. Der Gründung war kein wirtschaftlicher Erfolg beschieden.

reitschaft der Indianerstämme zu einem Vertragsabschluss regelmäßig nach ihrer militärischen Niederlage an: So waren u. a. die „Sieben Stämme" im Süden von Ohio erst nach einer verlorenen Schlacht gegen Regierungstruppen 1795 bereit, im Vertrag von Greenville dem Verkauf ihrer Jagdgründe zuzustimmen (u.a. Havighurst 1956: 15f, 29f, 197f). Jedoch wurden die Verträge, die unter militärischem Druck der Bundesregierung zustande gekommen waren, häufig von den Stämmen nicht respektiert oder auch wieder aufgekündigt (Treat 1910: 45f). Der den Indianerstämmen gebotene Kaufpreis war meist lächerlich gering: Die sprichwörtliche „Hand voll Dollars", Hausrat, Tand und Whiskey. Vom Wert der Bodens für die weißen Siedler hatten sie als Nomaden ja keine rechte Vorstellung und ließen sich angesichts der gebotenen Waren täuschen; hin zu kam, dass sie die Folgen eines Vertragsabschlusses nicht zu überschauen vermochten: Sie mussten, um eine friedliche weiße Besiedlung zu garantieren, meist ihre ehemaligen Jagdgründe räumen und wurden in Indianer-Reservate auf minderwertiges Land umgesiedelt; dort, wo die „Rothäute" bleiben durften, zerstörte der „Weiße Mann" ihre überlieferte Existenzgrundlage systematisch, indem er die großen Büffelherden niedermetzelte, oder die Jäger mit seinem Whiskey in den Ruin trieb.

Für die Erschließung des weiten Landes ergab sich also eine strikt einzuhaltende und in der *Land Ordinance* von 1785 verbindlich festgelegte Reihenfolge, ehe die Besiedlung zulässig war: *Indian treaty, survey, sale* (Treat 1910: 162) – also: zunächst der Vertragsabschluss mit den Indianern eines Gebietes, der deren Rechte am Land auslöschte; dann die kartografische Landaufnahme im Auftrag der Bundesregierung; dann die offizielle Freigabe des vermessenen Landes für den Verkauf – nun erst durfte das Land besiedelt werden. Mit solcher Regelung schien zunächst jedem künftigen Wildwuchs im neuen Territorium gut vorgebeugt zu sein und es war in groben Zügen zu erwarten, dass dessen Besiedlung von Osten her in überschaubaren Gebietsabschnitten Schritt für Schritt und vorzugsweise von den Flüssen her ins Landesinnere voranschreiten würde (Havighurst 1956: 68).

Bei den zu lösenden eher technisch-kaufmännischen Fragen der Aufteilung und Verteilung des Bodens, dem Marketing und der Art der Neubesiedlung des riesigen Territoriums hatte der *Continental Congress* von vorneherein auf fünf verschiedene Interessengruppen Rücksicht zu nehmen (Hockett 1925: 189ff; Reps 1992: 216f):

1) die Bundesregierung beanspruchte im neuen Territorium in weiser Voraussicht Grund und Boden für die künftige Infrastruktur, insbesondere für Militär-, Straf- und Bildungseinrichtungen, ferner für den möglichen späteren Geländetausch. Solches Land durfte also nicht dem Verkauf zugeführt, sondern war in breiter Streuung über das gesamte Territorium hin vorab für diese Zwecke zu reservieren.

2) die siegreichen Kriegsveteranen des Unabhängigkeitskrieges, denen 1776 bei ihrer Rekrutierung an Stelle der Zahlung eines Solds ein Berechtigungsbrief (*bounty warrant*) für eine Farm (einem Oberst 500 *acres*, einem einfachen Sol-

daten 100 *acres; 1 acre=0,4 ha*) zur Bestreitung des eigenen Lebensunterhalts nach einem errungenen Sieg zugesagt worden war (Treat 1910: 232); diese staatliche Garantie mussten nun vorrangig eingelöst und den Veteranen unentgeltlich entsprechendes Land zugeteilt werden. Da das Territorium noch eine völlige Wildnis war, war ihnen nun eine bedeutsame Pionierrolle bei dessen Urbarmachung zugedacht; eine Rolle, die manche dann auch wagemutig übernahmen, während andere ihren Berechtigungsbrief auf einem sich dafür bildenden Markt für geringes Geld – im Durchschnitt für 12 Cents je *acre* – verkauften (Treat 1910: 45 ff).

3) private *Land Companies*, große agrar-kapitalistische Bodenverwerter, die teilweise schon in der Kolonialzeit entstanden waren, teilweise aber erst nach dem Freiheitskrieg von entlassenen Offizieren gegründet wurden; sie kauften den anderen Kriegsveteranen für den eben erwähnten niedrigen Marktpreis ihre Berechtigungsbriefe ab, um damit große zusammenhängende Ländereien in der Wildnis von Ohio vom Staat zu erwerben, sie urbar zu machen und rationell Getreide auf großem Maßstab für den entstehenden Export in das periodisch vom Hunger geplagte Europa zu produzieren; oder aber, um das Land weiter aufzuteilen, an einzelne Farmer zu verkaufen und auch Städte als Handelsplätze zu gründen (u.a. Reps 1992: 218 ff); so suchte beispielsweise die *Ohio Company* 1785 1,5 Millionen *acres* (ca. 6.000 qkm) am Nordufer des schiffbaren Ohio Flusses zu erwerben (ausf. Treat 1910: 47 ff), bekam aber vom *Congress* nur ca. 1 Million *acres* (ca. 4.200 qkm) zugesprochen, war doch dergleichen für die Bundesregierung, wie sich bald herausstellte, ein miserables Geschäft, da sie nämlich die von ihr selbst an die Kriegsveteranen ausgegebenen und von der *Ohio-Company* wieder eingesammelten Berechtigungsbriefe in Zahlung nehmen musste (Treat 1910: 48 ff).

4) private Verwerter städtischen Bodens (*urban developer*), die in Erwartung einer anschwellenden Flut von Einwanderern nichts anderes als die Gründung von Siedlungen und Städten im Auge hatten und dafür zusammenhängende stadtgroße Terrains zu günstigem Einstandspreis beanspruchten;

5) die unabsehbare Zahl von Neuengländern sowie von europäischen Einwanderern (u.a. Wittke 1939: 101 ff), die als Eigennutzer Land für eine kleine Landwirtschaft oder auch die Ausübung ihres Gewerbes zu kaufen suchten. Neben den vielen individuellen Kauflustigen traten hier zuweilen geschlossene Gruppen auf, die auf Grund ihrer religiösen Zusammengehörigkeit oder ihrer landsmannschaftlichen Bindung gemeinsam in einer Gegend oder an einem Ort siedeln wollten (Wittke 1939: 342 ff; Havighurst 1965: 150 ff): z.B. in Ohio die neuenglischen Puritaner aus Connecticut, die Amischen Pfälzer oder die Mährischen (Herrenhuther) Brüdergemeinden, die alle hier in ihren neuen *communities* ihre alte Idee basis-demokratischer Selbstverwaltung zu verwirklichen suchten (Reps 1969: 382-421). So wurde z.B. das 1789 im Südwesten von Ohio gegründete Cincinnati und seine Umgebung in der Notzeit nach dem Napoleonischen Krieg

zu einem bevorzugten Ziel deutscher Auswanderer (u.a. Wittke 1939: 197f; Vance 1977: 266ff).

Da die genannten Interessengruppen allesamt als unentbehrlich für die Besiedlung der Nord-Westlichen Territorien angesehen wurden, musste der *Continental Congress* alles daran setzen, den Boden an sie so zu verteilen, dass jede ihren Vorteil daraus zog und keine benachteiligt wurde. Ebenso unstrittig war allerdings auch, dass kategorisch weder eine anarchische Besiedlung mit nicht kontrollierbarer Landnahme, noch die Hergabe von Land seitens der Bundesregierung an besonders Privilegierte zu Vorzugspreisen, noch die unentgeltliche Hergabe an alle Interessenten in Frage kam – alleine schon wegen des dringenden Interesses der Bundesregierung an einem guten Erlös aus dem Bodenverkauf. So galt es nun, ein für alle Interessengruppen geeignetes System der Verteilung des Bodens zu finden. Als Vorbild dafür wurden die früheren Versuche einer einheitlich geometrischen Aufteilung des städtischen Bodens als ungeeignet für den großmaßstäblichen Bodenverkauf erkannt; hierzu zählten die im Raster angelegten spanischen Kolonialstädte wie Savannah (Georgia) und San Antonio (Texas) ebenso, wie das häufig als Vorbild heraus gestellte Philadelphia, das der Quäker William Penn 1682 als Hauptstadt des neuen Quäkerstaats Pennsylvania nach klassisch-römischem Vorbild gegründet hatte (Price 1995: Kap. 14). Eine neu-englische Ansiedlung gab indes ein Vorbild ab, sowohl in ihrer Form der Selbstverwaltung, wie in ihrer gleichförmig gerasterten Bodenaufteilung mit dem Stadthaus im Zentrum auf einem Platz, wie in ihrer Ausstattung mit *townlots* (bebaubaren Stadtgrundstücken) und ihnen zugeordneten *outlots* (großen landwirtschaftlichen Grundstücken vor der Stadt): New Haven in Connecticut, das 1638 von englischen Puritanern gegründet worden war (u.a. Vance 1977: 255f).

Aus der damaligen wirtschaftlichen und militär-strategischen Situation heraus gab es für die mit dieser Frage befassten Mitglieder des *Continental Congress* keinen Zweifel, dass es bei der nun anstehenden Bodenaufteilung nicht, wie anfangs in den neuenglischen Kolonien, um die Neugründung von Kolonialstädten ging, die ein Territorium zu sichern hatten; vielmehr ging es um die zivile Neubesiedlung eines Territoriums, bei dem der weit überwiegende Anteil des Bodens landwirtschaftlich genutzt werden würde – sei es als Existenzgrundlage der Siedler, sei es für die nationale Agrargüterproduktion, sei es für den einsetzenden Getreideexport nach Europa; ferner würde wohl ein noch nicht näher benennbarer kleiner Anteil auch für den Aufbau neuer Industrien beansprucht werden, wie sie bereits im Staat Pennsylvania im Entstehen begriffen waren (Vance 1977: 250f); der für Handwerk, Handel und Dienstleistungen und damit für die Gründung von Städten erforderliche Flächenanteil, so wichtig diese auch sein würden, würde wohl, gemessen am Ganzen, nur einen geringen Anteil ausmachen. Die Aufteilung und Verteilung des Bodens musste also in erster Linie der Landwirtschaft dienen, ohne jedoch der aufkommenden Industrialisierung und Urbanisierung im Weg zu stehen; auch würden die Ansiedlungen und Städte wohl generell zusammen mit der Landwirtschaft entstehen, wenn das System von *townlot* und *outlot* Anwendung fände, sodass deren Bürger streng genommen „Ackerbürger" wären; eine räumliche Funktionsteilung, die nicht nur das wertvollere Stadtland frei hielt von in die Stadt eingelagertem Agrarland, sondern vor allem aus Sicherheitsgründen gut geeignet schien, die Urbarmachung der Wildnis von den Städten aus voran zu treiben (u.a Vance 1982: 53f).

Nachdem einmal entschieden war, dass der Großteil des in den Händen der Bundesregierung liegenden Bodens der Nord-Westlichen Territorien an die drei letzt genannten Interessensgruppen – die *Land Companies*, die *urban developer* und die individuellen Selbstnutzer – auf dem freien Markt meistbietend verteilt werden sollte, stellte sich das besondere Problem seiner Vermarktung. Ein scheinbar banales Problem, aber doch nicht leicht zu lösen: Die Ware, der Boden der Nord-Westlichen Territorien, war derzeit zu Land nur über die wenigen Indianerpfade oder auf dem Wasserweg über die wilden Flüsse erschlossen, während die Infrastruktur der Wege, vor allem der mit Karren befahrbaren *tracks*, erst im Zug der weiteren Besiedlung angelegt werden würde; jedes Grundstück war daher nur mit extremer Mühe zu erreichen und vor Ort kaum von einem Kaufwilligen vorab zu besichtigen (u.a. Dickens 1843: Kap. 21); auch war die relative Lage und die Nachbarschaft jedes Ortes, solange die Käufer noch keinen Vertrag geschlossen hatten, ebenso unbekannt, wie die Bodenverhältnisse, die Topografie... Kurz: nichts anderes als *terra incognita* stand anfangs zum Verkauf, Katzen im Sack. Erschwerend kam hinzu, dass die potentiellen Käufer der Ware über sämtliche Gründerstaaten hinweg verstreut oder im Fall künftiger Einwanderer noch gar nicht im Land waren; ihnen Nachrichten vom Landverkauf zu übermitteln und die Ware zu annoncieren, war auf direktem Weg mit den damaligen Medien kaum möglich – denn selbst die Wochen- oder Tageszeitungen waren erst im Entstehen begriffen.

Erst nach vielerlei Streitigkeiten wurde allen Verantwortlichen im *Continental Congress* klar, dass die Frage der künftigen Bodenverteilung aufs engste mit der der Bodenaufteilung verknüpft war und gemeinsam der koordinierten Lösung in einem *National Land System* bedurften; dieses wurde schließlich als Kompromiss im politischen Streit am 20. Mai 1785 vom *Continental Congress* mit dem Regelwerk der so genannten *Land Ordinance*, der Land-Verordnung für das Nord-Westliche Territorium, rechtsverbindlich unter dem Vorbehalt fest gelegt, dass „das Land von den einzelnen Bundesstaaten an deren Staatenbund, die USA, abgetreten und die Ureinwohner, die Indianer, ihre Rechte daran vertraglich abgetreten hatten" (Treat 1910:163); im einzelnen ging es bei der *Land Ordinance* um die folgenden Grundsätze (Hockett 1925: 189ff; Reps 1992: 214ff; Gesetzestext in Treat 1910: 395ff):

1) Zunächst musste ein Minimum an Information über die Ware Boden besorgt werden, indem eine kartografische Aufnahme durch Vermessung des zum Verkauf stehenden Territoriums geschaffen werden sollte: Diese Vermessung ließ sich nur abschnittsweise durchführen, weshalb das gesamte Nord-Westliche Territorium sich nur in Teilstücke eins nach dem anderen auf den Markt bringen

ließ; diese stückweise Vermessung des Landes, der National Survey, dessen Hilfsmittel das geodätische Gitter des erst später so genannten National Grid war, wurde im 19. Jahrhundert bis zum Pazifik ausgedehnt; „national " hieß die Vermessung, weil die Nation zunächst ja nur aus 13 Bundesstaaten bestand. Zur Erprobung des National Land Systems, insbesondere zur praktischen Erprobung der Einmessung des geodätischen Gitters in der Wildnis, wurde schon 1785 ein erstes Gebiet im östlichen Teil des späteren Staates Ohio, an der Grenze zu Pennsylvania und Virginia, festgelegt (u. a. Treat 1910: 179ff, Robinson 1916: 19ff; Moholy-Nagy 1968: 194f). Aus der 1786 kartierten Landaufnahme konnten Regierung und potentielle Käufer zumindest grobe Hinweise auf Topografie, Flussläufe, Bewuchs (Wald, Grasland) und Bodengüte gewinnen; ferner konnten nun mit Längen- und Breitengrad genau definierte Flächen zur Versteigerung bzw. zum Verkauf gebracht werden; gleichzeitig ließen sich die verkauften Flächen überschaubar registrieren, so dass peinlichen Doppelverkäufen und Überlappungen von Grundeigentum von vornherein ein Riegel vorgeschoben war.

2) Zu diesem Zweck musste die Ware Boden in einer übersichtlichen, gut verwaltbaren und doch vielfältig teilbaren Weise für die potentiellen Käufer aufbereitet werden. Dazu bot sich das an den Meridianen ausgerichtete geodätische 1-Meilen Gitter als Grundlage für die erste Grobaufteilung und die Vermarktung des Bodens an. Der Erfinder der Projektion des geodätischen Gitters auf den Boden des Territoriums war indes nicht, wie so oft behauptet, Thomas Jefferson, Mitglied des Continental Congress, später Präsident der Vereinigten Staaten (1801-09); er machte zwar einen maßgeblichen Vorschlag dazu, den er aber aus zuvor gemachten Erfahrungen in Neuengland und Kentucky zusammen gefasst hatte (Treat 1910: 27); auch waren ihm als in Europa gereistem und humanistisch gebildetem Architekten des Klassizismus die römischen und barock-landesfürstlichen Formen streng geometrischer Landesaufteilung geläufig; auch entsprach eine über das ganze Land geworfene geometrische Ordnung – wie etwa die der Römer in der Po-Ebene bei Padua – durchaus dem zeitgenössischen Geschmack. Maßgeblich für die Mitglieder des Continental Congress waren indes weder historische Vorbilder, noch die Ästhetik des Gitters, noch die darin erkennbare Geste der Gleichmacherei; sondern in erster Linie die pragmatische Überlegung, dass der Boden in geordneter Weise vermarktet werden musste, gerade weil es anders ungewiss war, wie groß die künftigen Terrains der Bodenkäufer sein würden und wie und wo sie aneinander angrenzten: Terrains von einigen acres, von ganzen Quadratmeilen (1 square-mile (sqm) = ca. 259 ha), ja, wie erwähnt, bis zu mehreren hundert Quadratmeilen. Das geodätische Gitter bot eine neutrale und zugleich flexibel zu handhabende Ordnung, die den Vorteil hatte, sich mit den verfügbaren einfachen technischen Mitteln des Kompasses und langer eiserner Messketten einiger maßen genau auf der Erdoberfläche abstecken zu lassen; gemäß der Land Ordinance mussten als Markierungspunkte des 1-Meilen-

Gitters vorschriftsmäßig gekennzeichnete Pfähle oder vorzugsweise Bäume (*witness trees*) herhalten (Havighurst 1956: 62 ff).

Dass die Bundesregierung bei der marktgerechten Aufbereitung jener *terra incognita* allein auf das 1-Meilen-Gitter abstellte, während Topografie und Qualität der Böden gänzlich unberücksichtigt blieben, war, gemessen an den Vorteilen eines nun erst möglichen rationellen und übersichtlichen Landverkaufs, ein hinnehmbarer Makel, über den später indes viel gelästert wurde (u.a. Marcuse 1987: 289; Mumford 1980: 492). Dass es mancher *urban developer* dennoch verstand, sich bei einer Stadtgründung im Gitternetz einiger maßen an die Topografie anzupassen, wird noch zu zeigen sein.

3) Ehe der Verkauf von Boden in Angriff genommen werden konnte, musste die Bundesregierung jene Flächen ausweisen, die nicht zum Verkauf standen: die für die eigenen Zwecke reservierten Gebiete ebenso wie das den Soldaten im Unabhängigkeitskrieg versprochene Farmland. Auch hierbei wurde, nach mancherlei Vorschlägen, bei der ersten Erprobung in Ohio schematisch vorgegangen (Treat 1910: 183 ff; Reps, 1992: 216):

a) Die 1-Meilen Zellen des Rasters wurden *sections* genannt; sie wurden jeweils zu 36 im Quadrat zusammengefasst zu so genannten *townships* von je 6x6 Meilen (= 9,6x9,6 km = 92,73 qkm). Der ursprüngliche Gedanke war, dass jede *township* eine sich selbst versorgende Einheit aus Stadt und Land bilde: Die Stadt als notwendiges Dienstleistungszentrum des Landes, das Land als notwendiger Ernährer auch der Stadt; solches hätte sich jedoch bei der freien Vermarktung des Bodens nur dort verwirklichen lassen, wo ein Bodenkäufer eine ganze *township* erwarb (Scheer 1998: o.S.). Es verallgemeinerte sich also nur der brauchbare Name für die Bodengrobaufteilung, die Registrierung und die Vermarktung auf großem Maßstab.

b) Zunächst wurden die *townships* im Erprobungsgebiet in sieben senkrechten Kolonnen (*ranges*) angeordnet: Und zwar in jeder Kolonne abwechselnd eine *township*,, in der das Land nur als Ganzes, also „townshipweise" an einen einzigen Interessenten verkauft werden sollte; und eine andere *township*,, in welche der Boden in Stücken von mindestens einer Quadratmeile abgegeben werden sollte. Zusammen genommen machte jede Art von *township* etwa die Hälfte der vermessenen Gesamtfläche mit insgesamt 72 *townships* aus (ca. 6.750 qkm). Dieses erste Erprobungsgebiet erhielt offiziell den Namen *Seven Ranges*.

c) Um die Ansprüche der Kriegsveteranen sicher befriedigen zu können, wurden im Zentrum jeder einzelnen *township* drei *sections* (= 7,7 qkm) für diesen Zweck reserviert und dem *Secretary of War* , dem Kriegsministerium, zur Verwaltung und Verteilung übertragen; eine zusätzliche *section* sollte als Boden für künftige Bildungseinrichtungen, insbesondere für Schulen, der Bundesregierung vorbehalten bleiben; also 4 / 36 der Fläche einer jeden *township*..

d) Um ferner sicherzustellen, dass die Flächen, die der Staat für seine infrastrukturellen Zwecke beanspruchte, nicht an den Rand geschoben oder zu einem

Großareal zusammengefasst würden, sondern etwa gleichmäßig über das Territorium verteilt wären, wurden in jenen *townships*, die „quadratmeilenweise" verkauft werden sollten, vier weitere dezentrale *sections* für den Staat reserviert (*US State-Reserve*). Alles zusammen genommen standen also in jeder „quadratmeilenweise" zu verkaufenden *township*, 28 / 36 (= 7/9) zum Verkauf an private Käufer zur Verfügung.

e) Um den Verkauf zu beschleunigen, zu erleichtern und zugleich übersichtlich zu halten, wurde der marktkonformen Bodenverteilung ein zweistufiges „Kaskadenprinzip" zu Grunde gelegt: In einem ersten Zug sollte der Boden nur an die Käufer großer und mittlerer Flächen verteilt werden und zwar meistbietend durch Versteigerung – also „townshipweise" und auch „quadratmeilenweise". In einem zweiten Zug erst sollten diese Bodenkäufer den Boden dann in weiterer Feinaufteilung an die Käufer mittlerer bis kleiner Flächen „quadratmeilenweise" bis hin zu Bruchteilen von Meilen, also auch „bauparzellenweise" im freien Handel weiter verkaufen: an die kleineren *urban developer* und an die riesige Zahl der Eigennutzer des Bodens. Womit sich sowohl der Staat des mühseligen Detailverkaufs glaubte entledigt zu haben, als auch der Bodenhandel als Großhandel und als Detailhandel in Gang gesetzt und die notwendige Konkurrenz auf dem Bodenmarkt geschaffen werden sollten.

f) Schließlich wurden die Kaufbedingungen festgelegt: Der Mindestpreis bei den Versteigerungen wurde für einen *acre* anfangs auf 1 US-Dollar festgesetzt, also je Quadratmeile etwa 248 US-Dollar. Hinzu kam noch einmal der feste Betrag von 1 US-Dollar je *acre* für die auf alle Bodenverkäufer zu verteilenden Kosten der Landvermessung, die die Bundesregierung ja vorgeschossen hatte. Insgesamt also kostete 1 Quadratmeile mindestens 496 US-Dollar, was in Gold gerechnet heute etwa 4.300 US-Dollar entspricht, an Kaufkraft damals aber ein Vielfaches davon bedeutete. Bei der Versteigerung hatte der Käufer von Boden den vollen Kaufpreis sofort in bar zu entrichten – ein Hinweis auf die Eile der Bundesregierung, Geld in die Kasse zu bekommen und sich gleichzeitig nicht mit Krediten und Finanzierungen aufzuhalten.

g) Die Bundesregierung übertrug den Vertrieb der Ware Boden in den Nord-Westlichen Territorien anfangs ihrem neu ins Leben gerufenen *Land-Office* in Washington, DC., dem zentralen „Land-Amt", das sowohl die Werbung, als auch die Organisation der Versteigerungen und die Abwicklung der Verträge mit Käufern übernahm und Buch führte über sämtliche verkauften Flächen.

Die vom *Congress* in Gang gesetzte Initialzündung durch die gesetzliche Festlegung des *National Land Systems*, also der Art der groben Bodenaufteilung und der Regeln für die Bodenverteilung, machte jedes weitere Eingreifen der Bundesregierug überflüssig: Die Feinaufteilung des Bodens bis hin zur Bauparzelle, Art und Maß seiner Nutzung und seine Verteilung bis hin zu jedem einzelnen Bodennutzer musste sich von selbst nach den Grundsätzen eines freien Bodenmarktes und alleine nach den Interessen der einzelnen Individuen gestalten – und dennoch war eine räumliche Ordnung und eine klar ablesbare und verwaltbare Struktur auf die Beine gestellt. Erst etwa 100 Jahre später wurde es auf Grund der vom uneingeschränkten Bodenmarkt hervorgebrachten drastischen Missstände in den Städten notwendig (*slum*-Bildung, gedrängte Bebauung, Wohnungselend, massenhafte Gefährdung der Gesundheit und Sicherheit, Mangel an Freiflächen und öffentlicher Infrastruktur etc.), doch von bundestaatlicher Seite behutsam regelnd in die Produktion von Stadt einzugreifen: In den USA war nun erst die Zeit reif geworden für die im Allgemeininteresse liegende Reform des *City-Planning* mit *Park-Movement*, mit Bauordnungen für „mehr Licht, Luft und Feuersicherheit", mit dem die Nutzung des Baulandes regelnden z*oning* u.a.m. (ausf. Scott 1969).

Verwirklichung und Weiterentwicklung des „National Land Systems" in Ohio bis 1800

Die Zuwanderung aus Europa war noch gering: in der Zeit zwischen 1790 und 1820 kamen insgesamt nur etwa 250.000 Einwanderer in den USA an, der bei weitem größte Teil davon erst nach 1800 (Wittke 1939: 101); dagegen stammte ein erheblicher Teil der Neusiedler in Ohio aus den Neuenglandstaaten. Insgesamt hielt sich der Ansturm auf das staatliche Bodenangebot im Erprobungsgebiet *Seven Ranges* in engen Grenzen (Reps 1992: 216, Havighurst 1956: 113); dem günstigen Bodenangebot standen hindernd entgegen: die durchaus noch berechtigte Furcht vor den Indianern; die Härte des Lebens in der Wildnis und bei deren Urbarmachung; die Forderung der Bundesregierung nach sofortiger Barbezahlung des gesamten Kaufpreises und das ausschließliche Angebot der zur Versteigerung kommenden großen Flächen von mindestens einer Quadratmeile bei gleichzeitig geringem frei verfügbarem Kapital der potentiellen Käufer. So gelang es beispielsweise in den *Seven Ranges* bis 1800 nicht, eine einzige geschlossene *township* zu verkaufen (Treat 1910: 47). Folglich kam der Detailhandel für die kleinen Käufer von Boden, der vorgesehene zweite Zug der Bodenverteilung, dort gar nicht in Gang. Der Verkauf von Land an die kleinen Käufer erfolgte in der Zeit zwischen 1787 und 1800 vielmehr bei der „Konkurrenz" in jenen drei großen Ländereien, die private *Land Companies* in Ohio – zum Großteil auf der Grundlage von billig zusammen gekauften Berechtigungsbriefen der Kriegsveteranen – von der Bundesregierung erworben hatten: die bereits genannte *Ohio Company* (1785), die *Scioto Company* (1787) und die *Symmes Company* (1788) (Treat 1910: 56ff, 324f; Hockett 1925: 200ff); es waren dies also Jahre, in denen die Bundesregierung kaum auf ihre Kosten durch Landverkauf kam – sie musste vielmehr zur Deckung ihrer laufenden Geschäftskosten große Kredite bei den Europäischen Ländern aufnehmen (Hockett 1925: 200f).

Bei den Kaufverträgen mit den genannten *Land Companies* hatte sie allerdings die Bodenvermessung nach den Meridianen im 1-Meilen-Raster und die Bodenaufteilung in *townships* nach dem Muster der *Seven Ranges* zur Auflage gemacht, sodass sich auch diese privaten Ländereien nahtlos in den *National Grid* einfügten (Treat 1910: 51).

Im ersten Erprobungsgebiet *Seven Ranges* hat dieser zwar seine Spuren bei der Feldeinteilung und der Einteilung der counties (Landkreise) hinterlassen, nicht aber bei der Führung der Landstraßen: Diese wurden nach alter Überlieferung noch direkt von Ort zu Ort gezogen, folgten im hügelig bewegten Gelände von Ohio vor-

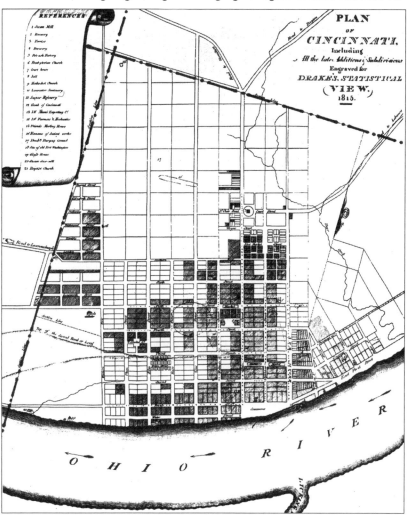

Plan von Cincinnati, Ohio von 1815 mit Eintrag des Grundstücksverkaufs. Das Raster der Gründungsstadt von 1788 ist senkrecht zum Fluss hin angelegt, während das Terrain im Westen und Norden durch zwei Gitterlinien des National Grid bestimmt ist. Im Norden der Stadt grenzen die outlots an, deren Flächen genau die gleiche Größe haben, wie die Baublocks in der Stadt (modulares System). Im Osten hat sich ein anderer urban deve loper mit einer in anderer Richtung senkrecht zum Fluss gestellten Erweiterung angegliedert.

(Hier, wie in den anderen Stadtplänen, sind die Gitterlinien des National Grid vom Verfasser in die Vorlagen aus dem Buch von J. W. Reps 1992 nachgetragen)

zugsweise der Topografie und bildeten so ein eigenes Netzwerk der Verkehrslinien, welches nicht mit dem *National Grid* übereinstimmte. Aus solch mangelnder Übereinstimmung der Bodenaufteilung und der Trassen der Landstraßen resultierten erhebliche Probleme: Zusammenhängende Ländereien wurden durch die kreuzenden Landstraßen oft in mehrere Teilstücke zerschnitten; neu hinzukommende Grundeigentümer konnten ihr Land nur über das Land anderer Grundeigentümer hinweg oder auf großen Umwegen erreichen, solange noch kein Weg angelegt war; wurde es dann notwendig, eine neue Landstraßen-Verbindung von einem Ort zum anderen zu ziehen, musste ein Landkreis oder die Landesregierung erst komplizierte Verhandlungen mit vielen, oft unwilligen Grundeigentümern über die Abtretung des für die Trassen benötigten Landes führen; im Fall der zwangsweisen Enteignung (*eminent domain*) mussten viele Grundeigentümer zum aktuellen Ertragswert (Ackerbodenwert) entschädigt werden. Eine Erfahrung, die wohl erst gemacht werden musste und ergänzt wurde durch die Erkenntnis, dass sich die Übereinstimmung zwischen „erschließendem" Wegenetz und daran „anschließender" Bodenaufteilung, die in Europa bereits den Römern und den Barockfürsten geläufig gewesen war, nachträglich nicht mehr leicht herstellen ließ.

Bei der Besiedlung des westlichen Ohio wurde ab 1803 auf Anregung wahrscheinlich von Thomas Jefferson diese Übereinstimmung von Erschließungslinie und Grenzlinie von vornherein vorgesehen und durchgeführt (Hockett 1925: 337f; Reps 1992: 217): Die sich kreuzenden 1-Meilen-Linien des *National Grid* wurden nun gleichgesetzt mit potentiellen Trassen für Landstraßen in Staatshand; sie waren auf eine Breite von insgesamt 80 Fuß (ca. 26 m), je zur Hälfte links und rechts der 1-Meilen Gitterlinien, „auf ewige Zeit" von Gebäuden frei zu halten und mochten vorläufig wohl als Weide oder Ackerland genutzt, mussten jedoch der Öffentlichkeit bei Bedarf als Trassen von Straßen und Wegen zur Verfügung gestellt werden (Robinson 1916: 20). Damit erst war sichergestellt, dass alle Flächenstücke gleicher maßen gut erreichbar waren, dass kein Käufer von Boden nachträglich von seiner Verbindung innerhalb des Territoriums durch nachfolgende Landkäufe anderer Grundeigentümer abgeschnitten werden konnte (wodurch sein Land ab-

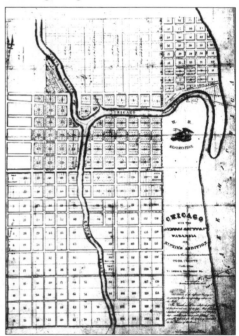

Plan der Gründungsstadt section 9, township 39, range 14 von Illinois - vulgo Chicago. Der Gründungsplan unmittelbar am Chicago River war 1830 nahe einem alten Fort abgesteckt und, unter dem Druck heftiger Nachfrage, schon 1834 (hier im Plan) im Norden durch drei neue Gebiete erweitert worden. Im Süden lagen die großen Straßenblöcke mit je zwei bzw. vier outslots, die, in Privathand übergegangen, die Absteckung neuer Stadtgebiete in dieser Richtung zunächst noch blockierten; die unmittelbar im Süden an die Gründungstadt grenzenden outlots sind aber bereits in Baugrundstücke parzelliert.

gewertet worden wäre), oder dass an Private bereits verkauftes Land nachträglich wieder für Straßen enteignet werden musste. Im weiteren Verlauf der Erschließung von Ohio und dann auch anderer Bundesstaaten setzte sich diese Übereinstimmung der Bodenaufteilung und der Verkehrsstrassen im öffentlichen Interesse allgemein durch und prägt seither die Landschaft des ehemaligen „Wilden Westens".

Angesichts des zunächst nur mäßig erfolgreichen Bodenverkaufs in Ohio und der damit enttäuschenden Staatseinkünfte lockerten *Congress* und Bundesregierung in der Folge die teils schematischen, teils zu eng gefassten Bestimmungen der *Land Ordinance*: Das Gesetz wurde 1787, 1789 und 1796 vor allem stärker an die Bedürfnisse der kleinen Käufer angepasst, mehr Ausnahmen wurden zugestanden, Vergünstigungen gewährt, und schon 1787 eine Filiale des *Land Office* im Einwandererhafen New York eröffnet und insbesondere der Handel mit den Berechtigungsbriefen der Kriegsveteranen eingeschränkt: Bodenkäufer durften nur noch ein Siebtel (= 14,3 %) des Gesamtkaufpreises damit begleichen; ergänzend wies die Bundesregierung 1796 ein riesiges Territorium in Ohio als *Military Reserve* aus und ließ sie im *National Grid* vermessen; dort konnten sich nur Kriegsveteranen ansiedeln und ihre eigenen Berechtigungsbriefe in vollem Umfang einlösen (Treat 1910: 238 ff).

Eine bedeutsame Mobilisierung des Bodenmarktes brachte aber erst das vom

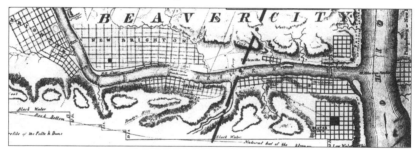

Lageplan von Beavercity, Pennsylvania von 1836. 1791 wurde Beaver Town unmittelbar am Ohio River als Veteranen-Kolonie vom Staat Pennsylvania gegründet. Der Ohio-River war wichtigste Verkehrsverbindung von den Appalachen nach Westen und daher Magnet für den Handel; der reißende Beaver River zog produzierendes Gewerbe an. Im land rush folgte eine Ansiedlung der anderen, jede ihr Raster am Verlauf des Flusses ausrichtend. Der National Grid spielte dabei keine Rolle, wie die quer hindurch laufende Gitterline zeigt. Um 1830 schlossen sich die einzelnen developer zur Beavercity Corporation zusammen.

Gouverneur von Ohio, William Henry Harrison, in den *Congress* eingebrachte und als *Harrison Land Act* im August 1800 verabschiedete Gesetz mit sich: Statt der Mindestgröße von einer Quadratmeile konnte die Bundsregierung nun das Land auch als so genannte *half mile* (= ca.129 ha; eine viertel Quadratmeile mit einer Seitenlänge von eine halben Meile) und seit 1804 auch als *quarter mile* (= ca. 65 ha; eine Achtel Quadratmeile) direkt an kleinere Farmer verkaufen, und zwar auf jährlichen, regional angesetzten Verkaufsmessen; auch konnten die Käufer nun den Kaufpreis von 2 Dollar je *acre* (einschließlich Vermessungskosten) in vier jährlichen Raten zu Zinsen von 6 % bezahlen oder, im Fall sofortiger Barzahlung, einen Diskont von 8 % beanspruchen (Treat 1910: 101ff). Im gleichen Zug wurde das bislang zentrale *Land Office* dezentralisiert und seine Filialen näher an den Markt gerückt: Vor allem in neu eröffneten Gebieten, aber auch in älteren, wo der Verkauf bislang gestockt hatte (Treat 1910: 170ff); eine Filiale wurde sogar in der City von London eröffnet (Havighurst 1956: 106).

Unter den erleichterten Rahmenbedingungen und bei gleichzeitig steigender Nachfrage aus verstärkter Einwanderung nahm nun der Grundstückshandel, insbesondere der Detailhandel, Fahrt auf: In den ersten Jahren des 19. Jahrhunderts brach der *land rush* genannte Ansturm auf den Boden in den Nord-Westlichen Territorien los (ausf. Havighurst 1956: 147ff): Die professionellen Stadtgründer traten nun mit dem Schlachtruf auf den Plan: „*Gain! Gain! Gain!...*" , „Gewinn! Gewinn! Gewinn! Das ist Ursprung und Ziel, A und O der amerikanischen Stadtgründer" (zit. Reps 1992: 349). Unter ihnen waren, wie sollte es auch anders sein, nüchterne Kaufleute, scharfe Rechner, üble Geschäftemacher, Glücksritter und Weltbeglücker (u.a. Dickens 1843: Kap. 21, 23, 33). Alleine dies sorgte für die Vielfalt der nach 1785 gegründeten Rasterstädte, wie sie J. Reps in seiner fast enzyklopädischen Geschichte der amerikanischen Stadtgründungen (u. a. 1965, 1981, 1992) dargestellt hat. Der Erfolg lag auf der Hand: Die Bevölkerung alleine von Ohio stieg zwischen 1800 und 1820 von ca. 43.000 auf 581.000 Einwohner an (Treat 1910: 105).

Eine leicht handhabbare und verallgemeinerbare Praxis der Bodenproduktion und spekulativer Stadtgründung spielte sich nun ein, bei der die eingangs erwähnten vier Grundprinzipien jedoch unverändert gültig blieben. Erst in diesem Rahmen konnten *communities* entstehen und heranwachsen, wobei der *urban developer*, seine „Freiheit des ersten Zugs" nutzend, ihnen die Bodenaufteilung der Straßen und Bauparzellen im von ihm abgesteckten Gelände vorgab. Denn er war – von den Ausnahmen der Siedlungen enger Glaubensgemeinschaften abgesehen – zuerst am Platz, konnte seine Stadt auf seinem eigenen Land, nach seinem eigenen Ermessen und auf eigenes Risiko gründen, wobei er den Boden nach seinem Kalkül aufteilte – und zwar ehe Siedler „im zweiten Zug" als Grundstückskäufer ankamen und sich „im dritten Zug" erst zu einer *community* zusammen fanden: Im zweiten Zug entschieden sich die Siedler mit ihrem Grundstückskauf für eine bestimmte Stadt und *community*, die jedoch erst nach ihrer rechtmäßigen Konstituierung aus dem damit geschaffenen politischen Raum heraus ihr Gemeinschaftsinteresse zu artikulieren vermochte; sie konnte nun kontrollierend auf die weitere Entwicklung einwirken: auf das soziale Leben, die Bildung der Grundrente und den Ertrag aus der gemeindlichen Liegenschaftssteuer, das physische Wachstum und die Stadterweiterungen, die öffentliche Ausstattung mit Infrastruktur, die Verschönerung, die weitere Feinaufteilung des Bodens – aber auch auf die Abänderung dessen, was ursprünglich vom Stadtgründer vorgesehen worden war (ausf. Conzen 1990: 158ff). Denn die „Freiheit des ersten Zugs" hatte manchen *urban developer* zu grotesken oder auch zu rücksichtslos schematischen Stadtplänen verführt, denen das nackte Verwertungsinteresse ins Gesicht geschrieben stand; im „zweiten Zug" brauchten die angelockten Siedler dies indes nicht zu akzeptieren und konnten weiterziehen (Dickens 1843: Kap. 33), wie so manche gescheiterte Stadtgründung belegt.

**Zur Einfügung von Rasterstädten
in den „National Grid" der Nord-Westlichen Territorien**

Wie nun wurden Städte in den *National Grid* eingefügt, nachdem die 1-Meilen Linien zu potentiellen Straßentrassen erklärt waren? Auf ganz verschiedene Weise, ganz nach dem Ermessen der einzelnen privaten Stadtgründer und dem Zuschnitt der von ihnen erworbenen Terrains! Selbst verständlich gab es weder irgend eine Vorschrift, wo oder wie eine Stadt in den *National Grid* einzufügen sei, noch dass eine Stadt überhaupt rechtwinkelig und im Raster anzulegen war. Der *National Grid* erzwang also nicht die Rasterstadt, vielmehr bot diese ganz allgemein und unabhängig vom *National Grid* eine auch schon zuvor z.B. in Neuengland bewährte pragmatische Form (u.a. Reps 1969: 116ff), die auch dem *urban developer* in den Nord-Westlichen Territorien Vorteile bot und den Käufern ein standardisiertes, gleichförmiges Produkt mit *townlots* und *outlots* bescherte, wie es damals bei raschem Bevölkerungszuwachs und annähernd gleichförmigen Anforderungen der Siedler mehrheitlich auf dem Bodenmarkt nachgefragt wurde. Unter den Vorzügen des rechtwinkeligen Straßenrasters ist vor allem die rationelle Bodenverwertung zu erwähnen: Es bringt in einer Stadt rechtwinkelige Bauparzellen hervor, die von den Käufern beim Hausbau, vor allem wenn er in Eigenarbeit stattfinden soll, geschätzt werden und daher auf dem zeitgenössischen Bodenmarkt weitaus begehrter sind, als schräg geschnittene Bauparzellen.

Für den *urban developer* bietet das Raster eine sparsamere Aufteilung seines Terrains in Bauparzellen, als jede andere Form, da sich der Boden ohne Zwickel und Reststücke aufteilen lässt; es erleichtert das Aufzeichnen eines Plans der Bodenaufteilung (*plat*) und das Abstecken im Gelände; es bildet die Grundlage einer modularen Gliederung, bei der sich kleine Bauparzellen und große Ackerparzellen (*townlots* und *outlots*) in den gemeinsamen Rahmen des Straßenrasters einfügen lassen; es hilft die Bodenverwaltung und den Bodenverkauf übersichtlich zu gestalten; kurz: Es erleichtert dem *urban developer* den Bodenverkauf „von der Stange". Dem Käufer vereinfacht das Raster den Vergleich im Angebot, indem es in einer Situation scharfer Konkurrenz auf dem Bodenmarkt die konkurrierenden Angebote auf nur wenige Unterschiede reduziert. Darüber hinaus bietet es seit jeher dem Stadtbewohner, solange es nicht sehr ausgedehnt ist, eine einfache Orientierung und rationelle Bewegung im Stadtraum auf vielerlei gleich weiten Wegen. So kam es also, dass die überwiegende Mehrzahl der Stadtgründer in den Nord-Westlichen Territorien Rasterstädte anlegte, und zwar zunächst nur auf dem kleinen Maßstab weniger hundert Meter im Geviert.

Wenn es offensichtlich die Vorteile des Rasters waren, die seine Beliebtheit erklären und nicht der *National Grid*, der es erzwungen hätte, dann bleibt die Frage, welche Rolle dem *National Grid* bei den Stadtgründungen eigentlich zukam. Hier ist als erstes Bestimmungsmoment zu nennen, dass die vom *urban developer* für eine Stadtgründung erworbenen Terrains in der Regel rechtwinkelig geschnitten waren: eben Teilstücke aus dem durch den *National Grid* grob aufgeteilten Boden. Ein zweites Bestimmungsmoment lag darin, dass das vom *National Grid* vorgezeichnete Gitter zugleich die Lage und Richtung der potentiellen Landstraßen verbind-

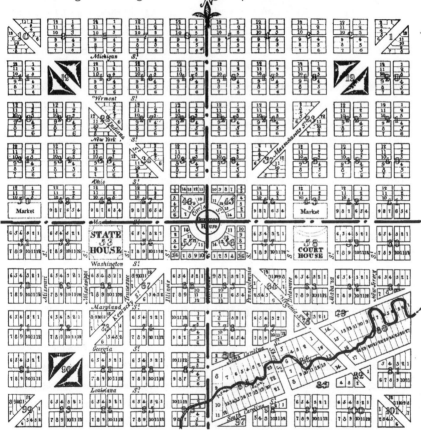

lich markierte, an die eine neu zu gründende Stadt anzuschließen war. Für einen *urban developer* war also das Lageverhältnis seines Terrains zum Gitter des *National Grid* bzw. zu den potentiellen künftigen Landstraßen von größter Bedeutung:

1) Bei einem Terrain, das mindestens eine ganze, eine Quadratmeile umfassende *section* umfasste, hatte er den größten Spielraum, denn seine

Gründungsplan von Indianapolis, Indiana, 1821. Die Rasterstadt auf der Kreuzung zweier Gitterlinien des National Grid mit dem Gouverneurs-Palast im Kreuzungspunkt. Um die Stadt repräsentativ hervor zu heben, sind vom Kreuzungspunkt aus vier diagonale Boulevards in die Ecken des Plans hineingeführt. Die dadurch hervorgebrachten dreieckigen Baublöcke sind eingeteilt in Bauparzellen, die jede von einer Blockseite zur anderen reichen, um sie verkäuflich zu gestalten.

meist viel kleinere Rasterstadt ließ sich irgendwo im Terrain anordnen und konnte (aber musste nicht) Rücksicht nehmen auf die Lage der Gitterlinien, denn der Anschluss an die im Gitter geführten Landstraßen konnte ja auch durch schräge Linienzüge hergestellt werden.

2) Weniger Freiheit hatte ein *urban developer* dagegen, wenn sein Terrain nur den Teil einer *section* ausmachte – und zwar je kleiner er war, desto weniger Freiheit; dann nämlich musste er sich mit seiner Rasterstadt auf eine der sein Terrain am Rand tangierenden Gitterlinie beziehen: Entweder gab dieses ihm die Richtung des Rasters seiner Gründungsstadt von vorn herein vor; oder aber er wich aus einem triftigen Grund davon ab; dann aber musste er die Nachteile von schlecht verwertbaren Zwickeln seines Landes und schräg geführten Anschlusstrassen an die Landstraßen in seinem Stadtgebiet in Kauf nehmen.

3) Ein Terrain dagegen, bei dem eine oder gar zwei Gitterlinien durch das Terrain hindurch liefen, es also durch potentielle Landstraßen halbierten oder vierteilten, war zwar wegen der Möglichkeit, eine Stadt beidseitig an dieser oder gar über einer Straßenkreuzung anlegen zu können, besonders begehrt, aber es erforderte den Grunderwerb aus vier *sections*, was unter Umständen Preis treibende Kaufverhandlungen mit mehreren Eigentümern der aneinander angrenzenden *sections* nach sich zog.

Jeder *urban developer* musste sich also zwangsläufig mit der Beziehung beider Elemente auseinandersetzen und für sich gute Gründe haben, wenn er bei seinem Gründungsplan vom *National Grid* abwich – was zu tun ihm indes freistand. Die gängigsten Beziehungen zwischen dem Gitter des *National Grid* und einem Rasterstadtplan sind im Folgenden zu vier Typen zusammengestellt:

1) Gründungspläne an der Kreuzung zweier Gitterlinien des *National Grid* : Wenn ein Stadtgründer ein Terrain erworben hatte, das über die Kreuzung zweier Gitterlinien hinweg reichte, dann nutzte er – sofern die Topografie dem nicht entgegen stand oder andere Erwägungen hinzutraten – diese günstige Situation in Allgemeinen dadurch, dass er die Mitte der neuen Rasterstadt genau auf den Kreuzungspunkt legte, der bald den häufigsten Verkehr in vier Richtungen auf den zu Hauptstraßen ausgebauten Gitterlinien des *National Grid* aufzuweisen versprach; an diesem Punkt zentraler Lage nämlich war die höchste Anzahl von Passanten zu erwarten und in der Folge die Ansiedlung von Läden, was die höchste Grundrente nach sich zog und beim Verkauf der angrenzendenParzellen von vornherein einen höheren Verkaufspreis rechtfertigte, als im übrigen Stadtgebiet.

2) Gründungspläne, die nur die Richtung des *National Grid* aufnahmen. Dies war immer dann der Fall, wenn ein *urban developer* ein Terrain erworben hatten, bei dem eine oder zwei Gitterlinien bzw. Landstraßen sein Terrain am Rande tangierten. Da das geodätische Gitter des *National Grid* keinen Bezug zur Topografie aufnahm, musste ein Stadtgründer, vor Ort angekommen, zuweilen

feststellen, dass sein Terrain nicht in einer idealen, gleichförmigen Ebene mit überall gleich guter Beschaffenheit des Bodens lag, sondern maßgeblich von anderen Faktoren, wie Bodenqualität, Erhebungen, feuchten Niederungen, Fluss- oder Seeufern geprägt war. Er musste nun, wollte er seine Stadtgründung gut vermarkten, bei den *townlots* die von den Käufern geforderte Sicherheit der Lage vor Überschwemmungen oder auch die Gründung der Gebäude auf festem und trockenem Boden ebenso berücksichtigen, wie bei den *outlots* die Güte und Ertragskraft der Böden für die Landwirtschaft. Die vielfach anzutreffenden Verschiebungen von Gründungsstädten innerhalb des Terrains in eine mehr oder weniger exzentrische Lage, aber parallel zu den Gitterlinien des *National Grid*, haben hierin ihre Ursache. Dass sich durch Nichtbeachtung örtlicher Gegebenheiten häufig Gelegenheit bot, die Käufer mit geschönten Gründungsplänen hinters Licht zu führen, während in Wirklichkeit die zum Verkauf angebotenen Grundstücke z.B. in einer saisonalen Hochwasserzone oder vor dem Ufer lagen (u. a. Dickens 1843: Kap. 25; Reps 1992: 308), steht auf einem anderen Blatt.

3) Gründungpläne, deren Raster von der durch den *National Grid* vorgegebenen Ost-West und Nord-Süd Richtung gänzlich abweichen. Dies war regelmäßig der Fall bei der besonderen topgrafischen Gegebenheit einer Stadtgründung am Ufer eines Sees oder Flusses – es sei denn, deren Ufer wären genau in Nord-Süd- oder Ost-West-Richtung verlaufen. Die Nord-Westlichen Territorien wurden in den ersten Jahrzehnten wegen noch fehlender Überlandstraßen vorzugsweise von den Flüssen oder Seen her besiedelt; Lagen am Wasser wurden von Handelsniederlassungen und Gewerbetreibenden als Umschlagplätze besonders gesucht, da sich die auf dem umliegenden Land erzeugten Güter dort leicht verschiffen und ebenso die importierten Gebrauchsgüter und Baumaterialien, insbesondere die umfangreiche Ausrüstung für Neusiedler, per Schiff leicht anlanden und stapeln ließen (ausf. Dickens 1843: Kap. 23); auch die frühe Industrie suchte Lagen am schnell laufenden Wasser für ihre Mühlenwerke. Die Gründung einer Stadt am schiffbaren Wasser musste also den Betrieb des Warenumschlags besonders berücksichtigen: Eine breite Uferstraße, auf der Waren zeitweise gestapelt werden konnten, musste angelegt und die Straßen der Stadt vorzugsweise senkrecht zum Ufer hin geführt werden, um allen Gewerbetreibenden den direkten und möglichst unbehinderten Zugang zum Wasser zu ermöglichen. Der *urban developer* musste auf solche Anforderungen seiner potentiellen Kundschaft reagieren, wollte er seine Grundstücke mit Gewinn los schlagen. Die dem erleichterten Warenumschlag gegebene Priorität zog also nach sich, dass das Gitter des *National Grid* keine ordnende Rolle in der Gründungsstadt spielte, sondern es nur zu berücksichtigen war bei der Anbindung der Stadtstraßen an die Überlandwege, womit sich der *urban developer* die oben erwähnten Probleme bei der Bodenverwertung einhandelte, die er wohl oder übel in Kauf nahm.

4) Gründungspläne, die aus dicht bei einander liegenden Terrains konkurrierender *urban developer* hervorgingen. Meist waren es bevorzugte Lagen am Wasser, die bei einsetzendem *land rush* in die Hände mehrerer benachbarter *urban developer* gefallen waren, welche nun, sei es gleichzeitig oder nach einander, kaleidoskopartig ihre Gründungsstädte am Wasser neben einander setzten, wobei jeder sein Terrain im Raster – ohne Rücksicht auf den Nachbarn – aufteilte: Das Gitter des *National Grid* hatte hierbei keine regelnde Funktion, denn um den bedeutsamen Wasseranschluss gut zu nutzen, wurden die einzelnen Ansiedlungen selbstverständlich senkrecht zum Fluss hin ausgerichtet und in dessen Windungen individuell eingepasst; dies hatte zur Folge hatte, dass solche am Fluss sich aufreihenden Konglomerate keine zusammenhängende Struktur aufwiesen. Ein schlimmes Erbe, sobald die verschiedenen *urban developer* sich zu einer Gesellschaft (*corporation*) und damit zu einer einzigen Stadt zusammen schlossen.

Bei der Gründung einer Stadt beauftragte ein *urban developer* üblicherweise einen Vermesser (*surveyor*), der ihm, entsprechend gegebener Weisung, den Plan der neuen Stadt auf dem erworbenen Terrain erstellte und nach Billigung die Straßen und Parzellen mit Pflöcken absteckte. Bei den Gründungsplänen fallen folgende Phänomene ins Auge, die Hinweise geben auf die gesellschaftliche Entwicklung:

1) Sie weisen grundsätzlich eine klar gezogene Grenze auf: die des Gesamtterrains des Eigentümers, zumindest aber die des zunächst zu parzellierenden Gründungsgebiets; ferner enthielten sie die Hauptstraßen, die durch die Gitterlinien des *National Grid* gebildet sein konnten, und die davon abgehenden Nebenstraßen; schließlich das eigentlich Einträgliche: die zu verkaufenden Baugrundstücke. Je nach Anspruch des *urban developers* und seinem Bemühen im Konkurrenzkampf, die Attraktivität seiner Stadtgründung zu steigern, finden sich häufig mit Bäumen bestandene Plätze und Boulevards regelmäßig über das Stadtgebiet verteilt; ferner in prominenter Lage auch Baugrundstücke für namentlich erwähnte öffentliche Bauten: Das Gerichtsgebäude, die Schule, die Kirche etc.; zuweilen auch den Friedhof und das Gebäude des Sheriffs mit Gefängnis als Symbol der örtlichen Sicherheit.

2) Sie zeigen häufig das bewährte neuenglische Prinzip der *townlots* und *outlots* (u.a. Reps 1992: 350), musste der Gründer doch, wenn er parzellierten Boden verkaufen wollten, den Anforderungen der Neusiedler gerecht werden, die nicht nur bauen, sondern sich neben ihrem Gewerbe auch vom eigenen Land vor der Stadt ernähren wollten – und sei es saisonal. Das Land wurde also in diesen Fällen tatsächlich planmäßig von einer Ansiedlung oder Stadt her der Wildnis abgerungen und agrarisch in Anspruch genommen. In dem Maß jedoch, wie sich seit 1820 die kleine Farm mit nur 32 ha (*half quarter farm*) verbreitete und sich in der Landwirtschaft die Rationalisierung durch Maschineneinsatz verbreitete, nahm die Anzahl der die stadtfernen Farmen zu und gleichzeitig die Nachfrage nach *outlots* ab; in der Folge wurde seit Mitte des 19. Jahrhunderts das

alte Prinzip der „Ackerbürgerwirtschaft", das zusätzliche Fläche für die *outlots* beansprucht hatte, von den Stadtgründern fallen gelassen.

3) Sie sind fast durchgehend geprägt von der Vorstellung einer geschlossenen, kompakten Stadt, die sich deutlich vom Land absetzt, wiewohl es weder eine Befestigung gab, noch eine Zollgrenze. Diese Abgrenzung war jedoch nicht mit dem tradierten Leitbild der „geschlossenen Stadt" begründet, sondern mit der notwendigen Abgrenzung der Masse der *townlots* gegenüber dem oft weiträumigen Acker- und Gemüseland, in dem die umliegenden *outlots* zusammen gefasst waren. Zuweilen mag es aber auch im Marketing-Kalkül des Stadtgründers gelegen haben: Um die Ware Baugrundstück besser an den Mann zu bringen, musste, wie heute auch beim *new urbanism*, eine möglichst perfekte Stadt mit Umriss, allen Straßen, Plätzen etc. und allen Bauparzellen aufs Papier des Verkaufsprospekts gezaubert werden, damit jeder potentielle Kunde von der hohen Qualität der Stadt als Ganzes und der guten Lage der einzelnen Grundstücke überzeugt würde. Aus vielen Gründungsplänen gewinnt man den Eindruck, dass sich die Stadtgründer über die späteren Erweiterungen noch keine Gedanken gemacht hatten – war ihr Geschäft doch in der Regel abgeschlossen, wenn alle Parzellen der Gründungsstadt verkauft waren.

4) Vor einer Gründungsstadt waren die *outlots* häufig „modular" in das städtische Straßenraster eingefügt, sodass einem städtischen Baublock in der Stadt mit mehreren *townlots* ein gleich großer Baublock mit einem einzigen *outlot* vor der Stadt zugeordnet war. Waren nun die *townlots* der Gründungsstadt weitgehend verkauft und bebaut, ließ sich das Gebiet der *outlots* wie selbstverständlich als Erweiterungsgebiet nutzen: Ohne weiteren Plan teilten die Eigentümer bei entsprechender Nachfrage nach Baustellen ihr Acker- oder Gemüseland in mehrere Bauparzellen auf und zogen guten Gewinn aus dem erheblich im Preis steigenden, vom Acker- in Bauland umgewandelten Boden (u.a. Scheer/Ferdelmann 2001: 18).

Auf die Vorgehensweise der *urban developer* bei der Planung, Vermarktung und Feinaufteilung des Bodens ihrer Stadtgründungen kann hier nicht näher eingegangen werden. Es soll jedoch nicht unerwähnt bleiben, dass die Stadt im *National Grid* gelegentlich auch städtebaulichen Glanz nach europäisch-kontinentalem Vorbild anstrebte: In jenen besonderen Fällen nämlich, wo der *urban developer* die repräsentative Erscheinung seiner Stadt für wichtiger erachtete, als den Verkauf von Grundstücken „von der Stange". Ein solch besonderer Fall war u.a. dann gegeben, wenn sich ein Bundesstaat neu konstituiert hatte und nun eine Hauptstadt benötigte. Diese konnte entweder von einem privaten *urban developer* auf Spekulation gegründet werden, wie Madison in Wisconsin (1836), oder auch als Hauptstadt mit Anspruch auf Repräsentation von der Regierung des Bundesstaates in eigener Regie geplant werden, wie u.a. Indianapolis in Indiana (1816). Beide sind Rasterstädte, die durch anspruchsvolle Diagonalstraßen aus dem üblichen Raster herausfallen; beide sind entworfen nach dem Muster der ab 1791 vom französischen Architekten und amerikanischen Major P. C. L'Enfant geplanten Bundeshauptstadt Washington.

In Indiana hatte die junge Regierung alsbald nach der Staatsgründung zwei Kommissionen gebildet: Die eine hatte den geeigneten Ort für eine Hauptstadt zu bestimmen und die Vorbereitungen für den Grunderwerb zu treffen; die andere hatte den mit dem Gründungsplan beauftragen Vermesser A. Ralston zu betreuen, der zuvor unter L'Enfant am Plan für Washington mit gewirkt hatte. Sein genau in den Kreuzungspunkt zweier Gitterlinien des *National Grid* gelegte Gründungsplan von Indianapolis sah an dieser zentralen Stelle keine kommerzielle Verwertung vor, sondern als „würdige Mitte" den Gouverneurs-Palast; die beiden wichtigsten öffentlichen Bauten, das Parlamentsgebäude (*State House*) und das Gerichtsgebäude (*Court House*), wurden ihm zur Seite gestellt. Vier diagonale Boulevards durchschnitten das Raster der ansonsten gleich großen Baublöcke mit ihren marktgerechten, gleich großen Bauparzellen und brachten neben eindrucksvollen Blicken auf die Spitze des Gouverneurs-Palasts ansonsten nur schräg angeschnittene Grundstücke hervor – was, üblicherweise verpönt, hier indes der Pracht zuliebe in Kauf genommen wurde. Als Zeichen flexibler Anpassung des Rasters an topografische Gegebenheiten findet sich im Südosten, entlang dem gewundenen Lauf des *Fall Creek*, eine lange Doppelreihe größerer Wassergrundstücke für Gewerbetreibende, die dort ihren Wasserbedarf befriedigen und ihre Abfälle leicht entsorgen konnten (Reps 1969: 295ff). Die Staatsregierung agierte im Übrigen wie ein *urban developer*, indem sie alle Grundstücke, die sie nicht selbst benötigte, freihändig an private Interessenten verkaufte.

Abschließend sei betont, dass es weder möglich ist, die US-amerikanische „Stadt im Raster" losgelöst zu betrachten vom Land; noch unabhängig von der 1785 von der Bundesregierung pragmatisch mit der *Land-Ordinance* gelösten Aufgabe, einer sich über den Markt weitgehend selbst regelnden Verteilung des Bodens des riesigen Nord-Westlichen Territoriums und seiner zügigen und relativ geordneten Besiedlung: „Der *National Grid* belegt die damals erfolgreiche Suche nach einer Art von rationaler urbanistischer Ordnung in einer ausgeprägt privatistischen laisser-faire Ära" (Conzen 1990: 145).

Literatur

Blanke, Gustav (1949; Hrg.): Die Verfassung der Vereinigten Staaten. Berkers kleine Volksbibliothek, Bd. 508. Kevelaer: Butzon & Berker

Conzen, Michael P. (1990): Town-plan analysis in an American setting. In: T.R. Slater (Hg.): The Built Form of Western Cities. Leicester: Leicester University Press. 142-170

Conzen, Michael P. (2001): The study of urban form in the United States. In: Urban Morphology. Jhg. 5, H. 1. 3 – 14

Corboz, André (2001): Die kulturellen Grundlagen des territorialen Rasters in den USA. In: ders. et al. (Hg.): Die Kunst, Stadt und Land zum Sprechen zu bringen. Bauwelt-Fundamente, Bd. 123. Basel/Boston/Berlin: Birkhäuser. 186-200

Dickens, Charles (1843-44): Life and Adventures of Martin Chuzzlewitt. London (deutsch: München 1958)

Goldschmidt, Bernhard (1961): Vom Werden einer Nation – Sechs Kapitel aus der amerikanischen Geschichte. Hamburg: H. Christians Verlag

Grant, Jill (2001): The dark side of the grid: power and urban design. In: Planning Perspectives, Jahrg. 16, H. 3. 219-241

Havighurst, Walter (1956): Wilderness for Sale. The story of the first western land rush. New York: Hastings House

Hockett, Homer C. (1925): Political and Social History of the United States, 1492-1828. New York: Macmillan

Jefferson, Thomas (1784): Report of a Plan of Government for the Western Territories. In: Peterson, Merril D. (Hg.) (1975): Thomas Jefferson US-President 1743-1826. Harmondsworth / New York: Penguin Books. 254-258

Kostof, Spiro (1992): Das Gesicht der Stadt. Frankfurt aM / Berlin: Campus Verlag. Kap. 2

Lindemann, Hans-Eckhard (1999): Stadt im Quadrat. Bauwelt-Fundamente Bd. 121. Braunschweig/ Wiesbaden: Vieweg

Moholy-Nagy, Sibyl (1968): Matrix of Man – An illustrated History of Urban Environment. New York: Pall Mall Press (deutsch: München 1970)

Marcuse, Peter (1987): The grid as a cityplan: New York City and laissez-faire planning in the nineteenth century. In: Planning Perspectives, 2. Jahrg., H. 2. 287-310

Mumford, Lewis (1961): The city in history: its origins, its transformations and its prospects. New York: Hartcourt Brace Janovich (deutsch: München 1980)

Price, Edward T. (1995): Dividing the Land: Early American Beginnings of our Private Property Mosaic. Chicago/London: University of Chicago Press

Reps, John W. (1969): Town Planning in Frontier America. Princeton, NJ: Princeton University Press

Reps, John W. (1981): The forgotten frontier – urban planning in the American West before 1890. Columbia/London: University of Missouri Press

Reps, John W. (1992): The making of urban America. A history of city planning in the United States. Princeton, NJ: Princeton University Press

Robinson, Charles Mulford (1916): City planning with special reference to the planning of streets and lots. New York/London: G. P. Putnams

Scheer, Brenda (1998): Suburban Tissues in a checkerboard box; unpubl. paper at International Seminar on Urban Form. Versailles

Scheer, Brenda und D. Ferdelman (2001): Inner-city destruction and survival: the case of Cincinnaty. In: Urban Morphology, Jg. 5, H 1. 15-28

Scott, Mel (1969): American City Planning since 1890. Berkeley/Los Angeles: University of California Press

Teaford, Jon C. (1975): The municipal revolution in America. Origins of modern urban government 1650-1825. Chicago/London: University of Chicago Press

Tocqueville, Alexis de (1835; 1985): Über die Demokratie in Amerika. Stuttgart: Reclam

Treat, Payson J. (1910): The National Land System 1785-1820. New York: E.B. Treat Comp.

Vance, J. E. (1977): This Scene of Man: the role and structure of the city in the geography of Western Civilization. New York/ London: Harpers College Press

Vance, J. E. (1982): The American Urban Geography – the old world strongly influenced the new. In: Cooper-Hewitt Museum (Hg.): Cities: The forces that shaped them. New York: Rizzoli International Publications. 53-54

Wittke, Carl (1939): We who built America. The saga of the immigrants. Cleveland, Ohio: Case Western Reserve University Press

Birgit Kasper
Stadterneuerungspolitik in Chicago

„Entwicklung ohne Vertreibung" – „Development without displacement" ist gegenwärtig die zentrale Forderung von BewohnerInnen in von Aufwertung betroffenen Stadtteilen in Großstädten der USA: Sowohl geplante als auch „schleichende" Aufwertung von innenstadtnahen Stadtteilen verursacht Widerstand in der Bewohnerschaft gegen die vermeintlich natürlichen Stadtentwicklungsprozesse. Dabei sind es freilich nicht die existenziellen Verbesserungen der Lebensbedingungen in einzelnen Stadtteilen, die die teilweise extrem segregiert lebenden Bevölkerungsgruppen beunruhigt. Es sind die Beschränkungen in der Wohnstandortwahl, die Zunahme von exklusiven Stadtteilen und die Zerstörungen von gewachsenen Nachbarschaften und Gemeinschaften (*communities*), die in Städten wie Chicago das Engagement von eigenständigen Stadtteilorganisationen antreibt. Im Folgenden werden an einer Fallstudie die sozialräumlichen Rahmenbedingungen dargestellt, unter denen eine aus Sicht der BewohnerInnen vorteilhafte Form der Segregation verteidigt und gestärkt wird.

Chicago gilt als eine der am stärksten segregierten Städte der USA. Das wissenschaftliche Interesse fokussierte sich lange Zeit auf die Ursachen und Folgen der Segregation – der außergewöhnlich deutlichen ethnischen, ökonomischen und kulturellen Homogenität von Stadtteilen in Folge von Rassismus, ökonomischer Diskriminierung und sozialer Stigmatisierung. US-Amerikanische Studien und Analysen, die die Probleme der Segregation thematisierten, behandeln vor allem die Benachteiligungen durch unfreiwillige Aus- und Abgrenzung.[1] Außerhalb des Blickfeldes stehen dadurch die Städte und Stadtteile, die sich mehr oder weniger im stabilen Zustand einer *integrated community* befinden oder im transitorischen Prozess der Auf- oder Abwertung für eine bestimmte Zeit eine ethnisch, sozial und/ oder ökonomisch vielfältige, diverse Struktur aufweisen. Erst in den letzten Jahren rückten diese Stadtteile ins Zentrum des Interesses.[2] So bezeichnen Nyden et al. die Existenz von ethnisch diversen städtischen Nachbarschaften als eines der am besten gehüteten Geheimnisse der USA[3].

Der Chicagoer Stadtteil Uptown ist ein Beispiel für einen derartigen Stadtteil. Die zentrale Frage dieses Beitrages ist, welche sozialen und politischen Kräfte diese ethnische, kulturelle, soziale und ökonomische Diversität stabilisieren. Anhand einer Fallstudie des *grassroot organizing* der *Organization of the NorthEast (ONE)*, die in Uptown vor allem in der Wohnungsentwicklung aktiv ist, wird der Einfluss einer selbstorganisierten, nicht-staatlichen Organisation auf die Stadtteilentwicklung untersucht. Dazu werden die Gründe für den Segregationsdruck in Uptown beschrieben, der unter anderem aus den gegenwärtigen Veränderungen der Metropole, der Krise auf dem Chicagoer Wohnungsmarkt und aktuellen Planungen der Stadtteilerneuerung abzuleiten ist. Gegenwärtig dominieren zwei Strömungen die Stadtteilerneuerung in den USA: Die Aufwertung von Stadtteilen durch die Entwicklung der gebauten Umwelt mit Hilfe von Konzepten wie v.a. *New Urbanism* ist die eine Strategie. Im Gegensatz dazu steht die Forderung, die Prägung eines Stadtteils durch die Entwicklung des Wohnungsbestandes aus dem Stadtteil heraus und den Bedürfnissen der BewohnerInnen entsprechend zu ermöglichen. Diese Fallstudie zeigt, wie eine Stadtteilorganisation in Konfrontation zur „offiziellen" Politik der Stadt die Entwicklung eines Stadtteils zu beeinflussen versucht. Die Rahmenbedingungen und die Erfolgsaussichten des *community organizing* werden dabei ebenso erläutert wie die Einflussnahme der *organizer* auf die Stadtteilentwicklung durch physischen Widerstand, konkrete Aktionen und politische Schritte im Rahmen der Selbstverwaltung. Der drohenden Segregation und Aufwertung steht die Stadtteilorganisation mit der Forderung *development without displacement* gegenüber: Wie die „Entwicklung ohne Verdrängung" gelingt, wird mit der folgenden Untersuchung und einem konkreten Beispiel des *community organizing* in Chicago geschildert. Die Fallstudie basiert auf teilnehmender Beobachtung, zahlreichen Interviews und Gesprächen sowie Daten- und Literaturrecherchen. Anstelle eines Vergleichs mit Stadtteilen oder *community organizations* anderer US-Städte wurde dem historischen Hintergrund und der spezifischen Situation in Chicago besondere Beachtung gewidmet, um ein größeres Verständnis für die charakteristische lokalpolitische Situation und die Wirkung einzelner Faktoren zu gewinnen.

Die Rahmenbedingungen: Chicago ist eine urbane Erfolgsstory...

Auf den ersten Blick besteht kein Zweifel. Die erfolgreiche Entwicklung US-amerikanischer Städte in den letzten Jahrzehnten scheint nur Vorteile für die Bevölkerung mit sich gebracht zu haben. Die Stadt Chicago glänzt mit beeindruckenden Fassaden. Ihr zentraler Geschäftsbereich (*Central Business District*) dient dem gesamten Mittleren Westen der USA als Finanzzentrum. Ihr Flughafen gehört zu den größten der Welt. Die 1837 gegründete Stadt im Bundesstaat Illinois ist eines der wichtigen gewerblichen Zentren der USA. Die Regierung Chicagos hat seit Ende des letzten Jahrhunderts regionalen und nationalen Einfluss. Ihr kulturelles Leben pulsiert.

Weltbekannte Architektur, denkmalgeschützte Gebäude, sich auftürmende Hochhäuser, neue Marinas, Lofts und exklusive Wohnsiedlungen bilden gemeinsam mit der opulenten Gold Coast, der luxuriösen North Michigan Avenue und den ausgedehnten öffentlichen Parks entlang des Michigan Sees eine attraktive Kulisse für die international agierende Stadt. Gleichzeitig spiegelt sich das rasante Wachstum der Stadt und die Diversität der Zuwanderer deutlich in der Stadtstruktur wider.

Wirtschaftlich entwickelte sich Chicago seit dem zweiten Weltkrieg von einer Arbeiterstadt zu einer „Besucherstadt". Aus der Stadt mit dem Titel „Schlachthaus der Nation"[4] wurde durch Ausbau von Freizeit-, Unterhaltungs- und Messezentren eine touristische Attraktion. Das 1996 auf dem ehemaligen Militärhafen eröffnete Vergnügungszentrum *Navy Pier* verzeichnet jährlich etwa 8 Millionen Besucher. Der Museums-Campus, die *Magnificent Mile*, die Hotelindustrie, Musicals, Multiplex Kinos, Sportarenen, Restaurantketten mit angeschlossenem Souvenirverkauf, Cafés und Bars locken Touristen in die Stadt. Messen, Konferenzen und Kongresse haben sich als lukrative Einnahmequelle erwiesen. 1997 fanden 44.000 Messen und andere Zusammenkünfte mit über 5 Millionen Besuchern statt, was mehr als 5 Milliarden Dollar Umsatz in die Stadt brachte. *McCormick Place* wurde gerade für 1 Milliarde Dollar renoviert und erweitert, wodurch das größte Kongreßzentrum Nordamerikas entstand. In keiner anderen Stadt der USA war der stadtstrukturelle Wandel so umfassend, und die Koalition politischer und wirtschaftlicher Interessen ist von einer beispiellosen Stabilität.

Chicago hat den Status einer *global city*. Die Entscheidungs- und Kontrollzentren von Banken und modernen Hightech-Firmen befinden sich in der Innenstadt, auch wenn sich zahlreiche Unternehmen mittlerweile in den Suburbs angesiedelt haben und der Anteil an e-commerce-Firmen im Vergleich zur Westküste der USA relativ klein war. In den letzten Jahren ist die Attraktivität der Innenstadt als Wohnort für Bevölkerungsgruppen mit überdurchschnittlichen Einkommen gestiegen. Dies hat Auswirkungen auf die soziale und ethnische Zusammensetzung innenstadtnaher Stadtteile: 1990 lag das durchschnittliche Jahreseinkommen eines vierköpfigen Haushalts in Chicago bei 30.707$ und im Jahr 2000 bei 67.900$. In dieser Zeit änderte sich durch die steigende Nachfrage nach hochwertigem Wohnraum die Struktur von zentrumsnahen Stadtteilen. Sanierung von Wohnraum, Neubau und Flächenkonversion mit einhergehendem Wachstum der Bevölkerung waren die Folgen.

... mit massiver Krise auf dem Mietwohnungsmarkt
Die andere Seite dieser Erfolgsstory ist, dass Gentrifizierung Bevölkerungsgruppen mit niedrigen Einkommen zunehmend aus ihren angestammten Quartieren trieb, weil sie steigende Mieten und Grundsteuern nicht länger zahlen konnten. Da vor allem Immigranten und Angehörige von ethnischen Minderheiten in schlecht bezahlten Jobs arbeiteten, veränderte die Gentrifizierung die ethnische Zusammensetzung der zentrumsnahen Stadtteile und zerstörte durch unfreiwillige Umsiedlung bestehende soziale Beziehungen. Eines der größten aktuellen Probleme in Chicago ist die Verfügbarkeit von preiswertem Wohnraum (*affordable housing*). Die Mieten sind zwischen 1995 und 2000 doppelt so schnell gestiegen wie die In-

flationsrate. Zwischen 1990 und 2000 wurden kaum noch preiswerte Mietwohnungen gebaut. Im selben Zeitraum wurden 12.000 Mietwohnungen in Eigentumswohnungen umgewandelt oder stehen aus anderen Gründen (Abriss, Wohnungszusammenlegung) nicht mehr zur Verfügung. Obdachlosigkeit in Chicago stieg zwischen 1990 und 2000 von 49.000 auf 80.000 Personen.[5] Der größte Anstieg der Obdachlosigkeit ist bei Familien zu verzeichnen. Mehr als ein Drittel der Chicagoer Mieterhaushalte zahlt mehr als ein Drittel seines Einkommens für die Miete. Immer häufiger belegen zwei oder drei Familien gemeinsam eine Wohnung, um die Miete zahlen zu können – fast 10% aller Familien in Chicago leben in überbelegten Wohnungen.

Im gleichen Zeitraum rückten durch die steigende Nachfrage nach hochwertigem innerstädtischem Wohnraum die Siedlungen des sozialen Mietwohnungsbaus zunehmend ins Blickfeld. Die sogenannten *projects* mit Wohnraum für die ärmsten Bevölkerungsgruppen befanden sich überwiegend auf innenstadtnahen Flächen im Westen und im Süden Chicagos.[6] Im Rahmen des bundesweiten Wohnungsprogramms *HOPE VI* werden seit 1999 in Chicago Großsiedlungen wie Cabrini Green, Robert Taylor Homes und Henry Horner Homes abgerissen, die Flächen werden vermarktet und mit sogenanntem *mixed income housing* im Stil des *New Urbanism* bebaut. Während also die Nachfrage nach preiswerten Wohnungen steigt, sinkt das Angebot schlagartig. Der Mietwohnungsmarkt in Chicago steckt in einer Krise, die durch die aktuelle staatliche Wohnungspolitik verschärft wird:

Die *Chicago Housing Authority (CHA)* war 1999 mit 38.776 Wohneinheiten die drittgrößte städtische Wohnungsgesellschaft der USA und man fand in ihrem Bestand die problematischsten Wohnbedingungen des Landes. Obwohl in den letzten Jahren im Schnitt 35.000 Haushalte die Warteliste für eine Sozialwohnung füllten, lag die Leerstandsrate in den neunziger Jahren aufgrund schlechter Instandhaltung und mangelhafter Wohnungsverwaltung bei etwa 13%. Insgesamt gilt das Konzept der *projects* als gescheitert. In Chicago werden zwischen 1999 und 2004 rund 18.500 Wohnungen in den *open gallery style high rises* abgerissen. Diese Gebäude haben acht oder mehr Geschosse, wobei die Flure und die Aufzüge zum Außenraum hin baulich geöffnet sind. Gebaut wurden die *gallery high rises* zwischen 1953 und 1966. Von Anfang an hatte die *CHA* mit diesen Gebäuden Schwierigkeiten, wie z.B. Ausfälle der Aufzüge oder der Heizanlage. Vor allem in den Wintermonaten herrschten mitunter katastrophale Lebensbedingungen.

Die Nachfrage nach den überdurchschnittlich großen Wohnungen der *gallery high rises* war in den ersten Jahren groß. Menschen unterschiedlicher ethnischer Herkunft genossen die Vorteile, die das Wohnen in Hochhäusern mit sich bringen kann und die man heute in den *condominiums*, den teuren Apartmenthochhäusern im Chicagoer Stadtzentrum pflegt. Durch mangelhafte Bausubstanz, schlechte Belegungspolitik, fehlende Reparaturen und unzulängliche Wohnungsverwaltung mussten sich die *gallery high rises* jedoch als ungeeignete Wohnform erweisen. Die grundlegende Sanierung der Gebäude wurde als nicht finanzierbar bewertet.[7]

Abb. 1: Skyline Chicago, Blick von Norden

Abb. 2: Henry Horner Homes im Oktober 2000

Abb. 3: Henry Horner Homes im Januar 2001

Abb. 4: Kids in Henry Horner Homes
(Fotos: Birgit Kasper)

Die Krise auf dem Mietwohnungsmarkt wird durch den Abriss verstärkt. In der Vergangenheit kam ein Gesetz zum Tragen, das den Abriss von Wohneinheiten untersagte, solange nicht Ersatz gebaut wurde. Dieses Gesetz wurde vom U.S. Congress 1995 aufgehoben. Zusätzlich existiert oft erheblicher Widerstand in Stadtteilen oder Suburbs gegen den Bau von jeglicher Form von subventioniertem Mietwohnungsbau in der Nachbarschaft. Diese Haltung nach dem Motto *not In my back yard (NIMBY)* ist auf Rassismus (etwa 85% der Haushaltsvorstände von Sozialwohnungen in Chicago sind African Americans[8]), auf die schlechte Reputation der CHA als Wohnungsverwaltung und auf ökonomische Diskriminierung zurückzuführen.

Die BewohnerInnen der *gallery high rises* und in anderen preiswerten Mietwohnungen sehen sich mit einem schwindenden Angebot an preiswertem Wohnraum konfrontiert und mit einem Umzug verbessert sich selten die Qualität der Wohnbedingungen. Außerdem ist erneut eine Tendenz der Segregation zu erwarten: Beispielsweise lässt sich an der bisherigen Mieterwanderung ablesen, wohin Mieter mit niedrigen Einkommen ziehen werden. 75% der Haushalte mit niedrigen Einkommen in *Cook County* leben in 34 Stadtteilen im Westen und Süden Chicagos bzw. in den südlichen suburbanen Gemeinden von *Cook County*.[9] Die Diskriminierung nach Hautfarbe, Familiengröße und Einkommen durch Vermieter und die Bevorzugung bestimmter Stadtteile durch Mieter führen zur weiteren oder erneuten Konzentration in bestimmten Gebieten in Chicago und vor allem im Umland.[10]

Für die Planungen der neuen Quartiere an der Stelle der *projects* im Stil des *New Urbanism* und nach dem Leitbild des *mixed income housing* wird derzeit kräftig geworben. *Mixed income housing* bedeutet, dass maximal 30% der auf den alten Flächen neu entstehenden Wohnungen für Haushalte mit sehr niedrigen Einkommen bereitgehalten werden sollen. Aufgrund der niedrigeren Dichte reduziert sich die Anzahl der Wohnungen für Haushalte mit niedrigen Einkommen rapide. Beispielsweise stehen in Henry Horner

Homes für einen Teil der Siedlung anstelle von 1.324 Wohnungen vor dem Abriss anschließend nur noch 139 Wohnungen für Haushalte mit sehr niedrigen Einkommen zur Verfügung. Mit ersten Gebieten in Chicago hat man die Erfahrung gemacht, dass die Idee des *mixed income housing* nur der Aufwertung der Quartiere dient. Es existieren gesamtstädtische und regionale Analysen der Probleme[11], aber keine konkreten, konstruktive Konzepte, ausreichend preisgünstigen Wohnraum zu schaffen. Die zunehmende Polarisierung der Bevölkerung ist zurückzuführen auf fehlenden politischen Willen, die Wohnbedingungen von MieterInnen zu verbessern.

Verknappung von preiswertem Wohnraum vs. Solidarität zur Sicherung eines Stadtteils

Die bestehenden städtischen und nationalen Programme zur Förderung von preisgünstigem Wohnraum sind eine Alternative zum bisherigen sozialen Wohnungsbau der USA, aber sie sind in ihrem Umfang nicht ausreichend, dem Bedarf auch nur annähernd gerecht zu werden. Umso größere Bedeutung erhält die Arbeit von *community organizations* auf Stadtteilebene zur Sicherung des Wohnungsbestands, zur Unterstützung von preiswertem Mietwohnungsbau und zur Förderung der Akzeptanz von subventioniertem Mietwohnungsbau.

Neben Abriss von sozialem Wohnungsbau und Konversion der Flächen gibt es einen weiteren Grund für den Abbau von preiswertem Wohnraum: Die Gentrifizierung von „gewachsenen" innenstadtnahen Stadtteilen, die sich durch die typische Reihenhausbebauung im Chicagoer Straßenraster auszeichnen. In den neunziger Jahren begann der Prozess, bei dem BewohnerInnen mit überdurchschnittlichen Einkommen zur deutlich sichtbaren Gentrifizierung der Stadtteile West Loop, South Loop, Near West Side, Lincoln Park, Lakeview, Bucktown und Wicker Park beigetragen haben. Manche Straßenzüge verzeichneten dadurch innerhalb weniger Jahre den fast vollständigen Austausch der Bewohnerschaft.

Als einen „natürlich" verlaufenden Prozess kann man die Aufwertung der innenstadtnahen Stadtteile nicht bezeichnen. Allenfalls zeigt sich im vermeintlich „freien Spiel der Kräfte" in den Siedlungen von Cabrini Green, Robert Taylor Homes oder Henry Horner Homes, dass die „Sieger" von Beginn an feststanden. Aber auch in gewachsenen Stadtteilen wie Lincoln Park oder South Loop konnte gegen den schleichenden Prozess der Aufwertung kein erfolgreicher Widerstand entwickelt werden. Um so bedeutender ist die Tatsache, dass es Stadtteile wie Uptown gibt, die sich als besondere Orte im

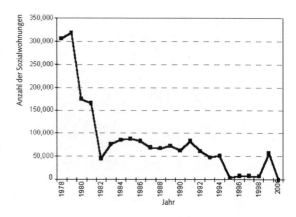

Abb. 5: Anzahl jährlich neu errichteter Sozialwohnungen in den USA (Quelle: HUD 2001)

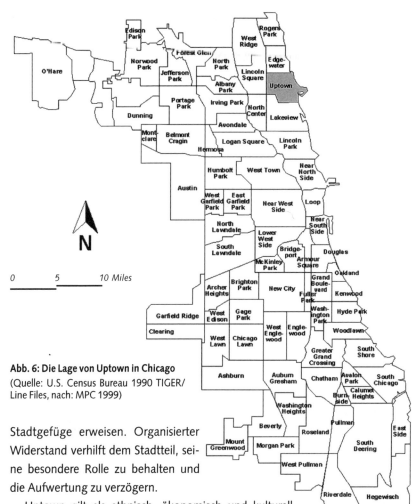

Abb. 6: Die Lage von Uptown in Chicago
(Quelle: U.S. Census Bureau 1990 TIGER/Line Files, nach: MPC 1999)

Stadtgefüge erweisen. Organisierter Widerstand verhilft dem Stadtteil, seine besondere Rolle zu behalten und die Aufwertung zu verzögern.

Uptown gilt als ethnisch, ökonomisch und kulturell vielfältiger Stadtteil aufgrund seiner langen Geschichte als *port of entry* für Immigranten. Seine günstige Lage in der Stadt, die gute Erschließung und die attraktive Umgebung des Stadtteils am See haben sich als vorteilhaft erwiesen. Die wirtschaftliche Entwicklung, die physischen und räumlichen Qualitäten sowie die heterogene Wohnungsentwicklung haben zur Vielfalt ebenso beigetragen wie die Struktur kommunalpolitischer Entscheidungsfindung mit den *Aldermen* als zentrale politische Entscheidungsinstanz im jeweiligen Stadtteil.

Ausgangspunkt der Fallstudie sind die Entstehungsbedingungen für die besondere Situation Uptowns als der stigmatisierte Stadtteil in der Gesamtstadt: Um einen Überblick über die Gestalt des Stadtteils zu bekommen, folgt die Analyse der baulich-räumlichen Entwicklungen des Stadtteils, der verschiedenen Phasen der Bevölkerungsentwicklung und der aktiven politischen Kultur in Uptown. Vor allem im Hinblick auf die lokalpolitische Tradition der aktiven Stadtteilgestaltung durch *community organizations* erhalten die Hintergründe der gegenwärtigen Diversität und Eigenständigkeit des Stadtteils besonderes Augenmerk.

Uptown: Ein vielfältiger Stadtteil in Chicago

Kann ein Stadtteil zugleich segregiert und vielfältig sein? Dieser scheinbare Widerspruch ist in diesem Fall eine Grundlage für die Aktivitäten der *community organization*. Die baulich-räumliche Struktur des Stadtteils und ihr Wandel in den verschiedenen Phasen der Stadtteilentwicklung bildet die sozialräumliche Voraussetzung für die Etablierung der verschiedenen Bevölkerungsgruppen.

Uptown entstand Mitte des 19. Jahrhunderts in Folge der Industrialisierung Chicagos. Geprägt ist der Stadtteil durch die Ende des neunzehnten und Anfang des zwanzigsten Jahrhunderts errichtete baulich-räumliche Struktur mit der blockweisen Abstufung von Gebäudestrukturen und Bebauungsdichten. Zudem ist die Mischung von Wohnen, Dienstleistungen und gewerblichen Nutzungen typisch für einen wachsenden Stadtteil jener Zeit.

Die südliche Grenze Uptowns ist etwa 8 Kilometer vom Zentrum Chicagos entfernt. Uptown besteht aus mehreren alten Stadtteilen und war einst der nördliche Teil der selbständigen Gemeinde Lake View, die 1857 gegründet wurde.

Die ersten Gebäude wurden in den sechziger Jahren des neunzehnten Jahrhunderts errichtet. 1880 begann die Besiedlung der „Wildnis", der malerischen Sanddünen am See. Die Siedler in Uptown waren überwiegend schwedischer oder deutscher Herkunft. Sie bauten einfache Holzhütten oder Farmhäuser. Einige wohlhabende Chicagoer errichteten solide Wohnhäuser für das suburbane Leben in annehmbarer Nähe zur Stadt. Als sich die Entwicklung Chicagos nach Norden ausdehnte, wurden am See Hotels gebaut, die Strandurlauber beherbergten. Eine kleine Gruppe von African Americans bewohnte das Zentrum von Uptown. Ihre Ansiedlung ist darauf zurückzuführen, dass sie als Bedienstete bei reichen Bewohnern von Einfamilienhäusern und Villen arbeiteten.

1889 wurde durch eine Abstimmung der Bürgerschaft die Eingemeindung von Lake View beschlossen und Uptown wurde Stadtteil von Chicago. Im allgemeinen stimmten in dieser Zeit die Bewohner von selbstän-

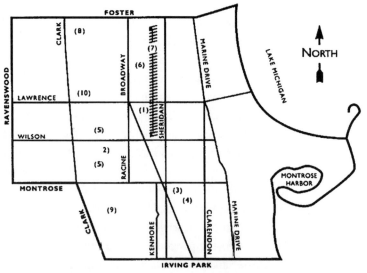

(1) Uptown National Bank Building
(2) Truman College
(3) Pensacola Place
(4) Buena Park Historic District
(5) Sheridan Park Historic District (Heart of Uptown)
(6) Argyle Street
(7) „The Corridor"
(8) Andersonville
(9) Graceland Cemetery
(10) S-Boniface Cemetery

Abb. 7: Die Census Tracts von Uptown
(Quelle: Bennett 1997)

Abb. 8: Die EL an Wilson Avenue

Abb. 9: Ostfassade Uptown Theatre

Abb. 10: Lakeside Tower, mit Einzimmer-Apartments der zwanziger Jahre, saniert 1993/94

(Fotos: Birgit Kasper)

digen Gemeinden der Eingemeindung zu, weil sie nicht in der Lage waren, ein eigenständiges Wasserversorgungs- und Abwassersystem zu entwickeln und zu unterhalten.

Gründerzeit mit heterogener Baustruktur
Zwischen 1890 und 1920 war das größte Wachstum des Stadtteils zu verzeichnen, das aber nicht in allen Teilen gleichermaßen ablief. Im westlichen Teil wurden überwiegend freistehende Einfamilienhäuser sowie ein- und zweigeschossige Reihenhäuser in Holzrahmenbauweise errichtet. Im östlichen Teil schritt die Entwicklung von Wohn- und gewerblicher Nutzung rasch voran. Eine neue Buslinie auf Lawrence Avenue und die Ausweitung anderer Linien auf Broadway Avenue und Clark Street unterstützte das Wachstum. Durch die Anbindung des Stadtteils an den *Loop* durch die *EL*[12] mit der nördlichen Endstation an der Wilson Avenue im Jahre 1900 wurde die Verbindung zum Zentrum Chicagos und die Verknüpfung zu den umliegenden Gemeinden erheblich verbessert.

Diese öffentliche Verkehrsanbindung und die Entwicklung des Parks und der Strände am See stärkten die Qualität des Gebietes mit Wohn-, Gewerbe- und Freizeitnutzungen. Der sprunghafte Anstieg von Bodenpreisen führte im Süden und am See zur dichteren Bebauung in Form von Apartmenthäusern, Apartmenthotels und Hotels zwischen den alten Holz- und Steinhäusern.

In einzelnen Bereichen Uptowns herrschten Villen vor, in anderen etablierten sich *rooming houses*[13] und Nachtclubs. Aber es war nicht nur dieser heterogene baulich-räumliche Charakter, der zum außerordentlichen Ruf Uptowns beitrug.

Entertainment: Ein attraktiver Stadtteil
Von 1890 bis 1920 entwickelte sich Uptown zum blühenden Einkaufs- und Unterhaltungszentrum. Die vielen kleinen Apartments des Stadtteils machten Uptown zum *most desirable place of residence for the many young people who come to Chicago to seek their fortune.*[14] Neben Filmstars und ambitionierten jungen Menschen trug vor allem die zunehmende Anzahl an Kneipen und Nachtclubs dazu bei, dass Wilson Avenue in den zwanziger Jahren als „berüchtigt" galt. Aus dieser Epoche stammen das Riviera Theatre, das Uptown Theatre – ein Filmpalast (*movie palace*) mit 4.381 Plätzen sowie der Aragon Ballroom und die Green Mill Lounge. Zu dieser Zeit wurde auch das bis heute bekannte Image Chicagos als „Stadt der Gangster" geprägt. Al Capone kontrollierte zeitweise das Nachtleben Uptowns.

Die Attraktivität der Wohngebäude, der *entertainment district* und die vorzügliche Verkehrsanbindung zog Anfang des zwanzigsten Jahrhunderts viele Singles und junge Paare nach Uptown. Dies hatte zur Folge, dass viele der älteren Wohngebäude in *rooming houses* umgewandelt oder durch größere Miethäuser mit hoher städtebaulicher Dichte ersetzt wurden. Dies begründete die besondere Situation im Bereich zwischen Winthrop Avenue und Kenmore Avenue, dem *Winthrop-Kenmore corridor*, der sich durch eine sehr dichte Ansammlung an kleinen und preiswerten Apartments auszeichnete.

Wohnraummangel während des zweiten Weltkrieges verstärkte in Uptown die Umwandlung von Wohnungen in kleinere Wohneinheiten, indem geräumige Einfamilienhäuser in kleine *Kitchenette*-Wohnungen[15] unterteilt wurden. Nach dem Zweiten Weltkrieg herrschte in Chicago akuter Wohnungsmangel und in Uptown war die Nachfrage besonders groß, denn dort existierten viele Ein- und Zweizimmerwohnungen für relativ niedrige Mieten. Zwischen 1940 und 1960 stieg die Zahl der Wohnungen in Uptown um 33%, obwohl fast keine Neubautätigkeit zu verzeichnen war, allein durch die Unterteilungen im Bestand. Bis in die fünfziger Jahre blieb Uptown ein attraktiver Stadtteil. Die Volkszählung von 1950 weist nach, dass weniger als 3% der Wohneinheiten in Uptown nicht belegt waren und dass Überbelegung zu verzeichnen war: 10,5% der Bevölkerung lebte in Wohnungen mit mehr als 1,5 Personen pro Raum.[16] Ende der Fünfziger Jahre sank die Zahl der Bevölkerung zum ersten Mal, ging stetig zurück und stieg seither nicht wieder an. Auf die Gründe für den Wandel des Stadtteils wird im Weiteren genauer eingegangen.

Tab. 1: Bevölkerungsentwicklung in Uptown, in der Stadt und in der Region Chicagos mit den prozentualen Veränderungen zum vorangehenden Jahrzehnt[17]

	Uptown	%	Stadt	%	Region	%
1840	-		4.479		35.616	
1850	-		29.963	570,3	115.285	223,7
1860	-		112.172	274,4	259.384	125,0
1870	-		298.977	166,5	493.531	90,3
1880	-		503.185	68,3	771.250	56,3
1890	-		1.099.850	118,6	1.391.890	80,5
1900	-		1.698.575	54,4	2.084.750	49,8
1910	-		2.185.283	28,7	2.702.465	29,6
1920	-		2.701.705	23,6	3.394.996	25,6
1930	67.699		3.376.438	25,0	4.449.646	31,1
1940	77.677	14,7	3.396.808	0,6	4.569.643	2,7
1950	84.462	8,7	3.620.962	6,6	5.177.868	13,3
1960	76.103	-9,9	3.550.404	-1,9	6.220.913	20,1
1970	74.838	-1,7	3.362.825	-5,2	6.978.947	12,2
1980	64.414	-13,9	3.005.061	-10,7	7.103.624	1,8
1990	63.839	-0,9	2.783.726	-7,4	7.261.176	2,2
2000	63.551	-0,5	2.896.014	4,0	8.272.768	13,9

Quelle: Eigene Berechnungen nach: US Amt für Statistik: Census Tracts 1950-2000

Strategien der Abwertung und Diskriminierung

Zwischen 1960 und 1990 sank die Anzahl der Wohneinheiten in Uptown von mehr als 40.000 Wohneinheiten auf etwa 32.000 durch Zusammenlegung, Feuer und Abriss, was einen Rückgang von mehr als 25% in weniger als drei Jahrzehnten bedeutet. Zwei Trends sind in dieser Zeit zu verzeichnen: Zum einen stieg der Anteil der Wohnungseigentümer deutlich. Seit den siebziger Jahren nahm die Zahl der Wohnungseigentümer durch die Umwandlung von Miet- in Eigentumswohnungen vor allem in den Hochhäusern am See und durch die Neubauentwicklung im *Sheridan Park Historic District* zu. Zum anderen reduzierte sich die Zahl der Wohneinheiten und Bewohner durch Gebäudeverfall, Leerstände und

Abriss. Neben den Hauseigentümern spielte die Immobilien-Industrie (*real estate industry*), bestehend aus Maklern, Banken und Versicherungen eine zentrale Rolle beim baulichen Verfall des Stadtteils (*disinvestment*). Mit den Strategien des *Steering*, *Block Busting*, *Panic Paddeling* und *Redlining* betreiben sie mittels rassistischer, sozialer und ökonomischer Diskriminierung in ausgewählten Quartieren US-Amerikanischer Städte die Abwertung der Bausubstanz. Bis in die späten 60er Jahre waren diese Strategien legal – und sie sind nach wie vor ein Thema: *Steering* kann mit „lenken" oder „steuern" übersetzt werden und bedeutet, dass potentiellen Mietern oder Käufern nur Objekte in Nachbarschaften angeboten werden, die der Makler entsprechend der Hautfarbe der Interessenten als „passend" erachtet, so dass die Mieter oder Käufer nur eine beschränkte Wahl haben, wohin sie ziehen. *Block Busting* bedeutet, dass zur Steigerung des Umsatzes ein Haus in einem "weißen" Mittelklasse-Straßenblock an Angehörige von Minoritäten verkauft wird. Der Block wird „gesprengt". Problematisch ist dies, wenn es die Vorbereitung zum *Panic Paddeling* ist: Makler kreieren dann bei den übrigen Bewohnern des Straßenblocks Panik, dass ihre Immobilie in Kürze an Wert verlieren wird, weil sich das Quartier vermeintlich auf einem Abwärtstrend befindet. Mit dem dann folgenden (Panik-)Verkauf und dem überteuerten Weiterverkauf der Immobilie an Angehörige von Minoritäten schaffen sich Makler beträchtliche Gewinne. *Redlining* ist der Tiefpunkt der Kurve und bedeutet, dass Makler, Banken und Versicherungen buchstäblich bestimmte Gebiete auf dem Stadtplan mit einer roten Linie eingrenzen und als wertlos oder zweitklassig abstufen. In derartig gekennzeichneten Gebieten werden keine oder nur überteuerte Verträge über Versicherungen oder Kredite abgeschlossen. Dadurch kommt es zum Deinvestment, zum Wertverfall und dient als Vorbereitung für die anschließende Aufwertung durch Abriss und Neubau oder durch Sanierung. Bei der Aufwertung eines zuvor vernachlässigten Stadtteils und aufgrund Möglichkeiten zur Spekulation taucht die *real estate industry* schließlich erneut als steuernder Akteur auf. Grundstücke und Gebäude können zu niedrigen Preisen aufgekauft werden und nach Neubau oder Sanierung wiederum mit hohen Gewinnen verkauft werden. Bis in die siebziger Jahre wurde von politischer Seite kein Anlass gesehen, gegen diese Methoden vorzugehen. Trotz neuer Rechtsprechung und gesetzlichen Änderungen Ende der sechziger Jahre lag es meist an der fehlenden Vollstreckung der Rechtslage, dass die Methoden weiter angewandt wurden. In der Zwischenzeit sorgt ein Gesetz namens *Community Reinvestment Act* für Besserung, aber es fehlt nach wie vor am konsequenten, staatlichen Vollzug dieses Gesetzes.[18]

Die Gebäude in Uptown, die gegenwärtig potentielle Objekte aufwendiger Sanierung sind, waren in den sechziger Jahren vom *Redlining* betroffen und dem Verfall ausgesetzt. *Steering, Block Busting, Panic Paddeling* und *Redlining* änderten die Struktur von Uptown, allerdings konnte dem Zyklus von Deinvestment und Aufwertung bislang Widerstand entgegen gesetzt werden.

Der Wandel des Images von Uptown
Durch die steigende Arbeitslosenrate und den zunehmenden Verfall von Wohngebäuden etablierte sich ab Mitte der fünfziger Jahre in Uptown das Image eines *slums*. Beunruhigte Geschäftsleute und seit langem ansässige Bewohner des Stadtteils diskutierten diese Situation öffentlich. Die *Uptown Chicago Commission (UCC)* wurde von Vertretern einiger der größten Gewerbebetriebe Uptowns gegründet, um dem Verfall des Stadtteils zu begegnen. Ihr Ziel war, gewerbliche Entwicklung zu fördern und das Zentrum von Uptown aufzuwerten. In den späten sechziger Jahren waren für Uptown großflächige Stadterneuerungsprojekte vorgesehen. In diesem Zusammenhang begannen die stadtteilbezogenen Organisationen und Initiativen mit ihren Aktivitäten, um die Interessen der Bewohner mit niedrigen Einkommen zu wahren. Die Bewohner befürchteten, durch die Stadterneuerungspläne der *UCC* vertrieben zu werden. Die Stadterneuerungsdebatte mobilisierte und polarisierte weite Teile der Uptowner Bevölkerung, was bis heute die Stadtteilentwicklungspolitik in Uptown beeinflusst.

Das Problem, das bis heute aus der Stadterneuerung der sechziger und siebziger Jahre resultiert, besteht in der mangelhaften Qualität der Neubauten dieser Zeit. Die physischen Konsequenzen der Stadterneuerung sind grundlegende Ursachen für den Fortbestand von Wohnraumverfall, von Spekulation und von Widerstand der Organisationen gegen die Aufwertung des Stadtteils. Vor allem im zentralen Bereich Uptowns wurde der andauernden Stigmatisierung durch die schlechten Wohnbedingungen Vorschub geleistet. Ende der siebziger Jahre war das Ansehen des Stadtteils dermaßen gesunken, dass die Bewohner des nördlichen Teils die Regierung der Stadt überzeugten, von Uptown getrennt zu werden. Dadurch ist Uptown der erste und bislang einzige der 76 Stadtteile, der die Erfahrung einer Spaltung gemacht hat. Seit 1980 ist Edgewater offiziell der 77. Stadtteil Chicagos.[19] Im verbliebenen Stadtteil Uptown gab es weitere informelle Abgrenzungen: Statusbewusste Bewohner westlich von Clark Street bezeichneten sich, obwohl sie im Gebiet von Uptown lebten, als Bewohner des renommierteren Stadtteils Ravenswood, die Bewohner im Nordosten lebten in Andersonville und im Südwesten lebte man in Lake View.[20]

In den achtziger Jahren begann die Debatte um die Frage, ob der Umfang von subventioniertem, sozialem Wohnungsbau in Uptown erweitert werden solle. Die Frage war und ist, wie der Stadtteil entwickelt werden kann, so dass eine Balance gewahrt bleibt zwischen den Interessen der dort lebenden, ärmeren Bevölkerung und den Interessen der Bevölkerung mit durchschnittlichen oder hohen Einkommen.

Bis heute hat Uptown ein uneinheitliches Image. Gemessen am städtischen Durchschnitt besteht in Uptown eine relativ hohe Konzentration an öffentlich gefördertem Mietwohnungsbau, der sich in manchen Blöcken häuft, aber dennoch der übergreifenden städtebaulichen Struktur angepasst ist. Gleichzeitig gibt es im Stadtteil eine große Anzahl an Haushalten mit hohen Einkommen: Am See leben in den Miet- oder Eigentumswohnungen der Hochhäuser Personen mit hohem sozioökonomischen Status. Im südöstlichen Bereich von Uptown liegen zwei der wohlhabendsten Volkszählungsbezirke Chicagos. Im westlichen Bereich Uptowns wohnen vor allem Familien mit durchschnittlichen Einkommen in Einfamilien- oder Mehrfamilienhäusern mit bis zu etwa sechzehn Wohnungen. Hier kann man sozialen Mietwohnungsbau oder subventionierte Wohnungen in einzelnen Gebäuden finden (*scattered site housing*). Der zentrale Bereich von Uptown und der *Winthrop-Kenmore Corridor* werden vorwiegend von Bevölkerungsgruppen bewohnt, die an der Armutsgrenze leben, und dort befinden sich die schlechtesten Wohnungen.

Das Zusammenleben von Bevölkerungsgruppen mit unterschiedlichem sozioökonomischen Status innerhalb Uptowns hat die Stadtteilentwicklung seit der Nachkriegszeit geprägt. Sie wird als Ursache für die Institutionalisierung von Widerstand gegen die Aufwertung des Stadtteils gesehen. Die räumliche Nähe von Haushalten mit unterschiedlichen Einkommen und Lebensformen hat sowohl zu Auseinandersetzungen als auch zu gegenseitigem Respekt durch die Vermittlung der Stadtteilorganisationen und durch persönlichen Kontakt geführt. Gleichzeitig ist es im Vergleich zu den derzeitigen Entwicklungen in anderen Stadtteilen für die *community organizations* ein beachtlicher Erfolg, dass sie mit ihrer Arbeit toleriert werden.

Die *community organizer* in Uptown sehen sich deswegen in einer besonderen Lage: Ihnen gelingt es, die Schaffung von preiswertem Wohnraum zu unterstützen, im Gegensatz zu anderen Stadtteilen, wo Widerstand und Aktivitäten gegen Aufwertung meist erfolglos bleiben. Diese Sonderstellung wird als Motivation aufgefasst, nicht nur eine defensive Haltung der Aufwertung gegenüber einzunehmen, sondern aktiv an der Gestaltung des Stadtteils mitzuwirken.

In Uptown sind sich die Stadtteilorganisationen einig, dass staatliche oder städtische Behörden und engagierte private Organisationen zur Sicherung von *affordable housing* aktiv werden müssen. Niedrige Löhne, die Aufwertung von Stadtteilen und „*condomania*" – die Umwandlung von Miet- in Eigentumswohnungen – schließen immer mehr Personen vom enger werdenden Wohnungsmarkt aus. Uptown ist nicht der einzige Stadtteil, der vom Verlust von preiswerten Mietwohnungen betroffen ist, aber er ist der einzige Stadtteil, in dem Organisationen den Neubau öffentlich fordern und Erfolge erzielen. Insofern beziehen sie auch eindeutig Stellung in der gegenwärtigen Stadterneuerungsdebatte in den USA, die durch das Konzept des *New Urbanism* und *mixed income housing* geprägt ist: Aus der Erfahrung mit der Sanierung der innenstadtnahen Großsiedlungen ist zu erwarten, dass die Quartiere grundlegend saniert und aufgewertet werden, wobei die Bezeichnungen *New Urbanism* und *mixed income housing* zum Synonym für Vertreibung, Dekonzentration und De-Solidarisierung werden.

"Preserving and increasing diversity means more than dining at ethnic restaurants"
(ONE)

Ein wichtiger Grund für Uptowns außergewöhnliche Situation als Stadtteil mit diverser Struktur ist, dass Chicago eine der am stärksten segregierten Städte der USA ist. Es besteht ein hohes Maß an Armutskonzentration in einzelnen Stadtteilen und an Segregation aufgrund der Hautfarbe oder ethnischer Zugehörigkeit. Für Haushalte mit niedrigen Arbeitseinkommen ist in den meisten Fällen eine unfreiwillige Segregation festzustellen. Das Angebot an preiswertem Wohnraum ist auf wenige Stadtteile reduziert und so bleibt diesen Haushalten nur eine begrenzte Auswahl bei der Bestimmung des Wohnortes. Die Aufwertung Uptowns würde zu einer weiteren Reduktion der Wahlmöglichkeiten führen und das ist ein Grund mehr für die *community organizations* für die Sicherung von preiswertem Wohnraum und Erhalt der diversen Struktur zu kämpfen.

Uptown ist der erste Stadtteil im Norden Chicagos, in dem Minoritäten einen signifikanten Anteil an der Bevölkerung bilden. Die African Americans sind mit 25%, die Hispanics und Latinos sind mit 22,5% und die Asian Americans sind mit 14% in Uptown vertreten. In weiten Teilen Chicagos ist es üblich, dass eine oder zwei Ethnien den Charakter eines Stadtteils prägen. Stadtteile mit fast ausschließlich African Americans liegen im Süden und im Westen. Die Hispanics und Latinos leben im Nord- und Südwesten. Im Nordwesten und Norden konzentrieren sich die Caucasians.[21] Die Anteile der „Minderheiten" an Chicagos Bevölkerung sind in den letzten Jahren stetig gestiegen. African Americans haben einen Anteil von 36,8%, Hispanics und Latinos haben einen Anteil von 26,0% und die Asian Americans haben einen Anteil von 4,3%. Die Caucasians gehören somit mit einem Anteil von 31,3% ebenfalls zu einer Minorität.[22]

Uptown ist bekannt für seine ethnische Diversität, was sich in Bezeichnungen wie *Chicago's United Nations, Chicago's Ellis Island* und *Port of Entry* widerspiegelt. Zurückzuführen ist dies auf die verschiedenen Phasen der Immigration, wodurch im Lauf der Jahrzehnte unterschiedliche Nationalitäten als Zuwanderer oder Flüchtlinge in diesem Teil der Stadt ankamen. Seit Mitte des 19. Jahrhunderts vollzog sich ein rascher Wechsel der Bevölkerungsgruppen. Ein Grund dafür war die Dynamik der gesamten Stadt. Ein anderer Grund war die bereits in den zwanziger Jahren stattfindende faktische Stadtteilerneuerung. War Uptown vor dem ersten Weltkrieg noch ein Suburb für die wohlhabende Bevölkerung, wurden zwischen den Weltkriegen viele Einfamilienhäuser durch Mehrfamilienhäusern mit Mietwohnungen oder durch *rooming-houses* für Immigranten errichtet. Die Folge war ethnische, kulturelle und ökonomische Diversität:

Ende des neunzehnten Jahrhunderts waren die schwedisch- und deutsch-stämmigen Einwohner die größte Gruppe der Personen, die nicht in den USA geboren wurden. Auf die Schweden ist der Name des Bereichs an Clark Street im Nordosten Uptowns zurückzuführen: Andersonville. Die deutsche Community hat sich mittlerweile weiter nach Westen verlagert und ist heute im Stadtteil Lincoln Square zu finden. Zuwanderer aus Nordeuropa bildeten bis in die dreißiger Jahre die größte Gruppe der Bevölkerung. In den vierziger und fünfziger Jahren zog die Jüdische Gemeinde aus dem Westen Chicagos nach Uptown. Ihnen folgten Zuwanderer griechischer Abstammung und African Americans.

Obwohl der Stadtteil seit den zwanziger Jahren dieses Jahrhunderts kulturell gemischt war und obwohl es unterschiedliche Wanderungen verschiedener Immigrantengruppen in den Stadtteil gab, so war Uptown noch 1960 zu 94,8% von Caucasians bewohnt. Während des Ersten und nach dem Zweiten Weltkrieg war die Zuwanderung der African Americans aus den Südstaaten am größten, aber sie besiedelten überwiegend südliche und später westliche Stadtteile Chicagos.

Während der fünfziger und sechziger Jahre waren Zuwanderer aus Japan zu verzeichnen sowie Tausende verarmte Bergbauarbeiter aus dem Süden der US, die durch die technische Modernisierung im Kohlebergbau arbeitslos geworden waren. Der Zustroms dieser Immigranten aus den Appalachen prägte Uptown stark.

In den fünfziger und sechziger Jahren geriet der Stadtteil erstmals in ernsthafte ökonomische Schwierigkeiten. Durch den Wohnungsbau in den Vorstädten und die Suburbanisierung der amerikanischen Gesellschaft zog ein großer Teil junger Paare bzw. wohlhabender Bevölkerung von Uptown fort. Das hatte Auswirkungen auf das gewerbliche Zentrum an Broadway Avenue und Lawrence Avenue, das bis zu dieser Zeit aufgrund der Bevölkerungsstruktur außergewöhnlich dynamisch war. Gewerbebetriebe und Dienstleistungsunternehmen schlossen und Mieten stagnierten. Der Stadtteil zog nach wie vor neue Bewohner an, weil es billigen Wohnraum gab, aber in dieser Zeit kumulierten unvorteilhafte Entwicklungen. Für die Appalachians war Uptown ein attraktiver Ort, denn es gab nur einen kleinen Bevölkerungsanteil an African Americans, deren räumliche Nähe die Mehrheit der Appalachians in jener Zeit mied. Uptown entwickelte sich zum *white slum*. Verstärkt wurde dies durch den zunehmenden Verfall der Gebäude aufgrund von *Redlining*.

In den siebziger und vor allem in den achtziger Jahren stieg der Anteil der African Americans, Asian Americans und Latinos in Uptown. Bemerkenswert ist, dass trotz der Zunahme dieser Ethnien keine *white flight*, keine Flucht der Caucasians zu verzeichnen war. Ihr Verbleib in den achtziger Jahren entsprach dem durchschnittlichen gesamtstädtischen Anteil und trug zur Heterogenität des Stadtteils bei.[23]

Gegenwärtig sind American Indians, Amerikaner mit schwedischen, irischen oder deutschen Vorfahren, Weiße aus den südlichen Appalachen, African Americans aus den Südstaaten, Hmong aus Südost-Asien, Nigerianer, Vietnamesen, Philipinos, Kambodschaner, Mexikaner, Puerto Ricaner, Laoten, Chinesen, Äthiopier, Koreaner, Rumänen, Russen, Bosnier und Herzegovinier in Uptown als Gruppen präsent.[24] 1990 war knapp ein Drittel der Bevölkerung Uptowns nicht in den USA geboren worden, während der Durchschnitt in Chicago bei 17% der Bevölkerung liegt. Seit 1990 ist in Uptown die Zahl der Immigranten aus Osteuropa, Afrika und der Karibik weiter gestiegen.

Entsprechend vielfältig ist das kulturelle und religiöse Leben in Uptown. Die religiöse Diversität zeigt sich an den verschiedenen Glaubensgemeinschaften, die in Uptown existieren: Christliche Kirchen (Römisch-Katholisch, Lutherianische Synoden, Baptisten, Methodisten, Presbyterianer, United Church of Christ), verschiedene jüdische Synagogen, muslimische und buddhistische Tempel befinden sich in Uptown. In einigen Kirchen werden sonntags mehrere Gottesdienste in verschiedenen Sprachen angeboten. Auch wenn die Kirchen in Uptown in den letzten Jahren einen stetigen Verlust von Gemeindemitgliedern verzeichnet haben, haben sie durch ihre Arbeit eine wichtige Bedeutung bei der indirekten Förderung der Diversität Uptowns.

In den sechziger und frühen siebziger Jahren erreichten japanische, chinesische und südostasiatische Immigranten und Flüchtlinge Uptown. 1975 erwarb ein Konsortium von chinesisch-amerikanischen Geschäftsleuten einen Block in Argyle Street und kündigten an, ein Chinatown North zu gründen.[25] Mit der Ankunft von hunderten vietnamesischen, laotischen, kambodschanischen und hmong Flüchtlingen nach dem Vietnamkrieg entwickelte sich Argyle Street in den späten siebziger Jahren zu einer prosperierenden asiatischen Nachbarschaft.

Die Immigranten entwickelten Argyle Street zu einem Wohn- und Geschäftszentrum mit Läden, Restaurants und Wohnungen in den dreigeschossigen Gebäuden. Zwischen 1979 und 1989 kam es dadurch zur unerwarteten ökonomischen Wiederbelebung des Stadtteils.[26] Die Zahl der Beschäftigten im Einzelhandel stieg um 83,7%, die Umsätze stiegen um 23,4% und die Zahl der Läden stieg von 286 auf 308.

Der Plan, Chinatown North zu gründen, wurde niemals realisiert, aber nach der Ankunft weiterer Flüchtlinge im Laufe der Jahre wurde schließlich eine asiatische Gemeinde gegründet. Zur Zeit ist das Gebiet rund um Argyle Street ökonomisch stabil.

Neben der ethnischen Vielfalt zeichnet sich Uptown auch durch Bewohner mit unterschiedlichen Einkommen aus – eine ungewöhnliche Tatsache für Chicago. Beispielsweise lebten 1990 rund 28% der Haushalte in Uptown in Armut.[27] Die Mehrheit dieser Bevölkerungsgruppe lebt im zentralen Bereich von Uptown. Es handelt sich dabei nicht nur um ethnische Minderheiten, sondern zum Teil auch um die Bevölkerung, die nicht (mehr) aktiv am Erwerbsleben teilnehmen kann. Ein großer Teil der Seniorenwohnheime Chicagos konzentriert sich hier: Etwa 75% der organisierten Wohnformen (Seniorenresidenzen, betreutes Wohnen usw.) befinden sich in Uptown. In den siebziger Jahren wurden in den USA die staatlichen Anstalten für Menschen mit mentaler Behinderung geschlossen (deinstitutionalisation). In Uptown befanden sich bereits zahlreiche soziale und karitative Organisationen, die daraufhin alte Hotels zu Wohn- oder Pflegeheimen umnutzten. Eine relativ große Anzahl der ehemals stationär lebenden Menschen mit mentaler Beeinträchtigung in Chicago

Abb. 11: Die North Shore Baptist Church bietet Gottesdienste in Englisch, Spanisch und Japanisch an
(Foto: Birgit Kasper)

kam nach Uptown. 1980 lebten mehr als 5.000 Menschen in Uptown in Wohn- und Pflegeheimen mit medizinischer Betreuung.[28] Uptown wurde auch durch diese Tatsache zu einem Ort mit umfangreichen Aktivitäten sozialer Dienstleistungen, die der bedürftigen Bevölkerung des Stadtteils die benötigte Unterstützung gewährten. Viele dieser sozialen und karitativen Organisationen sind Mitglieder der *community organizations* und unterstützen ihre Aktivitäten finanziell.

Überbelegte Wohnungen während und nach dem zweiten Weltkrieg, die wirtschaftliche Depression, das Ideal des Lebens im Suburb in den fünfziger Jahren und fehlende Investitionen machten aus dem attraktiven und dynamischen Stadtteil der frühen zwanziger Jahre ein Gebiet, dass auf den ersten Blick durch Armut gekennzeichnet war. Uptown wurde bekannt durch ausgebrannte Wohnhäuser und verlassene Autowracks. Reporter charakterisierten den Stadtteil in dieser Zeit als von Brandstiftung gezeichnet (*arson-plagued Uptown*).

Die Aktivisten dieser Zeit haben die Bereitstellung von Wohnraum und Dienstleistungen für bedürftige Bevölkerungsgruppen jedoch mit einem politischen Ziel verknüpft: „We're interested in keeping poor people together as a power base. When you scatter people into isolated pockets they remain powerless. If we can stay in Uptown long enough to empower the people, then we can do the same thing here that the Irish did in Bridgeport."[29]

In den achtziger Jahren wurde mit der Modernisierung des Wohnungsbestands begonnen. Die Sanierung und Aufwertung wurde von den Investoren als *Regentrification* bezeichnet. In den neunziger Jahren folgte die Verbesserung des gewerblichen Bereichs. Mittlerweile löst sich Uptown von seinem schlechten Image aus den späten sechziger Jahren und verändert sich von einem *slum* zur urbanen Attraktion. Auf der Basis der baulichen Entwicklung haben sich Koalitionen entwickelt, die nicht nur den verschiedenen Bevölkerungsgruppen Raum bieten, sondern die den Stadtteil als ihren Ort der Konzentration und Identifikation benötigen. Ermöglicht wird dadurch das *Empowerment* im Rahmen der Segregation: Der vermeintliche Nachteil bildet eine Basis der *Inspiration* und einen Fokus für Personen, die diese Lebensformen unterstützen.

Bei öffentlichen Sitzungen wird der gegenwärtige Dissens im Stadtteil besonders deutlich: Die seit Jahrzehnten in Uptown lebende Bevölkerung, die sich ihre Existenz aufgebaut und an der Stabilität des Stadtteils mitgearbeitet hat, sieht sich der massiven Bedrohung durch zugezogene Stadtteilbewohner ausgesetzt. Sie kommen aus anderen Stadtteilen, aus Suburbs oder anderen Städten, fordern die Stärkung von Dienstleistung und Einzelhandelsketten und sehen es als Problem, dass Uptown einen großen Anteil an subventionierten Wohnungen aufweist. Die ethnische, kulturelle und ökonomische Vielfalt, die von existenzieller Bedeutung für viele BewohnerInnen ist, droht zu schwinden. Widerstand gegen diese Gefährdung wird aus dem Stadtteil heraus organisiert, indem *natural leaders*, d.h. Persönlichkeiten, die in ihren Wirkungsbereichen eine Führungsrolle haben, zusammengebracht werden und an der *Promotion*, der Förderung der Diversität mitarbeiten.

Die zukünftige Entwicklung Uptowns wird davon abhängen, welche der gegensätzlichen Interessengruppen den größeren Einfluss im weiteren Entwicklungsprozess ausüben kann. Zur Illustration dieser Auseinandersetzungen werden Ausschnitte eines konkreten Beispiels des *community organizing* der *Organization of the NorthEast (ONE)* im Folgenden geschildert.

Organization of the NorthEast (ONE): Bürgerschaftliches Engagement in der Stadtteilentwicklung

„Du musst zum Meeting kommen. Die Behörde hat wieder nicht über 4700 North Beacon Avenue entschieden. Wir müssen etwas unternehmen!" So klingt ein Anruf, der engagierte BewohnerInnen in Uptown in Bewegung versetzt. Das Wohnhaus an der 4700 North Beacon Avenue in Uptown umfasst 12 Wohneinheiten und soll saniert werden. Die Entwicklungsgesellschaft *Chicago Metropolitan Housing Development Corp. (CMHD)* will in neun der 12 Wohneinheiten Wohnraum für Haushalte mit niedrigen Einkommen schaffen. Die Entscheidung der zuständigen staatlichen Behörde über Fördermittel lässt jedoch auf sich warten, obwohl in den letzten fünf bis sechs Jahren in Uptown mehrere hundert Wohnungen saniert und als Luxusapartments oder Eigentumswohnungen (*condominiums*) vermarktet wurden. Sie sind für viele Stadtteilbewohner nicht mehr bezahlbar. Eine organisierte Gruppe von Condominiumbesitzern ist der Auffassung, dass es in Uptown überdurchschnittlich viel preiswerten Wohnraum gibt. Sie sind gegen die Subventionierung der Sanierung in 4700 North Beacon. Die Stadtteilorganisation *Organization of the NorthEast – ONE* organisiert Aktionen, um das Bewilligungsverfahren zu beschleunigen, den Zuschuss für die Sanierung zu sichern und um die Struktur Uptowns zu bewahren. Das Projekt wird als wegweisendes Modell verstanden, weil über Jahre kein preiswerter Wohnraum mehr in Uptown geschaffen wurde. Außerdem hat das Projekt symbolische Bedeutung, weil es den Einfluss von *ONE* auf die Stadtteilentwicklung verkörpert.

Die MitarbeiterInnen von *ONE* organisieren eine breit angelegte Kampagne für das Gebäude 4700 North Beacon Avenue. An den Aktionen beteiligen sich Personen unterschiedlicher ethnischer Herkunft und Einkommensschichten, beispielsweise VertreterInnen von sozialen und karitativen Hilfsorganisationen, Vorsitzende von *block clubs*, die Inhaber und KundInnen eines Café-Buchladens, StudentInnen, BewohnerInnen von Obdachlosenunterkünften, Mitglieder verschiedener Glaubensgemeinschaften oder SeniorInnen, die mittlerweile seit Jahrzehnten in Uptown leben. Wichtig ist das persönliche Engagement der verschiedenen Beteiligten. Es stärkt die Solidarität und das Verständnis füreinander, unabhängig von Status und Herkunft der Einzelnen.

Seit dem Sommer 1999 führt *ONE* die Kampagne zur Unterstützung der Entwicklungsgesellschaft *Chicago Metropolitan Housing Development Corp. (CMHD)* durch. Die *Illinois Housing Development Authority (IHDA)* ist die Behörde, die über die Vergabe aus Mitteln aus dem *Illinois Affordable Housing Trust*

Fund Program entscheiden muss. Im Oktober 1999 organisiert *ONE* in der Innenstadt vor dem Bürogebäude von *IHDA* eine Demonstration, an der sich rund 250 Personen beteiligen. *ONE* dringt auf eine rasche Entscheidung, denn durch derzeit auslaufende Mietpreisbindungen und steigende Mieten müssen viele Haushalte mit niedrigen Einkommen fortziehen.

Bei der öffentlichen Hauptausschusssitzung von *IHDA* im November ist 4700 North Beacon Avenue nicht auf der Tagesordnung. *ONE* beschließt, eine Reihe verschiedener Aktionen zu starten.

„ We are many – we are ONE!" (Organization of the NorthEast)
ONE ist die Abkürzung für *Organization of the NorthEast* – eine Stadtteilorganisation (*community organization*) in Uptown. Ihr Ziel ist, eine Gemeinschaft von Menschen unterschiedlicher ethnischer Zugehörigkeit und wirtschaftlicher Basis zu entwickeln: „to build a successful multi-ethnic, mixed-economic community in Uptown". Ihre Projekte sind folgenden Handlungsfeldern in der Stadtteilentwicklung zuzuordnen: Wohnungsversorgung und Ausbau der Infrastruktur; Soziale Sicherung; Arbeit und Immigration; Kinder, Jugend und Familien sowie Förderung der Übernahme von politischer Verantwortung. Der Schwerpunkt der Arbeit liegt zur Zeit auf aktuellen Themen zur baulich-räumlichen Entwicklung: die Versorgung mit preiswerten Mietwohnungen und die Rahmenplanung für Brachflächen in Uptown. *ONE* organisiert monatliche Treffen der *Land Use and Housing Strategy Team Leaders*, zu dem zwanzig bis dreißig MitarbeiterInnen der Mitgliedsorganisationen Strategien diskutieren und Aktionen planen. Die Sitzungen werden von einem Mitarbeiter oder einer Mitarbeiterin von *ONE* organisiert und moderiert. Die inhaltliche Leitung haben drei ehrenamtliche *CoChairs*, die vom *Strategy Team* für ein Jahr gewählt werden. Die zwanzig bis dreißig *Team Leaders* sind dafür zuständig, Themen aus den einzelnen Mitgliedsorganisationen in das *Land Use and Housing Strategy Team* zu tragen, ihre Organisationen über vereinbarte Strategien zu informieren und die Menschen in ihren Organisationen zur Partizipation bei Aktionen zu motivieren.

Uptown verfügt über eine lange Tradition von Aktivitäten durch organisierte Gruppierungen im Stadtteil. Bürgerschaftliche Gruppierungen (*civic associations*), Zusammenschlüsse von Aktivisten (*activist coalitions*) und offiziell ernannte Bürgerräte (*citizens councils*) sind im Stadtteil seit den fünfziger Jahren vertreten. Alle in Uptown aktiven Organisationen beschränken ihren Aktionsradius auf diesen Stadtteil und sie haben sich auf bestimmte Themen spezialisiert. Einige Organisationen haben ihr Ziel erreicht, andere haben sich erfolglos wieder aufgelöst und einzelne bestehen bis heute und arbeiten kontinuierlich an ihren Aufgaben.

Stadtteilorganisationen in der Tradition von Saul D. Alinsky
Die Aktivitäten von *ONE* werden als *broad-based organizing* bezeichnet. Die Ursprünge dieser Form des *organizing* sind auf Saul D. Alinsky und seine Arbeit im

Chicagoer Stadtteil Back of the Yards ab 1939 zurückzuführen. Er weitete seine Arbeit in den fünfziger und sechziger Jahren auf andere Stadtteile aus und in den späten siebziger Jahren gab es in Chicago etwa 100 aktive *community organisations*, die von Alinsky oder seinen Nachfolgern gegründet wurden. Das *organizing* besteht in der planmäßigen, strategischen Schaffung von Beziehungen zwischen Individuen, wobei ein Vorhaben oder Ziel das Vorgehen bestimmt. Im allgemeinen besteht das Ziel im Erreichen von *power*. Power (Macht) ist erlangt, wenn eine Organisation die Fähigkeit zum Handeln hat oder Dritte überzeugen kann, im Sinne der Organisation zu handeln. Das *organizing* in der Tradition von Saul Alinsky ist *broad-based*, weil es einen Querschnitt aus der Bevölkerung und aus verschiedenen Institutionen beteiligt, die wiederum an verschiedenen *issues* oder Problemen arbeiten. Im Gegensatz dazu gibt es problem-orientierte Organisationen, die nur an einem *issue* arbeiten wie beispielsweise Bildung, Umwelt, Gesundheitsvorsorge usw. Nicht immer ist die Zuordnung von Organisationen zu *broad-based* oder *issue-oriented* eindeutig, aber ONE wurde zweifellos in der Tradition von Saul Alinsky gegründet und arbeitet bis heute an verschiedenen Problemen mit unterschiedlichen Bevölkerungsgruppen. ONE agiert nach den vier wichtigsten Elementen der Strategie Alinskys:

1. Bestehende Stadtteilorganisationen wie Kirchengemeinden, Gewerkschaften, *block clubs*[30] usw. bilden gemeinsam den Grundstein einer *community organization*.
2. Die Vereinigung dieser Gruppen zu einer Organisation hat das Motiv, ein gemeinsames Ziel zu erreichen, wobei die Autonomie der einzelnen Gruppen nicht in Frage gestellt wird. Die Formulierung eines gemeinsamen Ziels wird durch die Konzentration von Aktionen auf konkrete, leicht erkennbare und lösbare Probleme erreicht, anstelle von strukturellen, abstrakten, moralisierenden oder ideologischen Fragen.
3. Die *community organizations* werden von NutzerInnen oder „KonsumentInnen" getragen. Es geht um die Umverteilung von öffentlicher Versorgung, Waren und Dienstleistungen zugunsten von Haushalten mit niedrigen (Arbeits-)Einkommen.
4. Erfolge werden durch die Taktik der Konfrontation erreicht. Amtsträger oder andere Zielgruppen werden trotz ihres Widerstands dazu bewegt, im Interesse eines Stadtteils zu handeln.[31]

Es gibt verschiedene Gründe, warum BürgerInnen in Chicago auf der lokalen Ebene aktiv werden. Die Größe der Stadt und ihre Komplexität, die Undurchschaubarkeit politischer Entscheidungsprozesse, die oft durch „Seilschaften" dominiert werden, die demographischen und ethnischen Unterschiede zwischen den verschiedenen Stadtteilen und die Abschottung der Entscheidungsträger gegenüber der Beteiligung der Bevölkerung erschweren Aktivitäten auf gesamtstädtischer Ebene. Auf Stadtteilebene findet man eindeutige Zuständigkeiten, größere Übersichtlichkeit und Ansprechpartner. Die Person des *Alderman* als lokal-politische Entscheidungsinstanz und die Möglichkeit, über Interessengruppen oder Allianzen an Entscheidungen über die Stadtteilentwicklung teilzunehmen, erleichtert Aktivitäten auf Stadtteilebene. Ein wesentlicher Grund, aktiv zu werden, ist die Existenz von Organisationen, die auf einer breiten Basis die Interessen der Bevölkerung eines Stadtteils vertreten, Aktionen organisieren und Ergebnisse erzielen.

Einfluss von ONE auf die Stadtsanierung in Uptown
Eine der ältesten Organisationen in Uptown ist die *Uptown Chicago Commission (UCC)*, die Mitte der fünfziger Jahre gegründet wurde. Sie erklärt, die „offizielle" Stadtteilorganisation zu sein, steht der Gründung neuer Gruppen kritisch gegenüber und vertritt vor allem die Interessen von ansässigen Geschäftsinhabern. Die Organisation verfügt über Einfluss im Stadtteil, kann jedoch nicht für sich in Anspruch nehmen, für weite Teile der Bevölkerung zu sprechen. Die *UCC* wurde zur Förderung der Stadtteilsanierung formiert, aber erst 1965 wurden konkrete Planungen möglich. Das *Chicago City Council*[32] ermächtigte das Amt für Stadterneuerung, eine Studie über Uptown zu erstellen, auf deren Grundlage 1966 Sanierungen beschlossen wurde. Die weitreichenden Vorstellungen von *UCC* wurden dabei nur vereinzelt berücksichtigt. 1967 ernannte Bürgermeister Richard J. Daley[33] einen Beirat (*Council*) aus Bewohnern Uptowns, um die Umsetzung der Stadterneuerungspläne zu begleiten. Von den elf Mitgliedern des *Uptown Conservation Community Council (CCC)* waren acht gleichzeitig Mitglieder von *UCC*. Der Konflikt um die Sanierung Uptowns entstand, als konkrete Pläne für den Neubau eines Colleges und den dafür notwendigen Abriss der rund 350 Wohnungen von überwiegend armen Bewohnern bekannt wurde.

1963 hatte die *Students for Democratic Society (SDS)* begonnen, die Studentenbewegung über die Universitäten hinaus zu tragen und Verbindungen zu Arbeitern zu knüpfen, aber in Chicago waren diese Versuche nicht sehr erfolgreich. Die Chicagoer Organisation *Jobs or Income Now (JOIN)* verlagerte den Schwerpunkt ihrer Arbeit auf Uptown, vor allem wegen der hohen Rate an Arbeitslosigkeit in diesem Stadtteil.

Die über Jahre dauernde Konfrontation zwischen *CCC* bzw. *UCC* und *JOIN* begann, als das *CCC* ihre Arbeit aufnahm. Die geplante Sanierung für Uptown sah die für diese Zeit übliche, flächendeckende Sanierung von Quartieren vor. In einigen Bereichen war *clearance* (völliger Abriss) von Wohnquartieren geplant. Besonders umstritten war aber die Festlegung des Standortes für einen neuen Campus für die *Chicago City Colleges*. 1968 löste sich *JOIN* wegen schwindender Unterstützung auf. Die Organisation hatte es versäumt, konkrete und potentielle Veränderungen im Stadtteil tatsächlich zu realisieren. Der zweite Versuch, die Aktivitäten der verschiedenen Gruppen Uptowns in einer Schirmorganisation zu bündeln, wurde von *The Uptown Area People's Planning Coalition (UAPPC)* unternommen. Die Gruppierung erreichte, dass der geplante Campus verkleinert wurde und ein Teil des preiswerten Wohnungsbestandes erhalten blieb. Auf den Erfolg dieser Organisation wurde nicht aufgebaut und *UAPPC* löste sich nach zwei Jahren wieder auf. Verschiedene Stadtteilorganisationen, *block clubs* und Kirchengruppen führten weiterhin mit der *UCC* vehemente Auseinandersetzungen über den geplanten Bau des Truman Colleges an der Wilson Avenue. Bevor das College gebaut wurde, brachen 1970 und 1971 eine Reihe von Wohnhausbränden auf dem geplanten Baugebiet aus. Die Stadtteilorganisationen verdächtigten die Hauseigentümer der Brandstiftung, da sie zunächst die Versicherungssummen erhielten und anschließend die Grundstücke an die Stadt verkauften. Während ein Teil der Uptowner Bevölkerung den Neubau des Colleges begrüßten, weil es als Impuls für das Quartier verstanden wurde, war der andere Teil gegen die Vertreibung von überwiegend armen Bewohnern aus dem Quartier. Verschiedene Gruppen beteiligten sich weiterhin an der Debatte um das Truman College, für das schließlich 200 Wohnungen abgerissen wurden und das 1976 in einem Neubau an Wilson Avenue und Racine Avenue eröffnet wurde.

Während der siebziger Jahre wurde eine Reihe staatlicher Programme mit dem Ziel initiiert, Bevölkerungsgruppen mit sehr niedrigen Einkommen und/oder besonderer Bedürftigkeit zu unterstützen. Viele dieser Programme waren politisch umstritten und die Mittel wurden relativ rasch wieder gestrichen. Um so wichtiger war die kontinuierliche Kooperation der verschiedenen Organisationen im Stadtteil, die zum Erhalt von preiswertem Wohnraum und anderen Formen sozialer Sicherung beitrugen. Fehlende staatliche oder städtische Unterstützung war für verschiedene Bevölkerungsgruppen ein Motiv, sich an der Arbeit der Organisationen zu beteiligen. Die Beispiele massiver Auseinandersetzungen im Stadtteil zeigen, welche Bedeutung die Organisationen hatten, die gegen Wohnraumverfall, Spekulation und Stadterneuerung mobilisierten. Sie etablierten sich in dieser Zeit als aktive Organisationen, die für die Belange der Bevölkerung eintreten und die zukünftige Entwicklung Uptowns mitgestalten.

Die *Heart-of-Uptown Coalition*, *Voice of the People* und die *Organization of the NorthEast (ONE)* sind die wichtigsten Organisationen, die in den siebziger Jahren in Uptown entstanden. Sie hatten die Absicht, Wohnraum für Bewohner mit niedrigen Einkommen zu erhalten, und sie stimmten einer gemäßigten Entwicklung des Stadtteils zu. Innerhalb des existierenden politischen Systems und in der Tradition von Saul Alinsky arbeiten die Aktivisten der Organisationen für eine bessere Kooperation mit politisch verantwortlichen Individuen und für die verstärkte Berücksichtigung der Bedürfnisse der Bevölkerung durch politisch verantwortliche Institutionen.

Strategien und Erfolge von ONE
Der Gründung von ONE ging eine Planungsphase voraus, in der u.a. eine Befragung durchgeführt wurde, welches die dringendsten Probleme im Stadtteil seien. Das *Uptown Hull House*[34] finanzierte einen großen Teil der Kosten in der Gründungsphase. ONE ist eine *peoples organization*, eine Organisation der Menschen im Stadtteil und zu Beginn wurde sie von *block clubs*, sozialen und karitativen Or-

ganisationen und Kirchengemeinden konstituiert. Das beschlussfassende Gremium von *ONE* ist die Hauptversammlung, die sich aus Delegierten der Mitglieder von *ONE* zusammensetzt. Die alltägliche Arbeit wird in Komitees mit verschiedenen thematischen Schwerpunkten geleistet. Hier arbeiten aktive BewohnerInnen auf ehrenamtlicher Basis gemeinsam mit den professionellen, bei *ONE* angestellten Aktivisten, deren Anzahl sich oft ändert und im Jahr 2002 bei sechs Halb- und Vollzeitbeschäftigten lag.

Bei Aktionen und Demonstrationen verfolgt die Organisation vor allem die Taktik der direkten Konfrontation. Verantwortliche Personen werden dabei direkt angesprochen, Betroffenheit wird erzeugt und ausstehende Entscheidungen oder Fehlentscheidungen werden angeprangert. Die ersten Aktionen von *ONE* bestanden in Demonstrationen vor dem Verwaltungsgebäude des *Cook County State* und vor der *Uptown National Bank*. Die Aktivisten erschienen in Halloween-Kostümen und als Bettler verkleidet. Die Dramatisierung und die provokative Konfrontation einer bestimmten Person oder Personengruppe war stets Bestandteil der Aktionen und verschaffte *ONE* den Ruf einer radikalen Organisation. Kritiker und Betroffene bezeichnen die direkte Konfrontation als „Psycho-Terror", „Belästigung", „Verleumdung" oder „eine Form von Bedrohung". Die Aktivisten betonen dagegen, dass die Berücksichtigung der Rechtmäßigkeit bei ihren Aktionen eine Rahmenbedingung sei und dass sie ausschließlich durch die Mobilisierung von zahlreichen Demonstranten oder durch zivilen Ungehorsam ihre Ziele verfolgen.

Der Schwerpunkt der Arbeit und der Erfolg von *ONE* variierte stark. In den siebziger Jahren wandt sich die Organisation gegen die Zunahme von Apartmenthochhäusern am Michigan See und führte eine Kampagne zur Verringerung der zulässigen baulichen Dichte (*downzoning*) durch. Ende der siebziger Jahre ermutigten sie die Eigentümer von Wohnhäusern, energiesparende Gas- und Elektroinstallationen zur Senkung von Gas- und Stromrechnungen einzubauen. In den achtziger Jahren war *ONE* weniger in Aktionen involviert und befasste sich mit Studien über die ökonomische Entwicklung Uptowns, Übersichten über demographische Trends und zukünftige Wohnformen. Eine Abschätzung der beginnenden Aufwertung des Stadtteils war das Ziel dieser Arbeit. Als *ONE* in der zweiten Hälfte der achtziger Jahre wieder zu aggressiven Formen des *organizing* zurückkehrte, blieb zunächst der Erfolg aus. Bei der Debatte um den Bau eines Ladenzentrums (*strip mall*) und die absehbaren Mietsteigerungen in der Nachbarschaft konnte sich *ONE* mit ihrer Kritik am Neubau nicht durchsetzen. Dem Argument einer möglichen Aufwertung wurde keine Beachtung geschenkt. Dem Motto „*Let the people shop!*" (Lasst die Leute einkaufen!) stimmte die Mehrheit der Bevölkerung des Stadtteils bei den öffentlichen Anhörungen zum geplanten Neubau zu. *ONE* hatte die Stimmung und die Interessen der Stadtteilbewohner falsch eingeschätzt. Nachdem 1986 ein Feuer das Büro von *ONE* zerstört hatte, verlor *ONE* durch diesen Fehlschlag im November 1987 die Unterstützung einiger Stadtteilorganisationen und Lokalpolitiker.

1989 reorganisierte ein neuer Geschäftsführer *ONE* grundlegend. Mit den verbleibenden Mitarbeitern und einer kleinen Gruppe aktiver Stadtteilbewohner führte er eine extensive Befragung durch. Anhand von persönlichen Interviews mit LeiterInnen von verschiedenen Organisationen in Uptown erhielt *ONE* durch etwa 500 Gespräche einen Überblick über die Perspektiven des Stadtteils. Die Befragung hatte zwei Ziele: Erstens sollte deutlich werden, welche Ziele eine erneuerte *ONE* angehen sollte. Zweitens sollte Vertrauen geschaffen werden, dass sich ONE wieder zu einer starken Stadtteilorganisation entwickeln könne.

Anfang der neunziger Jahre führte *ONE* zwei breit angelegte Kampagnen erfolgreich durch. Die Verbesserung der öffentlichen Schulen im Stadtteil war ein Thema. Hier erhielt *ONE* viel Unterstützung. *Affordable housing* war das andere Thema und für *ONE* bot sich die Chance, die Zukunft von mehreren tausend Bewohnern Uptowns zu beeinflussen. Während der Stadterneuerung in den sechziger Jahren hatten private Entwicklungsgesellschaften günstige Kredite vom *U.S. Department of Housing and Urban Development (HUD)* erhalten, um 10 Wohngebäude mit preiswerten Mietwohnungen zu bauen. Mehr als 2.600 Wohnungen waren Anfang der neunziger Jahre von *prepayment* betroffen: Die Eigentümer hatten einen Weg gefunden, wie sie durch frühzeitige Rückzahlungen der Kredite die Sozialbindung auflösen und die Wohnungen am freien Markt anbieten könnten. Mehr als 5.000 Menschen drohte die Kündigung.

Es war schwierig, die Sorgen und den Widerstand der BewohnerInnen zu kanalisieren und Aktionen gegen das *prepayment* zu organisieren. Die Gebäude waren nicht nur im Stadtteil verteilt, jedes hatte auch seine eigene Bau- und Sozialstruktur. Je nach baulichem Zustand waren für die Bewohner Reparaturen und Sanierung von höherer Priorität als die Sorge um steigende Mieten. Viele Bewohner waren Immigranten, die keine Erfahrungen mit ihren Bürger- und Mieterrechten hatten. Die Muttersprache der Bewohner variierte stark und in einigen Gebäuden war das Misstrauen zwischen den verschiedenen Bewohnergruppen ein großes Problem.

Die Verhandlungen zwischen den Eigentümern, *HUD*, Bewohnergruppen und *ONE* brachte verschiedene Lösungen: Im Fall eines Wohnhauses mit 230 Wohnungen bildete eine Bewohnerorganisation eine Allianz mit der *Chicago Community Development Corporation (CCDC)*, die den Kauf und die Sanierung des Gebäudes vorschlug. Als die Zustimmung von *HUD* ausblieb, konfrontierten *ONE* und BewohnerInnen den Direktor von *HUD* bei einer öffentlichen Sitzung lautstark mit dem Problem, so dass er schließlich den Kauf des Gebäudes durch *CCDC* und 4,7 Mio. Dollar zur Sanierung bewilligte.

Bei einem anderen Gebäude erarbeiteten die Bewohner mit *ONE* und *HUD* einen Plan zum Erwerb des Gebäudes durch eine Mietergenossenschaft. Zwei weitere Gebäude wurden von gemeinnützigen Entwicklungsgesellschaften gekauft. In drei weiteren Fällen erreichten Mieterorganisationen die Sanierung der Gebäude. Insgesamt konnten 1.300 Wohnungen für Haushalte mit niedrigen Einkommen erhalten werden und die Mitspracherechte der BewohnerInnen beim Management der Gebäude wurden erweitert. Weitere 500 Wohnungen wurden saniert, aber in diesen drei Gebäuden war nach einiger Zeit ein völliger Wechsel der Mieterschaft zu verzeichnen.

Diese Erfolge brachten *ONE* Anerkennung, neue Mitglieder und politische Legitimation. Mittlerweile zählen Kirchengemeinden, soziale Hilfsorganisationen, *block clubs*, Selbsthilfegruppen, politische Gruppierungen, ethnische Gemeinschaften, kulturelle Gruppierungen, Wohnungsgesellschaften, ortsansässige Einzelhändler und Dienstleistungsunternehmen, Banken, ein Krankenhaus, Schulen und ein College einer Universität zu den 79 institutionellen Mitgliedern[35]. Mitgliedschaft bedeutet moralische, aktive und finanzielle Unterstützung, die von 250$ von kleinen Organisationen bis zu 2.500$ pro Jahr von den größten Organisationen reicht. Die wirtschaftliche Situation von *ONE* hat sich in den neunziger Jahren wieder stabilisiert. Offen ist dagegen die Strategie in Anbetracht der gegenwärtigen Probleme in Uptown. *ONE* steht der Verbesserung von Wohnbedingungen und Infrastruktur nicht entgegen, aber sie engagiert sich für eine Entwicklung, die vor allem den BewohnerInnen des Stadtteils zugute kommt. Sie wendet sich gegen die Verdrängung der Stadtteilbewohner, wie sie bereits in den benachbarten Stadtteilen stattgefunden hat. Sie interveniert bei Umnutzungen und Neubau, vertritt die Interessen der Stadtteilbewohner und handelt Alternativen aus. Spätestens seit 1994 sieht sich der Stadtteil mit wachsender wirtschaftlicher Aktivität und vor allem steigenden Mieten und Grundsteuern konfrontiert. Dies stellt eine Organisation, die ein wichtiger Akteur der Integration und Differenzierung ist und die durch Konfrontation und Kampagnen ihre Ziele erreicht, vor schwierige Aufgaben.

Der Alderman: Die zentrale politische Macht auf lokaler Ebene

Zur Dokumentation ihrer Unterstützung sammelt *ONE* Briefe und Unterschriften, mit denen die Bedeutung von 4700 North Beacon Avenue als Wohnraum für Haushalte mit niedrigen Arbeitseinkommen betont und die Verzögerung der Entscheidung kritisiert wird. Die *Illinois Housing Development Authority (IHDA)* erhält in dieser Zeit rund 800 Briefe. Etwa zwei Drittel sind von Befürwortern des Projekts und etwa ein Drittel sind von Gegnern. Außerdem führt *ONE* in der direkten Nachbarschaft von 4700 North Beacon Avenue eine Umfrage durch. Demnach unterstützt die Mehrheit der Befragten den Erhalt von preiswertem Wohnraum. Die Presse ist informiert. Die *Chicago Tribune*, der *Chicago Defender* und *Streetwise* bringen Berichte über den Sachverhalt. *ONE* fordert die gewählten Vertreter des Stadtteils zur Unterstützung auf. Die gesammelten Stimmen zwingen vor allem den *Alderman*, zu den Problemen Stellung zu beziehen.

Die Hauptausschusssitzungen bei *IHDA* sind öffentlich. *ONE* wird so lange für die kommenden Sitzungen TeilnehmerInnen mobilisieren, bis die Entscheidung gefällt wird. Bislang sind bereits mehrere hundert Personen zu Demonstrationen und Sitzungen erschienen.

Bei Sitzungen im Dezember 1999 und Januar 2000 sind wieder mehrere Dutzend Demonstranten anwesend. Eine Entscheidung über das Gebäude 4700 North Beacon wird nicht getroffen.

Im Februar nehmen etwa 25 Demonstranten an der Hauptausschusssitzung der *Illinois Housing Development Authority (IHDA)* teil. Sie übergeben Kopien von Briefen und Unterschriftenlisten. Am nächsten Tag können einige der Aktivisten mit dem Direktor von *IHDA* ein Gespräch führen. Sie erhalten die Zusage, dass die Entscheidung bei der nächsten Sitzung auf die Tagesordnung des Ausschusses kommen soll. Nun sollen möglichst viele Aktivisten an der Hauptausschusssitzung im März teilnehmen. „Seit mehr als drei Jahren ist dies das erste Wohnungsprojekt in Uptown, das Leuten mit sehr niedrigen Einkommen zugute kommt." (*ONE*)

Im Vergleich zu anderen Stadtteilorganisationen ist *ONE* in den letzten 20 Jahren relativ erfolgreich gewesen. Ein Grund ist die Unterstützung durch den *Alderman*. Die politische Macht in Chicago wird vom Bürgermeister (*Mayor*) und den 50 *Aldermen* verkörpert. Die 50 *Aldermen* konstituieren das *Chicago City Council* - das beschlussfassende Gremium der Stadt. Als Oberhaupt der Stadtverwaltung ernennt der Bürgermeister die Dezernenten (*Commissioners*), die die verschiedenen Ämter der Stadtverwaltung anführen. Der Erfolg von Bürgermeistern war stets davon abhängig, ihre politische Macht zu sichern, zu verteilen und umzusetzen. Erfolgreiche Bürgermeister haben ihre Macht dazu genutzt, die Stadt zu führen, das *Chicago City Council* zu dominieren und die diversen Interessen der Chicagoer Bevölkerung zu berücksichtigen. Mayor Richard J. Daley amtierte von 1955 bis 1976 und wandelte die korrupte und fragmentierte Stadtverwaltung zu einer effektiven *machine* (Seilschaft). Seit 1989 ist der Sohn von Richard J. Daley, Richard M. Daley Bürgermeister von Chicago. Im Gegensatz zu den meisten Amerikanischen Städten sehen sich die Chicagoer Bürgermeister, auch wenn sie eine machtvolle Stadtregierung führen, mit einer langen Tradition stadtteilbezogener Solidarität konfrontiert. Kurze Amtszeiten sind darauf zurückzuführen, dass sie die Eigenständigkeit der Stadtteile unterschätzt haben. Solange den Interessen der Stadtteile Rechnung getragen wird, werden gesamtstädtische Entscheidungen akzeptiert. Lange Amtszeiten weisen auf die Fähigkeit hin, politische Macht zu zentralisieren und gleichzeitig den Stadtteilen Autonomie zu lassen.

Bürgermeister und *Aldermen* werden direkt von der Bevölkerung gewählt. Ihre Amtszeit beträgt 4 Jahre. Die *Aldermen* bestimmen und gestalten jegliche Planungen und Entwicklungen auf Stadtteilebene. Sie treffen die Entscheidungen und müssen den WählerInnen Rechenschaft ablegen. Sofern eine Entscheidung nicht von gesamtstädtischem Interesse ist und der Bürgermeister seinen Einfluss nicht geltend machen will, sind die *Aldermen* für alle Belange ihres Wahlkreises (*Wards*) zuständig.

Die knapp drei Mio. Einwohner Chicagos leben verteilt auf 77 Stadtteilen sowie 50 *Wards*. Die Gliederung der Stadtteile wurde in den zwanziger Jahren festgelegt, sie folgte geographischen und sozialen Unterteilungen und sie ist nur selten Thema von Modifikationen. Die Bildung des Stadtteils Edgewater 1980 war die letzte Änderung. Die 50 *Wards* sind in ihrer räumlichen Ausdehnung nicht identisch mit den Stadtteilen. Ein *Ward* umfasst eine größere Fläche mit jeweils etwa 60.000 BewohnerInnen und bildet den politischen Zuständigkeitsbereich eines *Alderman*. Nach der Volkszählung alle 10 Jahre kann es durch Veränderungen der Bevölkerungsanteile zur Verschiebung von Grenzen der *Wards* kommen. Die Verschiebung ist meistens Anlass ausgiebiger Debatten benachbarter *Aldermen*, die versuchen, den Tausch von Straßenzügen nach politischen Präferenzen der jeweiligen BewohnerInnen zu optimieren. Auch der *Ward* in Uptown weist eine sehr unregelmäßige Form auf, weil stets der Versuch unternommen wird, die Mehrheit der Befürworter des *Alderman* im *Ward* zu versammeln.

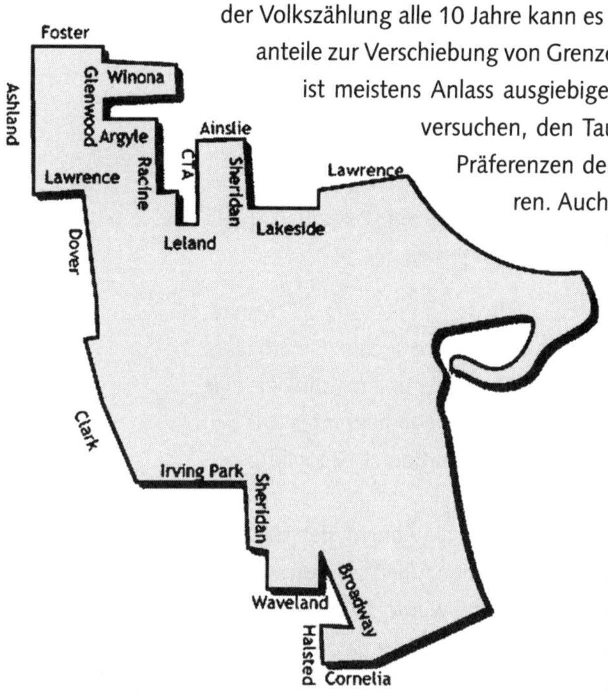

Unkonventionelle Stadtteilentwicklung ist abhängig vom Alderman

Uptown liegt zum größten Teil im 46th *Ward*. Seit 1987 ist Helen Shiller *Alderman* dieses *Wards* und sie ist die einzige der 50 *Aldermen*, die mit Gewissheit nicht zur *machine* gehört. Bei jeder Wahl des *Alderman* im 46th *Ward* erhielten ihre Herausforderer umfangreiche politische, finanzielle und personelle Unterstützung

Abb. 12: Die Grenzen des Wahlbezirks 46 im Gebiet von Uptown (vgl. Abb. 7)

durch den Bürgermeister und die Stadtverwaltung. Trotzdem konnte sie sich bis heute in ihrem Amt behaupten.

Helen Shiller zeichnet sich in der Führung ihres Amtes durch eine demokratische Strategie der Entscheidungsfindung aus: Sie hat beispielsweise den *Ward* in acht Gebiete unterteilt, in dem jeweils ein Komitee aus etwa 15 ehrenamtlich arbeitenden BürgerInnen des Stadtteils gegründet wurde. Muss etwa die Entscheidung getroffen werden, ob ein Investor eine Ausnahmeregelung von der Zonierung erhält und ein Bürogebäude errichten kann, haben die Komitees die Möglichkeit, ein *door-to-door survey* im betreffenden Gebiet durchzuführen: Mitglieder des Komitees und aktive BewohnerInnen gehen dabei von Haus zu Haus und erheben die Meinung der Menschen in der Nachbarschaft. Die Ergebnisse dieser Befragung werden dann als Entscheidungsgrundlage genutzt oder sie dienen der Entwicklung von alternativen Lösungen. Helen Shiller fördert diese Form der Entscheidungsfindung zur Verbesserung der Lebensbedingungen und unterstützt diesen demokratischen Prozess zur Gestaltung der Stadtentwicklung. Im allgemeinen stimmen die Stadtteilbewohner geplanten Zonierungsänderungen zu, aber meist werden auch

Vorschläge zur Verbesserung eines Projektes gemacht oder Kompromisse erzielt. Verschiedene Vereinbarungen wurden seither getroffen, zum Beispiel dass Investoren der Neubau von Wohngebäuden unter der Bedingung ermöglicht wurde, einen Teil der Wohnungen für Personen mit niedrigen Einkommen vorzusehen. Mit diesen Strategien hat Helen Shiller die besondere Rolle des Stadtteils gefördert, aber sie zieht auch heftige Kritik auf sich:

> „Half the voters of the 46th Ward think their alderman is Saint Helen of the Slums, a champion against greedy developers who want to bulldoze battered women's shelters and replace them with luxury town homes. The other half think she's the commissar of the People's Republic of Uptown, a crabby hippie whose socialist ideals might be considered quaint if they didn't result in homeless people peeing on the front lawns of Buena Park mansions."[36]

Helen Shiller kam 1972 nach Uptown und kooperierte mit Walter „Slim" Coleman, einem radikalen *community organizer*, der nach Mitstreitern suchte. Sie arbeitete die nächsten 15 Jahre als Aktivistin, gründete eine Druckerei und organisierte eine Krankenstation, die *Uptown People's Health Clinic* für die Immigranten aus den Appalachen, die in den Kohleminen gearbeitet hatten und durch Staublunge erwerbsunfähig geworden waren.

Das Motiv für ihre Kandidatur als Alderman 1987 war die Absicht, den seit 1983 amtierenden Bürgermeister Harold Washington in seiner Arbeit zu unterstützen. Nach Richard J. Daley, Michael Bilandic und Jane Byrne wurde 1983 Harold Washington der erste Bürgermeister in dieser neuen *machine*-Ära, der das Rathaus führte, ohne organisierte Unterstützung durch die Demokratische Partei zu erhalten. Er ermöglichte den *grassroot-organisations* Einfluss auf die Stadtentwicklungspolitik und unterbrach die Vergabetradition von Genehmigungen und Fördermitteln. Mit Harold Washington war zum ersten Mal ein African American Oberhaupt der Stadt. Er war der erste Bürgermeister Chicagos, der die Interessen der ethnischen und sozialen Minoritäten vertrat, die Bedeutung der Stadtteilorganisationen erheblich stärkte und der Tradition der alten Kommunalpolitik von Richard J. Daley Widerstand entgegensetzte. Als Harold Washington 1987 unerwartet starb, konnten die *Democrats* am Wiederaufbau alter Machtstrukturen arbeiten, aber Helen Shiller behielt bis heute ihren Sitz im *Chicago City Council*. Uptown ist der einzige Stadtteil, in dem die Opposition von *Democrats* oder *Republicans* in der Mehrheit ist.

Uptown blieb ein Stadtteil für Minoritäten und BewohnerInnen mit niedrigen Einkommen, trotz Sanierung von Infrastruktur, Verbesserung von Lebensqualität und Wandel des Images, weil die Entwicklung des Stadtteils durch die Kooperation mit der Bevölkerung und den zahlreichen Organisationen an den Bedürfnissen der BewohnerInnen orientiert wurde.

Helen Shiller sieht sich seit einigen Jahren in Uptown aber mit erhöhtem ökonomischem Druck aufgrund der Standortvorteile konfrontiert. Der zentrale Konflikt in Uptown ist die Aufwertung von Wohnraum und gewerblichen Nutzungen bei Erhalt der Sozialstruktur. Es bleibt umstritten, welche die richtige Strategie ist, um preiswerten Wohnraum in Uptown zu sichern. Die aufwendige Sanierung von alten Villen und Mehrfamilienhäusern ist zu einem lukrativen Geschäft geworden. Zwischen 1990 und 2000 stieg der mittlere Preis für Eigentumswohnungen real um 54 % im Gegensatz zur Steigerung von 32 % im städtischen Durchschnitt.[37] Helen Shiller hat in der letzen Zeit versucht, eine Verbindung zwischen der Bevölkerung mit niedrigen Einkommen und den neu hinzugezogenen, reicheren Einkommensgruppen herzustellen. Bereits 1994 formulierte sie: „Das Ziel, Stadtteile zu entwickeln, während ihre ökonomische und ethnische Diversität aufrecht erhalten bleibt, ist seit mehr als einem Jahrzehnt das Ziel der Stadt und der Stadtteile. Jeder Bürgermeister, Pressemitteilungen der Stadt und fast alle Community Organizations in Chicago haben den Wert von Stadtteilen, die ihre Diversität weiterentwickeln, gepriesen. Ich bin ausgesprochen froh, sagen zu können, dass der 46th Ward die Stadt bei diesem Unterfangen anführt."[38]

Nicht immer hat sie dabei die uneingeschränkte Zustimmung der Stadtteilorganisationen, aber sie ist nach wie vor der einzige *Alderman* im *Chicago City Council*, die unabhängig von der *machine* mit den verschiedenen *grassroot organizations* kooperiert und ihnen Unterstützung leistet. Dadurch unterstreicht sie Uptowns Rolle als besondern Ort, was sich unter anderem in ihrer Haltung gegenüber dem Bau von subventioniertem Mietwohnungsbau zeigt. Während in vielen *Wards* Chicagos der Neubau aufgrund des Widerstands der Bevölkerung und der *Aldermen* unmöglich ist, ist in Uptown die Entwicklung von preiswertem Wohnraum politisch durchsetzbar.

Die Zukunft von Uptown: „Development without Displacement"?

Die entscheidende Ausschusssitzung findet im März 2000 statt. Als sich der Sprecher der Aktivisten für die Gewährung der Fördermittel ausspricht, erhält er Unterstützung durch die knapp 90 Aktivisten, die sich in diesem Moment von ihren Sitzen erheben. Es ist eine eindrucksvolle Darstellung ihres Beistandes. Die Gegner des Projektes sind mit knapp einem Dutzend Personen vertreten. *IHDA* fasst bei dieser Sitzung den Beschluss, die Subvention in Höhe von $1,2 Mio. zu gewähren.

Auch wenn die Zahl der Wohnungen, die in 4700 North Beacon neu entstehen neben der Zahl der Mietwohnungen, die jährlich in Chicago vom Markt genommen werden, verschwindend klein erscheint, hat die Entscheidung für Uptown große Bedeutung. Der Beschluss wird von *ONE* als Sieg gefeiert, denn durch die konstante und aufdringliche Präsenz konnten die Befürworter der Sicherung von preiswertem Wohnraum in Uptown ihre Interessen durchsetzen:

> *"We organize to create affordable housing and land use.*
> *We organize for the power to determine our own destiny.*
> *We are leaders when we act." (ONE)*

Zusammenfassend ist festzustellen, dass Uptown ein Ort ist, der den Wandel verschiedener Bedeutungen widerspiegelt – vom populären Kultur- und Vergnügungszentrum bis hin zum Gebiet mit verschiedenen Nutzungen, ein Ort mit diverser und dynamischer Bevölkerungsentwicklung aufgrund diverser Einwanderungswellen und ein widersprüchlicher Ort, denn es wurde bekannt als *slum* und als Villenviertel. In Uptowns Geschichte findet man schwere politische Auseinandersetzungen über die Identität des Stadtteils. Uptown wurde innerhalb kurzer Zeit als *Hillbilly Ghetto*, *New Skid Row*, *Psychatric Ghetto* und *Contested Neighborhood* bezeichnet.

Als roter Faden in Uptowns Identität zieht sich die bemerkenswert lange Geschichte ethnischer, ökonomischer und sozialer Diversität. Durch die Wohnungspolitik in den USA und in Chicago ist eine Beeinträchtigung dieser Vielfalt absehbar. Die Entwicklung der Stadt steht unter der Zielsetzung, Chicagos Rolle als *global player* zu stärken. Es gibt eine Reihe von Indizien, dass dieses Ziel der erneuten Inwertsetzung auch erreicht wird. Die Stadt wird als touristische Attraktion und Wohnstandort gleichermaßen wiederentdeckt und die Zunahme der Nachfrage nach Wohnraum in der Innenstadt und in innenstadtnahen Stadtteilen hat Auswirkungen auf die Lebensbedingungen der bestehenden Bewohnerschaft.

Abb. 13: AktivistInnen von ONE bei IHDA
(Foto: Birgit Kasper)

Die Lagegunst von Uptown forcierte im letzten Jahrzehnt die Aufwertung dieser Stadtteile. Uptown wird sich nicht ohne Widerstand von einer segregiert-diversen Gemeinschaft zu einem aufgewerteten Stadtteil wandeln lassen. In der Tradition einer politisch turbulenten Geschichte wird dieser Stadtteil ein umstrittenes Gebiet bleiben, bei dem sich verschiedene „Szenen" überlagern. Für die angestammten Bevölkerungsgruppen bringt eine Widerentdeckung des „Geheimtipps" Uptown als attraktiver Wohnstandort weiterhin eine existenzielle Bedrohung mit sich. Von einem Teil der zuziehenden Bevölkerungsgruppen geht eine Gefährdung aus, weil sie konkurrierende Werte und Interessen in wirtschaftlicher, sozialer und kultureller Hinsicht aufweisen. Im Gegensatz zu anderen innenstadtnahen Stadtteilen Chicagos, in denen zur Zeit insgesamt 18.000 Wohnungen abgerissen und die BewohnerInnen verdrängt werden, haben in Uptown die BewohnerInnen die Möglichkeit, sich politisch zu artikulieren und ihre eigenen Interessen zu wahren.

Neben den vielen Stadtteilen, in denen kein subventionierter Mietwohnungsbau zugelassen wird, bestätigt Uptown seine Sonderstellung. Das erfolgreiche Engagement für 4700 North Beacon hat hohen symbolischen Wert für den Stadtteil und die zukünftige Entwicklung. Es gilt als Signal, die Mischung verschiedener ethnischer und Einkommensgruppen auch bei zukünftigen Aktionen als Zielsetzung zu formulieren. Diese diverse Struktur wird als ein wesentlicher Grund für politische

Auseinandersetzungen um die Entwicklung von Uptown und für die stetige Existenz von *community organizations* gesehen. *IHDA* sieht die Situation anders: Der Antrag auf Zuschüsse für die Sanierung von 4700 North Beacon im Rahmen des Programms *Illinois Affordable Housing Trust Fund* sei vorschriftsmäßig geprüft worden. 4700 North Beacon wurde nach offizieller Auskunft von *IHDA* ausschließlich den Richtlinien des Programms entsprechend als förderfähig eingestuft. Trotz offensichtlicher Irritation hätte die Präsenz der Demonstranten keinen Einfluss auf die Entscheidung gehabt und man könne nicht von einer gewollten Verzögerung der Entscheidung sprechen. Aufwertungsprozesse gehen in Uptown einher mit öffentlichen Diskursen aufgrund der Aktivitäten der *community organization* und münden in kontroversen Auseinandersetzungen mit den jeweiligen Entscheidungsträgern. Die Stadtteilorganisation gestaltet den Prozess in Uptown mit, bindet die Kompetenzen der BewohnerInnen ein, befähigt sie zu politischem Engagement und fördert Planungen entsprechend den lokalen Anforderungen. Der Protest der *community organization* und der BewohnerInnen kann im Stadtteil die Mitglieder der *growth coalition* zur Auseinandersetzung mit den Interessen der Bürgerschaft zwingen. Ziel ist also nicht die Polemik gegenüber der Gentrifikation, sondern möglichst die Befähigung für Ideen zu geplanten Veränderungen und Kontrolle über verfügbare Ressourcen zu erlangen. Bei der in Planung befindlichen Sanierung des ehemaligen Uptowner Kaufhauses „*Goldblatts*", das über Jahrzehnte leer stand, werden sich die BewohnerInnen voraussichtlich keinen Einfluss erarbeiten können. Dagegen hat es *ONE* geschafft, für die anstehende Planung einer zwei Hektar großen Brache im Zentrum Uptowns für die Bevölkerung des Stadtteils massiven Einfluss auf die Planungs- und Beteiligungsverfahren zu erhalten. *Meetings*, *charettes* und *workshops* konnten die Aktivisten als Foren für die Interessen der BewohnerInnen erstreiten, so dass eine großmaßstäbliche Entwicklung nicht mehr möglich ist – aber dafür eine Entwicklung ohne Verdrängung.

Community organizations wie *ONE* sind typische *grassroot organizations*. Sie haben ihre Basis auf der Stadtteil- und Nachbarschaftsebene und arbeiten *bottom up* an virulenten Themen. Ihre Arbeit wird aus dem Stadtteil direkt und finanziell unterstützt, wenn sie existenziell wichtige Themen aufgreift, bei denen die BewohnerInnen Handlungsbedarf sehen. Durch verschiedene Interessenlagen und die Notwendigkeit der Polarisierung beruht die erfolgreiche Arbeit der *community organization* auf einer „notwendigen Masse" (*critical mass*) von Sympathisanten und aktiven Mitstreitern, die vor Ort leben müssen und ihrerseits in den Stadtteil „investieren". Die Sonderrolle Uptowns als Stadtteil mit lokalpolitisch aktiven Organisationen sorgt aber gleichermaßen dafür, das engagierte Individuen Uptown bewusst als Wohnort auswählen, um die Bedeutung Uptwons als *port of entry* zu erhalten.

Uptown ist gegenwärtig einer der wenigen Orte Chicagos, wo derartiges Engagement realisiert werden kann, aber die Fallstudie hat auch gezeigt, welche Rahmenbedingungen und Voraussetzungen das System eines aktiven Stadtteils ermöglichen.

Anmerkungen

1 Vgl. Hawley 1950, Wienk et al. 1979, Darden 1987, Turner 1992, Massey, Denton 1993, Keating 1994
2 Vgl. Saltman 1990, Lauber 1991, Yinger 1995, Ellen 2000
3 Nyden et al. 1998, S. 1
4 vgl. D'Eramo 1996
5 Census Tract 2000
6 vgl. Kasper 2002
7 vgl. CHA 2000
8 Der politisch korrekte Begriff für ethnische Minderheiten lautet beispielsweise Amerikaner afrikanischer oder asiatischer Herkunft oder Abstammung. Hier wird weiterhin die englischsprachige Bezeichnung gewählt. Quelle: Census 2000, wobei die Zahlen die Aufteilung nicht präzise wiedergeben, da in der Volkszählung die zunehmend diverse Abstammung einzelner Individuen nur beschränkt Berücksichtigung findet.
9 Chicago hat 77 Stadtteile bzw. Cook County hat 129 suburbane Gemeinden.
10 Vgl. Metropolitain Housing Council 1999, S. 54f.
11 Vgl. Johnson 1999; Metropolitan Planning Council 1999.
12 Der „Loop" bezeichnet den Central Business District - CBD - Chicagos. Der Name entstand 1880 durch die Konstruktion der Straßenbahn, die um den CBD in Form eines Rechtecks herumfuhr. Ende der dreißiger Jahre wurde an gleicher Stelle die „Union Loop Elevated Structure (EL)", eine schienengebundenen Hochbahn, errichtet. Die Bezeichnung EL gilt für alle Züge, auch wenn sie streckenweise unterirdisch verlaufen.
13 Apartmenthäuser mit zum Teil mehreren hundert möblierten Zimmern, in denen vor allem alleinstehende, im Stadtteil oder im Stadtzentrum arbeitende Personen übernachteten. Küchen und sanitäre Einrichtungen wurden meistens gemeinschaftlich genutzt.
14 Bennett 1997, S. 35
15 Apartments, für die keine gemeinschaftliche Küche existierte, sondern die in den Zimmern eine Kochgelegenheit hatten.
16 Vgl. Census Tracts 1950. Im Chicagoer Durchschnitt lebten 6,4% der Bevölkerung in Wohnungen mit mehr als 1,5 Personen pro Raum.
17 Vgl. Census Tracts 1930 bis 2000. Die Zahlen für Uptown gelten durchgängig für den Stadtteil, auch wenn vor 1980 Edgewater noch Bestandteil von Uptown war (s.u.). Da die Grenzen für die Stadtteile erst in den zwanziger Jahren festgelegt wurden, gibt es keine vergleichbaren Zahlen für Uptown vor 1930. Die Region Chicagos wird von Cook, DuPage, Kane, Lake, McHenry und Will County gebildet. Die Stadt Chicago ist Teil von Cook County.
18 Sidney spricht von „semi-legalized bribery", quasi-legaler Bestechung, wenn NGOs illegale Methoden aufdecken, sie aber für einen angemessenen finanziellen Beitrag nicht den Behörden melden.
19 O'Hare wurde 1960 zum 76. Stadtteil, nachdem in den fünfziger Jahren verschiedene Flächen zum Bau des internationalen Flughafens annektiert worden waren.
20 City of Chicago 1978: Map of Chicago Neighborhoods.
21 US-Amerikaner europäischer Herkunft - ohne Hispanics und Latinos, die aus Süd- oder Mittelamerika stammen.
22 US Amt für Statistik: Census Tracts 2000
23 Diese Tatsache ist bemerkenswert, denn im allgemeinen wurde in anderen Chicagoer Stadtteilen der komplette Austausch der Bevölkerung vorangetrieben, wenn der Anteil der African Americans über eine bestimmte Grenze (tipping point) stieg.
24 Census Tract 1990. Am staatlichen Gymnasium, an dem die Schüler und Schülerinnen aus Uptown unterrichtet werden, wurden 1998 rund 65 verschiedene Sprachen und Dialekte gezählt.
25 Das Zentrum der ersten Chinatown Chicagos befindet sich an Cermak Road und Wentworth Street in der Near South Side.
26 Vgl. Woodstock Institute 1995.
27 Im Durchschnitt lebten 1990 etwa 18% der Haushalte in Chicago in Armut. Die Armutsgrenze wird vom Census Bureau bei etwa 25% des mittleren Einkommens in der Region Chicagos (Area Median Income - AMI festgelegt. 1990 lag die Armutsgrenze in Chicago bei 7677$ für eine vierköpfige Familie, im Jahr 2000 lag sie bereits bei 16.975$.
28 Vgl. Census Data 1980. West Town hat die zweitgrößte Anzahl mit 3.500 Personen. Der Durchschitt liegt bei rund 1.000 Personen pro Stadtteil.
29 „Wir wollen die armen Leute als eine machtvolle Gruppe zusammenhalten. Wenn man die Leute in isolierte Teile der Stadt verteilt, dann bleiben sie machtlos. Wenn wir lange genug in Uptown bleiben können, um ihre Fähigkeiten zu fördern, dann können wir hier die gleichen Dinge erreichen, wie die Iren in Bridgeport." Bridgeport ist ein durch irische Immigranten dominierter Stadtteil im Südwesten Chicagos, der zunächst von Armut geprägt war, aus dem mittlerweile einige Chicagoer Bürgermeister – darunter auch der legendäre Richard J. Daley kamen.

30 Zusammenschlüsse von Bewohnern einzelner Straßenblöcke, die durch das Chicagoer Straßenraster definiert werden. Wenn BewohnerInnen eines Blocks einen Club gründen, so trifft er sich regelmäßig, wählt ihre Präsidentin oder ihren Präsidenten und bildet eine Interessenvertretung gegenüber dem Alderman oder anderen Institutionen bei Problemen oder Planungen, die die unmittelbare Nachbarschaft betreffen.
31 Zur weiterführenden Beschreibung der Methoden von Saul Alinsky sei auf seine Schriften verwiesen: „Reveille for Radicals" und „Rules for Radicals: A practical primer for realistic radicals".
32 Das politische Entscheidungsgremium der Stadt Chicago, das von den 50 Aldermen konstituiert wird.
33 Richard J. Daley war von 1955 bis 1976 Bürgermeister von Chicago. Er ist der Vater des seit 1989 amtierenden Mayor Richard M. Daley.
34 Das Uptown Hull-House ist eine Tochterinstitution der von Jane Addams 1889 gegründeten Hull-House-Bewegung zur sozialen und kulturellen Unterstützung von Immigranten in der Near South Side.
35 Stand vom Oktober 2002.
36 Reader, April 2, 1999: Die Hälfte der Wähler des 46. Wahlbezirks denkt, ihr Alderman ist die heilige Helen of the Slums, eine Meisterin im Kampf gegen gierige Investoren, die die Wohnheime für mißhandelten Frauen abreißen und durch luxuriöse Stadtvillen ersetzen wollen. Die andere Hälfte denkt, dass sie die Repräsentantin der Volksrepublik Uptown ist, ein unverbesserlicher Hippie, dessen sozialistische Ideale als kurios bewertet werden könnten, würde es nicht zur Folge haben, dass Obdachlose in die Vorgärten der Villen in Buena Park pinkeln.
37 CURL 2002b, S. 36
38 Shiller 1994, p.1

Literatur

Abt Associates, Inc. (1999): Status of HUD-Insured (or Held) Multifamily Rental Housing in 1995. Final Report. Washington D.C.
Addams, Jane (1996): Twenty Years of Hull House. Originally published 1910. Chicago.
Alinsky, Saul D. (1989): Reveille for Radicals. Originally published 1946. New York.
Bennett, Larry (1997): Neighborhood Politics. Chicago & Sheffield.
Bezalel, Ronit; Ferrara, Antonio (1999): Voices of Cabrini. Facets Video, 30 mins. Chicago.
Bodenschatz, Harald (2000): Stadtteilerneuerung im Zeichen des New Urbanism: Revitalisierung der Downtown von Memphis / Tenessee. In: Jahrbuch Stadterneuerung 2000, Berlin. S. 253-263
Calthorpe, Peter (1993): The Next American Metropolis – Ecology, Community and the american Dream. New York
CHA - Chicago Housing Authority (2000): Plan for Transformation. Chicago
City of Chicago, Department of Planning (1978): Map of Chicago Neighborhoods
CNU - Congress for the New Urbanism; HUD - U.S. Department of Housing and Urban Development (o.J.): Principles for Inner City Neighborhood Design. Hope VI and the New Urbanism. Washington D.C.
Cronon, William (1991): Nature's Metropolis – Chicago and the Great West. New York
CURL – Center for Urban Research and Learning (2002a): Uptown Housing and Land Use Study. Chicago
CURL – Center for Urban Research and Learning (2002b): Uptown Housing and Land Use Study. Local Advisory Committee Meeting. Chicago
Darden, Stephen M. (1992): Choosing Neighbors and Neighborhoods: The Role of Race in Housing Preference. In: Tobin, Gary A. (Hrsg.): Divided Neighborhoods: Changing Patterns of Racial Segregation. Newbury Park
Davis, Allen F. (2000): American Heroine. The Life and Legend of Jane Addams. Chicago
D'Eramo, Marco (1996): Das Schwein und der Wolkenkratzer. Chicago: Eine Geschichte unserer Zukunft. München
De Vault, Marjorie (1980): Community Fact Book 1980. p. 6
Devereux, Bowly (1978): The Poorhouse: Subsidized Housing in Chicago, 1895-1976. Chicago.
Ellen, Ingrid Gould (2000): Sharing America's Neighbourhoods: The Prospects for Stable Racial Integration. Cambridge
Hawley, Amos (1950): Human Ecology: A Theory of Community Structure. New York
Hirsch, Arnold R. (1998): Making the Second Ghetto: Race and Housing in Chicago 1940-1960. Originally published 1983. Chicago: University of Chicago Press
Horwitt, Sanford D. (1992): Let Them Call Me Rebel. Saul Alinsky – His Life and Legacy. New York
HUD – U.S. Department of Housing and Urban Development (1999): Waiting in Vain: An Update on AMERICA'S Rental Housing Crisis. Washington D.C.
HUD – U.S. Department of Housing and Urban Development (2001): Gautreaux's Legacy. In: Urban Research Monitor. March/April 2001, Vol. 6, Issue 1. Washington D.C.

Johnson, E. M. (1999): Chicago Metropolis 2020: Preparing Metropolitan Chicago for the 21st Century. Chicago
Kasper, Birgit (2001): The Widening Gap. Krise auf dem Mietwohnungsmarkt in Chicago. In: PLANERIN, Heft 2/01, Juni 2001. S. 20-22
Kasper, Birgit (2002): „... but where do they go?" - Ursachen und Folgen der Stadterneuerung von Cabrini Green in Chicago. In: Jahrbuch Stadterneuerung 2001. Berlin. S. 315-337
Katz, Peter (1994): The New Urbanism. Toward an Architecture of Community. New York
Keating, Dennis (1994): The Suburban Racial Dilemma: Housing and Neighborhoods. Philadelphia
Khadduri, Jill und Marge Martin (1997): Mixed-Income Housing in the HUD Multifamily Stock. In: Cityscape: A Jounal of Policy Development and Research, U.S. Department of Housing and Urban Development, Vol. 3, No. 2
Kleine, Ted (1999): Radical Chick. In: Reader, April 2, 1999, Vol. 28, No. 26. 1ff
Kotlowitz, Alex (1991): There are no Children Here. The Story of Two Boys Growing Up in the Other America. Los Angeles
Lauber, Daniel (1991): Racially Diverse Communities: A National Necessity. In: Nyden, Philip W. und Wim Wiewel (Hrsg.): Challenging Uneven Development: An Urban Agenda for the 1990s. New Brunswick
Maly, Michael und Michael Leachman (1998): Rogers Park, Edgewater, Uptown and Chicago Lawn, Chicago. In: Racially and Ethnically Diverse Urban Neighborhoods. Cityscape: A Journal of Policy Development and Research. U.S. Department of Housing – Office of Policy Development and Research. Volume 4, Number 2. 131-160
Massey, Douglas S. und Nancy A. Denton (1993): American Apartheid. Segregation and the Making of the Underclass. Seventh Printing 1996.
MPC – Metropolitain Planning Council (1999): For Rent: Housing Options in the Chicago Region. Chicago.
New York Times vom 01.08.2001: Rural Towns Turn to Prisons to Reignite Their Economies
New York Times vom 01.08.2001: Use of Shelters sets Record by Families in New York
NVC - Nathalie P. Voorhees Center for Neighborhood and Community Improvement (1997): The Plan to Voucher Out Public Housing: An Analysis of the Chicago Experience and a Case Study of the Proposal to Redevelop the Cabrini-Green Public Housing Area. Chicago
Nyden, Philip, Michael Maly und John Lukehart (1997): The Emergence of Stable Racially and Ethnically Diverse Urban Communities: A Case Study of Nine U.S. Cities. In: The Future of American Cities: Shaping a New Urban Diversity. Housing Policy Debate. Fannie Mae Foundation. Volume 8, Issue 2. 491-534.
Nyden, Philip et al. (1998) : Neighborhood Racial and Ethnic Diversity in U.S. Cities, in : Cityscape – A Jounal of Policy Development and Research, Vol. 4, No. 2. 1-17
Oberlander, Peter H., Eva Newbrun und Martin Meyerson (2000): Houser: The Life and Work of Catherine Bauer. Washington DC.
Popkin, Susan et al. (2000): The Hidden War. Crime and the Tragedy of Public Housing in Chicago. Rutgers University Press, New Brunswick, New Jersey, and London.
Popkin, Susan; Buron, Larry; Levy, Diane (2000): The Gautreaux Legacy: What Might Mixed-Income and Dispersal Strategies Mean for the Poorest Public Housing Tenants? In: Housing Policy Debate, Vol. 11, Issue 4, Washington D.C.
Popkin, Susan und Mary K. Cunningham (2000): Searching for Housing with Section 8 in Chicago Region. Urban Institute. Washington D.C.
Popkin, Susan und Mary K. Cunningham (2001): CHA Relocation Counseling Assessment Interim Report. Urban Institute. Washington D.C.
Quercia, Roberto G. und George C. Galster (1997): The Challenges Facing Public Housing Authorities in a Brave New World; in: Housing Policy Debate, Vol. 8, Issue 3. Washington D.C.
Reader, April 2, 1999
Riis, Jacob A. (1890, 2000): How the Other Half Lives. Studies Among the Tenements of New York. New York
Salama, Jerry J. (1999): The Redevelopment of Distressed Public Housing: Early Results from HOPE VI Projects in Atlanta, Chicago, and San Antonio. In: Housing Policy Debate, Vol. 10, Issue 1, Fannie Mae Foundation. Washington D.C.
Saltman, Juliet (1990): A fragile movement. New York
Salvesen, David (2000): New Hope. In: Urban Land, July 2000, Vol. 59, No. 7. 92-105.
Sawhill, Isabel V. und Daniel P. Murrer (1996): American Dreams and Discontents: Beyond the Level Playing Field. Urban Institute. Washington D.C.
Shiller, Helen (1994): Developing without Displacing. Alderman Shiller's 46th Ward Report, 1994
Sidney, Mara (2001): Community Reinvestment Act and the Community Organizations. Unveröffentlichtes Manuskript.
Smith, Janet (1999): Cleaning Up Public Housing by Sweeping Out the Poor. In: Habitat International, Vol 23, Issue 1. 49-62
Spear, Allan H. (1967): Black Chicago. The Making of a Negro Ghetto 1890-1920. Chicago

Stacewicz, Richard und Robert McNeill (1990): Community Fact Book. 44
Staubach, Reiner (2000): Vom ‚War on Poverty' zur ‚Community Empowerment Agenda'. Gebietsbezogene Erneuerungsstrategien in US-amerikanischen Städten. In: Jahrbuch Stadterneuerung 2000, Berlin. 265-282
Turner, Margery Austin (1992): Discrimination in Urban Housing Markets: Lessons from Fair Housing Audits. In: Housing Policy Debate 3(2). 185-215
Turner, Margery Austin und Felicity Skidmore (1999): Mortgage Lending Discrimination: A Review of Existing Evidence. Urban Institute. Washington D.C.
US- Amt für Statistik: Census Tracts 1950-1990
Varady, David P. und Carole C. Walker (2000): Vouchering Out Distressed Subsidized Developments: Does Moving Lead to Improvements in Housing and Neighborhood Conditions? In: Housing Policy Debate, Vol. 11, Issue 1. 115-162
Whitaker, David T. (2000): Cabrini Green in Words and Pictures. Chicago
Wienk, Ronald E. et al. (1979): Measuring Racial Discrimination in American Housing Markets: The Housing Market Practices Survey. Washington D.C.
Wilson, William J. (1987): The Truly Disadvantaged: The Inner City, the Underclass, and Public Policy. Chicago
Wimsatt, William Upski (1999): No more Prisons. New York
Woodstock Institute (1995): Urban Advantages: Sustaining Retail Activity in a Modest-Income Neighborhood.Chicago
Yinger, John (1995): Closed Doors, Opportunities Lost. New York
Zorbaugh, Harvey W. (1969): Gold Coast and the Slum: A Sociological Study of Chicago's Near North Side. Chicago

Gerd Held
Die Bedeutung der „Schule von Chicago" -
Über die amerikanische Konstruktion eines zentralen Orts

In der ersten Hälfte des 19. Jahrhunderts beschrieb Alexis de Tocqueville die noch jungen Vereinigten Staaten von Amerika als eine Verbindung von Egalität und Dynamik. Er war von dieser Verbindung fasziniert, aber er sah in den USA neben den Chancen der modernen Demokratie auch ihre Gefahren deutlicher hervortreten. Die Befreiung von alten Bindungen und starren Privilegien ermögliche eine ganz neue, generelle Kraftentfaltung; die Gefahren lagen für Tocqueville in der Gleichförmigkeit und Kurzatmigkeit der zahllosen Einzelprojekte und Ambitionen. In seinem Werk „Über die Demokratie in Amerika", das der zur Republik konvertierte französische Aristokrat nach einer Amerikareise in den Jahren 1831-32 verfaßte, schrieb er in diesem Sinn: „Ich lasse meine Blicke über die zahllose Menge gleicher Wesen schweifen, wo nichts sich erhebt, nichts sich senkt. Das Schauspiel dieser universellen Einförmigkeit stimmt mich traurig und kalt, und ich fühle mich versucht, die Gesellschaft zu bedauern, die nicht mehr ist" (Tocqueville 1994: 362). Damit legte er den Finger auf einen wunden Punkt der Moderne. Es geht hier nicht um mögliche autoritäre Relikte vormoderner Ordnungen, und Tocqueville warnt auch nicht vor neuer Ungleichheit, sondern er verortet das Problem im egalitären Prinzip selber. Dies Prinzip könne keine größeren, übergreifenden Ambitionen und keine strategischen Projekte hervorbringen. Alles würde tendenziell auf das Maß des einzelnen Akteurs, auf die kleinen Unterschiede und auf den schnellen Wechsel zurückgeschnitten. Große Werke seien unter diesen Umständen daher ebenso unwahrscheinlich wie nachhaltige Strukturen. Und diese Gefahr der kleinkarierten Gleichförmigkeit sei ein ureigenes Dilemma der Massendemokratie. Dies Problem habe die Moderne also mit sich selbst, und zwar nicht, weil sie noch nicht frei genug ist, sondern weil ihre Freiheit so allgemein geworden ist.

Mit seiner Problemsicht ist Tocqueville freilich alles andere als ein Nostalgiker der Aristokratie und des Ancien Regime in Europa. Die republikanische Gleichheit sei „vielleicht weniger erhaben", schreibt er, „aber sie ist gerechter" (ebd.: 362). Diese Gerechtigkeit verleihe der Republik ihre eigene Größe und Schönheit. Man könnte Tocqueville daher als einen ehrgeizigen Republikaner bezeichnen. Er begnügt sich nicht damit, daß die Wohlstandsmehrung und -verteilung das einzige Ziel und die grundlegende Legitimation einer Republik darstellen kann. Vielmehr sucht er nach Ansatzpunkten und Strukturen, die eine Demokratie über kurzsichtige und nur selbstbezogene Ziele gleicher Bürger hinaustreiben. Diese Ansatzpunkte sieht er durchaus und gerade in den jungen Vereinigten Staaten von Amerika. Insbesondere hält er die „Kraft", die die USA ausstrahlen, den alteuropäischen Zuständen gegenüber. Diese sei „freilich etwas roh, aber mächtig."[1] Auf Grund dieser Kraft drängt die Betätigung der Freiheit immer wieder über den engen Zirkel des eigennützigen Handelns hinaus. Der amerikanische Aktivismus stellt hier eine spezifische Form des Muts dar und hat eine moralische Dimension.[2] Zu dieser moralischen Qualität gehört auch eine assoziative Kraft: Tocqueville beobachtet einen starken Hang zur Bildung von Unternehmen und gemeinschaftlichen Vereinigungen auf kommunaler Ebene.[3]

Diese Ansatzpunkte sind allerdings keine sicheren und definitiven Lösungen für die neue, moderne Problemlage. Der Ausgang des Projekts der Moderne bleibt bei Tocqueville offen. Die USA dienen ihm daher nicht einfach als Vorbild, das er Europa vorhält, oder als Schreckbild, mit dem er die Europäer warnen will. Vielmehr stellt er die amerikanischen Verhältnisse als einen Schauplatz dar, auf dem die spezifischen und ureigenen Chancen und Risiken der Moderne in besonders reiner und unverblümter Form zum Ausdruck und zur Austragung kommen. Genau in diesem Punkt liegt die Aktualität von Tocquevilles Betrachtungen. Wenn wir Europäer und vor allem auch wir Deutsche die USA betrachten und bewerten, dann betrachten und bewerten wir ein Spiegelbild unserer eigenen Modernität – ein besonders gereinigtes Spiegelbild, das uns die ureigenen Chancen und Risiken der Moderne ohne andere historische Beimengungen zeigt. Es hilft also nichts, die Chancen und Risiken nur auf die USA als einen äußeren Freund und Feind zu projizieren. Es geht immer auch um uns selbst.

Dies gilt nun auch für die städtebauliche Entwicklung. Denn es ist nichts anderes als die Verbindung von Dynamik und Egalität und die Gefahr der kleinkarierten Gleichförmigkeit, die uns als „urban sprawl" gegenübertritt. Es geht hier nicht nur um eine besondere Kultur, die man als „Amerikanisierung" einer anderen Kultur der „europäischen Stadt" gegenüberstellen könnte. Vielmehr enthält das moderne Gleichheitsprinzip ganz allgemein eine Tendenz zur Dispersion. Denn wenn die demokratische Republik sich schwertut, große, nachhaltig übergreifende Projekte hervorzubringen, dann wird damit eine elementare Voraussetzung für jegliche urbane Konzentration tangiert. Wo die Dezentralisierung als allgemeine demokratische Tugend gilt, ist die Aufrechterhaltung und der Ausbau zentralörtlicher Hierarchien schwierig. Vor diesem Wertehorizont haben Metropolen unterschiedlicher Größenordnung und vor allem die „Global Cities" immer den Ruch einer illegitimen, undemokratischen Veranstaltung von selbst ermächtigten „global Players". Demgegenüber scheint die Demokratie als Bauherr zumindest der Tendenz nach in eine immer stärkere städtebauliche Dispersion zu führen. Ganz in diesem Sinn notierte Tocqueville schon im frühen 19. Jahrhundert, daß die Amerikaner „sehr viele unbedeutende Bauwerke" errichteten und nur sehr wenige „besonders große Bauwerke". Letztere seien nicht wirklich repräsentativ für die Aktivität der Amerikaner. Zwischen diesen beiden Extremen gäbe es nichts.[4] Diese von Tocqueville beobachtete städtebauliche Lücke paßt insgesamt zu seinen Überlegungen hinsichtlich der Gefahr der kleinkarierten Gleichförmigkeit moderner Republiken.

Deshalb verdienen alle die Erfahrungen, in denen diese städtebauliche Lücke ein stückweit geschlossen wird, und in denen eine demokratische Republik neue Formen urbaner Konzentration und Zentralität hervorbringt, ohne an ein vormodernes historisches Erbe anknüpfen zu können, besondere Aufmerksamkeit. Denn hier ließe sich beobachten, ob die besonderen Tugenden der Dynamik der Moderne auch Kräfte enthält, die der Tendenz zur Gleichförmigkeit und Kurzatmigkeit entgegenwirken. Führt die „etwas rohe, aber mächtige" Kraftentfaltung eventuell über die Dispersion hinaus?

Im Licht dieser Fragestellung bekommt das Beispiel der Stadtentwicklung Chicagos sein besonderes Gewicht und eine Bedeutung, die weit über die USA hinaus für andere Teile der Welt und auch für Europa relevant ist. In den 80er Jahren des 19. Jahrhunderts, rund 50 Jahre nach Tocquevilles Amerika-Reise, war es die Entwicklung von Chicago zur „Hauptstadt des Westens", die – exemplarisch im zentralen „Loop"-Distrikt der Stadt – eine neue, originär moderne Form zur Einbettung ökonomischer und politischer Führungsaufgaben fand. Die städtebaulich-architektonische „Schule von Chicago" wurde international richtungsweisend. Es geht im folgenden um eine Nachzeichnung dieses frühen Ausbruchs aus der Logik der Dispersion. Es handelt sich also um eine räumlich und zeitlich sehr begrenzte Fallstudie und damit um eine sehr ausschnitthafte Rekonstruktion eines größeren Problems und seiner Lösung: dem Dilemma zwischen Demokratie und nachhaltiger Größe. Zugleich soll damit deutlich gemacht werden, daß „Amerikanisierung" städtebaulich etwas anderes bedeuten kann als Sprawl, hoher Spritverbrauch und Slumbildung, und daß seit den Terroranschlägen auf die New Yorker Twin Towers mehr auf dem Spiel steht als die Symbole einer fernen und uns im Grunde fremden Weltmacht.

Chicago als Gateway und Central Place des amerikanischen Westens

Bis in die 40er Jahre des 19. Jahrhunderts war Chicago in keiner Hinsicht eine Stadt. An der Mündung des Chicago River in den Michigan See gab es ein Fort, eine Anlegestelle und vor allem eine lockere Ansammlung von Siedlerhäusern (vgl. Mayer/ Wade 1969:18f).

Der Ort war nicht mehr als eine Zwischenstation in der mehr oder weniger anarchischen Frontier-Bewegung nach Westen, die die Prärien des mittleren Westens erschloß und bald auch die Rocky Mountains und die Westküste am Pazifik gewann. Die Frontier-Bewegung brauchte zwar Lagerplätze in den verschiedensten Ausprägungen, aber nicht wirklich eine Metropole. Die Wirtschaft der Siedler war weitgehend Selbstversorgung und auch das politische Leben war auf die lokale Community bezogen. Die Dienste einer Metropole wurden nur ganz selten und vor allem indirekt über immobile und mobile Subeinheiten in Anspruch genommen,

Abb.1: Lake and Dearborn Southwestward 1838
(Quelle: Mayer/Wade 1969: 18f)

und dafür genügten die schon recht bedeutenden Städte der Ostküste, allen voran New York. Diese Städte waren „Gateways" (vgl. Burghardt 1971), die an der Schnittstelle zwischen Alter und Neuer Welt eine Scharnierfunktion bei Menschen, Waren und Kapitalien innehatten, und in denen auch die politische Abnabelung von den europäischen Mächten vollzogen wurde. Eine eigene große Gateway-City im Landesinneren war nicht notwendig und möglich angesichts des provisorischen Charakters aller Beziehungen in der Westbewegung. Da es hier auch nicht das Erbe einer historisch gewachsenen Städtesubstanz gab, hätte eine große Stadt ganz neu aus den aktuellen und zukünftigen Aufgaben heraus erfunden werden müssen.

Dies aber ist im Verlauf des 19. Jahrhunderts wirklich geschehen. An der Schwelle zum 20. Jahrhundert hat Chicago über 1 Millionen Einwohner, eine ausgedehnte Logistik (Hafen und Eisenbahn), eine entwickelte Industrie und einen hoch aufragenden, zentralstädtischen Distrikt für Führungsdienstleistungen aller Art. Dabei mußte Chicago noch eine Brandkatastrophe überstehen, die 1871 fast das gesamte Zentrum zerstört hatte. Insbesondere der Zentraldistrikt, der sog. „Loop", der historische Vorläufer der Central Business Districts (CBD) des 20. Jahrhunderts, stellt ein überraschendes Phänomen dar. Wie war es möglich, dass – ohne äußeren Einfluß durch höhere Mächte und ohne historisches Erbe – doch ein solches Führungsniveau geschaffen wurde? Wäre es nicht viel wahrscheinlicher gewesen, dass sich die nivellierte Siedlerwirtschaft und -demokratie in den Weiten des Westens zerstreute? Freilich war die Chicagoer Zentralität eine sehr prosaische und grobe, bisweilen gewalttätige und schmutzige Angelegenheit. Dies veranlaßte viele Beobachter, gar nicht mehr die Frage nach dem Ursprung der geballten Größe Chicagos zu fragen, sondern gleich zum Thema der gefährlichen Ausprägungen dieser Größe zu wechseln. Chicago wurde zum „Dschungel" (Sinclair 1906), zum dreckigen Zentral-Schlachthof einer vom „Krieg aller gegen alle" bestimmten US-Gesellschaft oder zum Inbegriff des organisierten Verbrechens und der verbrecherischen Organisation gemacht.[5]

Hier soll es um die grundlegendere Frage gehen, wie sich im Westen überhaupt ein zentraler Ort bilden konnte. In der flächigen Vorwärtsbewegung nach Westen fällt ab den 50er Jahren ein erstes zentralisierendes Element auf – die Eisenbahn. Waren die vorherigen Verkehrmittel dispers (Pferdewagen, Ochsenkarren, Fußkolonnen) oder selten (Schifffahrt), so war die Eisenbahn das erste Massentransportmittel, das nicht auf Sonderbedingungen (Oberflächengewässer) angewiesen war. Seine mit hohem Investitionsaufwand künstlich angelegten Trassen erforderten allerdings eine Selektion weniger Linien. Zugleich verlangte der Verladeaufwand eine Selektion relativ weniger Haltepunkte. Diese stellten Schnittstellen dar, an denen Güter und Passagiere zu größeren oder kleineren Einheiten aggregiert bzw. segregiert wurden. Eine solche Schnittstelle wurde Chicago, und von 1851-1871 kann Chicago als „Railroad Capital" (Mayer/Wade 1969: 35ff) bezeichnet werden. Hier liefen die neuen Eisenbahnlinien in den Westen zusammen, weil hier ein Umschlagspunkt (über die großen Seen) an die Ostküste oder direkt auf den Atlantik nach Europa war. Auch wenn es sich bei dieser ersten räumlichen Selektion Chicagos um viele kleine Bewegungen von Gütern und Passagieren handelte, so bildeten sich hier doch erste Skaleneffekte. In der Geographie der Stadt ist das an den ausgedehnten Hafen- und Bahnhofsanlagen einschließlich Lagehallen abzulesen. Quer durch die Schachbrett-Struktur des kleinen Siedlerorts legten sich Verkehrsachsen, und als Sekundäreffekt wächst wiederum das Schachbrett, und die Einwohnerzahl stieg von 30.000 (1851) auf 300.000 (1871).

Freilich ist nicht alles mit dem Hinweis auf das neue Verkehrsmittel beantwortet. Zum Massenverkehrsmittel gehören ja die entsprechenden Transportmassen, und die waren in den ersten Siedlerzeiten nicht gegeben. Damit sich in Chicago Skaleneffekte der Eisenbahn bemerkbar machen konnten, musste sich etwas in der gesamten Wirtschafts- und Existenzweise des Westens geändert haben. Tatsächlich begann in der zweiten Hälfte des 19. Jahrhunderts in den Prärien die massenhafte Erzeugung von Getreide und Vieh für einen größeren Markt, vor allem für die Bevölkerungskonzentrationen der sich industrialisierenden und urbanisierenden Ostküste. Eine kontinentale Arbeitsteilung Mittlerer Westen-Ostküste entstand. Chicago wurde Glied eines industriellen Produktionsprozesses, und zwar im Lebensmittelbereich. Im Vergleich zu seinen anfänglichen Hauptkonkurrenten (St. Louis und New Orleans als „Südtor") verfügte es

Abb.2: Randolph Street, East from LaSalle, 1892
(Quelle: Mayer/Wade 1969:133)

nicht nur über günstigere Verkehrswege (die großen Seen), sondern die niedrigeren Temperaturen im Norden erleichterten auch die Lagerhaltung von Lebensmitteln. Zur Lebensmittelindustrie gehörten dann bald nicht nur intensivere Anbaumethoden durch mechanische Bearbeitung, Düngung, Schädlingsbekämpfung sondern auch eine erweiterte Bearbeitung der agrarischen Ausgangsprodukte. Insbesondere das „Meat Packing" wurde erfunden – die Möglichkeit, Fleisch zu differenzierten, haltbaren Massenprodukten zu verarbeiten. Damit wurde erstmals in der Geschichte eine sichere regelmäßige Ernährungsgrundlage für einer große, für Lohn tätige Bevölkerung geschaffen. Giedion bezeichnet diese Veränderung als „vielleicht noch viel tiefreichender" als die industrielle Revolution Ende des 18. Jhdts. in England (Giedion 1965:245). Die Auswirkungen reichten bis Europa. Erst mit der Lebensmittelindustrie des mittleren Westens und Chicagos, die dann in anderen Teile der Welt Schule machte, war ein Problem gelöst, das bis dahin als Hypothek der gesamten Industrialisierung und der Nachhaltigkeit des Lohnarbeiterstatus galt. Mit urbanen Lebensmittelfabriken war eine neue Arbeitsteilung zwischen Stadt und Land verbunden. Stadt und Land teilten sich nicht mehr unterschiedliche Güter, die sie gegeneinander tauschen, sondern sie teilten sich nun unterschiedliche Phasen des Produktionsprozesses bei ein und demselben Gut. Das Wachstum Chicagos in der Zeit 1851-1871 enthielt schon in nuce diese neue Arbeitsteilung. Die nun auftauchenden neuen Berufe, die Behandlungsformen der Tiere, oder die hygienischen Probleme waren – auch in ihrer Gewaltsamkeit – in den Städten nicht völlig unbekannt. Sie waren in den alten Markthallen und in den Zunftordnungen Europas durchaus präsent, aber sie wurden jetzt erst drängend und erforderten neue Maßnahmen und Institutionen. Was daher am Beispiel Chicagos in kontroverser Form immer wieder thematisiert wird (vgl. Sinclair 1906, Giedion 1994, d'Eramo 1996), ist die Tatsache, dass die moderne Großstadt nur als Risikostadt wächst und wachsen kann.[6]

Die Transportvorteile Chicagos sind daher schon frühzeitig zu einem erheblichen Teil verdeckte Agglomerationseffekte. Diese werden mit der Zeit immer wichtiger. Chicago wird zur Industriestadt, aber sie wird es nicht so sehr auf Grundlage bestimmter Rohstoffvorkommen oder vorfindbarer Arbeitskräfte (wie z.B. in den schwerindustriellen Agglomerationen der USA oder im deutschen Ruhrgebiet) sondern auf Grund zentralisierender Phasen innerhalb eines längeren Herstellungsprozesses der Lebensmittelindustrie. Die „Second City", die nach dem Brand von 1871 in Chicago aufgebaut wurde, war daher nicht mehr eine Railroad Capital (obwohl der Eisenbahnverkehr noch zunimmt), sondern „Zentraler Ort". Die Basis der Stadt lag dabei zunächst in den Industriearealen und Lagerhallen in der Nähe von Bahn- und Hafenanlagen. Von 1871 bis 1893 stieg die Einwohnerzahl Chicagos von 300000 auf über 1 Million. Auch wenn man davon die Bevölkerungsgewinne durch Eingemeindungen abzieht, kommt man auf fast 800000 Einwohner im alten Stadtgebiet. In diesem neuen Chicago gab es jedoch ein funktionales und räumliches Phänomen, das sich dem Bild der industriellen „pig city" nicht recht einfügen will. Die Rede ist vom „Loop"-Distrikt im Stadtzentrum. Er gehörte nicht zu den Logistik- und Industrieteilen der Stadt, und hob sich auch deutlich aus dem Schachbrett-Muster in der Höhe hervor.

Der Loop: flexible Hierarchie und reine Form

Im Lauf der 80er Jahre des 19. Jahrhunderts wurden in Chicago beinahe schlagartig Bauwerke von zehn, vierzehn und bis zu dreiundzwanzig Stockwerken errichtet. Diese „Wolkenkratzer" wurden nicht isoliert errichtet sondern nebeneinander. Diese Häufung geschah in einem bestimmten Teil des Schachbrett-Plans der Stadt. Sie bildete ein eigenes charakteristisches Viertel, das nun zum eigentlichen Orientierungspunkt Chicagos wurde. Sein Name, der „Loop". wurde für Jahrzehnte zum Inbegriff eines Central Business Districts.

„In den achziger Jahren wurde der Loop, das Geschäftszentrum der Stadt, zum typischen Beispiel amerikanischen Wagemuts, Probleme direkt anzupacken. Ganze Straßen entstanden, wie man es zuvor noch nie gesehen hatte. Wenn man durch den Loop wandert, ist man von dem Eindruck überwältigt, dass Chicago nur ein Vorposten für die unendlichen Weiten sei, die sich hinter ihm ausdehnen" (Giedion 1965: 249).

Giedion bewunderte dabei nicht nur die Dynamik der Entwicklung, sondern er sah hier auch eine neue Rolle der baulich-räumlichen Formgebung. Die Baukörper der neuen Hochhäuser waren alle nach dem gleichen Quaderprinzip konzipiert. So wie das Schachbrett-Muster bedeutete, dass nicht bestimmte Standorte von vornherein hervorgehoben wurden, indem sie z.B. den Endpunkt einer (oder mehrerer) Achsen bildeten, gab es keine individuelle, nur auf das einzelne Gebäude zugeschnittene Bauform mehr. Sie unterschieden sich – bis auf äußere Gestaltungselemente bei der Fassade – nur durch ihre Höhe und Breite. Eine individuelle „Persönlichkeit" der Bauten, die in ihrem Äußeren ihr Innenleben oder ihren Zweck ausdrückten, war nicht mehr erkennbar. Wenn der Architekt John Root 1890 forderte, die neuen Bauwerke sollten „nur mit ihrer Masse und Proportion in einem weiten, elementaren Sinne der Idee der großen beständigen und bewahrenden Kräfte der modernen Zivilisation Ausdruck verleihen" (zit. n. Giedion 1965: 250), forderte er im Grunde eine Trennung von Form und Inhalt. Die Aufgabe der

Abb. 3: Chicagos Board of Trade und Umgebung aus der Vogelperspektive, 1898
(Quelle: Klotz 1987: 60)

Form wurde nun abstrakt gegenüber einem bestimmten Inhalt. Sie ermöglichte wechselnde Inhalte: Unternehmensverwaltung, Bank, Versicherung, Kaufhaus, Öffentliche Bibliothek, Theater, Börse, Behörde – alles sollte sich im Prinzip im gleichen Gebäude abwechseln können. Allein die Höhe und die proportionale Massenverteilung sollte mit dem Niveau des Gebäudeinhalts korrespondieren. Genau in diesem Sinn begrüßt Giedion das Beispiel des Loop. Wenn er die paradigmatische Modernität der „Schule von Chicago" unter die Überschrift „Der reinen Form entgegen" (Giedion 1965: 251) stellt, spricht er von einer Autonomisierung der Form gegenüber dem konkreten Inhalt. Die Form hat eine eigene Aufgabe. Sie wird nicht der Funktion untergeordnet, wie es in der Devise „form follows function" zum Ausdruck kommt, bei der „Form" die äußere Gestaltung eines Inhalts meint. Bei Giedion sind „Form" im Sinne von Rahmenbedingungen verstanden, die dem Inhalt neue Bestimmungen hinzufügen und ihn in die umgebenden Bedingungen einfügen. In diesem Sinn spricht man z. B. von der „Warenform" eines Produkts, wenn es nicht für den eigenen Bedarf sondern für die Nachfrage von Vielen auf einem Markt hergestellt wird. Hier kann die Form die Zusammensetzung des Produkts signifikativ verändern. Ebenso beziehen sich gesetzliche Bestimmungen auf die Warenform eines Produktes und stellen ihm bestimmte normative Mindestanforderungen. Wenn Giedion von der „reinen Form" spricht, dann meint er die Möglichkeiten von Bauwerken und städtebaulichen Arrangements, Rahmenbedingungen für menschliche Tätigkeiten oder für Stoffwechsel-Prozesse mit der Umwelt zu fixieren und in Stein und Stahl zu definieren.

Welche Möglichkeiten bieten nun die abstrakten, weitgehend quantitativ bestimmbaren Bauformen des Loop? Ganz allgemein können wir zunächst sagen, dass die Abstraktheit der Form ein bestimmtes Maß an Stabilität und Kontinuität unter den Bedingungen des rasanten Wandels und Wachstums bietet. Gerade weil die baulichen Formen nicht nur eine bestimmte Nutzung ausdrücken, können sie dafür sorgen, dass Chicago eben doch Chicago bleibt und nicht in der Dynamik zerfließt. Die Kraft der Form liegt dabei nicht mehr so sehr in der Ganzheitlichkeit des einzelnen Gebäudes. Es ist in sich unterteilbar und es ist auch vermehrbar. Die Unterteilbarkeit sorgt dafür, dass ständig neue Subeinteilungen von Arbeitsplätzen – auch sehr kleiner und provisorischer Art – getroffen werden können. Die Multiplizierbarkeit sorgt dafür, dass ständig neue Stufenleitern hierarchischer Kooperation errichtet werden können. Dies gilt auch auf der städtebaulichen Ebene in der Zusammenfügung mehrerer Bauten. Wo die Anordnung immer auf ein und dasselbe „Königsgebäude" hinausläuft, können neue, erweiterte Konkurrenzen um Führungsaufgaben nicht abgebildet werden. Für neue wirtschaftliche und politische Wettbewerber gibt es keinen Platz. Ein Ensemble vieler Hochhäuser auf einer relativ kleinen Raumstelle ermöglicht dagegen sowohl Führung als auch Konkurrenz. Die Zusammenfassung vieler Menschen in einem großen Gebäude mit unterschiedlichen Ebenen verkörpert Führungsstrukturen. Aber ebenso verkörpert die Nüchternheit, Teilbarkeit und Vermehrbarkeit der Hochbauten die Entzauberung mystischer, charismatischer, nicht hinterfragbarer Herrschaft. Der Loop ist das Gegenteil eines Palastbezirks und einer „verbotenen Stadt" – ohne jedoch in eine räumliche Dispersion kleiner, anspruchsloser Einheiten zu zerfallen. Chicago wies dabei sogar ein besonders dichtes Beieinander der Hochhäuser auf. Der Sekretär des „City Clubs" schrieb 1910: „Within an area of less than a square mile there are found the railway terminals and business offices, the big retail stores, the wholesale and jobbing business, the financial center, the main offices of the chief firms of the city, a considerable portion of the medical and dental professions, the legal profession, the city and county government, the post office, the courts, the leading social and political clubs, the hotels, theatres, Art Institute, principal libraries, the labour headquarters, and a great number of lesser factors of city life" (zit. n. Mayer/Wade 1969: 226). In New York, so der Autor, seien die gleichen Standorte auf einer Distanz von 5 bis 6 Meilen, in London von 4 bis 5 Meilen verteilt. Die Liste beweist zugleich, dass der Loop keineswegs nur private und auch nicht nur wirtschaftliche Einrichtungen beherbergt, sondern ebenfalls politischer und kultureller Standort ist.[7]

Es ist interessant, dass die europäische Städtetradition eine vergleichbare Formreinheit und Verdichtung ihrer Führungsaufgaben nie zustande gebracht hat. Diese Errungenschaft in der Stadt, die als „die Quintessenz des Amerikanismus" galt (Zukowsky 1987: 33) wird plausibler, wenn wir uns den neuen Charakter der Führungsaufgaben klar machen. Auf den ersten Blick werden in den Büros, Geschäftsetagen und Kaufhäusern sehr viele unscheinbare Verrichtungen getätigt – Buchführung, Informationssammlung, Besuche von Geschäftspartnern, Preisvergleiche, Formulierung von Angeboten, Qualitätskontrollen, Normenfindung und -revision, Lizenzvergabe etc… Die vielen, kleinen, einzelnen Schritte werden wiederum aggregiert und exemplarische Einzelfälle selektiert. So werden komplexe Transaktionen vorbereitet, durchgeführt und evaluiert. Die wirtschaftliche Stellung Chicagos zwischen den Lebensmittelquellen des Westens und den Bevölkerungsagglomerationen an der Ostküste, und die umfangreichen Besiedlungs- und Bebauungsaktivitäten im Westen beinhalteten ein hohes Maß an ständigen übergreifenden Ordnungsaufgaben und an strategischen Entscheidungen. Dies geschieht unter Bedingungen extremer Unsicherheit mit vielen Variablen und unkalkulierbaren Größen. Im ständigen Fluß der Dinge und Personen ist es schwer, richtige Preise und Normen zu finden, Unfälle und Fehlinvestitionen zu vermeiden, Betrug und andere Verbrechen zu verhindern oder zu verfolgen. Es gibt nur sehr wenige feste Größen, die die weiträumigen Bewegungen hätten stabilisieren können. C.W. Westfall weist darauf hin, dass eine Zeit lang das in Chicago gelagerte Getreide als Sicherheit für die Finanzierung der Eisenbahnbaus im Westen diente (vgl. Westfall 1987: 80). Ebenso kann man die konzentrierten Baulichkeiten des Loop als Sicherheit für die weiträumigen Beziehungen des Westens ansehen. Die Baulichkeiten mussten dabei in einer angemessenen, nüchternen Proportion zu den realen wirtschaftlichen Einsätzen stehen. Ihr Bestand musste auf dem Spiel stehen, wenn es zu größeren Veruntreuungen und Fehlkalkulationen kam. Das gleiche musste auch im politischen Sinn für bürgerlichen Sicherheiten und die öffentlichen Dienstleistungen im Einzugsbereich Chicagos gelten.

Die städtebauliche Form übernimmt nicht direkt Steuerungsaufgaben. Dazu ist sie zu vage und grob. Aber sie vereinfacht das Umfeld von Steuerungsaufgaben. Der „Loop" bildet eine Art Kompromissform zwischen strategischer Festlegung und Offenheit. Er zentralisiert die Entscheidungen, die Entscheider und ihr Vermögen. Er macht sie dadurch auch verwundbar im Fall von Fehlhandlungen. Die „fundamentale Transformation" vieler ex ante um einen Vertragsschluß konkurrierender Akteure in wenige ex post (nach Vertragsschluß) noch verbleibende Akteursalternativen ist weniger krass und leichter reversibel (vgl. Williamson 1990: 70f). Im Loop werden Hierarchien also nicht dadurch baulich überhöht, dass sie eine „Gebäudepersönlichkeit" bekommen, sondern sie werden auf ihren rationalen Kern reduziert: auf die Aufgabe, auf begrenzter Grundlage weitreichende Festlegungen zu treffen und, mit begrenzter Haftung, auch die Folgen dieser Entscheidungen zu tragen.[8]

Das technische Problem der Tragfähigkeit der Gebäude

Bis hierher haben wir am Fall Chicago gesehen, wie die völlige Neubildung einer Metropole neue Reichweiten im Wirtschaftsprozeß und auch eine erweiterte politische Einheit des Westens ermöglichte. Die Herausbildung des Loop-Distrikts innerhalb der Stadt ermöglichte die dazu notwendigen Führungstätigkeiten. Ein Problem wurde bis hierher allerdings nur gestreift. Es genügte nicht, die „reine Form" als geistige Abstraktionsleistung zu entwerfen und im Stadtplan zu plazieren. Die reine Form musste Bauform werden. Die Zentralität musste physische Realität in einer physischen Welt werden, und dies war nicht selbstverständlich. Denn an keinem Ort der Welt hatte man bisher auf so wenig Fläche so viele Menschen – und die dazu gehörenden Einrichtungen – aufgehäuft. Babylon-Phantasien hatte es in der Geschichte schon viele gegeben. An der Fähigkeit, diesen Utopien sprachlich-symbolischen Ausdruck zu verleihen, hatte es nicht gefehlt. Jedoch an der technisch-konstruktiven Fähigkeit. Dabei geht es vor allem um ein Problem: die Tragfähigkeit. Die Form für die Führungsstandorte musste auch „tragende Form" oder „Plattform" sein. Der Ur-Mythos des Turmbaus zu Babel und seines Einsturzes verweist auf das Problem, dass jede Verdichtung auf der Erdoberfläche eine Auseinandersetzung mit der Schwerkraft zu bewältigen hat. Die Lösung des Transformationsproblems durch flexible Zentralität stand und fiel mit der Bewältigung bisher nicht vorstellbarer Traglasten. Natürlich gehörten kolossale Einzelbauwerke zum geschichtlich gewachsenen Bestand, insbesondere die Kathedralen repräsentierten eine hohe Kunst des Umgangs mit der Schwerkraft. Freilich war hier wie auch in anderen Fällen die Baukunst vor allem damit beschäftigt, das Eigengewicht des Bauwerks zu bewältigen. Mehr konnte nicht getragen werden. Die Tragleistung stand in keinem effizienten Verhältnis zur Größe des großen Bauwerks. Das wichtigste Baumaterial, der Stein, hatte in Gestalt der Mauern sowohl die Aufgabe der Ummantelung als auch die Aufgabe des Tragwerks zu leisten. Das einzige spezialisierte Tragmaterial, das Holz, hatte – trotz aller Baukunst – eine sehr begrenzte Tragkraft und Spannweite. Hohe Gebäude konnten daher nur mit sehr dicken Mauern errichtet werden, und dies schränkte ihre Nutzbarkeit, ihr Höhenwachstum und ihre Verallgemeinerbarkeit in einem Stadtraum stark ein. Es musste also eine Lösung gefunden werden, die die Tragleistung entscheidend steigerte.

Dies geschah durch den modernen Eisenbau und durch die damit verbundene Ausdifferenzierung von Mauer und Tragwerk (vgl. Schädlich 1989, Larson 1987, Benjamin 1986a, Giedion 1965). Es handelte sich um eine Konstruktionsrevolution, die in ihrer Bedeutung der industriellen Produktionsrevolution nicht nachsteht, die aber in ihren Konsequenzen langsamer und indirekter wirksam war. Die spezifische Festigkeit, Elastizität, Dauerhaftigkeit und Formbarkeit des Eisens ermöglichte den Aufbau von verzweigten Streben-Systemen, die große Zug- und Druckkräfte aufnehmen konnten und damit Lasten bewältigen konnten, die ihr Eigengewicht um ein Vielfaches übertrafen. Diese Möglichkeiten wurden zunächst im Eisenbahn- und Brückenbau erprobt und entwickelt, bevor sie für die Errichtung von Gebäuden nutzbar gemacht wurden. Chicago war der Ort, an dem dies zum ersten Mal systematisch und auf der Ebene eines ganzen Stadtzentrums gelang. Im Loop wurde der Typus des Wolkenkratzers erfunden, ohne den die Entwicklung der Stadtzentren in der Komplexität moderner Prozesse nicht denkbar wäre. Er wurde durch eine systematische Anwendung des Eisenbaus auf die Gebäudekonstruktion erfunden. Die „reine Form" wurde als Stahlskelett verwirklicht, das in vielen Etagen übereinander montiert wurde. So konnte der tragende Teil eines Gebäudes unabhängig von der Ummantelung und Einteilung er-

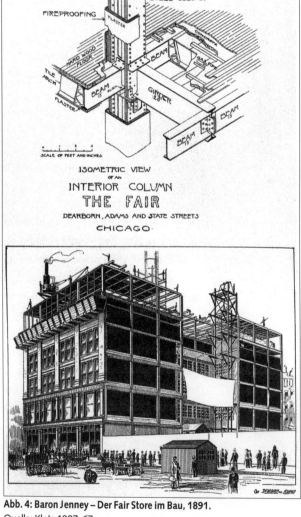

Abb. 4: Baron Jenney – Der Fair Store im Bau, 1891.
Quelle: Klotz 1987: 67

richtet werden, und erst nachträglich durch relativ dünne Mauern ohne Tragaufgabe ausgefüllt werden. Damit wurden aus den Gebäuden zum ersten Mal riesige „Tragmaschinen". Die Erfindung von Fahrstuhl und Rolltreppe war dann nur eine weitere Konsequenz der Tragmaschine.

William Baron Jenney, ein Ingenieur mit Ausbildung an der Pariser Ecole Polytechnique, errichtete 1879 zum ersten Mal ein Gebäude nach dem Prinzip, den Bau „auf einem richtig ausgewogenen, festen und feuersicheren metallischen Rahmenwerk ruhen zu lassen" (D. Burnham, zit. n. Benevolo 1978: 277). Es war das sog. „Leiter-Building" in Chicago, das noch außen von gemauerten Pfeilern und innen schon von Eisenstützen getragen wird. Zeitgenössische Beobachter schrieben:

„Dieser Bau wurde mit dem gleichen Wissen und der gleichen sorgfältigen Durchführung konstruiert, die sonst nur bei der Konstruktion von Eisenbahnstahlbrücken zu finden ist. Das strenge, schmucklose Äußere ist großzügig in seinen Proportionen. Die großen Eckpfeiler streben zu einem herben Gesims empor. Für Raum, Licht, Ventilatoren und Sicherheit entworfen, erfüllt das Leiter-Building in jeder Hinsicht diese Bedingungen" (zit. n. Giedion 1965: 253).

„Der Bau von Büropalästen von enormer Höhe mit einem Eisen- und Stahlskelett, das die Innen- und Außenmauern trägt, ist in fast allen amerikanischen Großstädten zur Gewohnheit geworden. Dieser Baustil ist, zumindest in seiner praktischen Anwendung, in Chicago entstanden, und jetzt besitzt diese Stadt mehr Gebäude mit Stahlskelett als alle anderen amerikanischen Städte zusammen." (zit. n. Benevolo 1978: 274)

Ähnlich wie beim Schachbrett-Plan in der Horizontalen wird in der sogenannten „Chicago-Konstruktion" Stahlkäfig an Stahlkäfig gefügt, und so durch Multiplikationseffekte Höhe und Volumen erreicht. Giedion sieht in dieser Cage-Konstruktion aus Eisen die endlich gefundene materielle Gestalt der „reinen Form", die die modernen Geschäfts-, Büro- und auch Appartement-Gebäude anstreben. Zugleich sieht er ein neues Verhältnis zwischen Ingenieur und Architekt, da „die Trennung zwischen Konstruktion und Architektur" überwunden wurde. Sie wird vor allem durch eine Hebung der Bedeutung des Ingenieurs und der Konstruktion überwunden, da von dieser Seite nun ein formgebender Einfluß ausgeübt wird, dem sich auch der Architekt nicht entziehen kann. Mit der in Chicago angestoßenen Konstruktionsrevolution wächst der Ingenieur aus seiner Rolle als bloßer Exekutor von Architekten-Plänen heraus.

Die „Schule von Chicago"

Es handelt sich um eine Veränderung in der Konstruktionsweise und nicht nur in der Produktionsweise. Produktive Ingenieurleistungen beziehen sich auf bestimmte Produkte und auf die Maschinen zu ihrer Herstellung. Konstruktive Ingenieurleistungen beziehen sich auf Beziehungen und Verhältnisse zwischen Dingen und zwischen Menschen. Ein Bauwerk ist ein „gebautes Verhältnis". Mit ihm ergibt sich nicht nur ein bestimmter Nutzen wie bei einem Produkt sondern auch eine Stabilisierung der Beziehungen zu anderen Produkten bzw. der Beziehungen von Produzenten, Konsumenten, Bürgern etc. Die Bauleistungen in Chicago bewältigen ein physisches Trag-Problem. Aber zugleich bewältigen sie wirtschaftliche und politische Beziehungsprobleme.[9]

Es gab eine Reihe von Form-Voraussetzungen, um die notwendigen Synthesesleistungen im amerikanischen Westen und seinen nationalen und internationalen Beziehungen zu bewältigen. Aber ohne die Schaffung einer adäquaten baulich-materiellen Form wären alle anderen formalen Errungenschaften letztlich inoperativ geblieben. Unter den gegebenen Bedingungen hoher Unsicherheit hätten strategische Entscheidungen dann unter hohem Netzwerkaufwand erbracht werden müssen. Sie hätten letztendlich oft doch zufällig oder erratisch gefällt werden müssen. Oder sie wären unterblieben. Das muddling through dezentraler Einheiten hätte die Reichweite wirtschaftlicher Unternehmen oder politischer Projekte wie Forschungen stark eingeschränkt. Erst die bauliche Revolution macht die anderen Antworten auf das Größenproblem operational und realitätstüchtig. Dies bedeutet nicht, dass von nun an die Entwicklung Chicagos oder die Entwicklung moderner Republiken insgesamt problemlos verlaufen wäre. Es bedeutet allerdings, dass aus der Sackgasse, die die alteuropäischen Raumstrukturen – auch die Zentralität des barocken Städtebaus – darstellten, ein Ausweg gefunden war. Dies erfolgte durch einen amerikanischen Bruch mit der europäischen Stadttradition.[10]

Die Bauten im Chicagoer Loop zwischen 1883 und 1893 bilden den Kernbestand der „Schule von Chicago". Sie hat in den folgenden Jahren in Chicago und vor allem in anderen Städten in den USA und Europa Fortsetzungen gefunden. „Das Aussehen einer großen Stadt wurde durch die neue Architektur von Grund auf verändert", schrieb Giedeon 1941. „Die Architektur Chicagos hat für das neue Bauen der Moderne Vorbildcharakter" schrieb der Direktor des Deutschen Architekturmuseums, Heinrich Klotz, 1987 (Zukowsky 1987: 8). Sie stand auch beim „Bauhaus" Pate (vgl. Wingler 1968) und klingt noch, schon etwas verkürzt, in der frühen bundesdeutschen Städtebaudiskussion nach (vgl. Bahrdt 1969, Boeddinghaus 1995, Blotevogel 1996).

Angesichts dieser Traditionslinien der klassischen Moderne ist der aktuelle Trend, die USA nur als Land des „Urban Sprawl" zur Kenntnis zu nehmen, erstaunlich. Wenn etwa behauptet wird, der Suburb sei das „typisch städtische Erbe und die städtische Tradition in Amerika" (Holzner 1994: 32), und wenn diese Behauptung dann in einem Band mit dem Titel „Auslaufmodell Europäische Stadt?" (Riedorf 2001) ohne kritische Anmerkung verbreitet wird, zeugt dies nicht nur von einer krassen Ignoranz amerikanischer Städtebaugeschichte[11] sondern auch von einer Verschleierung eigener Probleme im europäischen Haus. Denn Europa steht vor durchaus ähnlichen Dilemmata der Moderne, und die Dispersion europäischer Siedlungsstrukturen kann man nicht dadurch exorzieren, daß man sie auf die andere Seite des Atlantik projeziert. Die Schule von Chicago hat sich dem Problem gestellt, eine moderne, nicht-autoritäre Form von Zentralität zu schaffen, und damit die Fähigkeit zu erhöhen, unter unsicheren Bedingungen strategische Entscheidungen zu fällen und komplexe Projekte zu verwirklichen. Das Beispiel Chicago und die bis heute – auch im Vergleich mit europäischen Metropolen – relativ kompakte Struktur zentraler Areale amerikanischer Städte wäre damit eigentlich auch für das Thema der nachhaltigen Entwicklung interessant. Auch hier müssen nicht nur einzelne „endgültige" Entscheidungen getroffen werden, sondern es müssen solche Strukturen errichtet werden, in denen immer wieder neu komplexe Wirkungszusammenhänge bearbeitet werden können, und in denen immer wieder Entscheidungen mit langfristiger Bindungswirkung unter Beteiligung vieler und voneinander unabhängiger Akteure gefällt werden können.

In einem größeren Maßstab betrachtet stellt die Schule von Chicago einen städtebaulichen Vermittlungsversuch in dem Dilemma zwischen Demokratie und Weitsicht dar. Sie ist nicht nur das Ergebnis privater Nutzenmaximierung, und man könnte – in Abwandlung eines bekannten Aufsatztitels in Deutschland – davon sprechen, daß hier „die Republik als Bauherr" Pate stand. In Deutschland hat man allerdings – und dies ist bereits in dem Aufsatz Adolf Arndts mit dem Titel „Demokratie als Bauherr" (1961) spürbar – das Problem nicht im Sinne Tocquevilles gestellt, sondern beim politischen Bauen die Frage der Transparenz für das Publikum bevorzugt, und die Frage der Weitsicht und Entscheidungskonzentration vernachlässigt. Diese Vernachlässigung kommt auch in neueren Debatten zu den Bauvorhaben in der neuen Bundeshauptstadt Berlin zum Ausdruck (vgl. Wilhelm 2001). So könnte die Ignoranz bestimmter Traditionslinien des modernen amerikanischen Städtebaus mit einer Verkürzung der Problemstellungen hierzulande zu tun haben. Umso wichtiger ist es, diese Linien in Europa und Deutschland präsent zu halten, und eine falsche Gegenüberstellung USA - Europa zu vermeiden.[12]

Anmerkungen

1   Ganz in diesem Sinn zitiert Giedion (1965: 244) den ersten Eindruck, den Chicago im Jahr 1871 auf jungen Architekten Louis Sullivan machte: „Alles ist wunderbar und wild, eine berauschende Rauheit, ein Gefühl von großen Dingen, die man unternehmen kann."
2   „Die amerikanische Ehre stimmt in einem einzigen Punkte mit der alten europäischen Ehre zusammen. An die Spitze der Tugenden stellt sie den Mut und macht aus ihm für den Menschen die größte moralische Notwendigkeit; aber der Mut hat bei ihnen eine andere Bedeutung. In Amerika wird der kriegerische Mut wenig geschätzt; der Mut, den man am besten kennt und am höchsten achtet, besteht darin, der Wut des Ozeans zu trotzen, um schnellstens im Hafen zu sein, die Nöte der Wüste ohne Klagen zu erdulden und die Einsamkeit, die grausamer ist als alles Elend..." (Tocqueville 1994: 275). Dieser amerikanische Mut ist nicht personenbezogen sondern sach- und weltbezogen. Er misst sich nicht an der Kraft eines personalen Kontrahenten sondern an den Schwierigkeitsgraden der Welt. Es ist aber wirklich der Mut und nicht etwa nur die „List der Vernunft" am Werk, denn die widrigen Bedingungen müssen eingegangen und durchgestanden werden. Sie sind nicht instrumentell beherrschbar. Das Kapitäns-Beispiel Tocquevilles weist daher über ein technokratisches Verständnis von Wirtschaft und Politik hinaus. Es zeigt, dass Sachbezogenheit und Moral sich nicht ausschließen. Vielmehr wird das Feld der Möglichkeiten, seine moralischen Qualitäten zu beweisen, durch die Sach- und Weltbezogenheit viel größer, als es bei der alteuropäisch-aristokratischen Ehre war. Tocqueville bewundert in den USA den Mut, „der für den plötzlichen Zusammenbruch eines mühevoll erworbenen Vermögens Unempfindlichkeit ver-

leiht und neue Kraft eingibt, wieder von vorne anzufangen". Dieser Mut sei es, der „für die Erhaltung und Prosperität des amerikanischen Staates besonders notwendig ist und der von ihm besonders geehrt und gefeiert wird. Ohne ihn wäre man ehrlos" (ebd.:275). Gerade weil Tocqueville das Problem der Weitsicht und ehrgeiziger Ziele unter demokratischen Bedingungen aufwirft, unterscheidet sich sein USA-Bild erheblich von dem Bild einer utilitaristischen Ellenbogengesellschaft. Ganz ähnlich betont Münch (1993) die moralische Dimension der amerikanischen Gesellschaft.

3 Die Kapitel 22 und 23 (im zweiten Band) von Tocquevilles Werk lauten: „Überwindung des Individualismus durch freiheitliche Institutionen" und „Über den Gebrauch, den die Amerikaner im bürgerlichen leben von Zusammenschlüssen machen".

4 Es geht um das Kapitel 12 (im zweiten Band), der in der Reclam-Ausgabe (Stuttgart 1994) nicht enthalten ist: „Pourquoi les Américains élèvent en meme temps de si petits et de si grands monuments". Dort heißt es unter anderem: „So veranlaßt die Demokratie die Menschen nicht nur dazu, eine Vielzahl kleinerer Werke zu vollbringen; sie veranlaßt sie auch dazu, eine geringe Zahl sehr großer Monumente zu errichten. Aber zwischen diesen beiden Extremen gibt es nichts. Einige vereinzelte sehr große Gebäude besagen daher nichts über den Gesellschaftszustand und die Institutionen des Volkes, das sie errichtet hat" (eigene Übersetzung nach Tocqueville 1986: 463). Zu diesem Abstand zwischen kleinen Werken und großen Monumenten paßt folgende Beschreibung, die Tocqueville von einer Staatsmacht gibt, die hoch über einer auf kleiner Basis gleichgemachten Gesellschaft steht: „So breitet der Souverän, nachdem er jeden Einzelnen der Reihe nach in seine gewaltigen Hände genommen und nach Belieben umgestaltet hat, seine Arme über die Gesellschaft als Ganzes; er bedeckt ihre Oberfläche mit einem Netz kleiner, verwickelter, enger und einheitlicher Regeln, das nicht einmal die originellsten Geister und die stärksten Seelen zu durchdringen vermögen, wollen sie die Menge hinter sich lassen; er bricht den Willen nicht, sondern er schwächt, beugt und leitet ihn; er zwingt selten zum Handeln, steht vielmehr ständig dem Handeln im Wege; er zerstört nicht, er hindert die Entstehung; er tyrannisiert nicht, er belästigt, bedrängt, entkräftet, schwächt, verdummt und bringt jede Nation schließlich dahin, daß sie nur noch eine Herde furchtsamer und geschäftiger Tiere ist, und deren Hirte die Regierung" (Tocqueville 1994: 344).

5 Eine aktuelles und unterhaltsames Beispiel für diese verengte Wahrnehmung liefert d'Eramo (1996). Chicago ist tatsächlich ein interessanter Kreuzungspunkt von amerikanischer Innovation und antiamerikanischem Vorurteil.

6 In Chicago kam es nicht nur zu Skaleneffekten in der Lebensmittelindustrie sondern auch in der sie begleitenden institutionellen Sicherung. Es sind nicht nur instrumentelle Aspekte der neuen Lebensmittelherstellung (Die Transportbänder und mechanischen Vorrichtungen zum seriellen Töten und Zerlegen fallen Giedion (1994) besonders auf), sondern auch die Meß-, Kontroll- und Schutzaspekte gegen Verschmutzung, gegen Schädlings- und Krankheitsbefall und gegenüber den großen qualitativen Unterschieden der Lebendgüter.

7 Er widerlegt den Mythos von der US-Stadt als angeblicher „Private City" (Rietdorf 2001: 44). Nur für denjenigen, der „Politik" mit „Konkurrenzfreiheit" übersetzt, mag der Loop eine rein marktwirtschaftliche Veranstaltung sein. Er ist auf jeden Fall eine Konkurrenzveranstaltung – auch in politischen und kulturellen Führungsfragen.

8 Man hat versucht, das Phänomen des Loop aus der Logik der „maximalen Flächenausnutzung" zu begreifen (vgl. Benevolo 1978). Es würde möglichst hoch und möglichst in voller Ausfüllung der Parzelle gebaut. Aber damit hat man nicht erklärt, warum man nicht in lockerer Form in die Fläche geht. Eine aufgestockte Etage ist immer teurer. Warum werden diese Zusatzkosten überhaupt auf sich genommen? Man muß also den paradoxen Charakter von Hierarchie und Führung in Marktwirtschaft und Republik betrachten, um die Verbindung von reiner Form und Verdichtung zu verstehen.

9 S. Giedion – und in diesem Punkt liegt er auf einer Linie mit der älteren Technokratie-Kritik und der neueren Kritik am „Fordismus" – unterscheidet nicht klar zwischen Produktionstechnologie und Konstruktionstechnologie. Dadurch entgeht ihm die spezifische Effizienz von Konstruktionen als gebauten Beziehungen und Bedingungen. Alles wird zur „Mechanisierung" und als instrumentalistische Weltbeherrschung gedeutet (vgl. Giedion 1994).

10 Benevolo (1978) weist darauf hin, dass die Akteure der „Schule von Chicago" vor allem Pragmatiker waren und in der Theoriebildung über ihr Tun dazu neigen, bei anderen, älteren Schulen Anleihen zu machen.

11 Zu dieser Traditionslinie gehören sicher Werke von Autoren wie J. Jacobs (1993), R. Sennett (1983) und auch von H. Arendt (1958).

12 Es ist bemerkenswert, daß in zentralen Berichten zur weltweiten Stadtentwicklung wie der zum Kongreß Urban 21 verfaßte „Expertenbericht zur Zukunft der Städte" (Hall/Pfeiffer 2000) das Problem der Führungsfähigkeit und -reichweite, für dessen Lösung die Zentralität einiger Metropolen dieser Welt eine so wichtige Voraussetzung ist, keine besondere Rolle spielt. Es bildet kein Kriterium für die Bewertung der städtebauliche Situation der Zeit. Der Terrorangriff auf die Twin Towers in New York-Manhattan zeigt, daß die Feinde der Moderne das anders sehen.

Literatur

Arendt, H. (1958): The Human Condition. Chicago
Arndt, A. (1961): Demokratie als Bauherr. Frankfurt/M.
Bahrdt, H.P. (1969): Die moderne Großstadt. München
Benevolo, L. (1978): Geschichte der Architektur des 19. und 20. Jahrhunderts. München
Benjamin, W. (1986a,b): Das Passagenwerk. 2 Bde. Frankfurt/M.
Blotevogel, H. H. (1996): Zentrale Orte: Zur Karriere und Krise eines Konzepts in der Regionalforschung und Raumordnungspraxis. In: Informationen zur Raumentwicklung 10/96: Zentrale Orte im Wandel der Anforderungen.
Boeddinghaus, G. (Hg.)(1995): Gesellschaft durch Dichte. Kritische Initiativen zu einem neuen Leitbild für Planung und Städtebau 1963/64. Braunschweig/Wiesbaden
Burghardt, A. F. (1971): A Hypothesis about Gateway Cities. In: Annals of Association of American Geographers. Vol. 61, pp. 269-285
Christaller, W. (1933): Die zentralen Orte in Süddeutschland. Jena
Condit, C. W. (1952): The Rise of the Skyscraper. Chicago
Condit, C. W. (1964): The Chicago School of Architecture: A History of Commercial and Public Building in the Chicago Area, 1875 - 1925. Chicago .
d'Eramo, M. (1996): Das Schwein und der Wolkenkratzer. München
Giedion, S. (1965): Raum, Zeit, Architektur. Ravensburg
Giedion, S. (1994): Die Herrschaft der Mechanisierung. Frankfurt/M. (Am. Erstausgabe (1948): Mechanization Takes Command. Oxford University Press)
Hall, P. und U. Pfeiffer (2000): Urban 21. Expertenbericht zur Zukunft der Städte. Stuttgart-München
Holzner, L. (1994): Stadtland USA: Die Kulturlandschaft des American Way of Life. Petermanns Geographische Mitteilungen. Gotha
Jacobs, J. (1993): Tod und Leben großer amerikanischer Städte. Braunschweig/Wiesbaden
Klotz, H. (1987): Das Chicagoer Hochhaus als Entwurfsproblem. In: Zukowsky (Hg.): Chicago Architektur, 1872 - 1922. München
Larson, G. R. (1987): Der Eisenskelettbau: Entwicklungen in Europa und den Vereinigten Staaten. In: Zukowsky (Hg.), Chicago Architektur 1872 - 1922. München
Mayer, H.M. und R.C. Wade (1969): Chicago: Growth of a Metropolis. Chicago/London
Münch, R. (1993): Die Kultur der Moderne. 2 Bände. Frankfurt/M.
Pevsner, N. (1998): Funktion und Form. Die Geschichte der Bauwerke des Westens. Hamburg
Rietdorf, W. (Hg.) (2001): Auslaufmodell Europäische Stadt? Berlin
Schädlich, C. (1989): Der Baustoff Eisen als Grundlage für die Herausbildung qualitativ neuer Baukonstruktionen im 19. Jhdt. In: R. Graefe (Hg.): Zur Geschichte des Konstruierens. Wiesbaden
Sinclair, U. (1997): Der Dschungel. (Am. Erstausgabe 1906). Reinbek
Tocqueville, A. de (1986): De la démocratie en Amérique. Paris
Tocqueville, A. de (1994): Über die Demokratie in Amerika. 2 Bände. Stuttgart
Westfall, C. W. (1987): Bauten für Industrie und Handel. In: Zukowsky (Hg.): Chicago Architektur 1872 - 1922. München
Wilhelm, Karin (2001): Demokratie als Bauherr. Überlegungen zum Charakter der Berliner politischen Repräsentationsbauten. In: Aus Politik und Zeitgeschichte 34-35/2001
Williamson, O.E. (1990): Die ökonomischen Institutionen des Kapitalismus. Tübingen
Wingler, H. M. (Hg.) (1968): Das Bauhaus. Bramsche
Zukowsky, J. (Hg.) (1987): Chicago Architektur 1872 – 1922. München

Dirk Schubert
Die Renaissance der Nachbarschaftsidee –
Eine deutsch-anglo-amerikanische Dreiecks-
Planungsgeschichte

The ballad of Lucy Jordan
The morning sun touched lightly on the eyes of Lucy Jordan
In a white suburban bedroom in white suburban town...
Her husband, he's off to work and the kids are off to school,
And there are, oh so many ways for her to spend the day.
She could clean the house for hours or rearrange the flowers
Or run naked through the shady street screaming all the way.
At the age of thirty-seven she realised she'd never ride
Through Paris in a sports car with the warm wind in her hair
So she let the phone keep ringing as she sat there softly singing
Pretty nursery rhymes she'd memorised
in her daddy's easy chair...
(Marianne Faithful)

Die Nachbarschaftsidee (in den USA „neighborhood", in England „neighbourhood") erlebt derzeit eine erstaunliche Renaissance. Für vielerlei soziale und städtische Probleme wird die Nachbarschaftsidee, deren Wurzeln ins 19. Jahrhundert zurückreichen, als Heilmittel bemüht. Dekontextualisiert und häufig als Leerhülse verwendet, findet der Begriff in inflationärer Weise Eingang in die Presse und Fachliteratur und in kaum einer Immobilienwerbebroschüre wird er ausgelassen. Aus Unwissenheit oder Berechnung wird das Wunschdenken nach Sicherheit und heiler Welt in Form von „Nachbarschaften" instrumentalisiert. Schon immer waren an die Nachbarschaftsidee Hoffnungen geknüpft, durch Formen der Manipulation der gebauten Umwelt gestaltend auf soziale Prozesse und Beziehungen einwirken zu können.

Eine neue, groß angelegte Studie über Großwohnsiedlungen in Deutschland geht von „überforderten Nachbarschaften" aus und sucht mittels der Rekonstituierung von „Nachbarschaften" in diesen Quartieren die Lebens- und Wohnqualität nachzubessern (GdW 1998). In einer Expertise für die Bundsforschungsanstalt für Landeskunde und Raumordnung wurde 1998 „Die Rolle von Nachbarschaften für die zukünftige Entwicklung von Stadtquartieren" untersucht (Rohr-Zänker/Müller 1998). In einem Sonderheft der ‚Urban Studies' wurde 2001 die Natur, Signifikanz und Bedeutung sowie soziale Durchmischung von „Nachbarschaften" in England ausgeführt, ohne die ‚Begründer' der Nachbarschaftsidee zu erwähnen und den Entstehungskontext zu reflektieren (Forrest/Kearns 2001, Kearns/Parkinson 2001). Auch in den USA bildet die Innenstadtrevitalisierung gegenüber dem Bedeutungsgewinn der Peripherie das zentrale Problem der Regionalentwicklung, wobei Stärkung und Wiederbelebung von lokalen Nachbarschaften dabei eine Schlüsselrolle einnehmen. Bundesprogramme wie HOPE VI gehen strategisch von einem Bottom-up Ansatz aus, der die örtlichen Nachbarschaften als Inkubator begreift. Eine Vielzahl von Studien hat dabei die Relevanz, Möglichkeiten und Grenzen der Revitalisierung von Nachbarschaften evaluiert (Greenberg 1999, Petermann 2000). Schließlich spielt die Nachbarschaftsidee bei der wohl bedeutendsten nordamerikanischen Städtebaureformbewegung des New Urbanism eine zentrale Rolle. „We stand for the restauration of existing urban centers and towns within coherent metropolitan regions, the reconfiguration of sprawling suburbs into communities of real neighborhoods and diverse districts, the conservation of natural environments, and the preservation of our built legacy. (...) All developments should be in the form of compact, walkable neighborhoods and/or districts. (...) The neighborhood, the district, and the corridor are the essential elements of development and redevelopment of the metropolis" (CNU 199). Inzwischen schwappt die New-Urbanism-Welle auch nach Deutschland über und der Nachbarschaftsmythus erlebt auch in diesem Kontext eine Renaissance.

Hillary Clinton hat mit ihrem programmatischen Buchtitel ‚It takes a village' den Stellenwert einer ‚heilen' Wohn- und Lebensumgebung pointiert formuliert. Um das „Village in the Metropolis", das „Dorf in der Großstadt" in Form von Nachbarschaften kristallisierten sich schon seit Beginn der Verstädterung im 19. Jahrhundert planerische Konzepte und soziale Mythen. Unterschiedliche analytische und planerische Dimensionen des Nachbarschaftsbegriffs werden dabei vermengt. Zwei sich überlagernde Ansätze und Begriffsverständnisse befördern diese Irritation. Der sozialwissenschaftliche Nachbarschaftsbegriff geht von empirisch belegbaren Nachbarschaftsbeziehungen und Intensitäten von sozialer Interaktionen aus, unabhängig davon, ob sie planerisch intendiert sind oder nicht. Der planerische Nachbarschaftsbegriff sucht dagegen über räumliche Anordnungen, z.B. Größe, Anordnung und Dichte von Wohnquartieren Nachbarschaften teleologisch zu stimulieren. „Nachbarschaft nennt man einen Ortsteil, der für alle für ein nachbarliches Zusammenleben seiner Bewohner nötigen Gemeinschafts- und Versorgungseinrichtungen enthält. (...) Der Bereich einer Volksschule wird als Größe für eine Nachbarschaft empfohlen" (Jobst 1959: 115).

So schwingen vielschichtige gesellschaftspolitische Vorstellungen und Zielsetzungen bei der Verwendung des Begriffs Nachbarschaft mit (Heinen 1960: 56). Eine Skizze des ideengeschichtlichen Kontextes des Nachbarschaftsbegriffs, von Planungen und Projekten in London, New York und Hamburg soll Konzepte, Anwendung und Verfremdung in diesem Beitrag erhellen.

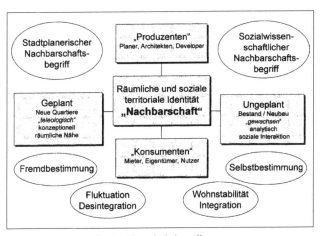

Abb. 1: Dimensionen des Nachbarschaftsbegriffs

Dezentralisierung, Stadtgliederungsmodelle und Nachbarschaften in der Stadt

Um die Wende des 19. zum 20. Jahrhundert identifizierte vor allem die sozialwissenschaftliche Forschung in Großstädten Prozesse der Vermassung und Phänomene der „Entwurzelung". Verstädterung wurde dabei als Entwurzelung der Menschen von der Scholle und als gefährliche Ballung von bindungslosen Individuen in den Großstädten interpretiert. Während Soziologen aber mit großstadtfeindlichen Argumenten eher zurückhaltend und in der Regel nur wissenschaftlich belegt operierten, vermischten sich bei Planern belegbare Fakten mit ideologischen Wert- und Wunschvorstellungen. Die Großstadtkritik stellte den Städter als entwurzelt, beziehungslos und „nachbarlos" dar und suchte nach – häufig rückwärts gerichteten – vorindustriellen Idealen, wie Nachbarlichkeit, Bürgersinn und Familienzusammenhang. So kulminierten verschiedene Strömungen gegen die mannigfachen Schäden, die pauschal der Großstadt – nicht den gesamtgesellschaftlichen Verhältnissen – zugeschrieben wurden in dem Versuch Größe und Unübersichtlichkeit durch das Heilmittel der Gliederung und Kleinteiligkeit zu überwinden.

Um der auseinanderdriftenden gesellschaftlichen Polarisierung entgegenzuwirken, waren in England im letzten Drittel des 19. Jahrhunderts, vor allem in London, bürgerliche Intellektuelle in die Slums und Elendsviertel (,Rookeries') gezogen, um hier mittels dezentraler ,Nachbarschaftshäuser' „Nachbarschaften", „Settlements" zu begründen. Im Wohnquartier sollten gegenseitiges Verstehen und voneinander Lernen, die Hilfe zur Selbsthilfe vermittelt werden und damit Solidarisierungseffekte befördert und nachbarschaftliche Beziehungen begründet werden. Um Schulen und soziale Einrichtungen sollten soziale Netzwerke (Nachbarschaf-

Abb. 2: Bebauungskonzept für North Ealing London (1860)
(Quelle: Thompson 1982)

ten) im Quartier aufgebaut werden. 1884 war im Londoner East End mit der Gründung von Toynbee-Hall unter Leitung des agilen Samuel Barnett und seiner Frau Henrietta eine Institution eingerichtet worden, die als Anlaufstelle für Sozialarbeit, Aus- und Fortbildung und für Lebenshilfe (‚practical socialism') fungieren sollte. So beschrieb ein Hamburger Lehrer und Besucher 1900 die Arbeit in den Slums als „Sociales Rittertum" und die Nachbarschaften als „eine Kolonie der besten Geistes- und Charakterbildung. (…) Es ist kein Werk unklarer Schwärmer, beschränkter Eifrer, sondern aus dem Herzen der Besten, Edelsten, Gelehrtesten, Besonnensten ist die Idee geboren worden" (Classen 1900: 33). Die Bewegung der „University Settlements" fand weltweit ihre Anhänger und schon zwei Jahre später gab es die erste derartige Einrichtung in New York (Davis 1967: 6). Ähnliche Ideen waren von Octavia Hill und ihren ‚Lady Collectors', General Booth, dem Begründer der Heilsarmee in London, von Stanton Coit (1893) in New York und Jane Addams in Chicago inspiriert, die ‚Nachbarschaftsgilden' zur ‚Heilung der großstädtischen Armut und Wohnungsnot' vorschlugen. „Die Nachbarschaftsgilde beschränkt ihre soziale Reformarbeit nicht, wie es heutzutage Mode wird, auf die Rettung der dem Laster, dem Verbrechen oder den der Armut Anheimgefallenen. Ihr Zweck ist der, die ganze Klasse der auf eigenen Verdienst gestellten Lohnarbeiter in gleicher Weise an sich zu ziehen" (Coit 1893: 10) heißt es in der ins deutsche übertragenen Ausgabe. Um 1930 wurden 160 ‚Nachbarschaftshäuser' in den USA gezählt, mit 1.500 Mitgliedern und 7.500 Freiwilligen. Während die Philanthropen um Barnett in England ihre Hilfe auf das Individuum richteten, fokussierte die Bewegung in den USA ihre Bemühungen stärker auf die Umstände und Umwelt der Armut.

Die wissenschaftliche Großstadtforschung, die sich in den USA und Europa gegen Ende des 19. Jahrhunderts herausbildete, lieferte systematische Beschreibungen der Quartiere der Armut, des Slumelends und der Wohnungsnot, skizzierte aber auch als Gegenbild ideologisch unterschiedlich akzentuiert Modelle vorindustrieller Welten und angeblich intakter dörflicher Gemeinschaften. Der amerikanische Sozialtheoretiker C. H. Cooley klassifizierte Nachbarschaften als Primärgruppen und leistete damit einer romantisierenden, rückwärtsgerichteten Großstadtkritik Vorschub (Cooley 1909: 25). Ähnlich argumentierte auch Robert A. Woods, der Gemeinschafts- und Nachbarschaftseinheiten „künstlich" zu etablieren suchte (Woods 1913: 14). Die griffige Gegenüberstellung von Gemeinschaft und Gesellschaft des deutschen Soziologen Ferdinand Toennies (1887) beeinflusste wiederum auch die amerikanische sozialökologische Schule um Robert Ezra Park, Ernest W. Burgess und Roderick Duncan McKenzie, die in der Masse der Großstadt Prozesse der Zusammenführung gleichartiger Individuen in „neighborhoods" (natural areas) nachzuweisen suchten.

Während die Großstadtgegner die Metropolen prinzipiell in Frage stellten, suchten Reformer sie durch Dezentralisierung, Auflockerung und Gliederung effizienter und hygienischer zu gestalten. Aber die Dezentralisierungsbemühungen blieben meist auf dem Papier, konkrete Umsetzungen erfolgten, wie etwa mit der

Gründung von neuen Gartenstädten, nur selten und waren häufig philanthropisch motiviert, wie u. a. bei den bekannten Werkssiedlungen der „gentleman reformer" wie Lever in Liverpool (Port Sunlight) und Cadbury in Birmingham (Bournville). Der Magnet Großstadt, wie ihn Ebenezer Howard, der englische Begründer des Gartenstadtgedankens dargestellt hatte, erschien schlichtweg übermächtig.

In England und Deutschland entstanden gegen Ende des 19. Jahrhunderts Konzepte, die dem rasanten, ungeordnet-chaotischen Stadtwachstum, dem „Moloch Großstadt" eine geordnetere, reformierend-gestaltete und geplantere Entwicklung entgegen stellen wollten. Fredrick Law Olmsted, der bekannte amerikanische Parkplaner schrieb von einem Europabesuch heimkehrend bewundernd über das deutsche Stadtplanungssystem: „A city plan in Germany includes in one unified project not only a surveyor's plan for the layout of streets, and so fourth, but the whole code of building regulations, health ordinances, police rules, and system of taxation in the so far as they have a direct influence upon the physical development of the city" (Olmsted zit. nach Scott 1969: 97).

Gartenstadtbewegung, Wohnungsreform, Bodenreform waren Ansatzpunkte, die zu einer geplanteren Stadtentwicklung und Stadterweiterung führen sollten. Einzelne Modellsiedlungen und Gartenstädte wurden nach einer einheitlichen Gesamtkonzeption geplant, realisiert und in der Fachpresse (immer wieder) veröffentlicht, um die Möglichkeiten planvollerer Stadterweiterungen zu dokumentieren. Diese reformerischen Ideen der Vorkriegszeit fanden unter veränderten ökonomischen und politischen Bedingungen in Deutschland ihren Niederschlag in einer staatlichen Wohnungspolitik nach 1918. Die Kritik an der Bauspekulation und den Mietskasernen führte nun in den zwanziger Jahren zum Bau von einheitlich geplanten großen Siedlungen. Diese „Trabanten" mit modernen Kleinwohnungen („Licht, Luft, Sonne") wurden von großen Bauträgern, vorwiegend auf kommunalen Grund errichtet.

In England erwuchsen aus der frühzeitiger gesetzlich geregelten und praktizierten Slumsanierungspolitik Notwendigkeiten, Ersatzwohnungsbau bereit zu stellen und die Wiederbebauung des Geländes in kommunaler Regie durchzuführen (Schubert 1997: 115ff). Die Wiederunterbringung der Gesamtheit der jeweils betroffenen Bevölkerung in neuen Wohnungen auf dem gleichen Areal erwies sich vor allem in London in der Regel als undurchführbar (z.B. Boundary Street Estate) und daher wurde vorwiegend eine „Verteilungspolitik" mit neuen großen Siedlungen an der Peripherie (White Hart Lane) angestrebt. Diese mit der Slumsanierung implizierte Dezentralisierung mit neuen Wohnsiedlungen auch im Umland um London wurde vom London County Council in den zwanziger Jahren forciert und damit kommunale Planung als ein Schritt auf dem Wege zum Munizipalsozialismus und zu einer besseren Wohnumwelt interpretiert. Die mit der Slumsanierung intendierte „Streuungspolitik" („Spread the people") beinhaltete eine Zerschlagung von gewachsenen Nachbarschaften, Selbsthilfeformen und Arbeitersubkulturen und zugleich den Versuch der Disziplinierung und Modernisierung. Zunehmend wurde aber die Monotonie derartiger Siedlungen beklagt sowie auf fehlende Infrastruktur, schlechte Verkehrsanbindungen und soziale Isolation in diesen Siedlungen hingewiesen.

Das Wachstum der Städte ging mit der Stadtrandwanderung der Mittel- und Oberschicht einher. Durch den Ausbau der Massenverkehrsmittel wurde die Suburbanisierung forciert und die für englische Städte typische Ödnis der endlosen Reihenhausquartiere „von der Stange" ermöglicht. Die Vorstadtsiedlungen waren vergleichsweise billig, monoton, langweilig und kaum unterscheidbar. „A modern suburb is a place which is neither one thing nor the other; it has neither the advantage of the town nor the open freedom of the country, but manages to combine in nice equality of proportion the advantages of both" (zit. nach Thompson 1982: 3). Die Trennung von Wohnen und Arbeiten wurde damit verstärkt, zunehmend längere Pendlerfahrten wurden erforderlich und das vorstädtische Reihenhaus mit Gärtchen als weiblicher Lebensmittelpunkt, Zentrum und Stolz von Privatheit und Familie kultiviert. Fishman (1987: 240) hat dabei auf Differenzierungen der Urbanisierungsmuster in England und Nordamerika hingewiesen und belegt, dass die Ursprünge der Suburbanisierung – vor allem in London – schon Ende des 18. Jahrhunderts lagen und umgehend reproduzierbare Typologien entwickelt wurden.

Weltweit modellbildend für eine geplante, in umgebendes Grün eingebettete Einheit sollte die Londoner Vorstadtsiedlung Hampstead Garden Suburb (1906) werden, die von Raymond Unwin und Barry Parker geplant wurde und in Details wie von mittelalterlichen deutschen Stadtbildern wie Rothenburg „abgekupfert" erscheint. Henrietta Barnett betrieb die Planung und den Bau und sah die pädagogische Aufgabe der Modell(vorstadt)siedlung ähnlich, wie ihr Gatte Samuel Barnett

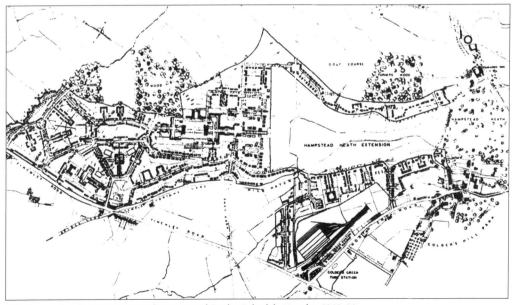

Abb. 3: Lageplan der Garten(vor)stadt Hampstead Garden Suburb bei London 1910-11
(Quelle: Miller 1992)

sie bei der Sozialarbeit in den Slums sah: „A place where the poor shall teach the rich, and the rich, let us hope, shall help the poor to help themselves" (zit. nach Hall 1992: 103). War Hampstead „nur" eine gartenstadtähnliche Vorortsiedlung so dokumentierte die Gründung von Letchworth (1903) und später Welwyn Garden City (1919), dass die Idee der Gartenstadt nicht nur ein theoretisches Konstrukt war, sondern auch in die Realität umgesetzt werden konnte. Objekt von unzähligen Besichtigungsreisenden, in fast jedem städtebaulichen Lehrbuch reproduziert und in allen Fachzeitschriften dokumentiert, spiegelten diese Siedlungen Leitbildvorstellungen der Planer wieder, die auf eine Idylle und heile Welt abgeschlossener, nachbarschaftlicher Siedlungseinheiten der Mittelschichten abzielte: Exzentrische sandalenbeschuhte Spinner und Damen, die korsettfrei gingen – so eine zeitgenössische Karikatur.

Das richtige Modell zur rechten Zeit: Radburn

Bildeten Welwyn Garden City, Letchworth und Hampstead Garden Suburb die Schulbeispiele der nach stadtplanerischen Vorstellungen auf nachbarschaftlicher Ebene entwickelten Siedlungskonzeption in England, so gab es auch in Europa eine Reihe von Garten(vor)städten, die in Anlehnung an Howards Ideen gebaut wurden. Krupps Margarethenhöhe in Essen und vor allem Dresden Hellerau galt als das deutsche Letchworth. In den USA gab es bis in die zwanziger Jahre dagegen kaum Projekte, die den Vorstellungen einer aus einem Guss konzipierten Siedlung entsprochen hätten. Werkssiedlungen wie von Pullmann in Chicago, oder Llewellyn Park New Jersey, Riverside und Lake Forrest Illinois bildeten bemerkenswerte Ausnahmen gegenüber der stereotypen „Stadterweiterung vom Fließband", wie sie in den USA dominierte. Lieferte England Vorbilder und Innovationen im 19. Jahrhundert, gab nun die fordistische Wirtschaft der USA mit Taylors Theorie und Fords Praxis das moderne Vorbild für alle Lebensbereiche (Petz 1995: 354). Vor allem in New York sollten die Bemühungen zusammenlaufen, ein derartiges zeitgemäßes amerikanisches Pendant der Gartenstadt zu bauen.

Im gleichen Jahr als Letchworth eröffnet wurde (1906), konstituierte sich die Garden Cities Association of America. Seit 1909 hatten die Städtebauer und Stadtplaner in den USA National Conferences on City Planning (NCCP) abgehalten und 1917 wurde das American City Planning Institute (ACPI) gegründet, um die Notwendigkeiten planvoller Stadterweiterungen zu begründen. Dabei sollte den Aktivitäten der privaten Developer, den Terrain- und Immobiliengesellschaften, die die Stadterweiterung nach der jeweiligen Wohnungsnachfrage organisierten und den urban sprawl vorantrieben, Alternativen planvoller, abgeschlossener, in sich tragfähiger, nachbarschaftlicher Siedlungseinheiten gegenübergestellt werden. Die Russel Sage Foundation hatte für die Implementierung eines Modellsiedlungsvorhaben eigens die Sage Foundation Homes Company eingerichtet, die in Queens zwischen 1908 und 1917 die Siedlung Forest Hills Gardens errichtete (Seyfried

1995: 427). Frederick Law Olmsted Jr., der für die Planung verantwortlich zeichnete, ersetzte das vormals vorgesehene Rechteck-Blockraster („grid") durch geschwungene Straßen nach dem Vorbild von Letchworth (Plunz 1990: 117ff). Die hohen Bodenpreise bewirkten allerdings, dass nur relativ teure Wohnhäuser entstanden und die Idee einer sozial durchmischten Gartenstadt aus ökonomischen Gründen auf der Strecke blieb. Eine Modellsiedlung, die den USA-Gegebenheiten entsprach, erwies sich für die Reformer als dringend wünschenswert. Gegenüber dem England der Vorkriegszeit und den USA der Nachkriegszeit hatten sich inzwischen zwei für die Siedlungsplanung bedeutsame Entwicklungen vollzogen: Die Steigerung der Realeinkommen ermöglichte es jetzt breiten Kreisen der Bevölkerung ein eigenes Heim zu finanzieren und die zunehmende Motorisierung ermöglichte es diesen Traum vom „American way of life" am Stadtrand zu realisieren.

Viele Planer hatten während des Ersten Weltkrieges Erfahrungen bei der Planung und Umsetzung der kriegsbedingten staatlichen Wohnungsbauprogramme in den USA gesammelt und suchten diese nun in Form von einheitlich geplanten, wohn- und sozialreformerisch motivierten Siedlungsvorhaben fortzusetzen. 1923 war die Regional Planning Association of America (RPAA) begründet worden (Lubove 1963), deren treibende Kraft Henry Wright (Churchill/Wright 1983: 208ff) in New York war. In eher informellen Treffen diskutierte ein interdisziplinär zusammengesetzter „think tank" von nicht mehr als einem Dutzend Wohnungs- und Stadtplanungsexperten, u.a. Catherine Bauer, Lewis Mumford und Clarence S. Stein Konzeptionen und Realisierungschancen einer Siedlung, in der ihre Ziele beispielhaft umgesetzt werden könnten. 1923 hatten Clarence S. Stein, Henry Wright und der Immobilienmakler und Developer Alexander M. Bing und andere RPAA-Mitglieder Ebenezer Howard und Raymond Unwin besucht und britische Gartenstadtsiedlungen kennengelernt. Sie kehrten als „bekehrte" Jünger Howards zurück und beschlossen mit finanzieller Unterstützung von Bing eine amerikanische Version zu realisieren. 1925 war die RPAA in New York Gastgeber der zuvor nur in Europa abgehaltenen Tagungen der International Federation for Town and Country Planning and Garden Cites. Themenschwerpunkte der

Abb. 4: Gemeinschaftsgarten Sunnyside Gardens New York (1924)
(Quelle: Stein 1966)

Tagung waren Gartenstädte und Regionalentwicklung und u.a. nahmen Ebenezer Howard, Patrick Geddes, Barry Parker und Raymond Unwin an der Tagung teil, um die Ideen der RPAA zu protegieren.

1924 hatte die RPAA einen Ableger, die City Housing Corporation (CHC) gegründet, die mit einer begrenzten Dividende die Synthese zwischen Theorie und Praxis bewerkstelligen und das Projekt einer Modellsiedlung auf den Weg bringen sollte. Die Gesellschaft erwarb 1924 ein Grundstück in Queens und Clarence S. Stein und Henry Wright begannen mit der Planung und dem Bau von Sunnyside Gardens. Da das Blockraster durch die Erschließung bereits vorgegeben war, bestand nicht die Möglichkeit auf andere gartenstadtähnliche Parzellierungen zurückzugreifen. 1928 war das Projekt fertiggestellt und hatte sogar einen Gewinn abgeworfen. Ca. 1.200 Wohneinheiten wurden realisiert und durch die gute Anbindung nach Manhattan erwies sich das Projekt als sehr erfolgreich. Neben Lewis Mumford, Perry Como und Bix Beiderbecke lebten hier auch andere bürgerliche Intellektuelle und Künstler in der ersten geplanten „garden community".

Mit Ende des Weltkrieges war das Fehlen eines Stadt- und Regionalplanes für New York, inzwischen größte Stadt und bedeutendstes Handels- und Finanzzentrum der Welt, immer offenkundiger geworden. Die zunehmende Motorisierung, neue Tunnel-, Brücken-, und Straßenverbindungen mit dem Umland hatten Einwohnerverluste in Manhattan und Suburbanisierungsprozesse befördert, so dass die regionale Dimension der Planung zunehmend bedeutsamer wurde. Unabhängig – und später von der RPAA heftig kritisiert – war Anfang der zwanziger Jahre eine privat finanzierte Organisation, die Advisory Commission on City Planning, unter der Federführung von Charles Dyer Norton mit der Erarbeitung eines Regional Plan of New York and its Environs betraut (Johnson 1996). Raymond Unwin, der damals wohl bekannteste Stadtplaner der Welt, hatte beratend an dem Planwerk mitgewirkt. Nach dem frühen Tod von Charles Dyer Norton übernahm Thomas Adams, der an der Planung von Letchworth mitgearbeitet hatte und mit englischen Verhältnissen bestens vertraut war, die Federführung für das gigantische Werk als „General Director of

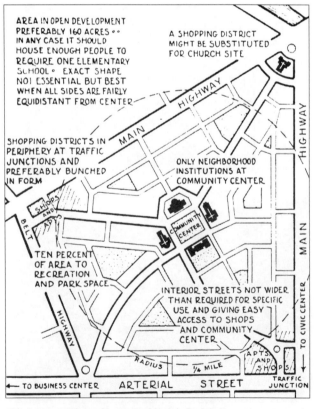

Abb. 5: Perry's Schema für eine Nachbarschaftseinheit
(Quelle: Perry 1929)

Plans and Surveys". Das Plangebiet betraf drei US-Bundesstaaten und nahezu 500 öffentliche Körperschaften. Zwischen 1927 und 1931 wurden acht Bände veröffentlicht, die eine grundlegende Bestandsaufnahme mit Planungsvorschlägen für eine bessere Landaufteilung, ein Parksystem und Verkehrsverbesserungen beinhalten. 1929 und 1931 wurden schließlich unter der Federführung von Thomas Adams die Planbände: The Graphic Regional Plan of New York and its Environs und The Building of a City veröffentlicht (Simpson 1985: 165). Die Russel Sage Foundation hatte das Vorhaben und die Publikation, deren Gesamtkosten bei ca. 1.300.000 Dollar lagen, großzügig gesponsert. Obwohl es zwischen Thomas Adams und Lewis Mumford dem Wortführer der RPAA heftige Auseinandersetzungen um den Regional Plan gab, sollte es doch einmal zu einer Kooperation und zu einem Konsens der Einschätzung kommen.

Clarence Perry (1872-1944), ein Soziologe und Sozialplaner hatte die Idee der Nachbarschaftseinheit explizit schon 1923 auf Treffen der American Sociological Association und der National Community Center Association vorgetragen. Perry war unter ärmlichen Bedingungen auf dem Lande aufgewachsen, hatte als Lehrer gearbeitet und hatte 1906 seine Arbeit bei der neu gegründeten Russel Sage Foundation begonnen (Birtles 2000). Hier hatte er empirische Untersuchungen zur Bedeutung von Spielplätzen und Schulen für Stadtquartiere erstellt. Unter den dama-

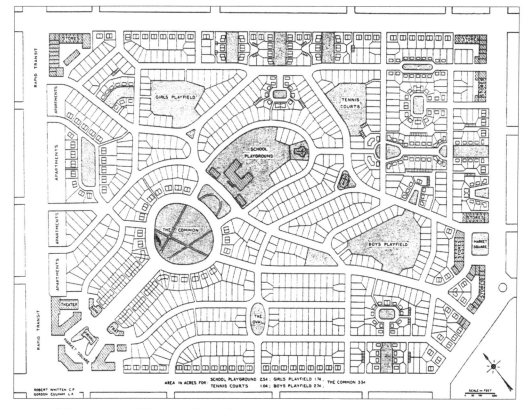

Abb. 6: Aufgliederungskonzept für eine Nachbarschaftseinheit
(Quelle: Perry 1929)

ligen Rahmenbedingungen der starken Zuwanderung unterschiedlicher ethnischer Gruppen hatten soziale Einrichtungen eine große Bedeutung als Anlaufpunkte und für die Integration der Immigranten. Perry arbeitete u.a. im New York Social Center Committee und engagierte sich bei der National Community Center Association.

Perry war gleichzeitig Mitglied der RPAA und Mitarbeiter am Regional Plan und formulierte in dem Bericht „Regional Survey of New York and its Environs" (Perry 1929) die grundlegenden Prinzipien einer Nachbarschaftseinheit mit einer Separierung der Verkehrsarten unter dem anspruchsvollen Titel: „Die Stadt für das Autozeitalter". Die grundlegenden Prinzipien von Perry waren die Festlegung einer Obergrenze um 5.000 Einwohner, die sich am Einzugsbereich einer Grundschule orientierte, Vorsorgungseinrichtungen des täglichen Bedarfs am Rande der Siedlung an Verkehrswegen am besten an den Schnittstellen zwischen Nachbarschaftseinheiten, fußläufige Erreichbarkeit der zentralen Einrichtungen, Umleitung des Durchgangsverkehrs, Separierung der Verkehrsarten, Sackgassenstraßen, ein Grüngürtel um die Siedlungseinheit und damit die Abgrenzung gegenüber anderen/weiteren Siedlungseinheiten. Clarence Perry lebte im Mittelschichtvorort Forest Hills Gardens auf Long Island, einer von Fredrick Olmsted Jr. und Grosvenor Atterbury geplanten Siedlung, deren Konzept mit gekrümmten Straßen an die eng-

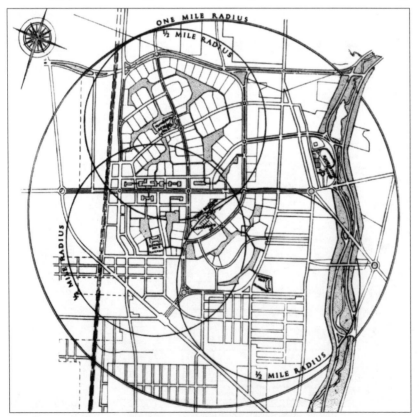

Abb. 7: Übersichtsplan von Radburn (New Jersey) mit drei Nachbarschaften
(Quelle: Stein 1966)

lische Gartenstadt angelehnt war. Perry gehörte 1912 mit zu den Erstbeziehern der Siedlung (80 Bucknoll Road) und initiierte hier gemeinschaftliche Aktivitäten der Bewohner wie Veranstaltungen und den Bau eines Stadtteilzentrums.

Vor dem Hintergrund seiner Erfahrungen in Forest Hills Gardens spitzte Perry die Vorzüge von Forest Hills Gardens auf ein reproduzierbares Planungsmodell zu. „What Perry did was to make more explicit, in a better defined structure, the life that he had there (in Forrest Hills Gardens, der Verf.) found rewarding" (Mumford 1975: 569). Während die Sozialökologen noch analysierten und in großstadtfeindlichem Gedankengut befangen waren, identifizierte Perry ein positives Gegenbild, die Blaupause für städtebauliche Planungen, die die negativen Seiten der Großstadt und Vermassung zu vermeiden suchte. Eine Reihe von technischen Planungsprinzipien, die seit Ende des 19. Jahrhunderts integraler Bestandteil der Städtebau-Lehrbücher waren, fanden hier eine schlüssige Zusammenführung und wurden durch sozialwissenschaftliche Begründungszusammenhänge ergänzt. Für Perry war die Nachbarschaftsidee das Strukturprinzip für ‚Wohnen im Maschinenzeitalter' schlechthin und er sah einen Zusammenhang zwischen der Schaffung von neuen Nachbarschaften und der „wissenschaftlichen Slumsanierung". Später formulierte Perry vor allem sechs Prinzipien als konstitutiv für Nachbarschaftseinheiten:

Abb. 8: Radburn (New Jersey) - Luftphoto 1929
(Quelle: Campanella 2001)

‚Size, Boundaries, Open Spaces, Institution Sites, Local Shops, Internal Street System' und meinte damit vielerlei sozialen Probleme der Großstadt entgegen wirken zu können. Polemisch stellte Perry 1939 die Frage: „In a world, if one had the wealth of a Midas and the power of a Fascist dictator, how would one build an urban neighborhood?" (Perry 1939: 209)

1928 nach Fertigstellung von Sunnyside Gardens erwarb die City Housing Corporation ein Gelände von fünf qkm in Fair Lawn New Jersey, um hier das theoretische Gerüst von Perry in die bauliche Realität umzusetzen. Radburn liegt ca. 25 km von Manhattan entfernt. Aber mit der Fertigstellung der George Washington Bridge 1931, der ersten Brücke über den Hudson, verbesserte sich die Verkehrsanbindung schlagartig. Zwei RPAA-Mitglieder, Clarence S. Stein und Henry Wright zeichneten für die Architektur und städtebauliche Planung der Siedlung Radburn mit drei Nachbarschaftseinheiten verantwortlich, die schnell weltweit zu „dem" Modell werden sollte. Thomas Adams, Raymond Unwin, Frederick Ackermann und Robert D. Kohn wurden als Berater herangezogen. Radburn, nie zu Ende gebaut, wurde ein Opfer der Weltwirtschaftskrise, das planerische Ideal wurde ein finanzielles Desaster. Im Mai 1929 zogen die ersten Eigentümer nach Radburn, im Herbst kam es zum Wall Street Krach. Viele der „Radburnites" verloren ihre Anstellung und mussten wieder ausziehen. Die City Housing Corporation verfügte nur über eine Eigenkapitaldecke von ca. 3 Mill. Dollar, während 80-90 Mill. Dollar für das Projekt benötigt wurden. Die Gesamtplanung sah drei Nachbarschaftseinheiten und insgesamt 25.000 Einwohner vor (Stein 1966: 37). Bis 1931 lebten etwa tausend Menschen in den beiden „superblocks". Weder gelang es, Industrien nach Radburn zu ziehen, noch war es möglich den Grüngürtel um die Siedlung anzulegen. Aber es war zum ersten Mal gelungen die Idee der Nachbarschaft baulich zu realisieren, sie weiter zu propagieren und den Mythos der Nachbarschaftsidee, die „Radburn Idea" zu befördern.

Radburn konnte, so auch Stein, nicht als eine Gartenstadt gelten. Kein Element der Planung von Radburn war vollständig neu. Aber es war ein (Vor-)Stadtmodell, das gemeinschaftliche Lebensformen befördern und modernen Anforderungen, wie dem Individualverkehr, gerecht werden sollte. Kein Konzept der Nachbarschaftsidee mehr, das nur auf Papier verbleiben sollte, sondern sich konkret baulich-räumlich manifestierte: ein Modell, ein Symbol zum Anfassen und Ansehen! (Birch 1983: 122ff) Über 70% der Bewohner von Radburn waren vor allem „white collar" Pendler aus New York, jüdische und schwarze Gruppen blieben unerwünscht. Die Entstehung von nachbarschaftlichen Einrichtungen bald nach Fertigstellung der ersten Abschnitte, der Radburn Citiziens' Association, weiterer Komitees und der Parent Teacher Association war aber wohl weniger der gemeinschaftsbildenden Kraft der Siedlungsarchitektur zuschreiben, als vielmehr dem Fehlen jeglicher Einrichtungen in der 5.000-Seelengemeinde Fairlawn, in deren Gemeindegrenzen Radburn gebaut wurde. In Fairlawn sah man sich lokalpolitisch von den 25.000 (geplanten) Bewohnern der neuen Großwohnsiedlung Radburn „bedroht". Entgegen Howards Vorstellung vom Gemeinschaftseigentum wurden die Häuser in Radburn privat veräußert, nur Gemeinschaftseinrichtungen wurden gemeinschaftlich betrieben. Während die Planer große Hoffnungen auf einen neuen Gemeinschaftssinn setzten, dominierten bei den Bewohnern konventionelle und konservative Wertvorstellungen. Radburn wurde zum Mekka der Planer, während die alltägliche Lebenswelt für Eigentümer, die „Radburnites", weitgehend der Normalität anderer amerikanischer vorstädtischer Siedlungen entsprach und so auch von den Bewohnern gewollt wurde. Moderne ‚Neue Häuser für alte Werte', moderner Städtebau und traditionelle Wohnbauarchitektur kennzeichnen den Vorort. 1933 ging die CHC in den Konkurs, als reformerische Schöpfung und Kind der boomenden 20er Jahre wurde sie nun ein Opfer der ökonomischen Realitäten der Weltwirtschaftskrise. Während die Krise in Radburn individualisiert „gelöst" wurde, regte sich in Sunnyside aktiver Widerstand gegen die ‚pseudo-philanthropischen' Methoden der CHC (Schaffer 1981: 252). Der von den Planern intendierte Nachbarschaftsgeist erwies sich nun als Bumerang gegen ihre eigenen Schöpfer. Über die Hälfte der Bewohner hatte sich in Sunnyside organisiert und stellte 1935 die Zahlungen gegenüber den Banken ein, und die Gründer der CHC wurden angeblich krimineller Methoden angeklagt.

Damit war auch die Frage thematisiert, ob bei derartigen Projekten eine homogene oder heterogene Sozialstruktur anzustreben sei und ob eine solche überhaupt planbar sei. Perry hatte aus der Perspektive der Sozialarbeit ein Leitbild formuliert, das vor allem sozialwissenschaftliche Kritik herausforderte. Mumford interpretierte Nachbarschaften als „natürliche Gegebenheiten". Er schlug später unter Bezugnahme auf Radburn vor: „The mixture of social and economic classes within a neighborhood should have its correlate in a mixture of housing types and densities of occupation" (Mumford 1953/54: 266, 268). Reginald Isaacs sah dagegen in der Nachbarschaftseinheit ein Instrument, Segregation zu befördern. Er kritisierte die großen Erwartungen, die auch in politischer Hinsicht an die Idee geknüpft wurden und zitierte einen Autor, der geschrieben hatte: „When you rear children in a good neighborhood, they will go out and fight Communism." Isaacs karikierte später die Idee: „Perhaps in the future planners will agree with the brash ‚young' planner, who, when asked: ‚What is the neighborhood theory?' – replied: ‚Oh, it is a fad pikked up by technicians, who have not yet reached the maturity of the well rounded planner' " (Isaacs 1948: 219). Isaacs betonte, dass mit der Fokussierung auf einzelne Nachbarschaften gesamtstädtische Bezüge verloren gehen, Maßnahmen der Slumsanierung und Bestandsverbesserung gegenüber dem Neubau zurücktreten und Städte dynamische, sich schnell verändernde Organismen seien und das Nachbarschaftskonzept diesen Aspekten keine Rechnung tragen würde.

Propagiert wurde die Idee von einflussreichen Publizisten und Planungsfachleuten wie Lewis Mumford, der die Bedeutung des Planes von Radburn der Planung von Venedig gleichsetzt (Mumford 1975: 51), der Wohnungsbauexpertin Edith Elmer Wood, von Harold Buttenheim, dem Herausgeber des American City Magazin und auch von Thomas Adams. Adams konnte sich, obwohl sein Regional Plan von Mumford heftig kritisiert wurde, mit Radburn als baulichem Ergebnis der Bemühungen der RPAA durchaus anfreunden. Als Pragmatiker verband sich nach seinen Vorstellungen hier die „City-beautiful"-Idee mit der amerikanischen „City scientific" und er sah die „home neighborhoods", wie er sie nannte, in direktem Zusammenhang mit der Slumsanierung (Adams 1934: 265). Mumford wies 1929 dagegen auf Bezüge zwischen Einzelhaus und sozialer Gemeinschaft hin: „A good house can not exist in a city by itself; it can only come as part of a community plan, and until we learn to design our communities and our houses cooperatively, treating each separate unit as part of the whole, we shall not succeed much better than the jerry-builder does today" (Mumford zitiert nach Albrecht 1995: 146).

Mit dem New Deal erlebte die Stadt- und Regionalplanung in den USA einen kurzen Boom, der bald wieder der Normalität der Dominanz der von der Immobilienwirtschaft betriebenen Stadterweiterung Platz machte. Im Rahmen des New Deals war 1935 ein ambitioniertes Greenbelt Town Program vorgesehen, das Stadtneugründungen, ähnlich Gartenstädten, gegliedert in Nachbarschaftseinhei-

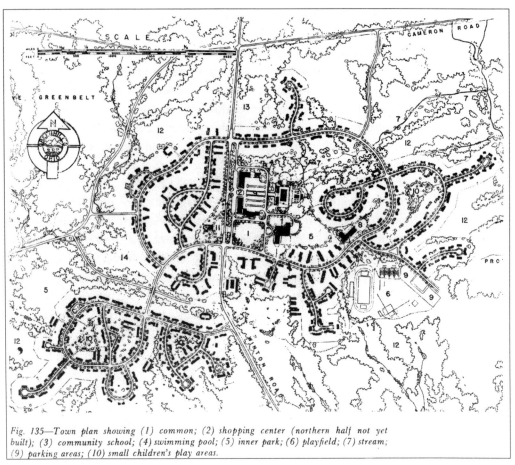

Fig. 135—Town plan showing (1) common; (2) shopping center (northern half not yet built); (3) community school; (4) swimming pool; (5) inner park; (6) playfield; (7) stream; (9) parking areas; (10) small children's play areas.

Abb. 9: Greenbelt Ohio – New Deal Greenbelt Town Program USA
(Quelle: Stein 1966)

ten vorsah (Conkin 1976). Über 100 mögliche Standorte wurden geprüft. Das Wachstum der Vorstädte überstieg schon in den zwanziger Jahren das Wachstum der Innenstädte und bis Ende der zwanziger Jahre waren über 5 Millionen Personen in die Vorstädte verzogen. Mit dem privaten Autobesitz wurde die Suburbanisierung nicht begründet, aber erheblich beschleunigt und ein räumliches Verteilungsmuster mit niedrigen Dichten ermöglicht. Das gesichtlose Bild der endlosen Vorstädte beförderte die Einschätzung der nordamerikanischen Städte als ‚Urban Wilderness'. „The typical american city dweller is a commuter. He lives in one place, and from there he drives or takes a bus or subway to another place, where he works. For him there a two cities: a city of homes, a city of jobs" (Warner 1995: 55). Das Greenbelt Town Program wurde bald zurückgefahren, und nur drei Modellstädte (Greenbelt, Greenhills und Greendale; ‚Tugwell Towns', benannt nach dem im Ministerium zuständigen, im Kongress als Sozialist diffamierten Rexford G. Tugwell) mit Aufteilung in Nachbarschaftseinheiten konnten realisiert werden (Arnold 1971).

Dirk Schubert

Von der Idee zum Plan und zur Realität: Nachbarschaften in England

Man kann zugespitzt formulieren, dass sich in den dreißiger Jahren international ein städtebauliches Leitbild durchgesetzt hatte, das Auflockerung, Dezentralisierung, Gliederung und Ordnung des großstädtischen Gefüges durch Nachbarschaftseinheiten, gegliederte Wohnbezirke oder Siedlungszellen propagierte. Unterschiede gab es lediglich hinsichtlich des (ideologischen) Begründungskontextes und der baulich-architektonischen Ausformungen. Eugen C. Kaufmann, in den zwanziger Jahren für den Wohnungsbau des „Neuen Frankfurts" tätig, Mitglied der MARS-Group und nun Forschungsdirektor im Housing Centre in Großbritannien, stellte 1936 Nachbarschaften als neue Elemente der Stadtplanung vor und brachte sie in Zusammenhang mit den Stadtneugründungen in der Sowjetunion (Kaufmann 1936: 165).

Der Plan von Radburn war in England 1933 veröffentlicht worden (Levine 1933: 231) und korrespondierte mit einem anderen Argumentationsstrang, der in Großbritannien von Bedeutung war. Kritiker monierten in England eine fehlende soziale Durchmischung in den neuen Wohnsiedlungen des kommunalen Wohnbaus. Siedlungen mit ausschließlich Geschosswohnungsbau, für die untersten Einkommensgruppen würden Jugendkriminalität und Vandalismus befördern. Daher sollten Siedlungen und Quartiere mit einer einseitigen Sozialstruktur möglichst vermieden werden. Neue Siedlungen sollten als Nachbarschaftseinheiten mit sozialen Einrichtungen entstehen und durch Schulen und andere Gemeinschaftseinrichtungen ergänzt werden. In Nachuntersuchungen zu Slumsanierungsvorhaben waren schon 1934 Nachbarschaften als Planungseinheiten vorgeschlagen worden (vgl. Quigley/ Goldie 1934: 193). In dem Barlow-Report („Royal Commission on the Geographical Distribution of the Industrial Population") 1939 wurden „mixed neighbourhoods" für neue Siedlungen und New Towns vorgeschlagen, die menschliche Kontakte des alten englischen Dorfes wiederbeleben sollten. Das Leitbild der „mixed neighbourhoods" wurde für England damit quasi zum „amtlichen Leitbild".

Nicht nur für den Wohnungsneubau an der Peripherie, auch für die Slumsanierung mit folgender Wiederbebauung sollten geplante Nachbarschaftseinheiten in den folgenden Jahren das grundlegende Leitbild bilden (Schubert 1995: 32ff). Als Allheilmittel sollten sie Kriminalität mindern und positiv auf Formen abweichenden Verhaltens einwirken (Tyler 1939: 177). In einer Studie über die Sozialstruktur von Städten war 1943 die Nachbarschaftsidee als Planungsgrundlage festgelegt worden (Tetlow 1958/59: 114) und vor allem an den Wiederaufbauplanungen für London wurde das Konzept weiter konkretisiert. Mit dem MARS-Plan 1942 wurde die Nachbarschaftsidee als grundlegendes Planungsleitbild für die Neuorganisation Londons ausgeformt. Die MARS-Group (Modern Architect Research) war 1934 von Architekten und Planern gegründet worden, die der CIAM nahe standen. Zunächst waren vorwiegend architektonische Debatten geführt worden, wobei später die Vorstellungen der CIAM in England propagiert wurden. 1937 war ein ‚Town

Planning Committee' eingesetzt worden, das Fragen der Londoner Stadtentwicklung analysierte. Ausgangspunkt der Arbeitsgruppe war die Formlosigkeit Londons, die nach bestimmten Prinzipien in eine neue urbane Struktur transformiert werden sollte (Korn/Samuely 1942: 143).

Der MARS Plan for London basierte auf einer grundlegenden Bestandsaufnahme und einer vollständigen Reorganisation seiner räumlichen Strukturen. Grob skizziert sollte die Themse eine geographische Grundstruktur bilden, die Stadt sollte durch einen äußeren Ring eingefasst werden, und von zwei parallel nördlich und südlich der Themse verlaufenden Achsen sollten jeweils Siedlungsbänder auf den äußeren Ring abzweigen. Diese Bänder sollten in Form von Einheiten unterschiedlicher Größe klar gegliedert werden: Wohneinheiten für 1.000 Menschen, Nachbarschaftseinheiten von 6.000 Menschen, Bezirks- und Stadteinheiten von 50.000 Menschen und schließlich eine Art von Bezirkseinheiten mit ca. 600.000 Menschen. Sechzehn derartiger Bezirke würden dann die Metropole London mit ca. 10 Millionen Einwohnern bilden (vgl. Korn/Samuely 1942: 145). Es war klar, dass der Plan ein gigantisches Umstrukturierungs- und Neubauprogramm bedeutete, gleichzeitig aber auch neben den Kriegszerstörungen noch den Abriss ganzer Stadtteile vorsah. Das Konzept knüpfte an Miljutins Bandstadtideen und Planungen der Neuen Stadt in der Sowjetunion (Miljutin 1930) und an dem Konzept Ernst Mays der Wohn- und Trabantensiedlungen an. „It was frankly Utopian and socialistic in concept" (Sharp 1971: 167).

War der MARS Plan der engagierten nebenberuflichen Tätigkeit von Architekten und Planern entsprungen, so bildete der County of London Plan 1943 die „offizielle Version" der Planungsleitlinien. 1940 war im LCC unter dem für Stadtplanung zuständigen Architekten F.R. Hiorns die Idee für einen neuen Gesamtplan entstanden. Hiorns hatte die Ernennung von Patrick Abercrombie als Konsultanten empfohlen. Hiorns wurde schließlich durch seinen Stellvertreter Forshaw ersetzt und gegen Ende 1941 lagen bereits Grundzüge des Planes fest, der 1943 veröffentlicht wurde. Nach diesem Plan sollten zwischen 1.033.000 und 1.232.750 Personen, die in engen und überbevölkerten Gebieten lebten, aus London in „gesunde", neue Wohnungen umgesiedelt werden. Demnach wäre ca. 1/7 der damaligen Londoner Bevölkerung von derartigen „Gesundungsmaßnahmen" betroffen gewesen. Die wissenschaftlich abgeleitete Forderung der Dezentralisierung stand aber in einem grotesken Missverhältnis zu den realen Steuerungs- und Finanzierungsmöglichkeiten solcher Umsiedlungen, zu denen im Plan auch keine konkreten Aussagen gemacht wurden.

Das Argument der Nachbarschaftseinheiten mit sozialer Durchmischung bildete auch die wesentliche Planungsgrundlage für den County of London Plan 1943. Der Plan sah massive Eingriffe in die nicht kriegszerstörten Gebiete und einen Wiederaufbau der zerstörten Gebiete in neuen Dimensionen und nach dem Leitbild der Nachbarschaftseinheiten vor. Verschiedene Teile des East-End Londons wurden pauschal als Slums eingestuft und durch weitere Abrisse sollten „tabula rasa" Planungen ermöglicht werden. Die Planungsziele wurden beispielhaft mit einer Nachbarschaftseinheit im East End in Shoreditch (Bethnal Green) durchgespielt. Das Gebiet umfasste ca. 200 acres, 2.000 Häuser und 1.700 Mietwohnungen sowie eine Bevölkerung von ca. 13.200 Personen. „Obsolence, overcrowding, insanitary conditions, lack of open spaces, inadequate road system and bomb damage, require now, or within a short time of years a high degree of reconstruction in conformity with modern accepted standards. (…) Of the houses, 2.411 or 60 per cent may be termed slums and the remainder have a limited useful life" (Forshaw/Abercrombie 1943: 99). Ähnliche Planungsbeispiele von Nachbarschaftseinheiten wurden von Forshaw und Abercrombie für andere Gebiete durchgespielt.

Die Wiederaufbaugebiete sollten ähnliche Größen wie die im Rahmen der großangelegten Bevölkerungsumsiedlung vorgesehenen New Towns mit ca. 60.000-100.000 Einwohnern haben und wiederum in Nachbarschaftseinheiten von 6.000-10.000 Menschen unterteilt werden. Diese wiederum sollten Freiflächen und alle erforderlichen Gemeinschaftseinrichtungen enthalten. Als Dichte für Wohnbezirke waren 136 Personen pro acre zugrunde gelegt, 4 acres pro 1.000 Menschen sollten für Freiflächen zur Verfügung stehen. Diese Dichte stellte eine Mischung aus aufgelockerter Bebauung mit Haus-Zeilen (100 Ew. pro acre) und Geschosswohnungsbau (200 Ew. pro acre) dar. Insofern war auch eine Mischung von unterschiedlichen Gebäudetypen geplant.

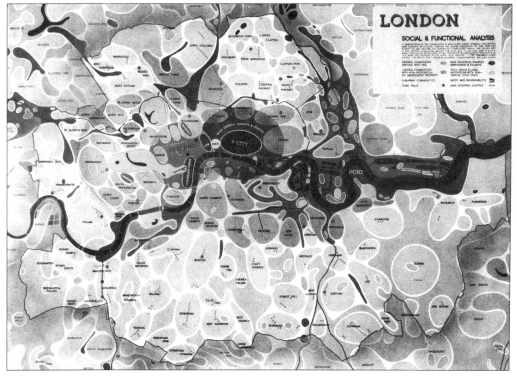

Abb. 10: County of London Plan
(Quelle: J. H. Forshaw/P. Abercrombie)

Aufgrund der Vorarbeiten des County of London 1943 Planes war Patrick Abercrombie vom Ministerium für Landes- und Stadtplanung mit der Ausarbeitung eines Planes für Greater London beauftragt worden. Während sich der Plan von 1943 auf das administrative Gebiet des LCC bezog, wurde nun ein Gebiet von 30 Meilen um das Zentrum einbezogen. Der Greater London Plan umfasste ein Gebiet von 2.599 Quadratmeilen und eine Gesamtbevölkerung (1938) von ca. 6,5 Millionen. Das administrative Gebiet des LCC betrug demgegenüber nur 118 Quadratmeilen und eine Bevölkerungszahl von 4 Millionen (Abercrombie 1944: 22). Der Plan sah vier konzentrische Ringe vor: Im inneren suburbanen Ring, der dem LCC-Gebiet entsprach, sollten keine weiteren Bebauungen zugelassen werden und eine Dezentralisierung durchgeführt werden. Im suburbanen Ring, der weitgehend bebaut war, sollte nur ausnahmsweise gebaut werden dürfen. In einem Grüngürtel von ca. 2 Meilen sollten nur kleinere Erweiterungen der bestehenden Orte zugelassen werden, sonst sollten die Flächen für Erholung und Grünflächen gesichert werden. Dagegen sollte der äußere Ring für die umgesiedelte Bevölkerung und den Bau von acht „Satellitenstädten" unter Beibehaltung des sonst vorwiegend agrarischen Charakters genutzt werden (Abercrombie 1944: 7). Der Greater London Plan von 1944 war von seinen Grundzügen her damit noch radikaler in seinen Dezentralisierungsbestrebungen als der County of London Plan 1943.

Das im Plan von 1943 entwickelte Konzept der organischen Gemeinschaften sollte weiter entwickelt werden. Nicht das Nachbarschaftskonzept, sondern das Gemeinschaftskonzept dominierte die Planungsvision. „We have used the community as the basic planning unit. (…) Each community would have a life and character of its own, yet its individuality would be in harmony with the complex form, life and activities of the region as a whole" (Abercrombie 1944: 113). Die Gemeinschaften sollten 1.200-3.000 Wohneinheiten umfassen, abgeschlossen sein und Freiräume, Schulen, Läden, öffentliche Gebäude und lokale Dienstleistungsindustrien umfassen. Abercrombie sah die Gründung von sieben New Towns („Quasisatellites") vor mit einer Bevölkerungszahl von maximal 60.000 Einwohnern.

Fast gleichzeitig mit Kriegsbeginn begannen damit Diskussionen, wie das England der Nachkriegszeit auszusehen hätte. Alle Visionen gingen davon aus, dass das Kriegsende ein neues Zeitalter einleiten würde in dem mit den Fehlern der Vergangenheit aufgeräumt werden würde. Fast selbstverständlich erschien, dass eine großangelegte Umgestaltung der Städte erfolgen müsse und dass der Stadtplanung beim Wiederaufbau nicht nur eine, sondern ‚die' zentrale Stellung für die Gestaltung des Nachkriegsenglands zufallen würde. Was die Architekturzeitschriften und die Magazine für den Wiederaufbau publiziert hatten, wurde nun eingefordert. Die Bevölkerung, die den „Blitz" erdulden musste, erwartete nun, dass Pläne, wie der Abercrombie-Plan und Versprechungen der Ausstellungen „Living in Cities" und „When we built again" und damit die Vision eines ‚neuen Englands' Realität werden sollten. Aus der Parole „homes for heroes" nach dem Ersten Weltkrieg wurde nun „homes for all". Aber in Großbritannien konnten die großen Visionen für den Städtebau in der Nachkriegszeit nur fragmentarisch umgesetzt werden. Finanzierungs- und Eigentumsprobleme erschwerten in innerstädtischen Bereichen die Realisierung, wenngleich unter Planern über die grundlegenden Ziele und Leitbilder des Wiederaufbaus international kaum Kontroversen bestand. So war man gezwungen, neben dem ‚sanierenden Wiederaufbau' sich auf die Planung und den Bau von neuen Siedlungen nach dem Prinzip der Nachbarschaftseinheiten am Stadtrand zu konzentrieren.

Von der Nachbarschaft zur „Ortsgruppe als Siedlungszelle"

In Deutschland wurde in den dreißiger Jahren die Raum- und Stadtplanung zunehmend ideologisch eingefärbt. Zwischen Stadtplanung, Raumplanung und schließlich „Volk ohne Raum" postulierten die Nationalsozialisten einen direkten Zusammenhang. Die Städtebaukonzepte knüpften an die skizzierte Großstadtkritik aus dem 19. Jahrhundert an und postulierten „Entballung", die „Auflockerung der Städte", die „neue Stadt" und die „Einheit von Volk und Raum". Die Stadt als „Sitz des Judentums" und „Ort des Marxismus", so der nationalsozialistische Chefideologe Gottfried Feder, sollte aufgelockert und gegliedert werden. Feder bestimmte deduktiv auf empirisch-statistischem Wege optimale Stadtgrößen und städtebauliche Zielvorstellungen aus der vorhandenen Siedlungsstruktur. „Dieser Stadtorganismus wird sich zusammensetzen aus einer ganzen Reihe von Zellen, die sich dann zu Zellverbänden innerhalb verschiedener Unterkerne um den Stadtmittelpunkt herum gruppieren" (Feder 1939: 19). Auch Feder schlug als Gliederungskriterium Volksschulen vor. Über städtebauliche Maßnahmen sollte nun die „Gesundung des Volkskörpers" betrieben werden, ‚Stadtgesundung' in Form von Sanierung und Wohnungsneubau für Volksgenossen bildeten die zentralen Ansatzpunkte der Wohnungspolitik. „Die soziale Gesundung ist für das Städteplanen in den Vordergrund getreten", schrieb der Soziologe Andreas Walther (1936: 3).

Die amerikanischen und englischen Pläne der Nachbarschaftseinheiten waren auf internationalen Tagungen präsentiert und auch unter deutschen Planern diskutiert worden. Gurlitt (1929: 28) berichtete 1929 über die Internationale Städtebautagung in New York, die Besichtigung von Sunnyside Gardens und Pläne für Radburn. Bereits 1930 wurde die Pläne für Radburn in der Zeitschrift ‚Städtebau' mit folgendem Kommentar veröffentlicht: „Was in diesem Falle drüben als Fortschritt gilt, wäre für uns eher Rückschritt, bestimmt aber belanglos" (Lederer 1930: 529). Clarence S. Steins Partner Henry Wright stellte 1932 in einem Artikel in „die neue stadt" seine Vision der Nachbarschaftsidee dem deutschen Fachpublikum vor: „Wir brauchen nicht mehr Meilen von Arterien oder mehr acres von Plänen, sondern mehr Entfaltung des Gemeinsinnes" (Wright 1932: 194). 1934 veröffentlichte Bruno Schwan auch Pläne und Fotos von Radburn (Schwan 1935: 9). Weniger wurde die anglo-amerikanischen Leitbilder kritisiert, sondern als Hauptmängel der Planung in westlichen Demokratien wurden „weltanschauliche Hemmungen" angegeben, die die Durchführung vereiteln würden: „Auch die aufgeklärte Demokratie kann es nicht verstehen, die Bevölkerungsmasse in Gliedgemeinschaften zu zerlegen. (...) Daher ist allein der volksnahe Nationalsozialismus, dem bereits das Wunder der politischen Formung der Volksmasse gelungen ist, berufen, gemäß seiner organischen Denkweise die Großstadt zu Gliedeinheiten zurückzuführen" (Dörr 1941: 271).

Gottfried Feder hatte den Zusammenhang zwischen nationalsozialistischer Ideologie und Städtebau noch allgemein gefasst: „Die Städte der Zukunft werden ein anderes Gepräge tragen. Sie werden wie die einzelnen Bauten aus dem Geist der neuen Zeit heraus gestaltet werden müssen. Diese neuen Städte einer neuen Weltanschauung werden der sichtbarste Ausdruck und dauerndste Ausdruck neuen Gemeinschaftswillens sein" (Feder 1939: 1). Die Prinzipien Gliederung, Einheit und Zuordnung sollten im Städtebau ihre Entsprechung finden. Die Stadt wurde von Feder als Organismus begriffen, die in Zellen und Zellverbänden organisiert werden sollte. Wie aber sollte man ein derartiges Gliederungsprinzip entwickeln, dass den großen städtebaulichen Aufgaben, der Umgestaltung der Führerstädte,

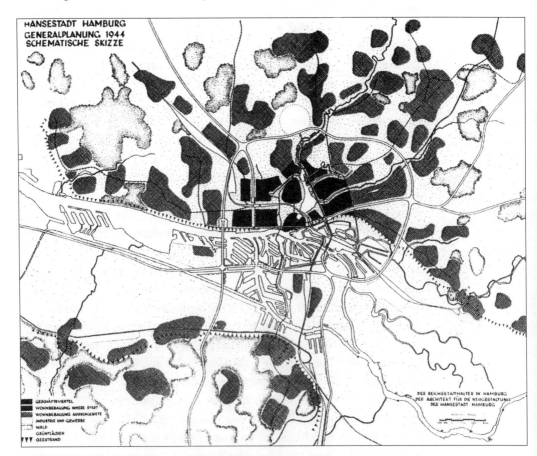

Abb. 11: Generalbebauungsplan Hamburg 1944 – Stadtgliederung durch Nachbarschaftseinheiten
(Quelle: Schubert 1997)

den neuen Städten wie Wolfsburg und Salzgitter sowie dem „Aufbau im Osten" gleichermaßen gerecht wurde, ohne die Planungsprinzipien der ‚dekadenten' westlichen Demokratien zu imitieren?

Der Gedanke der „Ortsgruppe als Siedlungszelle" lag quasi in der Luft, knüpfte an die Nachbarschaftsidee an, konnte aber als etwas vollkommen anderes und Nationalsozialistisches dargestellt werden. Mit diesem Begründungskontext konnte auf Nachbarschaften germanisch-völkischen Ursprungs verwiesen werden, die mit Sippe, Nachbarschaft und Kameradschaft ein Volk konstituierten: „Wer in der Nachbarschaft nur einen bequemen Einteilungs- und Aufgliederungsgrundsatz sieht, sich ihrer im Dienste eines Zweckverbandes bedient, der schädigt sie in ihrem Wesen. Die rechte Nachbarschaft ist Trägerin eines eigenen Lebensgefühls und daher als Schöpfung des Volksgeistes so eigenwillig wie ein Eichenblatt. Keine gleicht der anderen, jede hat ihr eigenes Gesicht" (Lehmann 1944: 12). Umgesetzt als städtebauliches Gliederungsprinzip wurde die NSDAP-Ortsgruppe als Nachbarschaftseinheit im Rahmen von Vorarbeiten für die Aufstellung eines Generalbebauungsplanes 1941 für Hamburg wie folgt formuliert: „Die Anonymität der Großstadt ist eine Folge der amorphen Bildung. Es ist notwendig, dass sie wieder durchsichtiger gemacht, dass sie gegliedert, gestaltet und geordnet wird. Damit Nachbarschaften entstehen können, müssen die Siedlungszellen klar voneinander abgesetzt werden. Durch ihre Ausrichtung auf die Gesamtsiedlung und die Einbindung dieser in den gesamten Volksraum kann jede engstirnige Kirchturmpolitik verhindert werden. Bei der Wohnung und bei der Siedlungszelle hat also die Sanierung der Großstadt zu beginnen" (Gutschow 1941). Das Organisationsprinzip der Stadtlandschaft sollte demnach die politische Gliederung der Partei sein. Hier bot sich die Ortsgruppe mit ca. 6.000-8.000 Personen an, und entsprechend wurde das Konzept benannt: „Die Ortsgruppe als Siedlungszelle". Dabei war eine Mischung von Miet- und Eigentumswohnungen, Reihenhäusern und Geschosswohnungsbau bis max. drei Geschossen einschließlich Schulen, Läden und Infrastruktur vorgesehen. Bei diesem Siedlungskonzept sollten die Nachteile der Großstadt und die Vorzüge des Dorfes zu einer „neuen Gemeinschaftsbildung" verbunden werden.

Vor dem Hintergrund der Kriegszerstörungen wurde 1944 für Hamburg ein weiterer Plan entwickelt, der die Ziele der Auflockerung mit dem Konzept „Ortsgruppe als Siedlungszelle" noch konsequenter fortentwickelte. Bei Planungen für zerstörte Stadtgebiete wurde dieses Konzept erprobt und es sollte die Basis für einen großzügigen Wiederaufbau der Wohngebiete bilden. „Die neue Generalplanung geht von den nun durch die Zerstörung geschaffenen Tatsachen und völlig neuen Möglichkeiten aus. (...) Der neue Generalplan betrachtet es als seine Aufgabe, eine Stadt zu schaffen, in der sich trotz der Größe der einzelne Volksgenosse nicht als eine Nummer untergehend fühlt, sondern zu einer Nachbarschaft gehörig, sich in eine noch zu übersehende Gemeinschaft eingebunden. (...) Die für den einzelnen Menschen tagtäglich zu erlebende Größe eines Gemeinschaftsgebildes ist die Ortsgruppe, eine Siedlungszelle von rund 6.000 Einwohnern, die einem Schulbezirk gleichkommt" (Gutschow 1944a).

Die Schreckenserlebnisse des Luftkriegs sollten sich durch präventive städtebauliche Maßnahmen nicht wiederholen können. Gutschow berichtete 1944 über die Hamburger Erfahrungen des Feuersturms und daraus zu ziehende städtebauliche Konsequenzen: „Die Wunden, die der Luftkrieg in die Großstädte gerissen hat und vielleicht noch reißen wird, dürfen beim Wiederaufbau nicht einfach geschlossen werden. Neue Stadtformen, aufgelockerte „Stadtlandschaften", Siedlungszellen mit kulturellem Eigenleben müssen und werden entstehen (...). Die Auflockerung der Stadtmasse in Siedlungszellen mit Eigenleben macht die Großstadt nicht nur unvergleichlich viel „lufthärter", sondern gibt der Stadt im nationalsozialistischen Reich Daseinsberechtigung, da sie die Voraussetzungen für das Werden eines örtlichen, bodengebundenen Gemeinschaftsgefühls schafft. (...) Die Gliederungsbereiche der Partei von der Zelle zum Block und zur Ortsgruppe, in denen die Gemeinschaft lebt, ist städtebaulich sichtbar in der Siedlung zu gestalten" (Gutschow 1944b). Neben den eher ideologisch motivierten Begründungen der Auflockerung implizierte der Umbau der Siedlungsstruktur für die – nach amerikanischem Vorbild angenommene – Massenmotorisierung der Bevölkerung stadtstrukturelle Modernisierungen.

Als Gliederungsprinzip sollte die Ortsgruppe nicht nur in Hamburg und anderen Städten sondern auch in den eroberten Ostgebieten Anwendung finden. „Die Gestaltung der Siedlungsmasse durch den Städtebau und die Gestaltung der Masse des Volkes durch die Partei sind gleichlaufende und verwandte Aufgaben. (...) Zweckmäßig für die Arbeit der Partei ist also, wenn den Hoheitsbereichen, die der Bewältigung der Führungsarbeit dienen, Bereiche im städtischen Siedlungsraum gleichlaufen" (Culemann 1941: 123). Der Vorschlag Culemanns wird 1956 wieder publiziert und er wird als „einer der Pioniere der deutschen Landesplanung" gewürdigt. Die dokumentierten Pläne von 1941 und 1956 sind vollkommen identisch, nicht einmal das für ‚Wehrmachtsanlagen' reservierte Areal ist im Plan geändert worden. Die ‚Ortsgruppe als Siedlungszelle' ist in Reinkultur nicht gebaut worden, aber es gibt viele Planungen, wie man sie sich umgesetzt vorzustellen hätte. Heinrich Himmler, der Reichsführer der SS beabsichtigte dieses Planungsprinzip zur ‚Festigung deutschen Volkstums im neuen Osten' anzuwenden und erklärte 1942 in einer Anordnung: „Die Maßstäbe für eine Gliederung der Wohngebiete nach den Bedürfnissen der Gemeinschaftsbildung gehen auf die gleiche Wurzel zurück, aus der die politische Gliederung der Volksgemeinschaft abgeleitet ist. Die Untergliederung der städtischen Wohngebiete wird daher mit der Gliederung der politischen Organisation der Volksgemeinschaft in Zellen, Ortsgruppen und Kreise möglichst weitgehend in Übereinstimmung zu bringen sein. Die der Ortsgruppe entsprechende städtebauliche Einheit ist in sich sinngemäß in kleine Zellen und schließlich in überschaubare Straßenräume, klare Platzbildungen, Wohnhöfe und nachbarschaftliche Gruppen zu gliedern (...)" (zitiert nach Lehmann 1944: 13/14).

Mit völkischer Diktion verbrämt, schimmern hier die Nachbarschaftskonzepte aus dem amerikanischen und englischen Städtebau durch, die seit Anfang der dreißiger Jahre in der Planerwelt immer mehr Anerkennung fanden.

Nachbarschaften als Stadtgliederungsmodell für den Wiederaufbau

Der Nachbarschaftsgedanke war nach 1945 international weit verbreitet (Topalov 2000) und entfaltete eine konsensstiftende Wirkung (Beyme 1987: 75). Da das Konzept der „Ortsgruppe als Siedlungszelle" durch den nationalsozialistischen Entstehungszusammenhang diskreditiert war, wurde es nach 1945 begrifflich in „Zelle", „Knolle", „Wohnschaft" oder „Siedlungseinheit" transformiert. „Zu dem politischen Unbehagen, das die Wohnschaft angeblich erzeugen soll, steht die Tatsache in Widerspruch, dass England und die Vereinigten Staaten, die doch gewiß in diesem Punkt sehr feinfühlig sein müssten, gerade die Bannerträger der neuen Idee geworden sind" (Ferrari 1948: 368). Die Ziele der „Verdörflichung durch Nachbarschaften" lesen sich daher durchaus ähnlich wie vor 1945, wenngleich auch die Terminologie quasi entnazifiziert ist: „Für alle Stadtgebiete ist eine Auflockerung dringend erforderlich. (...) Die Stadtteile sind so zu planen, dass sie neben der Verwaltung eine kulturelle, soziale und bedingt wirtschaftliche Einheit bilden mit allen erforderlichen Bauwerken für Schule, Kirche, Gewerbe, Handwerk, zum Teil Industrie, mit Sport und Erholungsflächen. Sie bilden organische Zellkörper, die sich organisch in einem Gesamtkörper zusammenschließen" (Lehmann 1944: 18). Konstanty Gutschow schrieb 1946 an Albert Speers ehemaligen Büroleiter Rudolf Wolters: „Mein Hobby, die Siedlungszelle, habe ich übrigens mit Entzücken in den Londoner Wiederaufbauplänen von Abercrombie wiedergefunden. Dort sind sie neighbourhood units genannt. Sie sind der ganze Leitgedanke der ganzen Planung (...). In Hamburg werden diese Gebilde jetzt, nachdem sie durch mein Malheur als Siedlungszellen diffamiert sind, Siedlungsknollen genannt. Ich hoffe, dass sie diesen mir so am Herzen liegenden städtebaulichen Gestaltungsgedanken nicht ernsthaft als Infiltration des Totalitätsanspruches der Partei an den Städtebau diagnostizieren" (zitiert nach Durth 1986: 257/58). Da Gutschow die Londoner Pläne durchaus bekannt waren, ist seine Darstellung und sein „Patentanspruch" irreführend. So wurde nach 1945 in Deutschland der „ideologische Ballast" der Stadtplanung abgeworfen und so wurde aus dem nationalsozialistischen Leitbild „Ortsgruppe als Siedlungszelle" das westlich, demokratisch geprägte Leitbild der Nachbarschaftseinheiten.

Der deutsche Nachkriegsstädtebau knüpfte an die nationalsozialistischen Phase an, wenn auch rassenpolitische Begründungen entfielen und durch andere Argumentationen ersetzt wurden. Die wirtschaftliche und technische Elite blieb weitgehend vom Entnazifizierungsprozess verschont, und der Wiederaufbau lag in den Händen „bewährter" Praktiker (Beyme 1987: 47). In ungebrochenem Selbstbewusstsein ihrer Fachkompetenz blieben bis auf wenige Ausnahmen alle Architekten und Planer in führenden Stellungen in Bauverwaltungen und Hochschulen, wenn auch einige wenige aus der ersten Linie zurücktreten mussten, wie etwa Gutschow. Eine „Stunde Null" hat es daher nicht gegeben, vielmehr lassen sich eindeutig biographische und planerische Kontinuitäten ausmachen. Die Architekten und Planer, die 1933 aus politischen oder/und rassistischen Gründen emigrieren mussten, hatten es vermutlich nach 1945 schwerer, am Wiederaufbau teilzunehmen, als die „Daheimgebliebenen", die später eine „innere Emigration" vorgaben und schon in den Trümmern den Wiederaufbau im Geiste planten. In den Grundsätzen für Demonstrativbauvorhaben des Bundesministeriums für Wohnungswesen und Städtebau hieß es noch 1967 in einem Resümee zu 10 Jahren Demonstrativbauvorhaben unter den zu verfolgenden Planungszielen: „Ziel ist eine wohngerechte und gemeinschaftsfördernde Bebauung, die in ihrer Gestaltung der gestellten Aufgabe entspricht. Dies setzt voraus: eine von städtebaulichen und wirtschaftlichen Gesichtspunkten bestimmte Gliederung in überschaubare Einheiten entsprechender soziologischer Mischung und einer für städtisches Leben sinnvollen Dichte" (Bundesministerium für Wohnungswesen und Städtebau 1967: 19).

Entpolitisiert wurden die Nachbarschaften nun mit biologistischen Analogien als „organische" Gliederungseinheiten begründet. Hamburgs damaliger Bausenator und späterer Bürgermeister Nevermann schrieb 1950 zum Aufbauplan durchaus in der Terminologie Gutschows vor 1945: „Man macht in der ganzen Welt die übermäßige Zusammendrängung der Menschen für die kulturellen und gesundheitlichen Mißerfolge der Großstädte verantwortlich. Das Heilmittel ist Auflockerung. (...) Heilmittel ist das Schaffen kleinerer Einheiten innerhalb eines großen Gesamtkörpers. (...) Die Wohngebiete, die so wachsen sollen, dass sie eigene Stadtlandschaften, ‚Knollen', darstellen, die mit einem Grünrand abgegrenzt und auch verbunden werden" (Nevermann 1950: 7). Ca. 5.000 bis 7.000 Einwohner pro Siedlungseinheit bildeten die quantitative Gliederungsgröße (Freie und Hansestadt Hamburg/Baubehörde 1963: 10). Stöckli formulierte noch zugespitzter: „Angewidert vom asozialen Charakter der Großstadt, lehnen heute ihrer öffentlichen Verantwortung noch bewußte Kreise die großstädtische Lebensform ab und verlangen ihre völlige Ausmerzung. (...) Die Nachbarschaft ist die urwüchsige Grundlage der Gemeinde, und die sich daraus entwickelnden Gemeinschaftsbande ergeben eine natürliche ökonomische Brüderlichkeit" (Stöckli 1954: 0, 149, 144).

Vor allem H. B. Reichow war es in Deutschland, der noch vor 1945 die „Ortsgruppe als Siedlungszelle" propagierend, nun biologistische Metaphern verwandte und „organische Nachbarschaftseinheiten" zu planen suchte. In der Zeit des Nationalsozialismus noch Mitarbeiter bei Konstanty Gutschow, gelingt ihm problemlos die Mutation von der NS-Terminologie in eine scheinbar entpolitische Terminologie, die sich der Vorbilder aus der Natur bedient. ‚Organisch' bedeutete, nicht ‚mechanisch', sondern in Analogie zur Pflanzen- und Tierwelt ‚von innen heraus' und ‚nach dem Prinzip der Zelle' organisiert (Bollerey/Fehl/Hartmann 1990: 74). Formulierte er noch 1941, dass bei der Stadtplanung eine „einheitliche Ausrichtung von der Siedlungszelle her im Sinne des neuen weltanschaulichen und politischen Aufbaus unseres Reiches" vorzusehen sei, geht es sieben Jahre später um die „gebundene Ordnung der organischen Stadtlandschaft mit zellengegliederten Nachbarschaften" (Reichow 1948: 105). In den von ihm geplanten Nachkriegssiedlungen, wie der Gartenstadt Hohnerkamp in Hamburg, der Sennestadt bei Bielefeld und der Neuen Vahr in Bremen, bedient sich Reichow organisch-verästelnder Prinzipien der Erschließung und der getrennten Verkehrswege, dem „Radburn-Prinzip". Reichow wurde teilweise als „Prinz Bernhard von Organien" verspöttelt, seine Siedlungsplanungen zählten aber zu den einflussreichsten Nachkriegsprojekten und sein (häufig falsch verstandenes) Buch die ‚Autogerechte Stadt', in dem er vor allem das Radburn-Prinzip propagierte, wurde zu einem Bestseller.

Ähnlich, wenn auch technokratischer und ohne biologistische Analogien, argumentierten die Autoren des einflussreichen Werkes der „Gegliederten und aufge-

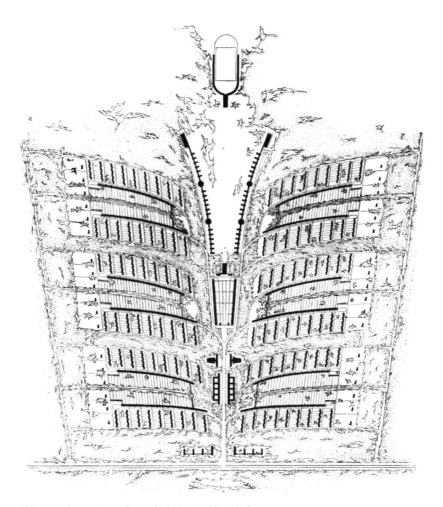

Abb. 12.: Schema einer zellengegliederten Nachbarschaft
(Quelle: Reichow 1948)

lockerten Stadt" (Göderitz/Rainer/Hoffmann 1957). So heißt es hier zum Thema „Gefahr der Vermassung": „Wie die Masse der Menschen durch Gruppierung und Gliederung organisiert und übersichtlich gemacht wird, so kann auch der Stadtraum, die Masse der städtischen Baugebiete als das bauliche und räumliche Gefäß menschlichen Lebens, nur durch Gliederung in überschaubare Einheiten geordnet d.h. organisiert werden. (...) Aus dem englischen ‚neighbourhood' abgeleitet, hat man solche Einheit ‚Nachbarschaft' genannt und zur Grundlage städtebaulicher Organisation gemacht" (Göderitz/Rainer/Hoffmann 1957: 24). Ohne Umstände geben sie zu, dass ihr Werk in der Zeit des Nationalsozialismus entstanden ist und bemühen sich daher auch kaum um eine neue Terminologie. Einer der Autoren, Roland Rainer, hatte schon 1948 die Nachbarschaftsidee als städtebaulichen Organisationsgedanken hervorgehoben und die Pläne von Clarence Perry und von Radburn auch für die deutschsprachigen Leser publiziert (Rainer 1948: 47, 130).

In Großbritannien sollten Auflockerung, Dezentralisierung, Slumsanierung, Wohnungsneubau und Raum(neu)ordnung zu einem integrierten Wohlfahrtsstaatkonzept verschmolzen werden. Die erste Voraussetzung war dafür die Bereitstellung von neuem Wohnraum. Um den Ballungsraum Groß-London nicht weiter zu verdichten wurde an die Gartenstadtidee angeknüpft, und neue selbständige Stadteinheiten mit 20.000-60.000 Einwohnern sollten die Grundlage für die Dezentralisierungsstrategie bilden. Die Begriffswahl für die zu gründenden Städte fiel auf ‚New Towns', um einen gesellschaftlichen Wandel und Neubeginn der Nachkriegsära zu dokumentieren (Schaffer 1972: 19). 1946 wurde das New Towns Gesetz verabschiedet und es wurde angemerkt, „that is not called a ‚Satellite Town Bill' or a ‚Garden Cities Bill' " (Purdom 1949: 23). Die angeblich unterschiedlichen Definitionen zwischen Gartenstadt, Satellitenstadt und New Town muten allerdings etwas spitzfindig an, grundlegender Gedanke war, die Dezentralisierung der Großstädte (vor allem Londons) zu ordnen und zu organisieren. Der Begriff Satellitenstadt wurde zuerst 1915 in der amerikanischen Diskussion von G. R. Taylor „Satellite Cities" (New York 1915) eingeführt. „By a satellite town is meant a town in the full sense of the word, a distinct civic unit with its own local government and corporate life, posessing the economic, social, and cultural characteristics of a town, and, while still maintaining its identy, in some sort of relation of independence upon a larger town of city. The term does not mean a village, because a village has not the functions of a town, neither does it mean a suburb or any form of community that is absorbed or in process of absorbation into another community, and lacks its own local government, even though it may have a distinct name" (Purdom 1949: 24).

Gordon Stephenson, einer der einflussreichsten Planer in England in der Vor- und Nachkriegszeit, hatte schon 1929 Radburn besucht und war in verschiedenen Positionen im Ministry of Town and Country Planning und später als Professor in Liverpool einer der eifrigsten Propagandisten der Gartenstadtidee. 1948 erschien Thomas Sharps Buch „Städtebau in England" in der Übersetzung von Gerhard

Jobst in Deutschland. Das Buch war in England schon 1940 erschienen und die Publikation spiegelt die deutsche Suche nach politisch nicht vorbelastetem planerischen Gedankengut, das „gesicherte Erkenntnisse" für den Wiederaufbau liefern sollte. Auch Sharp propagierte die Idee der Planung von Nachbarschaften, die „mit dem ihr eng verwandten Gedanken der Trabantenstadt wahrscheinlich eine der wichtigsten Entwicklungen in die ganze Geschichte des Städtebaus" bringt (Sharp 1948: 74). Sharp sah die Nachbarschaften in Verbindungen mit einer bandartigen Erweiterung der Stadt und knüpfte hier an die Konzepte des MARS-Planes für London an.

Der verlorengegangene „Gemeinschaftsgeist" sollte mit Nachbarschaftseinheiten rekonstruiert werden und die New Towns in Großbritannien bildeten das großmaßstäbliche Experimentierfeld. „Most of the towns have adopted the principle of neighbourhoods varying in population from 5.000 to 10.000. (…) But their effectiveness in creating ‚neighbourhood' consciousness seems to vary" (Osborn/Whitteck 1969: 146). Anthony Goss resümierte 1961: „Sixteen years have passed since the neighbourhood theory was officially adopted in Britain. Since then a considerable number of neighbourhoods have been built, especially in the New Towns. (…) The neighbourhood units built in Britain in the last sixteen years have not only provided an improved living and social environment for hundreds of thousands of people, but also provide most valuable practical experience for testing and developing the neighbourhood unit concept" (Goss 1961: 66, 82). Auch hier ging es wieder um die Frage wie die Sozialstruktur in den New Towns geplant werden

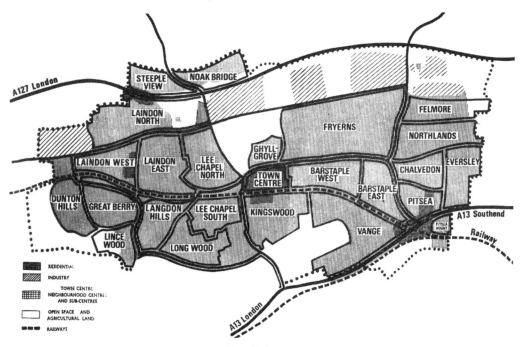

Abb. 13: New Town Basildon mit Aufteilung in 24 Nachbarschaften
(Quelle: Osborn/Whitteck 1969)

könnte. In den New Towns wurde das Konzept im großen Maßstabe umgesetzt, obwohl der Aspekt der Gemeinschaftsbildung vielfach überschätzt wurde. Nicht einmal ein Drittel der Bewohner der New Town Stevenage, die mit sechs Nachbarschaften von 10.000 Einwohnern geplant war, konnten den Namen ihrer Nachbarschaft angeben (Keller 1968: 99). „We chose the house rather than the neighbourhood" resümiert Bracey in seiner vergleichenden Studie neuer Siedlungen in den USA und in England (Bracey 1964: 45). Frederick Gibberd, einer der bedeutendsten Stadtplaner der Nachkriegszeit in Großbritannien betonte die Bedeutung von Nachbarschaftseinheiten zur Stadtgliederung, relativierte aber in seinem lehrbuchähnlichen Werk schon den Stellenwert bei der Entfaltung des Nachbarschaftssinns: „The neighbourhood is essentially a spontaneous social grouping, and it cannot be created by the planner" (Gibberd 1953: 229). Eine empirische Untersuchung kam 1970 zu dem Ergebnis, dass die Planung nach dem Prinzip der Nachbarschaftseinheiten mit Separierung der Verkehrsarten („Radburn planning") von den meisten lokalen Behörden praktiziert wurde (Morris 1970: 416).

Aber Kritiker warnten schon bald, dass die Nachbarschaftsidee kein Allheilmittel für alle städtischen und gesellschaftlichen Probleme sei. Patrick Abercrombie beschrieb 1956 den Aufstieg und Fall der Nachbarschaftsidee und empirische Studien über die New Towns und ihre Nachbarschaften ergaben, dass die romantischen Vorstellungen des intensiven nachbarschaftlichen Lebens unrealistisch waren. „Living in neighbourhoods did not make people more neighbourly" (zit. nach Homer 2000: 71). Waren die ersten Gartenstädte in Privatinitiative entstanden, waren die New Towns das Ergebnis zentralstaatlicher Top-down Planung, die rigide bis in planerische Details verfolgt wurde.

In England blieb das Konzept der Nachbarschaften auf den kommunalen Wohnungsbau und die New Towns beschränkt, der freie Wohnungsmarkt operierte nach anderen Prinzipien. In den USA dagegen, wo der öffentlich geförderte Wohnungsbau gegenüber England und der BRD fast bedeutungslos war, bewirkte die Propagandamaschinerie für die Nachbarschaftsidee, dass sich clevere Immobilienspekulanten einzelner Elemente und Begriffshülsen bedienten. An der Dominanz der Marktkräfte änderte auch die Tatsache wenig, dass das Nachbarschaftskonzept nun „amtlich" als Leitbild propagiert wurde. In der Präambel zum Wohnungsbaugesetz von 1949 wurde festgelegt, dass die Heime der Bürger der USA in Nachbarschaften zu integrieren seien (Gillette 1983: 427). Von der American Public Health Association und vom Committee on the Hygiene of Housing wurde vom Public Administration Service 1948 und 1960 in einer Neuauflage das Büchlein „Planning the Neighborhood" herausgegeben. Vorsitzender des Komitees war Thomas Adams Sohn Frederick J. Adams, der die Zutaten zum Rezept der Nachbarschaftsidee weiter systematisierte und den Begriff wie folgt definierte: „(…) the neighborhood is a physical concept: it is the area within which residents may all share the common services, social activities and facilities required in the vicinity of the dwelling" (American Public Health Association and the Committee on the Hygiene of

Housing 1960: 1). Ein beigefügtes Glossar und eine umfangreiche Bibliographie konnten allerdings nicht darüber hinweg täuschen, dass realisierte Beispiele eher dürftig waren. 1947 stellte James Dahir, wiederum im Auftrage der Russel Sage Foundation, eine Evaluierung des Konzeptes und seiner Umsetzungen an (Dahir 1947). Er kommt zu dem Ergebnis, dass das Konzept weltweit theoretisch anerkannt sei, dokumentiert Beispiele aus allen Erdteilen und skizziert Implementierungsprobleme.

Selten waren sich die Planer wohl weltweit derartig einig über das Leitbild städtebaulicher Aufgliederung durch Nachbarschaften. Mumford resümierte: „During the last two decades the idea of planning neighborhoods has been widely accepted. But this has taken place more in principle than in actual practice, except in the British New Towns" (Mumford 1953/54: 256). Das Ziel der Stadtaufgliederung war international unumstritten. „The great model is Radburn", erklärte Rasmussen und übertrug das Modell auf die Stadterweiterung von Kopenhagen und die Planung der Siedlungen Sondergaardsparken und Gyngemosen (Rasmussen 1956/57). Auch die Methode dies über kleinere geplante Stadteinheiten und Volksschuleinheiten als Größenordnung zu realisieren, war unumstritten, lediglich bei der städtebaulichen Ausformung gab es Differenzierungen. Weltweit, auch in Skandinavien, fand die Nachbarschaftsidee begeisterte Anhänger und die Siedlung Vällingby bei Stockholm ist wohl das bedeutendste Beispiel einer Planung nach dem „Radburn-Prinzip". „Wir kannten alle die Radburn-Einheit außerhalb New Yorks" erklärte der Chefplaner Göran Siedenbach, der allerdings einige Prinzipien des Originals modifizierte (zit. nach Irion/Sieverts 1991: 181).

Die weltweite Planungseuphorie der sechziger Jahre beförderte technokratische Modelle, die die Nachbarschaftsidee auf technisch-organisatorische Richtwerte der Infrastrukturplanung reduzierte und zunehmend verengte. Auch Vertreter der Moderne wie Walter Gropius unterstützten die Nachbarschaftsidee und damit vorgeblich zu befördernden Ziele. Auflockerung, nicht Auflösung sei, so Gropius, das Ziel organischer Nachbarschaftsplanung. „Auch wird die Zahl von Vergehen und Verbrechen mit dem wachsenden Gemeinschaftssinn in der Nachbarschaft abnehmen (...) Gute Planung kann zwar nicht allein, aus sich heraus, gute Nachbarschaftsbeziehungen erzeugen, aber sie kann doch den Rahmen für eine solche Entwicklung liefern" (Gropius 1956:

Abb. 14: Radburn (Vordergrund) und suburbaner Sprawl in New Jersey (1955)
(Quelle: Stein 1966)

109). Jane Jacobs rechnete in ihrem (zuerst 1961 erschienenem) einflussreichem Buch über „Tod und Leben großer amerikanischer Städte" mit dem Nachbarschaftsmythos ab. „‚Nachbarschaft' ist ein Wort, das den Klang einer Liebesbotschaft angenommen hat. In dieser sentimentalen Bedeutung ist jedoch der Begriff der Nachbarschaft für die Stadtplanung ausgesprochen schädlich. Er verleitet dazu, das Großstadtleben zu Imitationen kleinstädtischen oder vorstädtischen Lebens zu verzerren. Sentimentalität treibt hier mit guten Absichten böses Spiel, für Vernunft bleibt wenig Raum" (Jacobs 1969: 78). Die „Doktrin vom Heil durch Ziegelsteine" gehörte ihrer Meinung nach zum überlebten Gedankengut von Planern. Die zunehmende Verbreitung des PKW und private Immobiliengesellschaften beförderten die unregulierte, spekulativ motivierte Suburbanisierung und Mumford schrieb 1961: „Left to themselves, as Los Angeles already demonstrated, these forces will automatically destroy the city" (Mumford 1975: 573). Auch in den USA blieb in der Nachkriegszeit Radburn durchaus das auf dem Papier akzeptierte Modell, das aber in der Planungsrealität weitgehend bedeutungslos bleiben sollte bis es mit dem New Urbanism wieder aufgegriffen wurde.

Eine Renaissance der Nachbarschaftsidee?

Eine Reihe von empirischen Untersuchungen (Klages 1968 und Hamm 1973) haben auch in Deutschland seit den sechziger Jahren die Nachbarschaftsidee entmythologisiert. Die erhofften gemeinschaftsfördernden Effekte sind kaum eingetreten und immer deutlicher erwies sich, dass soziale Verhaltensweisen, soziale Integration und politische Gemeinsamkeiten nicht, oder nur sehr begrenzt, über baulich-räumliche Konzepte induzierbar und steuerbar, veränderbar oder beeinflussbar sind. „Die erhoffte Vergemeinschaftung, der Nachbarschaftsgeist wollten sich

Abb. 15: Immobilienwerbung in Florida – Zugleich Nachbarschaft und Gated Community (1998)
(Quelle: Werbeannonce einer Tageszeitung)

nicht oder nur zögernd einstellen. (...) Ganz allgemein wurde die Integration empirisch schwächer gefunden, als man aus der Planungsideologie deduziert hatte" (Pfeil 1963: 40). Umso erstaunlicher erscheint die derzeitige Renaissance um den Nachbarschaftsmythos, bei dem Nachbarschaft als räumliche Gebietseinheit und als soziales System vermengt werden. Die Perry'sche Nachbarschaftsidee begriff die Vereinzelung und Entwurzelung nicht als Folge tiefgreifenden gesamtgesellschaftlichen Strukturwandels, sondern schrieb sie dem „Moloch Großstadt", also einer spezifisch räumlichen Manifestation, zu. Zunehmend wird das Nachbarschaftskonzept als eine begriffliche Leerformel für Werbebroschüren instrumentalisiert. Seines ursprünglichen Inhalts entkleidet wird es als Marketingbegriff, ähnlich wie die Gartenstadt und Wohnen im Park, in inflationärer Weise benutzt.

Die Grundidee der Nachbarschaft ist – trotz der nationalsozialistischen Pervertierung – aus besten Absichten entstanden. Als normatives Siedlungsmodell impliziert sie aber eine passiv-manipulative Tendenz. Sie nimmt die Sehnsüchte nach einer kleinteilig, überschaubaren heilen Welt auf und gibt vor, diese auf lokaler Ebene herstellen zu können.

Vor dem Hintergrund von Globalisierung, Deregulierung, Individualisierung und Privatisierung wachsen die Wünsche nach Heimat und Ortsbindung. Die Verwirtschaftlichung der Gesellschaft, Konkurrenzdenken, Kälte und Distanz befördern das Bedürfnis nach Häuslichkeit, Gemütlichkeit und Nachbarschaft. Als Gegengewicht zu den ökonomischen Trends der Informations- und Kommunikationsgesellschaft kann die Wohnung und Wohnumgebung einen bedeutenden Gegenpol bilden und der Nachbarschaftsbildung kommt wieder eine Schlüsselrolle zu. Mittlerweile umgeben die Reichen in den USA ihre Nachbarschaften mit hohen Zäunen, um ihren Wohlstand zu schützen. Nach Meinung der Bewohner und Immobilienmakler geben die „gated communities" den Eigentümern das Gefühl stärkerer sozialer Kontrolle und stellen angeblich das Nachbarschaftsgefühl (wieder) her. T.C. Boyle hat diese Paranoia in seinem letzten Roman „America" eindrucksvoll literarisch beschrieben und das widersprüchliche Wunschdenken einer heilen Nachbarschaft in einer globalisierten Welt skizziert.

Nicht zufällig spielt der Begriff der „Nachbarschaft" beim US-amerikanischen Modell des New Urbanism eine Schlüsselrolle und in Großbritannien wird er im Diskurs um Nachhaltigkeit, die kompakte Stadt („Urban Villages") und die von Tony Blair propagierte „Urban Renaissance" in das Zentrum einer kommunitaristischen Gesellschaft und einer intendierten neuen Gemeinschaftsbildung gerückt (Madanipour 2001: 185). Die Hoffnung mit Nachbarschaften – einer Form der Gestaltung der baulich-räumlichen Umwelt – eine Veränderung des sozialen Verhaltens, schichtenübergreifenden „Kulturaustausch" und politisch harmonisierende und integrierende Wirkung erzielen zu können, bleibt trügerisch. Die vereinfachenden sozialplanerischen Annahmen der Nachbarschaftsidee entsprechen in keiner Weise mehr der Komplexität moderner Gesellschaften. Bei thematisch vermarkteten „Modellsiedlungen" (‚Wohnen und alt werden in sicherer Nachbarschaft' etc.) dominieren Schlagworte, schöne Bilder, Fragen der Fassadengestaltung und des Urban Design, die potentielle Käufer zielgruppenorientiert ansprechen sollen. Beliebige Fragmente der Nachbarschaftsidee werden dabei als Planungsansatz in einzelnen Siedlungen aufgenommen, verfremdet und instrumentalisiert, ohne noch einen gesellschaftsreformerischen Ansatz zu erheben.

Literatur

Abercrombie, Patrick (1944): Greater London Plan. London
Adams, Thomas (1934): The Design of Residential Areas, Basic Considerations, Principles and Methods. Cambridge
Albrecht, Donald (Hrsg.) (1995): World War II and the American Dream, How Wartime Building Changed a Nation. Washington DC and Cambridge Massachusetts
American Public Health Association and the Committee on the Hygiene of Housing (1960): Planning the Neighborhood. Chicago
Arnold, Joseph L. (1971): The New Deal in the Suburbs. A History of the Greenbelt Town Program 1935-1954. Ohio
Bauer, Catherine (1944): Good Neighbors. In: Architectural Review. September 1944. S. 104-115
Beyme, Klaus von (1987): Der Wiederaufbau, Architektur und Städtebaupolitik in beiden deutschen Staaten. München
Birch, Eugenie Ladner (1983): Radburn and the American Planning Movement. In: Krueckeberg, Donald A.: Introduction to Planning History in the United States. New Brunswick. 122ff
Birtles, Terry (2000): Clarence Perry's Promotion of the neighborhood Unit: A Core Twentieth Century ‚Family-Life' Planning Idea. IPHS Conference Paper. Espoo, Finland
Bollerey, F., G. Fehl und K. Hartmann (Hrsg.) (1990): Im Grünen wohnen – im blauen planen. Ein Lesebuch zur Gartenstadt. Stadt-Planung-Geschichte Bd. 12. Hamburg
Bracey, H. E. (1964): Neighbours – On New Estates and Subdivisions in England and U.S.A.. London
Bundesministerium für Wohnungswesen und Städtebau (1967): Wohnungsbau und Stadtentwicklung, Demonstrativbauvorhaben des Bundesministeriums für Wohnungswesen und Städtebau. München
Campanella, Thomas J. (2001): Cities from the Sky – An Aerial Portrait of America. New York: Princeton Architectural Press
Churchill, Henry und Henry Wright (1983): 1878-1936. In: Krueckeberg, Donald A. (Hrsg.): The American Planner, Biographies and Recollections. New York/London. 208ff
Classen, Walter (1900): Sociales Rittertum in England. Ein Reisebericht, Hamburg
CNU (1996): Congress for the New Urbanism, New Urbanism Basics – Charter of the New Urbanism. San Francisco
Coit, Stanton (1893): Nachbarschaftsgilden – Ein Werkzeug sozialer Reform, Berlin
Conkin, Paul K. (1976): Tomorrow a New World: The New Deal Community Program, New York
Cooley, Charles Horton (1909): Social Organization, A Study of Larger Mind. New York
Culemann, Carl (1941): Die Gestaltung der städtischen Siedlungsmasse. In: Raumordnung und Raumforschung 3/4.1941
Dahir, James (1947): The Neighborhood Unit Plan, Its Spread and Acceptance. A Selected Bibliography with Interpretative Comments. New York
Davis, Allen F. (1967): Spearheads for Reform. The Social Settlements and the Progressive Movement 189-1914. New York
Dörr, Heinrich (1941): Bomben brechen die „Haufen"-Stadt, Stadtplanliche Betrachtung des Luftkriegs. In: Raumforschung und Raumordnung 4.1941
Durth, Werner (1986): Deutsche Architekten, Biographische Verflechtungen 1900-1970. Braunschweig
Feder, Gottfried (1939): Die neue Stadt, Versuch der Begründung einer neuen Stadtplanungskunst aus der sozialen Struktur der Bevölkerung. Berlin
Ferrari, F. (1948): Zum Thema „Nachbarschafts-Einheit" oder „Wohnschaft". In: Der Bauhelfer 14. S. 357-368
Fishman, Robert L. (1987): American Suburbs/English Suburbs – A Transatlantic Comparison. In: Journal of Urban History 13. S. 237-251
Forrest, Ray; Kearns, Ade (2001): Social Cohesion, Social Capital and the Neighbourhood. In: Urban Studies Vol. 38, No. 12. S. 2125-2143
Forshaw, J. H.; Abercrombie, Patrick (1943): County of London Plan, prepared for the London County Council. London
Freie und Hansestadt Hamburg/Baubehörde (1963): Handbuch der Siedlungsplanung. Hamburg

Galster, George C. (1986): What is a neigbourhood? An externality approach. In: International Journal of Urban and Regional Research Vol. 10, No. 2. S. 243-263

Bundesverband deutscher Wohnungsunternehmen GdW (1998): Überforderte Nachbarschaften – Zwei sozialwissenschaftliche Studien über Wohnquartiere in den alten und den neuen Bundesländern im Auftrag des GdW. Köln

Gibberd, Frederick (1953): Town Design; 1969 (zuerst 1953). London

Gillette, Howard (1983): The Evolution of the Neighborhood Planning, From the Progressive Era to the 1949 Housing Act. In: Journal of Urban History Vol. 9 No. 4. S. 421-443

Göderitz, Johannes, Roland Rainer und Hubert Hoffmann (1957): Die gegliederte und aufgelockerte Stadt. Tübingen

Goss, Anthony (1961): Neighbourhood Units in British New Towns. In: Town Planning Review April. S. 66-82

Greenberg, Michael (1999): Restoring America's neighborhoods: how local people make a difference. New Brunswick

Gropius, Walter (1956): Architektur, Wege zu einer optischen Kultur. Frankfurt am Main/Hamburg

Gurlitt, Cornelius (1929): New Yorker neue Siedlungen. In: Stadtbaukunst 2. S. 27-31

Gutschow, Konstanty (1941): Staatsarchiv Hamburg, Bestand Architekt Gutschow A 44 D 22

Gutschow, Konstanty (1944a): Staatsarchiv Hamburg, Bestand Architekt Gutschow A 44 D 38

Gutschow, Konstanty (1944b): Hamburgisches Architekturarchiv: C 65

Hall, Peter (1992): Cities of Tomorrow, An Intellectual History of Urban Planning and Design in the Twentieth Century. Oxford/Cambridge

Hamm, Bernd (1973): Betrifft: Nachbarschaft, Verständigung über Inhalt und Gebrauch eines vieldeutigen Begriffs. Düsseldorf

Harlander, Tilmann (Hg.) (2001): Villa und Eigenheim – Surburbaner Städtebau in Deutschland. Stuttgart/München

Heinen, B. (1960): Zur Verwendung des Begriffes Nachbarschaft im Städtebau. In: Gemeinnütziges Wohnungswesen 2. S. 55-58

Homer, Andrew (2000): Creating New Communities: The Role of the Neighbourhood Unit in Postwar British Planning. In: Contemporary British History, Vol. 14, No. 1. S. 63-80

Irion, Ilse und Thomas Sieverts (1991): Neue Städte, Experimentierfelder der Moderne. Stuttgart

Issacs, Reginald (1948): The Neighborhood Cencept – The „Neigborhood Unit" as an Instrument for Segregation. In: Journal of Housing Vol. 5, Nr. 7 und Nr. 8. S. 177-180 und 215-219

Jacobs, Jane (1969): Tod und Leben großer amerikanischer Städte. Gütersloh/Berlin

Jobst, Gerhard (1959): Nachbarschaft. In: Handwörterbuch des Städtebaus, Wohnungs- und Siedlungswesens Bd. II. Stuttgart

Johnson, David A. (1996): Planning the Great Metropolis, The 1929 Regional Plan of New York and its Environs; London

Kaufmann, Eugen C. (1936): Neighbourhood Units as New Elements of Town Planning; in: Journal of Royal Institute of British Architects; Dec.; S. 165-175

Kearns, Ade; Parkinson, Michael (2001): The Significance of Neighbourhood, in: Urban Studies Vol. 38, No. 12, S. 2103-2110

Keller, Suzanne (1968): The Urban Neighborhood: A Sociological Perspective; New York

Klages, Helmut (1968): Der Nachbarschaftsgedanke und die nachbarliche Wirklichkeit in der Großstadt; Stuttgart

Korn, Arthur und Felix J. Samuely (1942): A Master Plan for London, Based on research carried out by the Town Planning Committee of the M.A.R.S. Group; in: Architectural Review; June 1942;

Lederer, Robert (1930): Die Stadt Radburn, in: Wasmuths Monatshefte für Baukunst und Städtebau, S. 529-530.

Lehmann, Ernst (1944): Volksgemeinschaften aus Nachbarschaften, Eine Volkskunde des deutschen Nachbarschaftswesens; Prag, Berlin, Leipzig

Levine, Leo (1933): A Neighborhood Unit for Radburn; in: The Architectural Record, March; S. 230-231

Lubove, Roy (1963): Community Planning in the 1920's: The Contribution of the Regional Planning Association of America; Pittsburg

Madanipour, Ali (2001): How relevant is 'planning by neighbourhoods' today? In: Town Planning Review 2, S. 171-191

Miljutin, Nikolaj A. (1930): Die Planung der neuen Stadt; Deutsche Ausgabe; Reprint mit Anmerkungen zum Kontext der Arbeit; 1992; Basel

Miller, Mervyn (1992): Raymond Unwin - Garden Cities and Town Planning. London/New York: Leicester University Press

Morris, A. E. J. (1970): The Radburn Dilemma; in: Official Architecture and Planning 33; May 1970; S. 416-424

Mumford, Lewis (1953/54): The Neighborhood and the Neighborhood Unit; in: The Town Planning Review 24; S. 256-270

Mumford, Lewis (1975): The City in History; Harmondsworth

Nevermann, Paul (1950): Zum Hamburger Aufbauplan. In: Baurundschau 1, S. 6-17.
Osborn, Frederick J. und Arnold Whitteck (1969): The New Towns, The Answer to Megalopolis. London
Perry, Clarence Arthur (1929): The Neighborhood Unit; in: Regional Survey of New York and its Environs; Vol. VII; Neighborhood and Community Planning; New York, Reprint: Routledge/Thoemmes Press 1998
Perry, Clarence Arthur (1939): Housing for the Machine Age. New York
Peterman, William (2000): Neighborhood planning and community-based development: the potential and limits of grassroots action. Thousand Oaks
Petz, Ursula von (1995): Raumplanung und ‚Moderne': Ansichten zur Geschichte einer Disziplin. In: Die alte Stadt 4/1995, 354
Pfeil, Elisabeth (1963): Zur Kritik der Nachbarschaftsidee. In: Archiv für Kommunalwissenschaften, S. 39-54
Plunz, Richard (1990): A History of Housing in New York City, Dwelling Type and Social Change in the American Metropolis. New York
Purdom, C. B. (1945): How should we rebuild London?; Welwyn Garden City
Purdom, C. B. (1949): The Building of Satellite Towns, A Contribution to the Study of Town Development and Regional Planning. London
Quigley, Hugh; Goldie, Ismay (1934): Housing and Slum Clearance in London. London
Rainer, Roland (1948): Städtebauliche Prosa. Tübingen
Rasmussen, Steen Eiler (1956/57): Neigbourhood Planning; in: Town Planning Review 27, 1956/57, S. 197-218
Reichow, Hans Bernhard (1948): Organische Stadtbaukunst. Von der Großstadt zur Stadtlandschaft. Braunschweig
Rohr-Zänker, Ruth, Mitarbeit Müller, W. (1998): Die Rolle von Nachbarschaften für die zukünftige Entwicklung von Stadtquartieren, Bundesamt für Bauwesen und Raumordnung. Bonn
Schaffer, Daniel (1981): Garden Cities for America: The Radburn Experience. Rutgers University, New Brunswick
Schaffer, Frank (1972): The New Town Story. London
Schubert, Dirk (1995): Old Slums and New Neighbourhoods: Origins of the Neighbourhood Units Idea in Great Britain and Germany, Examples from London and Hamburg. In: Planning History 3/1995, S. 32-40
Schubert, Dirk (1997): Stadterneuerung in London und Hamburg, Eine Stadtbaugeschichte zwischen Modernisierung und Disziplinierung. Wiesbaden
Schubert, Dirk (2000): The Neigbourhood Paradigm: From Garden Cities to Gated Comunities, in: Freestone, Robert (ed.) Urban Planning in a Changing World. London
Schwan, Bruno (1935): Städtebau und Wohnungswesen der Welt. Herausgegeben im Auftrage des Deutschen Vereins für Wohnungsreform. Berlin
Scott, Mel (1969): American City Planning since 1890. Berkeley and Los Angeles
Seyfried, Vincent (1995): Forest Hills Gardens. In: Jackson, Kenneth T. (Hg.): The Encyclopedia of New York City. New Haven & London, 427
Sharp, Thomas (1948): Städtebau in England. Berlin
Sharp, Dennis (1971): Concept and Interpretation. The aims and principles of the MARS plan for London. In: Perspekta 13/14, S. 167-173
Simpson, Michael (1985): Thomas Adams and the Modern Planning Movement. London and New York
Stein, Clarence S. (1966): Toward New Towns for America. Cambridge and London
Stöckli, Arnold (1954): Die Stadt, Ihr Wesen und ihre Problematik. Köln-Deutz
Taylor, G. R. (1915): Satellite Cities. New York
Tetlow, J. D. (1958/59): Sources of the Neighbourhood Idea. In: Journal of the Town Planning Instiute 45, S. 113-115
Thompson. F. M.L. (1982): The rise of suburbia. London 1982
Toennies, Ferdinand (1887): Gemeinschaft und Gesellschaft. Berlin
Topalov, Christian (2000): The Neighbourhood of the Social Sciences in the 1950s and 60s: Three Cross National Case Studies, Max Planck Institute for Historical Science. Berlin
Tyler, W. Russel (1939): The neighborhood Unit Principle in Town Planning. In: Town Planning Review; July 1939, S. 174-186
Walther, Andreas (1936): Neue Wege zur Großstadtsanierung. Stuttgart
Warner, Sam Bass (1995): The Urban Wilderness. A History of the American City. Berkeley, Los Angeles, London
Woods, Robert A. (1913): The Neighborhood in Social Reconstruction; in: Papers and Proceedings of the Eights Meeting of the American Sociological Society,14-28
Wright, Henry (1932): Planen oder nicht Planen. In: die neue stadt, internationale monatsschrift für architektonische planung und städtische kultur. Reprint RWTH Aachen, Lehrstuhl Planungstheorie

Frank Pflüger
Vancouver und Seattle – Zwei Städte am Pazifik

Wo immer über eine Stadt gesprochen wird, so geschieht dies meistens, indem man diese Stadt mit einer oder zwei anderen vergleicht, und man zeigt dabei Gemeinsamkeiten auf, betont natürlich auch Unterschiedliches. Ein solcher Vergleich führt oft zu einem regen Austausch über die vorhandenen oder fehlenden Qualitäten des jeweiligen Gemeinwesens. Und je nach Sichtweise und Erfahrungsbereich können die Einschätzungen und Bewertungen dann sehr unterschiedlich ausfallen.

Oft richtet sich der Blick dabei auf Städtepaare, insbesondere dann wenn die Städte sich selbst in einem Konkurrenzverhältnis sehen. Man denke zum Beispiel an Köln und Düsseldorf: zwei Großstädte, eine Region, viele Sichtweisen und Urteile.

Auch Vancouver und Seattle ist ein solches Duo, das vielfach in einem Atemzug genannt und miteinander verglichen wird.

Warum ist der Vergleich dieser beiden Städte im Kontext eines USA-Bandes so interessant und aufschlussreich? Ein Blick über die kanadische Grenze zeigt zwei Städte eines Naturraums mit vielen Gemeinsamkeiten, er offenbart auch die Vielfalt des nordamerikanischen Stadttyps. Dem bekannten Modell des hochverdichteten Business-Distrikts im Zentrum der Stadt, wie es Downtown Seattle verkörpert, wird mit Vancouver eine Stadt entgegen gestellt, deren zentrale City-Funktionen weit stärker mit innerstädtischem Wohnen durchmischt sind. Gerade in den letzten drei Jahrzehnten haben sich diese beiden Städte trotz aller Gemeinsamkeiten und Verflechtungen unterschiedlich entwickelt.

In einer – zugegeben – verkürzten und selektiven Darstellung wird der Beitrag zuerst Gemeinsamkeiten und Unterschiede der beiden Städte herausstellen, um sich dann näher mit den Innenstädten zu beschäftigen.

Gemeinsames und Verbindendes

Naturraum
Seattle und Vancouver liegen in einem Landschaftsraum, der vielfältiger kaum sein kann. Das Kaskadengebirge und die Coast Mountains, beide bis zu 4000m hoch, begrenzen den Küstenstreifen zwischen Seattle und Vancouver Richtung Osten und Norden. Den fjordähnlichen Einschnitten vor Vancouver und Seattle (Strait of Georgia und Puget Sound) sind wiederum Gebirgszüge vorgelagert. Auf kanadi-

scher Seite Vancouver Island mit Victoria, der Hauptstadt der Provinz British Columbia, und westlich von Seattle die Olympic Mountains.

Beide Städte sind trotz der gigantischen Siedlungsentwicklungen seit dem 2. Weltkrieg eng mit dem Naturraum verzahnt. In Vancouver bietet die unmittelbare Nähe zu den Bergen ein imposantes Wechselspiel von Stadt- und Bergsilhouette, in Seattle prägen neben der Küstenlinie des Pazifiks zahlreiche Binnengewässer und die umgebende Hügellandschaft das Stadtbild. Die Wechselbeziehungen zwischen Natur und Siedlung sowie das Wasser als dominantes Element sind unverwechselbare und qualitätsvolle Merkmale der gesamten Großregion.

Geschichte der Stadtentwicklung

Nicht nur der Naturraum bildet einen gemeinsamen Rahmen, sondern auch die Städte haben sich entlang von großen Parallelen entwickelt.

Drei Punkte seien herausgestellt:
1. Beide Städte galten lange Zeit als östlicher Außenposten ihrer Länder, an dem das Ende der Zivilisation erreicht schien.
2. Der Eisenbahnbau war der entscheidende Impulsgeber für die Stadtentwicklung an der Pazifikküste.
3. Die Verflechtungen mit dem pazifischen Raum beeinflussten phasenweise maßgeblich die wirtschaftliche Entwicklung.

Auch für amerikanische Verhältnisse begann die Besiedelung Mitte des 19. Jahrhunderts spät, war doch der Startschuss für die Gründung von Vancouver und Seattle typisch für den „Wilden Westen" Amerikas, wo einige wenige Verwegene den Weg für eine nachfolgende Inbesitznahme gebahnt hatten. In Vancouver fuhr 1887 der erste Passagierzug der Canadian Pacific Railway-Company ein. Seattle bekam 1880 den Anschluss an die 2. US-amerikanische Transkontinentalverbindung, nachdem bereits 1873 das 10 km südlich gelegene Tacoma an den neuen Lebensstrang angeschlossen wurde.

Jahrzehntelang bildete der Reichtum der Naturgüter die wirtschaftliche Basis der Region. Fischfang und dessen Verarbeitung, Holzwirtschaft, Wasserkraft sowie der Handel bestimmten die ökonomische Entwicklung.

Abb. 1: Landschaftsraum Vancouver/Seattle
(Quelle: Diercke Weltatlas, 1980)

Eine erhebliche Beschleunigung des Wachstums löste der Goldrausch der 90er Jahre des 19. Jahrhunderts aus. Beide Städte besaßen als „Pforten nach Alaska" eine magische Anziehungskraft. Insbesondere Seattle erlebte als Ausgangspunkt der US-Goldsucher einen wirtschaftlichen Boom, der sich in einer regen Bautätigkeit und einer explosionsartig ansteigenden Bevölkerungszahl manifestierte.

Vancouver	1880	1897	1901	1912
	-	20.000	42.000	über 100.000
Seattle	1880	1890	1900	1914
	3533	42.837	80.000	240.000

Tab. 1: Bevölkerungsentwicklung von Vancouver und Seattle 1880-1920
(Quelle: www.city.vancouver.bc.ca und www.seattle.com)

Genauso entscheidend wie die Binnenerschließung über die Schiene war für die Stadtentwicklung von jeher die Küstenlage. Dabei gibt es durchaus in Bezug auf die Handelsbeziehungen und die industriell-gewerblichen Aktivitäten lokale Schwerpunktsetzungen: In Seattle entwickelte sich unter dem Gesichtspunkt der geopolitischen Lage eine Großindustrie im Schiffs- und Flugzeugbau, während Vancouver eine bedeutende Stellung in der Holzindustrie inne hatte und sich auf der Grundlage eines ausgedehnten Asienhandels eine diversifizierte Gewerbestruktur entwickelte.

So verwundert es auch nicht, dass Seattle nach der Goldrauschperiode einen zweiten, umfassenden Wirtschaftsaufschwung durch die expandierende Rüstungsindustrie während des 2. Weltkriegs erlebte. Aufgrund der günstigen strategischen Lage zu Südostasien wurde die Region zu einem wichtigen Militärstandort ausgebaut. Im selben Maße wie Flugzeugbau und Schiffsbau boomten, wuchs nach dem Krieg die Abhängigkeit von diesen einzelnen Wirtschaftssektoren. Weltwirtschaftliche Krisen wie in den 60er Jahren bedeuteten für Seattle eine harte Bewährungsprobe. Mitte 1960 entließ alleine Boeing 60.000 Beschäftigte. Doch Seattle schaffte den Strukturwandel und entwickelte sich zu einem IT-Zentrum der USA. Microsoft und amazon.com können als ökonomische Aushängeschilder für diese neue Epoche genannt werden, in der neben den harten Standortfaktoren mehr und mehr weiche Faktoren wie Wohn- und Umweltqualitäten in den Vordergrund traten. Das Prädikat „Lebenswerteste Stadt der USA" konnte Seattle von 1971-1991 als Erfolg dieser neuen Schwerpunktsetzung in der Stadtentwicklung für sich beanspruchen.

Vancouver erlebte ebenfalls ausgelöst durch den 2. Weltkrieg ein Wirtschaftswachstum. Die ökonomisch vorteilhafte strategische Lage zum asiatischen Raum und eine starke Einwanderung aus Europa bescherten der Küstenregion der Provinz Britisch Columbia einen bedeutenden Aufschwung. Eine zweite Welle von Wirtschafts- und Kriegsflüchtlingen aus Südostasien und China verstärkte in den 60er Jahren den begonnenen Trend in erheblichem Maße.

Die Entwicklung beider Städte war von Beginn an eng mit dem Hafen und der Schifffahrt verknüpft. Auch heute noch ist der Hafen Vancouvers der drittgrößte

Kanadas, der Seattles der größte der US-Westküste und der größte Fischereihafen des Landes. Während Mitte des 19. Jahrhunderts nicht mehr als Ansammlungen von Holzhütten auf gerodeten Flächen standen, so entwickelten sich beide Städte in den letzten 150 Jahren zu Großstädten mit jeweils ca. 550.000 Einwohnern in den Kernzonen und einem Ballungsraum mit jeweils mehr als 1,5 Millionen Einwohnern.

Seattle	King County	Vancouver	Greater Vancouver Regional District
540.500	1.654.000	554.000	1.978.000

Tab. 2: Einwohnerzahlen von Vancouver und Seattle, Kernstädte und Region, 1999
(Quellen: www.psrc.org und www.gvrd.bc.ca)

Umgang mit der Geschichte

Ihre imposante Lage am Wasser und ihre Einbettung in die Küstenlandschaft sind die prägenden Elemente beider Städte. Als ein drittes Glied können die historischen Spuren und Hinterlassenschaften ihrer eineinhalb Jahrhunderte währenden Stadtentwicklung angesehen werden. Der Schutz und der Erhalt ihrer historischen Hinterlassenschaften gilt in beiden Städten als wichtiges identitätsstiftendes Ziel.

Doch nicht immer wurden diese baulich-räumlichen Zeugen positiv bewertet. Wahrnehmung und Wertschätzung der historischen Wurzeln haben sich in den zurückliegenden Jahrzehnten gewandelt. Beispielhaft für die Rückbesinnung auf die eigene Geschichte sei der Pike Place Market in Seattle genannt, der mittlerweile offensiv für das Stadtmarketing eingesetzt wird. Dieser über 200 Stände auf verschiedenen Ebenen umfassende Marktbereich aus dem Jahre 1907 kann nur deshalb heute noch besucht werden, weil Bürger sich so massiv für seinen Erhalt einge-

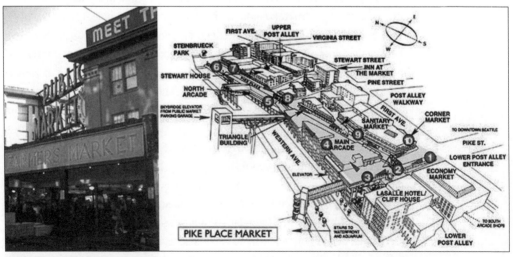

Abb. 2: Pike Place Market in Seattle
(Quelle: www.pikeplacemarket.org)

setzt haben, dass weder Pläne zum Bau einer Schnellstraße, eines Parkhauses und von Bürogebäuden einen Abriss herbeiführen konnten.

Ähnliches gilt für den Pioneer Square und den angrenzenden Historic District in Seattle oder den Stadtteil Gastown in Vancouver. Der Ursprungsort der Stadt Vancouver, Gastown, wurde nach dem Stadtbrand von 1889 in einer prägnanten Backsteinarchitektur wiederaufgebaut. Dem von Lagergebäuden und verdichteten Arbeiterwohnungsbau geprägten Quartier drohte jedoch nach dem 1965 begonnenen Teilabriss die vollständige Vernichtung. Mit der Unterschutzstellung 1970 gelang es einer aktiven Bürgerschaft, diesen Stadtteil zu erhalten. Mittlerweile ist Gastown, ähnlich wie der historische Bezirk Pioneer Square in Seattle, zu einem Anziehungspunkt und wichtigen Identifikationsmerkmal für Vancouver City geworden.

„Neues in Altem" hat aktuell Konjunktur und so werden an der Downtown Waterfront in Seattle Speichergebäude zu Cafes, Restaurants und Läden umgewidmet (Schubert 2001a). In Vancouver hat sich auf Granville Island, einer ehemals industriell genutzten Fläche, ein Kommerz- und Kulturtreff etabliert, der zu einem der wichtigsten Anziehungspunkte der Stadt geworden ist.

Ausrichter von EXPOs

Als eine weitere und für die Stadtentwicklung wichtige Parallele kann die Ausrichtung einer Expo angesehen werden. Im westlichen Anschluss an den Innenstadtbereich lud Seattle 1962, motiviert von den technologischen Errungenschaften des 20. Jahrhunderts, zu einem Blick ins kommende neue Jahrtausend ein. Als sichtbare und erlebbare Zeichen dieser von 10 Mio. Menschen besuchten Ausstellung blieb das heutige Wahrzeichen der Stadt, der Space Needle, und die über die Stadt schwebende Monorail erhalten. Darüber hinaus hat die Expo und die Nachnutzung des Expo-Geländes als Wissenschafts-, Freizeit- und Vergnügungsbereich allerdings wenig Einfluss auf die Stadtentwicklung ausgeübt. Daran hat auch der Bau des EMP (Experience Music Project; geplant von Frank O. Gehry und finanziert von Microsoft-Mitbegründer Paul Allen) auf dem Seattle Center Gelände nichts geändert.

Vancouver richtete 1986 eine Expo unter dem Motto „Transport und neue Medien" aus und zog damit als „world-class-city" über 20 Millionen Besucher an. Neben dem Vancouver Convention Center, dem Sky-Train und der charakteristischen Bebauung am Canada Place mit den fünf Teflon-Segeln und dem B.C. Place Stadion im ehemaligen Expo-Gelände am False Creek war die wichtigste Hinterlassenschaft für Vancouver ein positives Image in der Welt und eine vermarktbare Entwicklungsfläche in expo-

Abb. 3: Experience Music Project und Space Needle, Seattle (Foto: Frank Pflüger)

nierter Lage. Die Expo war – im Unterschied zu Seattle – Startschuss für eine bemerkenswerte Innenstadtentwicklung.

Regionale Identität

Eine weitere Gemeinsamkeit, oder besser gesagt ein Indiz für die vielschichtige Verflechtung, sollte in diesem Kontext kurz Erwähnung finden: Die regionale Identität.

Schon seit den 70er Jahren des 20. Jahrhunderts führten die räumliche Nähe und die naturräumlichen Zusammenhänge zu einer grenzüberschreitenden regionalen Zusammenarbeit und Kooperation (Ott 2001). Unter dem Begriff „Cascadia" wird ein Raum umschrieben, der die Großräume Portlands, Seattles und Vancouver einschließt.

In Cascadia leben fast 13 Mio. Einwohner bei einem jährlichen Bevölkerungswachstum von 250.000 EW (durchschnittlich 2% im Jahr). Eine Mischung aus angestammten Unternehmen der Großindustrie wie Boeing sowie Unternehmen der Low- und High-Tech-Branche von Klein- und Mittelbetrieben bis hin zu IT-Riesen wie Microsoft machen den wirtschaftlichen Erfolg dieser Region aus. Timothy Eagan von der New York Times sieht „Cascadia durch seine kreative Mixtur von freiem Handel, High-tech und multirassischer Gesellschaft als wirtschaftliches Zukunftsmodell" (Geo Spezial 1999: 26) (vgl. den Beitrag von Michael Wegener in diesem Band).

Abb. 4: Blick auf einen Teil von Granville Island, Vancouver
(Foto: Frank Pflüger)

Lange Zeit galt der Nordwesten Amerikas als Modellregion einer nachhaltigen Entwicklung mit vielfältigen zukunftsweisenden Ansätzen. Doch im krassen Gegensatz zu einer naturbewahrenden ökologischen und sozial ausgewogenen Entwicklung steht insbesondere die Zuwanderung, denn sie gefährdet mehr und mehr die besonderen Qualitäten der Region.

Eine rasante Ausdehnung der Siedlungsflächen und damit einhergehend die Zunahme an Verkehr, Wasser- und Luftverschmutzung sind ihre negativen Folgen. Die metropolitanen Regionen laufen Gefahr, ihr Gleichgewicht zwi-

Abb. 5: Blick über Downtown; im Vordergrund das brachgefallene Expo-Gelände
(Quelle: www.city.vancouver.bc.ca)

schen ökonomischer Entwicklung und ökologischer Verträglichkeit zu verlieren. Trotz aller Anstrengungen ist die weitere Zersiedelung und die Zunahme des motorisierten Individualverkehrs ebenso wenig zu stoppen, wie andererseits die Zuspitzung sozialer Konflikte zu konstatieren bleibt.

Dennoch genießt die Gesamtregion nach wie vor ein großes nationales wie internationales Ansehen. So wurde Seattle auch 1998 zur „Best City in the west", somit zur schönsten Stadt der USA gekürt. Sie gilt in ganz USA als beliebter Wohnstandort und übt, wie bereits in den 70er Jahren des 20. Jahrhunderts, als viele Menschen von Kalifornien in den Norden zogen, weiterhin eine besondere Faszination aus. Das interessante Naturraumpotential, die kulturelle Vielfalt und ein hochwertiges Wohnraumangebot zieht insbesondere junge Akademiker an.

Wen verwundert diese Tatsache, wenn man bedenkt, dass es z.B. in Vancouver durchaus möglich ist, den Tag mit einem Sprung in den Pazifik zu beginnen, tagsüber zu arbeiten und den Feierabend auf der stadtnahen (Outdoor-)Skipiste zu verbringen?

Nicht zuletzt aus dem Bewusstsein für die Einmaligkeit der Naturgegebenheiten und der daraus resultierenden Lebensqualität entspringt ein gemeinsames Problemverständnis und die Formulierung planerischer Zielsetzungen für die Gesamtregion. Administrativ stehen sich auf der Ebene der beiden Stadtregionen Greater Vancouver und Greater Seattle mit dem Greater Vancouver Regional District und dem Pudget Sound Regional Council zwei vergleichbare Institutionen gegenüber. In ihren Planwerken „Vision 2020" für Seattle und „Livable Region Strategic Plan" in Vancouver sind die generellen Zielsetzungen der Siedlungsentwicklung weitgehend deckungsgleich. So gilt die Ausbildung von Siedlungszentren, die Förderung einer kompakten Bauweise, die Festlegung von Siedlungsgrenzen oder der Ausbau des ÖPNVs zu den Zielaussagen der Stadtentwicklung in beiden Regionen. Seit Anfang der 90er Jahre werden die Verbindung von Siedlungs- und Verkehrsentwicklung, bessere Erreichbarkeit, Nachverdichtung, Schutz der Natur als Zielaussagen auf regionaler Ebene verfolgt (vgl. z.B. Washington State Growth Management Act 1991). Die Umsetzung dieser generellen Ziele hängt von viele Faktoren ab und wird in beiden Stadtregionen durchaus unterschiedlich gehandhabt. Kommen wir damit zu dem, was beide Städte voneinander unterscheidet.

Unterschiedliches

Planungssystem

Das gemeinsame Problemverständnis darf nicht darüber hinwegtäuschen, dass es auf nationaler, auf Provinz- und auf lokaler Ebene erhebliche Unterschiede bei der instrumentellen Umsetzung gibt. Wenngleich an dieser Stelle nicht darauf eingegangen werden kann, seien zwei Sätze zum prinzipiellen Verständnis angemerkt.

Seattle hat kein Stadtplanungsamt im europäischem Sinne, sondern die planerischen Aufgaben konzentrieren sich auf die Befugnisse einer Bauaufsichtsbehörde

(Kontrolle der Einhaltung technischen Standards und Zonierungsvorschriften). Planung ist eng mit den Finanzen gekoppelt. Allerdings gibt es auf der Ebene der Stadtteile vielfältige Neighbourhood-Gruppen, welche als kompetente Vermittler zwischen Politik, Verwaltung und Investoren Planung auf Stadtteilebene betreiben. Der von einer individualisierten und marktorientierten Grundhaltung bestimmten Planungsauffassung in den USA, welche privaten Entwicklern weitreichende Kompetenzen einräumt, steht in Kanada eine stärkere Orientierung der öffentlichen Planung auf das Gemeinwesen gegenüber.

In Vancouver übernehmen Regionalplanung, Flächennutzungsplanung und Stadtentwicklungsplanung eine stärkere planerische Steuerungsfunktion. Als Beispiel kann das Programm „CityPlan Vancouver 1994-1997" angesehen werden, das aus einem Prozess intensiver Bürgerbeteiligung entstanden ist und die wesentlichen Schwerpunkte der Stadtentwicklung formuliert. Seine Wirksamkeit im Hinblick auf die kommunale Planungspraxis näher zu untersuchen, zu beurteilen oder gar zu bewerten, wäre in diesem Rahmen vermessen.

Sozialstruktur
Ein erheblicher Unterschied, und deshalb von großer Bedeutung für das Verständnis der Stadtentwicklung in den beiden Metropolen, ist die ethnische Zusammensetzung ihrer Bevölkerung.

Obwohl beide Regionen schon immer erhebliche Wanderungsgewinne zu verzeichnen hatten, beschränkt sich

Abb. 6: Skyline von Seattle
(Foto: Frank Pflüger)

die Zuwanderung in Seattle weitgehend auf den US-amerikanischen Bereich, während Greater Vancouver aufgrund der liberaleren Einwanderungsgesetzgebung in Kanada und seiner historischen Verflechtung mit dem asiatischen Raum erhebliche Zuwanderung aus Asien zu verzeichnen hat.

Demzufolge sieht die ethnische Zusammensetzung in den beiden benachbarten Städten grundverschieden aus:

In Seattle herrscht die weiße US-amerikanische Bevölkerung vor. Lediglich die Asiaten mit 12% und die Afro-Amerikaner mit 10% stellen jeweils noch eine große Bevölkerungsgruppe dar.

In Vancouver bietet sich dagegen ein völlig anderes Bild. Fast 35% der 1,9 Millionen Menschen im Großraum Vancouver (Greater Vancouver) sind Immigranten und davon ein überwiegender Teil Asiaten. Vancouver besitzt damit nach San Fransisco die zweitgrößte Chinatown Nordamerikas.

Seit 1971 ist das sogenannte ethnische Mosaik offizieller politischer Grundsatz und seit 1988 verbindliche Leitlinie der Politik. Dadurch soll das Zusammenleben der Kulturen besonders gefördert werden und die benachteiligten ethnischen Gruppen individuelle Unterstützung erhalten. Doch die ethnischen Konflikte und die sozialen Disparitäten sind in einer internationalen Einwanderungsstadt wie Vancouver nicht zu übersehen. Auch im einwanderungsfreundlichen Kanada ist eine asienkritische Stimmung zu erkennen, die sich durch den Einwanderungszustrom des letzten Jahrzehnts deutlich verstärkte:

Allein zwischen 1991 und 1996 zogen 189.660 registrierte Immigranten nach Vancouver. Bezogen auf das gesamte Wachstum (1991-1996: + 229.000 EW) bedeutet dies, dass die Bevölkerungsgewinne zu über 80% aus dem Zuzug von Immigranten resultieren. 73,9% der zugezogenen neuen Einwohnern sind asiatischer Herkunft, überwiegend aus Hongkong und China. Dieser Zuwanderungsboom in den 90er Jahren drückt sich auch dadurch aus, dass 30% aller in Greater Vancouver registrierten Immigranten überhaupt erst zwischen 1991 und 1996 eingewandert sind.

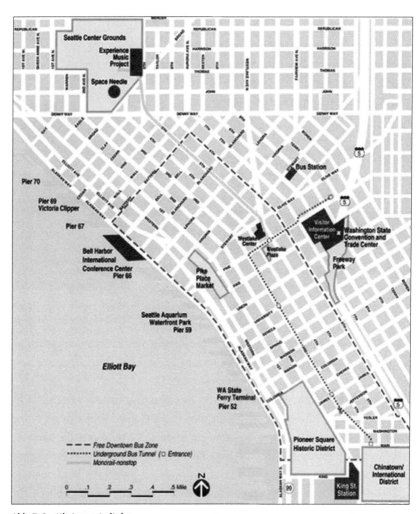

Abb. 7: Seattle Innenstadtplan
(Quelle: www.cityofseattle.net)

Städtebauliche Struktur der Innenstädte
Bedingt durch den weitgehend ungebremsten Zustrom von Menschen in die Region und die rasante wirtschaftliche Entwicklung entstanden raumgreifende Suburbs. An der Peripherie der Städte breiten sich monotone, sich immerwährend wiederholende Wohnsituationen und Einkaufs- und Arbeitswelten fast beliebig addierbar aus. Abgesehen von der teilweise imposanten Einbettung in die topographisch bewegte Landschaft unterscheiden sie sich wenig von den allerorts wiederkehrenden Vorortstrukturen mit den bekannten Problemen einer mangelnden Infrastrukturausstattung und der stark auf den motorisierten Individualverkehr konzentrierten Erschließung.

Trotz ähnlicher Ausgangsbedingungen haben sich die Innenstädte allerdings recht unterschiedlich entwickelt. Ihre Lage am Wasser, das rechtwinklige Straßenraster oder die Hochhausskyline beider Städte können nicht darüber hinwegtäuschen, dass völlig unterschiedliche Stadtqualitäten in den zentralen Bereichen vorzufinden sind. Der eher klassischen amerikanischen Innenstadt mit einem hochverdichteten Central Business District in Seattle steht in Vancouver eine niedriggeschossigere, gemischt genutzte Stadtstruktur gegenüber.

Seattle Downtown: Von Highways eingeschnürt
Seattle erscheint beim ersten Blick auf Downtown als normale nordamerikanische Stadt mit einer Skyline von Hochhäusern, die austauschbar sind, einem Mix aus Büro- und Handelsgebäuden und einem Erschließungssystem, das trotz einer bewegten Topographie konsequent orthogonal umgesetzt wurde.

Doch Downtown Seattle und die angrenzenden Bezirke haben mehr zu bieten. So schaffen durch die Topographie unterstützte Sichtbeziehungen ein reizvollen Wechselspiel von Nähe und Ferne, Natur und Bebauung. Nördlich und südlich an den engeren Business District grenzen Quartiere, die durch ein Nebeneinander von Gewerbe, Dienstleistung und Wohnen geprägt sind.

Abb. 8: Seattle: Smith-Tower aus dem Jahre 1914
(Fotos: Frank Pflüger)

In Downtown, mittlerweile fast versteckt zwischen Hochhaustürmen der Nachkriegszeit, finden sich neben dem historischen Bezirk Pioneer Square, noch einige Juwelen vergangener Baukunst. So zum Beispiel der 1914 fertiggestellte Smithtower, Symbol für eine Aufbruchstimmung einer boomenden Stadtentwicklungsepoche.

Dieses 42-stöckige Bürogebäude war zu seiner Zeit das höchste Gebäude außerhalb New Yorks und dokumentiert mit weiteren Gebäuden der Art Deco Epoche die herausragende Stellung Seattles zu Beginn des 20. Jahrhunderts.

Eine wichtige städtebauliche Planung in dieser vom Goldrush stimulierten Hochphase Seattles stellt der „Olmstedt Park Plan" dar. Vom berühmten Landschaftsplaner John C. Olmstedt aus Boston wurde ein durchgängiges Park- und Boulevardsystem für die Gesamtstadt konzipiert, das – zwar nur in wenigen Teilen umgesetzt – das Stadtbild noch heute durch ausgedehnte Grünbereiche mitbestimmt.

Allerdings können die Qualitäten und Reize in der Innenstadt nicht darüber hinwegtäuschen, dass vieles in dieser Stadt fragmentarisch, punktuell und teilweise wie zufällig wirkt. Ein durchgängiges, ablesbares Konzept für die Innenstadt fehlt. Öffentliche Räume werden vom Individualverkehr dominiert, qualitätsvolle und hochwertig gestaltete Zonen, wie z.B. innerstädtische Plätze oder die Uferpromenade sind für sich genommen städtebaulich sinnvoll, doch sie entfalten keine Gesamtwirkung.

Der wesentlichste Grund für dieses Erscheinungsbild einer gerade an ihren Rändern von starken Brüchen geprägten Innenstadt liegt in der Verkehrsentwicklung begründet.

Ein folgenschwerer städtebaulicher Fehler war der Bau des Alaskan Highway. Als Freeway parallel zum Ufer gebaut, wirkt er wie eine befahrene Stadtmauer. Über diese herbe Zäsur kann auch die begonnene Umnutzung der vorgelagerten Uferzone zu einer öffentlichen Flaniermeile nicht hinwegtäuschen. Die mittlerweile in der Stadtentwicklung wünschenswerte und in vielen Städten gelungene Hinwendung zum Wasser mit einer hochwertigen Waterfront wird durch den Alaskan Freeway blockiert.

Abb. 9: Freeway am Ufer der Elliott Bay, Seattle

Das Gegenstück zur Uferautobahn bildet die Interstate 5, ein unmittelbar am östlichen Rand der Downtown vorbeiführender Highway. Er zieht sich in Nord-Süd-Richtung als breite Verkehrsachse mitten durch die Stadt und koppelt die Innenstadt von den umliegenden Stadtteilen ab.

Als städtebauliche Fremdkörper hinterlassen dieser Infrastrukturbänder eine zerteilte, fragmentarische Stadtstruktur, deren Überwindung nur punktuell gelingt. Doch diese Straßen sind in ihrer hohen Auslastung auch Ausdruck des autofixierten Verkehrs- und Siedlungsmodells. Immense regionale wie überregionale Pendlerströme konzentrieren sich bedingt auch aufgrund der bewegten Topographie auf einige wenige große Verkehrsachsen.

Angesichts der katastrophalen Verkehrssituation haben sich die Bürger Seattles 1996 für eine Förderung und Ausbau des ÖPNV ausgesprochen und auch die Finanzierung übernommen. Sie stimmten für eine kommunale Besteuerung, um die notwendigen 2 Milliarden Dollar aufzubringen. Doch alle Anstrengungen den Busverkehr zu fördern und den schienengebundenen Verkehr auszubauen, konnten bisher an der teilweise katastrophalen Verkehrssituation nichts ändern.

Vancouver – Stadtumbau eröffnet neue Qualitäten
Von weitem gesehen ist die Downtown Vancouver eine Ansammlung von Hochhäusern, die einem zufälligen Prinzip folgend sich aneinander reihen. Doch bei näherer Betrachtung sind die Gebäude nicht so hoch gebaut wie in Seattle und nicht nur schwerpunktmäßig einer Nutzung vorbehalten.

Zu einer Zeit als US-amerikanische Innenstädte verödeten, die Funktionen sich entmischten und große zentrale Bereiche brachfielen (vgl. z.B. Fehl 1995), hat sich in Vancouver eine vielfältige Bau- und Nutzungsstruktur mit einem hohen Anteil an innerstädtischem Wohnen behaupten können.

Trotz der auch in Greater Vancouver einsetzenden Suburbanisierung gelang es dank einer starken lokalen Bewegung (vgl. Schubert 2001b), seit den späten 60er Jahren des 20. Jahrhunderts innerstädtisch verdichteten Wohnungsbau für breite Bevölkerungsschichten zu betreiben. Die City als Wohnstandort behielt ihre Bedeutung. Im West End entstand schrittweise zwischen der grünen Halbinsel Stanley Park und dem Business District ein innerstädtisches Wohngebiet von ganz eigenem Charakter und hoher Dichte.

Während in Seattle die großen Verkehrsachsen die Innenstadt einschnüren und die Entwicklung zum Wasser hin erheblich erschweren, waren in Vancouver die Uferkanten von je her der Industrie, dem Hafen und der Eisenbahn vorbehalten, so dass auch hier lange Zeit große Uferpartien „closed areas" waren. Nahmen mit steigendem Verkehrsaufkommen die negativen städtebaulichen Folgen in Seattle eher noch zu, so eröffnete der wirtschaftliche Strukturwandel Vancouver neue Uferperspektiven. Insbesondere durch Veränderungen im Welthandel fielen seit den 60er Jahren des 20. Jahrhunderts Gewerbe- und Industriezonen brach und eröffneten damit Vancouver die Chance, eine umfassende Innenstadtentwicklung einzuleiten. Zug um Zug gelang es, die Waterfronts als Lebensraum der Stadt zurück zu erobern und gemischt genutzte Quartiere auf diesen Flächen zu entwickeln. Die östlich vom Stanley Park am Ufer des False Creek begonnene Entwicklung wurde beim Ausstellungskonzept der Expo 1986 aufgegriffen, indem Achsen und öffentliche Bereiche auf dem Ausstellungsgelände bewusst Bezüge zur

Abb. 9: Blick auf die nördliche Skyline von Vancouver
(Foto: Frank Pflüger)

Stadt und zum Wasser herstellten. Ähnlich wie in Barcelona, wo die Planungen für die Olympiade 1992 einer vom Wasser abgeschnittenen Stadt ein neues Gesicht gaben, gelang es auch in Vancouver in Folge des Großevents die Stadt weiter zum Wasser hin zu öffnen.

Der in den 80er Jahren vorhandenen planerischen Einsicht einer qualitätsvollen Cityentwicklung, kam – ganz in der Tradition der Geschichte Vancouvers – ein externer Umstand zugute: Die langjährigen engen Beziehungen nach Asien erwiesen sich als erheblicher Katalysator für die Nachnutzung brachgefallener Stadtbereiche.

Denn ausgelöst durch die Verunsicherung im Zusammenhang mit der Rückgabe der britischen Kronkolonie Hongkong an China 1997, setzte eine erhebliche Zuwanderung ein (s.o.). Gleichzeitig transferierten Hongkong-Chinesen im großen Stil Gelder ins Ausland. Traditionelle wirtschaftliche und familiäre Verbindungen, gepaart mit den politischen Rahmenbedingungen in Kanada und der Provinz British Columbia machten Vancouver zu einem begehrten Investitionsort für diese Kapitalflucht.

Stimuliert durch diese Direktinvestitionen wurden rund um Downtown Vancouver große Umbauprojekte angeschoben. Bei einem Bevölkerungswachstum von 50.000 EW/Jahr und einer überdurchschnittlichen Investitionsbereitschaft von Hongkong-Chinesen konnten die Baukräne der Nachfrage kaum gerecht werden.

Verständlicherweise konnte die Vehemenz des Stadtumbaus, seine Dynamik und sein externer asiatischer Motor nicht ohne erhebliche Auswirkungen auf die umliegenden Stadtbereiche vonstatten gehen. Im gleichen Zuge wie sich städtebauliche Qualitäten auf den ehemals brachgefallenen Arealen entwickelten und die Zugänglichkeit des Ufers in großen Bereichen möglich wurde, standen die angrenzenden Gebieten vor einem Veränderungsprozess, der noch immer andauert. Und dies ist durchaus ambivalent zu sehen: Auf der einen Seite werden für die Stadtentwicklung positive Restrukturierungsmaßnahmen angestoßen. So z.B. in Yaletown, wo sich in Nachbarschaft zum Pacific Projekt eine gemischt genutzte Struktur entwickelt. Alte Lager- und Wohngebäude werden modernisiert und umgenutzt und bilden die Kulisse für neue urbane Qualitäten.

Auf der anderen Seite sind Gentrification-Prozesse, ausgelöst durch die Großprojekte auch in Vancouver ein bekanntes Phänomen. Steigende Mieten, Verdrängung der angestammten Bevölkerung und der ansässigen Ge-

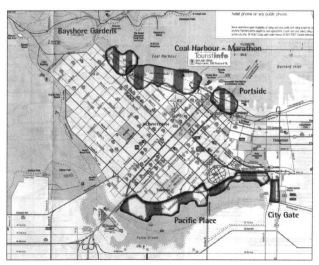

Abb. 11: Aktuelle Interventionsbereiche in der City von Vancouver

werbetreibenden gefährden z.B. Gastown, den ältesten Stadtteil Vancouvers. Als Wohn- und Lebenswelt von sozial benachteiligten Bevölkerungsgruppen grenzt er unmittelbar an den zur Ausdehnung des CBDs anstehenden Bereich von Portside.

Das Projekt Concord Pacific Place, als Nachnutzung für die Expo-Ausstellungsfläche und das Coal Harbour-Projekt sind die beiden großen zentralen Interventionsflächen. In verdichteter Hochhausbebauung wurde ein exklusives Angebot an hochwertigen Wohnungen geschaffen.

Auf dem parallel zum False Creek gelegenen ehemaligen Expo-Gelände wird ein neuer Stadtteil für 15.000 Menschen errichtet. In einer 30-35 geschossigen Hochhausbebauung entsteht mit dem Concord Pacific Place-Projekt südlich der Downtown ein neues innerstädtisches Wohngebiet. Entscheidendes Kriterium für die städtebauliche Ordnung ist der Ausblick und die Bewahrung der Blickbeziehungen zu der umgebenden Berglandschaft. Der erzielbare Verkaufserlös der Wohnungen richtet sich nach der jeweiligen Aussicht.

Diese Entwicklungsmaßnahme steht für die zweite Generation des innerstädtischen Wohnungsbaus seit Mitte der 80er Jahre. Eine Unternehmensgruppe unter Federführung von Li Ka-shing, einem der reichsten Männer Hongkongs, kaufte das Expo-Gelände und entwickelte es unter streng wirtschaftlichen Gesichtspunkten. Insbesondere zu Beginn der 90er Jahre herrschte hier ein regelrechter Bauboom. Menschen standen Schlange in den auch in Hongkong errichteten Showrooms, um eine der Wohnungen zu bekommen. Doch der Run auf dem Immobilienmarkt hat mittlerweile deutlich abgenommen. Eine vollständige Entwicklung des Areals wird langsamer als zunächst erwartet vonstatten gehen. Neben der Zielgruppe des asiatischen Kunden und Kapitalanleger wird nunmehr verstärkt um solvente weiße Käufer geworben.

Abb. 12: Neue Nutzungen in den Lagergebäuden in Yaletown, Vancouver

Diese wenngleich elitär anmutende, monostrukturierte und in ihrer architektonischen Ausgestaltung wenig abwechslungsreiche Nachnutzung am False Creek schafft hohe städtebauliche Qualitäten, die eine erhebliche Bereicherung für die Gesamtstadt darstellt.

Abb. 13: Unbebautes innerstädtisches Grundstück in Seattle
(Fotos: Frank Pflüger)

Die ungleiche Entwicklung am Pazifik
Eine hohe Lebensqualität und große Ausstrahlungskraft zeichnet beide Städte sowie die gesamte Region am Pazifik aus. Fokussiert sich der Blick auf die Zentren, so werden allerdings deutliche qualitative Unterschiede sichtbar. Nicht zuletzt die vorhandenen Nutzungen, der städtebauliche Umgang mit den Wasserkanten oder die innerstädtischen Bautypologien in Seattle und Vancouver verdeutlichen, dass es sich bei diesen Städten um eine jeweils spezifische Ausprägung des nordamerikanischen Stadttyps handelt.

Downtown Seattle entspricht dabei in weiten Teilen dem klassischen europäischen Bild der nordamerikanischen Stadt. Die Innenstadt wird von Bürohochhäusern dominiert; die umliegenden Quartiere sind von niedriggeschossiger Bebauung geprägt, die dem Wohnen und dem Gewerbe vorbehalten ist.

Für Seattles Innenstadt wird sowohl die Reduzierung des motorisierten Individualverkehrs angestrebt als auch eine für alle Nutzungen verträgliche bauliche Entwicklung. So zielen Regelungen im „Downtown Plan" – dem Rahmenplan für die Innenstadtentwicklung – darauf, die nutzungsgemischten innerstädtischen Quartiere vor den negativen Folgen der Expansion des Geschäftsbereichs zu schützen. Dazu werden zum Erhalt bestehender Wohnungen und zur Förderung des sozialen Wohnungsneubaus Bonussysteme eingerichtet, die beim Bau von Wohnungen oder sozialen Einrichtungen den Transfer bzw. den Erwerb von Bebauungsrechten vorsehen. Diese Anreize führen allerdings nicht zu einer innerstädtischen Konzentration, vielmehr entwickelt sich der Wohnungsbau wie in den vorangegangenen Jahrzehnten eher an den Rändern der Stadt weiter. Die durch die Innenstadt Seattles führenden Highways erschweren zudem eine geordnete, zum Wasser hin orientierte städtebauliche Entwicklung.

Demgegenüber erscheint die Innenstadt Vancouvers eher als Vertreterin des nordamerikanischen Stadttyps mit – bezogen auf die vorzufindende Nutzungsmischung – europäischen Einschlägen. Der spezielle Hochhauswohntyp Vancouvers ist den meisten europäischen Innenstädten zwar fremd, doch die seit den 70er Jahren betriebene innerstädtische Wohnungsbautätigkeit geht konform mit den Zielen der europäischen Stadt. Nicht zuletzt durch die Wiedernutzung der brachgefallenen Uferzonen bei kontinuierlich steigender Wohnungsbautätigkeit entstand gerade in innerstädtischen Bereichen eine nutzungsgemischte und kompakte Stadtstruktur mit außerordentlich hohen Qualitäten. Damit kann Vancouver als interessantes Modell für innerstädtische Nutzungsmischung angesehen werden.

Die Gründe für diese Unterschiede sind weniger in den jeweils geltenden Planungssystemen der USA und Kanadas zu suchen, als vielmehr in planerischen Entscheidungen der Vergangenheit. Denn die offiziellen Ziele der Stadtpolitik in beiden Städten wie Stärkung der Wohnfunktion in den innenstadtnahen Wohnquartieren, Stärkung und Erhalt der gewachsenen Gewerbestruktur, Schaffung zusätzlicher Grün- und Freiräume und konzentrierte Entwicklung der Uferzonen zu einem erlebbaren Stadtraum unterscheiden sich nicht wesentlich. Doch die Umsetzung dieser Stadtentwicklungsziele ist in den beiden Städten grundsätzlich verschieden verlaufen. Hauptverantwortlich dafür sind vor allem die in der Vergangenheit getroffenen Entscheidungen. Sie haben Strukturen oder Vorgaben geschaffen, die eine Realisierung der Ziele jeweils befördern oder aber hemmen können.

So sind zum Beispiel die bereits in den 50er und 60er Jahren gebauten innerstädtischen Highways in Seattle eine schwere Hypothek für die Stadtentwicklung. In einzelnen Bereichen wie z.B. am Pioneer Square oder an der neugestalteten Uferzone ist es zwar gelungen, hohe Qualitäten zu erzielen. Ob es allerdings jemals gelingen wird, die großen Zäsuren der Highways zu beseitigen, um damit insbesondere die angestrebte Entwicklung zum Wasser hin tatsächlich überzeugend zu schaffen, bleibt zumindest für absehbare Zeit mehr als fragwürdig.

Vancouver kennt solche einschneidenden Einschränkungen in diesem Maße nicht. Ganz im Gegensatz zu Seattle wurde in Vancouver die Entwicklung der Uferzonen durch vier zusammenhängende Faktoren geradezu begünstigt:
1. Eine bereits in den 70er Jahren aktive Bürgerschaft, die sich für Erhalt und Ausbau innerstädtischer Wohnformen stark machte,
2. das Brachfallen der Uferzone nördlich und südlich der Innenstadt, bedingt durch den ökonomischen Strukturwandel,
3. ein Expokonzept, das das Potential der Waterfront thematisierte sowie
4. ein Nachnutzungskonzept für das zentrale Expo-Ausstellungsgelände, das sich die besonderen Standortqualitäten am Wasser zu eigen machte.

Der dadurch initiierte dynamische Umstrukturierungsprozess des letzen Jahrzehnts wird weitergehen. So werden insbesondere im Umfeld von Gastown zusätzlich zu den geplanten Erweiterungsprojekten größere Bahnareale brachfallen. Es bleibt zukünftig abzuwarten, inwieweit dabei die Balance zwischen privatwirtschaftlich orientierter Entwicklung à la Concord Pacific Projekt und einer sozialorientierten Stadterneuerung funktionieren kann. Der Rückgang der Investitionstätigkeit in den letzten drei Jahren kann der Stadt Vancouver – vorausgesetzt der politische Wille dazu besteht – den notwendigen Spielraum für zukunftsweisende Planungsentscheidungen geben. Denn bereits bei den Projekten der 90er Jahre wurde erkennbar, dass die ökonomisch orientierten Ziele der Entwicklungsgesellschaften nicht immer mit den Bestrebungen, eine qualitätsvolle und den Zielen der Nachhaltigkeit verpflichteten Stadtentwicklung zu betreiben, konform gehen.

Nicht nur für den aus- und inländischen Zuwanderer, der Lebens- und Umfeldqualitäten sowie Arbeitsbedingungen schätzt, den Kapitalanleger, der im Trend in der Life-Style Metropole Vancouver sich einkaufen möchte oder den Naturfreund, der am Ende des Kontinents und vor dem Absprung in die umliegende Naturparadiese noch mal Großstadt-Luft tankt, sondern gerade für Architekten und Stadtplaner sind die zwei Stadttypen Seattle und Vancouver interessante Vergleichsobjekte und Anziehungspunkte. Anschauungsunterricht zum Beispiel für den Umgang mit städtischen Uferkanten, für die Steuerung dynamischer Stadtentwicklungsprozesse oder für die Entwicklung innerstädtischer Nutzungsmischung ist in jedem Fall garantiert.

Literatur

Blore, Shawn (1999): Building Smileyville. In: Vancouver magazine 11.1999. 48-59
Eagan, Timothy (1999): Cascadia. In: Geo Spezial – Amerikas Nordwesten.
Fehl, Gerhard (1995): Detroit Revisited. In: Stadtbauwelt 127. 2034-2039
Glaser, R. u.a. (2000): Strategien nachhaltig ökologischer Planung in der Kanadischen Lifestyle-Metropole Vancouver.
Lawhon, Larry (2000): „Living first" in Downtown Vancouver. In: Zonings news. 4.2000
Olds, Kris (1998): Der transpazifische Immobilienmarkt. In: Stadtbauwelt 137. 588-591
Ott, Thomas (2001): Cascadia Zukunftswerkstatt oder verlorenes Paradies? In: Geographische Rundschau 53. 2001. 4-11
Schubert, Dirk (2001a): Festival Market Places als Revitalisierungsstrategie für brachgefallene Hafen- und Uferzonen in Baltimore, New York, Boston und Seattle. In: ders. (Hg.)(2001): Hafen- und Uferzonen im Wandel. Berlin. 319-360
Schubert, Dirk (2001b): „Canadians do it better" – Der Umbau von Hafen- und Uferzonen in Toronto und Vancouver. In: ders. (Hg.) (2001): Hafen- und Uferzonen im Wandel. Berlin. 376-399
www.bcstats.gov.bc.ca/
www.city.bc.ca/commsvcs/planning
www.cityofseattle.net/
www.city.vancouver.bc.ca
www.city.vancouver.bc.ca/commsvcs/planning
www.concordpacific.com
www.gvrd.bc.ca
www.historylink.org/welcome.htm
www.pan.ci.seattle.wa.us/seattle
www.psrc.org

Gerd Hennings,
Christiane Ziegler-Hennings
Wiedernutzung von Gewerbebrachen in den USA –
Brownfields Redevelopment

Seit mit der Schaffung des *Superfund* im Jahr 1980 das Thema der Altlasten auf Brachen zu einem großen Thema der Umweltpolitik in den USA geworden ist, hat sich sehr viel getan.[1] Nach Daten der *United States Environmental Protection Agency* (*EPA* oder *USEPA*) sind im Rahmen des *Superfund*-Programms bis zum Jahr 2000 rd. 760 hochbelastete Brachflächen, die auf der Nationalen Prioritätsliste standen, gereinigt und wieder nutzbar gemacht worden. Es gibt weitere 1.450 Standorte, die auf der heutigen Nationalen Prioritätsliste stehen. Auf vielen von ihnen haben die Sanierungsarbeiten begonnen und werden in absehbarer Zeit zu Ende geführt werden (United States Environmental Protection Agency 2002: 2).

Trotz dieser Leistungen ist in den letzten zwanzig Jahren immer deutlicher geworden, dass der *Superfund*, der sich auf die am stärksten kontaminierten Brachflächen konzentriert, nur einen verschwindend geringen Teil von kontaminierten Gewerbebrachen in den Vereinigten Staaten erfasst. Zwar gibt es keine genauen Zahlen über das Ausmaß an Gewerbebrachen in den USA, aber in den letzten Jahren hat der wirtschaftliche Strukturwandel derart viele Gewerbebrachen in den amerikanischen Städten und auch kleineren Gemeinden hervorgebracht, dass andere Ansätze erforderlich wurden, die neben dem Ansatz des *Superfund* realisiert werden.

In erster Linie ist dabei an die *Brownfields Economic Redevelopment Initiative* zu denken, die im Jahr 1995 von der *United States Environmental Protection Agency* (*EPA*) ins Leben gerufen wurde und seitdem nationalweit erhebliche Wirkungen entfaltet (United States Environmental Protection Agency 1997a: 1-16). Daneben sind aber auch die einzelnen Staaten sehr aktiv und haben eigene Programme verabschiedet. Entsprechend einer Untersuchung des *Northeast-Midwest Institute* aus dem Jahre 2000 führen 47 der 50 US-Staaten eigene *Brownfields*-Programme durch – nur Nord- und Süddakota sowie Wyoming haben keine eigenen Initiativen gestartet. Und zum Dritten ist darauf hinzuweisen, dass es auch zahlreiche Städte gibt, die eigene *Brownfields*-Aktivitäten durchführen und z.T. damit sehr bekannt geworden sind (Northeast-Midwest-Institute 2001: 2).

Alles in allem bedeutet das, dass das Thema Wiedernutzung von Gewerbebrachen (*Brownfields Redevelopment*) eine der ganz großen Fragestellungen in der räumlichen Planung der USA geworden ist. Sieht man sich die amerikanische Literatur an, die Titel von Konferenzen und die Vielzahl der Programme, die sich mit der Wiedernutzung von Gewerbebrachen beschäftigten, dann wird schnell deutlich, dass in den USA die Wiedernutzung von Gewerbebrachen politisch einen deutlich höheren Stellenwert hat als in der BRD. Gleichzeitig lässt diese Vielzahl der Aktivitäten das Thema relativ unüberschaubar werden.

Aus der Vielzahl der Aktivitäten und der unterschiedlichen Situationen kann an dieser Stelle nur ein relativ kleiner Ausschnitt dargestellt werden. Der Beitrag gliedert sich in fünf Teile.

Der erste Teil beschäftigt sich mit allgemeinen Aspekten der Diskussion um Gewerbebrachen, d.h. mit einer Definition von Gewerbebrachen sowie mit Hinweisen auf deren Ausmaß und Entstehung in den USA. Es wird auf die Hindernisse eingegangen, die dazu führen, dass Gewerbebrachen auch in den USA häufig nicht von selbst über den Markt einer Wiedernutzung zugeführt werden. Am Ende dieses ersten Teils werden die Ziele der öffentlich geförderten Politik des *Brownfields Redevelopment* genannt.

Im zweiten Teil versuchen wir, einen knappen Überblick über die Aktivitäten zu geben, welche die Bundesregierung der Vereinigten Staaten im Hinblick auf das Thema *Brownfields Redevelopment* unternommen hat und noch unternimmt. Die zurzeit relevante *Brownfields Economic Redevelopment Initiative* der *EPA* ist darauf angelegt, „Staaten, Städte, Indianerstämme, Gemeinden und andere Beteiligte in die Lage zu versetzen, zeitgemäß dabei zusammenzuarbeiten, Gewerbebrachen zu vermeiden, einzuschätzen, sie sicher zu sanieren und einer nachhaltigen Wiedernutzung zuzuführen" (United States Environmental Protection Agency 2000a: 1).[2]

Der dritte Teil unseres Beitrages besteht aus einer Fallstudie. Der Ort der Fallstudie ist Traverse City, eine kleine Stadt im Staat Michigan. Michigan ist ein Bundesstaat, der interessante eigene Programme zur Wiedernutzung von Gewerbebrachen aufgelegt hat. In der vorgelegten Fallstudie über die Wiedernutzung einer innerstädtischen Gießereibrache wird deutlich, dass der Ansatz des Staates Michigan bei der Lösung des Wiedernutzungsproblems in Traverse City eine deutlich größere Rolle gespielt hat als die Ansätze des Bundes.

Darum soll im vierten Teil exemplarisch auf die *Brownfields Redevelopment*-Programme des Staates Michigan eingegangen werden. Dabei gibt es z.T. andere Überlegungen und andere Ansätze als auf der Ebene der Nationalregierung.

Im fünften Teil wollen wir einen kleinen Einblick in das geben, was sich auf der lokalen Ebene tut. Viele Städte haben eigene *Brownfields Redevelopment*-Aktivitäten begonnen, z.T. noch vor der Initiative des Bundes. Heute spielt in wachsendem Maße aber das Bundesprogramm eine Rolle – insbesondere der Ansatz der sog. *Brownfields Showcase Communities*. Wir werden exemplarisch drei verschiedenen *Showcase Community*-Strategien darstellen, die sehr unterschiedlichen Charakter haben. Damit soll die Reichweite der Strategien beleuchtet werden, die mit den *Brownfields Redevelopment*-Aktivitäten verknüpft werden können.

Teil I:
Allgemeines zum Thema: Wiedernutzung von Gewerbebrachen in den USA

Zur Definition von Brownfields
Ähnlich wie in der BRD gibt es in den USA keine allgemeinverbindliche Definition von Gewerbebrachen. Im Grunde hat sich die pragmatische Festlegung der *Environmental Protection Agency* durchgesetzt: Die *EPA* definiert *Brownfields* als „abandoned, idled, or under-used industrial and commercial facilities where expansion or redevelopment is complicated by real or perceived environmental contamination"[3] (United States Environmental Protection Agency 1997b: 1).

Stellt man eine Definition daneben, wie sie in der BRD üblich ist, so gibt es einige Unterschiede. So definieren Winkler/Kriebel folgendermaßen: „Eine Fläche ist dann eine Gewerbebrache, wenn sie nach Aufgabe der gewerblich-industriellen Nutzung über einen längeren Zeitraum ungenutzt und – unter ökonomischen Gesichtspunkten – funktionslos geworden ist, für die sich aus unterschiedlichen Gründen keine Folgenutzung über den Markt findet und für die folglich aus städtebaulichen Gründen Handlungsbedarf gegeben ist." (Winkler/Kriebel 1992: 2)

Die US-amerikanische Definition stellt also – klarer als die deutsche Definition – auf den Aspekt der Kontaminationen ab. Nur kontaminierte ehemalige Gewerbeflächen und -gebäude werden als *Brownfields* bezeichnet. Es gibt daneben sicher auch nicht mehr genutzte Flächen, die nicht kontaminiert sind. Diese zählen also strenggenommen nicht zu den sog. *Brownfields* und sie werden auch nicht in den üblichen *Brownfields*-Programmen bearbeitet.

Weiter wird konsequenter als in der deutschen Definition darauf abgestellt, dass auf den sanierten *Brownfields* neue private Investitionen stattfinden sollen. Die amerikanische Diskussion betont mehr als die deutsche Definition das Potential der Gewerbebrachen für neue investive Entwicklungen, mit denen Arbeitsplätze geschaffen werden können.

Die Sanierung einer kontaminierten Gewerbefläche soll einerseits die Umweltsituation auf dem gegebenen Standort verbessern, andererseits soll sie auch neue Rentabilitätschancen für Investoren bereitstellen. Dementsprechend wird davon ausgegangen, dass die Wiedernutzung von Gewerbebrachen eine „Win-Win-Situation" sowohl für die Wirtschaft als auch die Umwelt schafft (Northeast-Midwest-Institute 2001: 1).

Zum Ausmaß von Brownfields in den USA
Nach einer Umfrage der *United States Conference of Mayors* aus den Jahren 1999/2000 existieren allein in den 232 Städten, die an der Umfrage teilnahmen, mehr als 21.000 *Brownfields* (United States Conference of Mayors 2000: 9). Die Gesamtzahl der in den USA bekannten *Brownfields* wird auf mehr als 450.000 geschätzt. Die amerikanischen Autoren betonen aber, dass es sich hierbei nur um eine grobe Schätzung handele, auf die man sich geeinigt habe (Northeast-Midwest-In-

stitute 2001: 2). Niemand kennt die tatsächliche Zahl von *Brownfields* in einem Staat. Man weiß nicht, ob die Mehrzahl der *Brownfields* in den Städten liegt oder in den ländlichen Regionen, und man weiß auch nicht, in welchem Ausmaß die lokalen Ökonomien unter den Gewerbebrachen leiden und inwieweit eine Wiedernutzung tatsächlich zu Aufschwungprozessen in darniederliegenden lokalen Ökonomien führen.

Insgesamt ist natürlich zu beachten, dass das Problem der Wiedernutzung von gewerblichen Brachen ein Dauerthema ist. Immer wieder entstehen neue Gewerbebrachen im Zuge des wirtschaftlichen Strukturwandels. Dies gilt um so mehr bei einem Strukturwandel, der unter dem Diktat der Globalisierung erfolgt.

Gründe für das Aufgeben der gewerblichen Nutzungen auf den Altstandorten
Genau wie in der Bundesrepublik liegt auch in den USA der zentrale Grund für die Aufgabe der gewerblichen Nutzung darin, dass im Rahmen des Strukturwandels die gewerbliche Produktion oder Dienstleistungsnutzung veraltet ist und nicht mehr profitabel gestaltet werden kann. Die Betriebe, in denen diese veraltete Produktion stattgefunden hat, werden in vielen Fällen am Standort geschlossen. Z.T. geht damit das ganze Unternehmen unter. Im Falle eines Konkurses bleibt dann auch nicht genug Geld für Altlastensanierungen oder neue Investitionen zurück.

Während der letzten zwei Jahrzehnte haben die USA wie alle hochindustrialisierten Nationen auf der Welt eine wesentliche Verschiebung in ihrer Industriestruktur erfahren. Traditionelle Schwerindustrie ist ersetzt worden durch Leichtindustrie und Spezialitätsproduktionen, die kleinere und kompaktere Fabriken erfordern. Generell ist viel Industriebeschäftigung verlorengegangen und durch Dienstleistungsbeschäftigung ersetzt worden. Die Betriebe der Dienstleistungsbranchen haben andere Standortvoraussetzungen als die traditionellen Industriebetriebe. Darum kennt fast jede Stadt in den USA den Prozess der Aufgabe von Fabriken und das Problem der unzureichenden Wiedernutzung der aufstehenden Gebäude und Flächen.

Ein zweiter Grund liegt im Prozess der Verlagerung von Unternehmen, z.T. als Folge der Suburbanisierung von Bevölkerung und Kapital, z.T. als Folge der Abwanderung in sonnenreichere Gebiete oder in Gebiete, in denen geringere Löhne gezahlt werden. Diese Verlagerungsprozesse werden in der Regel durch Standortrestriktionen an den Altstandorten ausgelöst. Die wichtigste Standortrestriktion ist dabei, dass bei einem immer weiteren Wachsen einer erfolgreichen Fabrik irgendwann ein Flächenengpass entsteht. Für die nächste Stufe der Ausdehnung der Produktion muss ein neuer Standort gesucht werden.

In diesem Fall werden häufig die neuen Betriebe irgendwo anders errichtet. Die alten Gebäude werden zurückgelassen und nicht mehr beachtet. Dabei spielt auch eine große Rolle, dass amerikanische Unternehmen deutlich mobiler sind als die deutschen Unternehmen und dabei auch größere Entfernungen bei einer Betriebsverlagerung in Kauf nehmen als deutsche Unternehmen. Das hängt auch damit zusammen, dass auf dem US-amerikanischen Gewerbeflächenmarkt deutlich mehr Mietangebote vorhanden sind als auf dem bundesdeutschen Gewerbeflächenmarkt – auch für kleinere und mittlere Unternehmen im Industriebereich.

Schwierigkeiten und Hindernisse bei der Wiedernutzung einer gewerblichen Brachfläche

Einen schnellen Überblick über die von den amerikanischen Städten immer wieder genannten Hindernisse bei der Wiedernutzung von Gewerbebrachen gibt Abbildung 1. Die Abbildung ist Ergebnis der schon oben erwähnten Befragung von 232 Städten und ist durch die *Conference of Mayors* veröffentlicht worden (United States Conference of Mayors 2000: 11).

Von den befragten 232 Städten benannten immerhin 208 Städte die Frage der Finanzierung der Altlastensanierung als Hindernis bei der Wiedernutzung. Damit ist die Notwenigkeit, finanzielle Mittel zur Altlastensanierung bereitzustellen, das bedeutsamste Hindernis bei der Wiedernutzung von Gewerbebrachen.

Das zweitwichtigste Hindernis ist die Frage der Haftung bei Altlastenflächen. Wenn zwar grundsätzlich der ehemalige Eigentümer und Verursacher der Flächen für die Wiederherrichtung und Altlastensanierung verantwortlich ist, dann stellt sich doch die Frage, ob dieser Eigentümer noch vorhanden ist und herangezogen werden kann. Kann der ehemalige Eigentümer die Kosten für die Wiederaufbereitung finanziell tragen? Eine Frage ist auch, ob nicht ein möglicher Erwerber der kontaminierten Fläche für die Kosten der Altlastensanierung herangezogen werden kann oder nicht. Wer die deutsche Diskussion um die Sanierung der Altlasten kennt, weiß, dass in Deutschland ähnliche Fragen diskutiert werden.

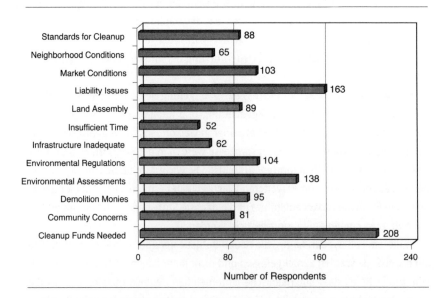

Abb. 1: Hindernisse bei Wiedernutzung von Gewerbebrachen (Impediments to Brownfields Redevelopment) (Quelle: United States Conference of Mayors 2000: 11)

Das drittwichtigste Hindernis wird in Unsicherheiten im Hinblick auf die Einschätzung der Umweltverhältnisse gesehen. Hier stellen sich immer wieder neue Fragen, die ebenfalls aus der bundesdeutschen Diskussion bekannt sind.

Weitere wichtige Hinderungsgründe sind die nach Auffassung der Städte *zu strengen Umweltvorschriften*. Und als genauso wichtiges Hindernis haben die Städte die Marktverhältnisse genannt. Damit ist gemeint, dass in der Regel an den Altlastenstandorten die Nachfrage nach Grundstücken und Mietflächen zu gering ist, um für eine schnelle Wiedernutzung allein über den Markt zu sorgen. Die Nachfrage ist zu gering, damit gibt es keine Preiserhöhungsspielräume, und ohne entsprechende Preissteigerungen wird eine Investition als nicht lohnend eingeschätzt.

Die Aufzählung verweist also im wesentlichen auf fehlende Kenntnisse derjenigen, die sich mit Brachflächen auseinandersetzen; sie stellt auf Konflikte mit dem Umweltschutz ab und auf die häufig fehlende Nachfrage nach Gewerbeflächen sowie auf die hohen Kosten der Revitalisierung von Gewerbebrachen.

Ziele und Nutzen der Wiedernutzung von Brownfields
Abbildung 2 zeigt, welche Ziele und welche Nutzenvorstellungen die amerikanischen Städte verfolgen, wenn sie sich um die Wiedernutzung von Gewerbebrachen bemühen. Dabei werden in erster Linie ökonomische Ziele genannt, was nicht weiter überrascht. Es werden aber auch sehr viele Zielvorstellungen erwähnt, die deutlich etwas mit nachhaltiger Raum- und Stadtentwicklung zu tun haben (United States Conference of Mayors 2000: 13). Als wichtigstes Ziel wird die Erhöhung der Steuerbasis der Stadt genannt. Da die Grundsteuern die bedeutendsten städtischen Steuern sind, ist der Zusammenhang mit der Wiedernutzung von Grund und Boden sehr deutlich.

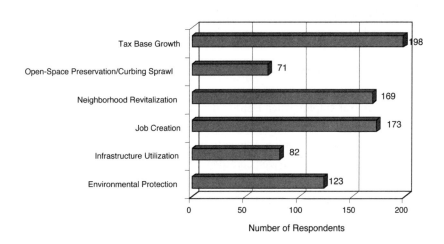

Abb. 2: Nutzen der Wiedernutzung von Gewerbebrachen (Benefits of Brownfields Redevelopment)
(Quelle: United States Conference of Mayors 2000: 11)

Als zweitwichtigstes Ziel wird die Schaffung von Arbeitsplätzen angegeben. Damit ist vor allem gemeint, dass auf den Wiedernutzungsflächen meistens eine gewerbliche Wiedernutzung erfolgen sollte. Aber auch bei anderen Formen der Wiedernutzung lassen sich Zusammenhänge mit der Schaffung von Arbeitsplätzen finden oder konstruieren.

Das drittwichtigste Ziel ist die Wiederbelebung von Nachbarschaften oder Quartieren. Dass dieses Ziel einen solch hohen Stellenwert hat, dürfte damit zusammenhängen, dass Gewerbeflächen und Industrieruinen, die über längere Zeit brachliegen, auch immer das Image der Nachbarschaften beeinträchtigen. Dann kommt leicht eine Abwärtsspirale in Gang, die schnell dazu führt, dass die Besserverdienenden das Quartier verlassen, dass immer mehr Problemgruppen in die frei gewordenen Wohnungen einziehen, und dass dann das ganze Quartier in einen Prozess der Verelendung gezogen wird, aus dem nur sehr schwer wieder herauszukommen ist. *Brownfields Redevelopment* wird als Instrument angesehen, das dazu geeignet ist, diese Abwärtsspirale umzudrehen und einen neuen Geist und neue Hoffnungen in ein heruntergekommenes Quartier zu bringen.

Umweltschutz wird als viertwichtigstes Ziel genannt. Dabei wird darauf abgestellt, dass die Sanierung von kontaminierten Flächen ein zentraler Aspekt einer auf Umweltschutz und Umweltverbesserung gerichteten Politik sein muss. Eine starke Rolle spielt auch die *Open Space Preservation*, also eine Politik, die es vermeidet, Freiflächen in Anspruch zu nehmen – und damit sind insbesondere Freiflächen im Stadtumland gemeint. Das wird sehr deutlich dadurch, dass der Aspekt der Freiraumschonung häufig zusammen mit dem Ziel *Curbing Sprawl* genannt wird, also der Absicht der Verringerung des Prozesses der Zersiedlung. *Urban Sprawl* wird heute von vielen Amerikanern als großes Problem empfunden, das die Qualität des Lebens erheblich einschränkt. Und bei der erneuten Suche der Planer nach *Livable Communities* in den Städten kommt der Wiedernutzung von Gewerbebrachen eine erhebliche Bedeutung zu (Wilson, Butler 2002: 3).

Teil II: Gesetze, Programme und Initiativen auf Bundesebene

Die immer stärker empfundenen Defizite des *Superfund*, insbesondere seine begrenzte Reichweite in Anbetracht der wachsenden Anzahl von Gewerbebrachen, führte dazu, dass sich die Clinton-Administration Anfang der 90er Jahre intensiver als bisher mit dem Thema Gewerbebrachen beschäftigen musste. Im Jahr 1994 wurden von der Nationalregierung zusammen mit einer Reihe von Interessengruppen Vorschläge zur Verbesserung des *Superfund*-Programms und der allgemeinen Altlastenproblematik ausgearbeitet. Mit den Vorschlägen der verschiedenen Initiativen sollte eine größere Effizienz der Programme herbeigeführt und die Öffentlichkeit stärker eingebunden werden. Dabei sollten Barrieren, die einer Wiedernutzung der Gewerbebrachen entgegenstanden, beiseite geräumt und dadurch die brachliegenden Standorte wieder in Wert gesetzt werden (Süßkrau, Visser, Burgers

2000: 1). Die Vorschläge und Initiativen wurden in der sog. *Brownfields Economic Redevelopment Initiative* zusammengefasst.

Die Federführung für diese Initiative wurde der *Environmental Protection Agency (EPA)* übertragen, dem Umweltschutzministerium der Nationalregierung, das in den 70er Jahren im Zusammenhang mit dem *Superfund-Law* gegründet worden war. Die *EPA* hat in den Jahren seit 1995 jährlich rund 90 Mio. Dollar für ihre Aktivitäten im Rahmen der Gewerbebrachen-Initiative zur Verfügung gehabt. Die neue Bush-Administration hat diesen Betrag noch erheblich ausgedehnt. Im Haushaltsjahr 2002 stehen der *EPA* rund 97 Mio. US-Dollar zur Verfügung. Und im Haushaltsjahr 2003 wird eine Verdoppelung dieses Betrages auf rund 200 Mio. Dollar erfolgen!

Außer der *EPA* sind allerdings noch viele andere Regierungsinstitutionen an der *Brownfields Economic Redevelopment Initiative* beteiligt. Die *EPA* muss im Rahmen der Initiative auch mit den einzelnen Staaten sowie mit den Kreisen und Städten zusammenarbeiten, um ihre Ziele zu realisieren. Beachtenswert ist, dass die jeweiligen Bundesstaaten für die Schaffung und Umsetzung eigener Gesetze zur Altlastensanierung zuständig sind. Der *EPA*-Ansatz ist damit von vornherein auf Kooperation angelegt.

Neben der *EPA* ist das *U.S. Department of Housing and Urban Development (HUD)* ein wichtiger Akteur im Rahmen des Handlungsfeldes *Brownfields-Redevelopment*. Das Ministerium für Wohnen und Stadtentwicklung sieht Gewerbebrachen als wichtiges Potential für ökonomische Entwicklungen und die Revitalisierung von Nachbarschaften. Das *HUD* gibt jährlich 25 Mio. Dollar Zuschüsse für städtebauliche Maßnahmen im Rahmen der *Brownfields Economic Development Initiative (BEDI)*. Andere Programme des *HUD* stellen Ressourcen für die Erneuerung ökonomisch zurückgebliebener Gebiete zur Verfügung. Besondere Bedeutung haben dabei das *Community Development Block Grant Program (CDBG)* und das *Section 108 Loan Garantee Program* des *HUD* (Northeast-Midwest-Institute 2001: 3).

Der Ansatz der Brownfields Economic Redevelopment Initiative der Environmental Protection Agency (EPA)
Der Ansatz der *Brownfields Economic Redevelopment Initiative* der *EPA* wurde zum erstenmal durch die Veröffentlichung einer *Brownfields Action Agenda* bekannt gemacht und umrissen, die am 25. Januar 1995 durch den Chef der *EPA* heraus gegeben wurde (United States Environmental Protection Agency 1995: 1). Gleichzeitig wurde betont, dass sich die Agenda als *work in progress* versteht und sich mit den wachsenden Erfahrungen verändert. Seitdem ist die Agenda dreimal erneuert worden.

Anfang des Jahres 2002 stellt sich die *Brownfields Economic Redevelopment Initiative* als komplexes System von miteinander verbundenen Programmen und Aktivitäten dar, das zunächst vier Bausteine enthielt:

Baustein 1: *Brownfields Pilots* (Pilotprogramme für Gewerbebrachen)
Baustein 2: *Clarification of Liability and Cleanup Issues* (Klärung von Haftungsfragen und von Standards der Sanierungsziele)
Baustein 3: *Partnerships and Outreach* (Partnerschaften und Außenstellen)
Baustein 4: *Job Development and Training* (Arbeitsplatzentwicklung und Ausbildung).

Als Ergänzung und Baustein 5 gab es in den Jahren seit 1997 zusätzliche Finanzierungsprogramme und neue Finanzierungsinstrumente. Dabei wurden zahlreiche Fondsprogramme ins Leben gerufen.

Brownfields Pilots
Vornehmliches Ziel der Pilotprogramme ist es, in den Staaten der USA und in den Kommunen der einzelnen Staaten Modelle der Wiedernutzung von Gewerbebrachen zu testen. Dabei ging es zunächst darum, Verfahren zur Analyse von Altlasten auf den Flächen zu erproben und den Sanierungsaufwand zu kalkulieren. Bald wurde allerdings deutlich, dass auch bei den weiteren Sanierungs- und Wiedernutzungsschritten Pilotprogramme das geeignete Instrument darstellen, um Kenntnisse zu erwerben, die dann systematisch in der gesamten USA zu kommunizieren sind. Diese sollen die Kommunen und gesellschaftlichen Gruppen dazu instand setzen, aus eigener Kraft eine Wiedernutzung von Gewerbebrachen herbeizuführen. Heute gibt es neben den sog. *Brownfields Assessment Demonstration Pilots* u.a. Pilotprogramme zur Erprobung von Haftungsfragen neuer Finanzierungsinstrumente sowie zur Erprobung von Ausbildungsanforderungen und Ausbildungsmodellen. Die Homepage der *EPA* benennt Anfang 2002 unter dem Stichwort *Brownfields Pilots and Demonstrations* folgende Programme:
- *Assessment Demonstration Pilots*
- *Brownfields Cleanup Revolving Loan Fund Pilots*
- *Job Training and Development Demonstration Pilots*
- *Resource Conservation and Recovery Act (RCRA) Brownfields Pilots*
- *Brownfields Showcase Communities*
- *Brownfields Success Stories*
- *Pilot Application Information*
- *Resources for Pilot Participants*
- *Supplemental Pilot Awards*
- *Targeted Brownfields Assessments*

(United States Environmental Protection Agency 2001b: 1)

Es dürfte den Rahmen dieses Beitrages sprengen, auf jedes dieser Projekte im Einzelnen einzugehen. Das *EPA* unterstützt seit 1996 für einen Zeitraum von jeweils zwei Jahren 50 Staaten, Städte, Gemeinden, Kreise und Stämme mit 200.000 Dollar bei diesen verschiedenen Pilotprojekten. Seitdem sind mehr als 360 Projekte gefördert worden. Dabei sind Sanierungs- und Entwicklungsmodelle getestet, rechtliche Vorschriften geklärt und rechtliche Barrieren abgebaut worden, ohne Schutzwirkungen der rechtlichen Regeln aufzugeben. Dabei sind Finanzierungsmodelle ausprobiert und Experten für die Wiedernutzung von Gewerbebrachen ausgebildet worden. Über Erfolgsgeschichten und die sog. *Showcase Communities* wurde das Wissen um die Möglichkeiten der Wiedernutzung von Gewerbebrachen kommuniziert und in erheblichem Maße verbreitet.

Abbildung 3 gibt einen Überblick über die *Brownfields Assessments Pilots* in nur einer der Regionen der USA – der Region 5.

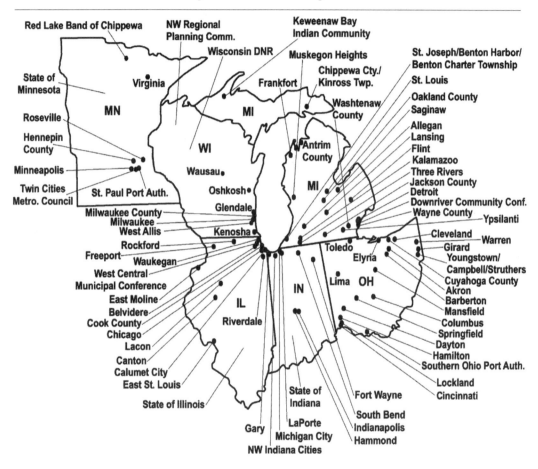

Abb. 3: Brownfields Assessments Pilots Region 5
(Quelle: United States Environmental Protection Agency 2000b: o.S.)

Klärung von Haftungsfragen

Die *EPA* hat eine Reihe von Verfahren entwickelt, die auf die Bedenken von Institutionen und Personen bezüglich der Haftung für Bodenkontamination eingehen. Es sind insbesondere Finanzierungsinstitutionen, Stadtverwaltungen, Grundstückseigentümer, Developer sowie mögliche Käufer eines Altlastengrundstücks, die sich mit derartigen Haftungsrisiken auseinander zu setzen haben.

So kann zum Beispiel die *EPA* Verträge mit möglichen Käufern eines kontaminierten Grundstückes schließen, die zum Ziel haben, den Käufer von der Haftung für einen bestehenden Altlastenschaden freizustellen.

Ebenso verdeutlicht die *EPA* möglichen Interessenten durch sog. *Comfort Letters*, inwieweit die *EPA* sich bei bestimmten Gewerbebrachen engagiert und welche Verantwortlichkeiten sie dabei übernimmt.

Weiter führt die *EPA* ein Archiv von etwa 31.000 Standorten (aus einer Liste, die im Rahmen des *Superfund* erstellt worden ist), bei denen deutlich gemacht wird, dass hier keine *Superfund*-Interessen mehr bestehen. Das bewirkt, dass das Stigma einer möglichen Kontamination und einer damit verbunden Schadenshaftung von diesen Standorten genommen wird.

Partnerships and Outreach

Die *EPA* hat von Anfang an auf Partnerschaften mit Bundesministerien, Staaten, Städten, Kommunen, Stämmen und anderen Organisationen gesetzt, um einen koordinierten Ansatz bei der Wiedernutzung von Gewerbebrachen sicherzustellen.

Schon ab 1997 hat die Clinton-Administration diesen Ansatz verstärkt durch die Bildung einer *Brownfields National Partnership* und durch die Veröffentlichung einer *Brownfields National Partnership Action Agenda*. Zu dieser *National Partnership* gehören beinahe alle Bundesministerien, die sich verpflichtet haben, einen Teil ihrer Mittel in die Gewerbebrachen-Initiative einzubringen. Eine *Federal Interagency Working Group on Brownfields* wurde gebildet, um eine bessere Koordination und Integration innerhalb der Ministerien sicherzustellen. Die *EPA* berichtet, dass durch die mehr als 100 Verpflichtungen, die von den jeweiligen Ministerien und Behörden übernommen worden sind, mehr als 400 Mio. Dollar an Investitionsmitteln für die Gewerbebrachen-Revitalisierung bereitgestellt wurden.

Brownfields Showcase Communities

Kern der Aktivitäten der *Brownfields National Partnership* ist die Zusammenarbeit mit sog. *Brownfields Showcase Communities*. In diesen *Showcase Communities* sollen exemplarisch umfangreiche Wiedernutzungsstrategien entwickelt sowie einzelne spezifische Wiedernutzungsprojekte geplant und implementiert werden. Für die *Vorzeigekommunen* werden von den Bundesministerien in erheblichem Maße finanzielle Mittel aus verschiedenen Fördertöpfen bereitgestellt. Die *Showcase Communities* erhalten zielgerichtete technische und finanzielle Unterstützung. Zu jeder *Showcase Community* wird ein Bundesangestellter delegiert, der bei der Koordination der technischen und finanziellen Unterstützung helfen und die zahlreichen Umweltthemen ansprechen soll. Die *Showcase Communities* sollen erfolgreiche Wiedernutzungsmaßnahmen demonstrieren und eine nationale Aufmerksamkeit für ihre Wiedernutzungsaktivitäten erhalten.

Die *Brownfields Showcase Communities* werden in einem wettbewerbsähnlichen Verfahren bestimmt. Sie müssen sich bewerben und werden anschließend mehreren Beurteilungsrunden unterworfen. Schließlich werden einige ausgewählt. Im Jahr 1998 wurden die ersten sechzehn Gemeinden designiert: Zu ihnen gehörten und gehören Baltimore (MD), Chicago (IL), Dallas (TX), East Palo Alto (CA), Eastward Ho! (Southeast FL), Glen Cove (NY), Kansas City (KS/MO), Los Angeles (CA), Lowell (MA), Portland (OR), The State of Rhode Island/Providence, St. Paul (MN), Salt Lake City (UT), Seattle/King County (WA), Stamford (CT), Trenton (NJ). Im Oktober 2000 wurden 12 weitere *Showcase Communities* benannt. Während in der ersten Runde im wesentlichen größere Städte und ihre Programme erfolgreich waren, wurden in der zweiten Runde 9 größere und kleinere Städte mit *Empowerment Zones* ausgewählt, dazu vier ländliche Gemeinden und zwei indianische Gemeinschaften.

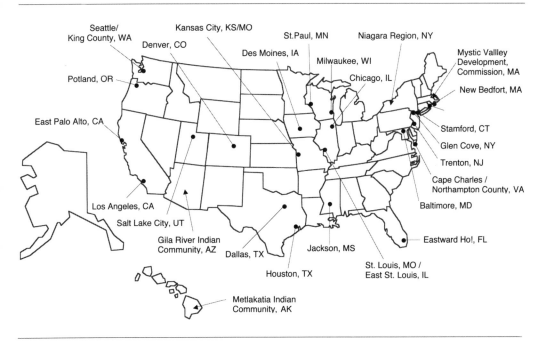

Abb. 4: Showcase Communities
(Quelle: United States Environmental Protection Agency 1998: o.S.)

Insgesamt wird angestrebt, alle Regionen der USA zu beteiligen und dabei alle Gebiets- und Ortstypen zu berücksichtigen. Die *EPA* behauptet, dass in den *Showcase Communities* von den Zuschüssen der Bundesregierung zusätzliche städtischen und privaten Investitionen bei der Wiedernutzung von Brachflächen in Höhe von 900 Mio. Dollar ausgelöst wurden (United States Environmental Protection Agency 2000a: 2).

Abbildung 4 zeigt die zweiundzwanzig *Showcase Communities*. Deutlich wird, wie sie über die Vereinigten Staaten verteilt sind. Sie haben z.T. sehr unterschiedliche Ausgangssituationen und sehr verschiedene Zielsetzungen. Einen kleinen Einblick in diese Projekte liefert Teil V dieses Beitrages.

Job Development and Training
Die *Environmental Protection Agency* arbeitet mit lokalen Bildungseinrichtungen zusammen, um in Gemeinden mit *Brownfields*-Problemen Personen zu Umweltexperten auszubilden, die in der Lage sind, einen aktiven fachlichen Beitrag zur Wiedernutzung von Gewerbebrachen zu leisten. Bei der Rekrutierung werden Personen aus benachteiligten Stadtteilen bevorzugt. So sollen Umweltschutzziele und Arbeitsplatzziele miteinander vereinbar gemacht werden. Zwischen 1998 und 2000 hat die *EPA* 37 *Job Training and Development Demonstration Pilots* gefördert. Das Programm wird laufend fortgesetzt und ausgedehnt.

Besondere *Finanzierungsinstrumente*
Zur Unterstützung der Bemühungen der Institutionen und Akteure, die sich um die Wiedernutzung von *Brownfields* bemühen, sind von der Clinton-Regierung zwei Finanzierungsinstrumente geschaffen worden, deren Bedeutung gar nicht hoch genug eingeschätzt werden kann: die *Federal Brownfields Tax Incentive* einerseits und das *Brownfields Cleanup Revolving Loan Fund Pilot*-Programm andererseits.

Die Federal Brownfields Tax Incentive
Die *Federal Brownfields Tax Incentive* wurde durch den *Taxpayer Relief Act* geschaffen, der am 5. August 1997 von Präsident Clinton unterzeichnet wurde. Mit dieser rechtlichen Regelung wurden neue steuerliche Anreize gestaltet, die bei Sanierungsmaßnahmen auf kontaminierten Gewerbebrachen in städtischen und ländlichen Notstandsgebieten eingesetzt werden können. Der Kern der Regelung besteht darin, dass die Umweltsanierungskosten in bestimmten festgelegten Gebieten im Jahr ihrer Entstehung voll steuerlich abzugsfähig sind. Die Clinton-Regierung hat geschätzt, dass der steuerliche Anreiz einen Wert von 1,5 Mrd. Dollar erreicht und dass durch diesen Anreiz private Investitionen in Höhe von 6 Mrd. Dollar ausgelöst werden. Dabei ist unterstellt, dass rd. 14.000 Gewerbebrachen einer Wiedernutzung zugeführt werden können.

Die Regeln der *Tax Incentive* besagen, dass die Grundstücke, bei deren Sanierung diese steuerlichen Vorteile genutzt werden können, in einem der vom Gesetz genannten Gebiete liegen und bestimmte Kriterien im Hinblick auf Nutzung, Lage und Verunreinigung erfüllen müssen. Der Steuerzahler muss Eigentümer des Grundstücks sein und die Kosten für die zukünftige Nutzung tragen. Das Grundstück muss kontaminiert sein oder mindestens eine Altlastenverdachtsfläche sein.

Die Brownfields Cleanup Revolving Loan Funds Pilots
Die *Brownfields Cleanup Revolving Loan Funds* (*BCRLF*) Pilotprogramme ermöglichen, dass Bundesstaaten, Groß- und Kleinstädte, Bezirke und *Tribes* revolvierende Darlehensfonds einrichten, die zur Sanierung von kontaminierten Gewerbebrachen eingesetzt werden. Die *EPA* stellt finanzielle Hilfe und Beratung dafür zur Verfügung, dass die o.g. Körperschaften derartige Fonds einrichten

können. Revolvierend bedeutet, dass die Darlehensrückzahlungen zur Ausgabe neuer Darlehen verwendet werden müssen. Bis Ende Oktober 2000 hat die *EPA* 104 derartige *BCRLF* Pilotprojekte mit Zuschüssen zwischen 350.000 und 500.000 Dollar unterstützt. Sie rechnet mit weiteren 35 Fonds jährlich, die mit Anfangskapital bis zu 1 Mio. Dollar ausgestattet werden müssen (United States Environmental Protection Agency 2001a: 3).

Die Anträge auf einen Fonds müssen sich einem konkurrierenden Verfahren stellen. Sie werden von dem *EPA Regional Panel* evaluiert, dem Mitarbeiter der *EPA*, u.a. der *Regional Brownfields Coordinator* und Vertreter anderer Bundesbehörden angehören. Sieht man sich die aktuelle Liste der neu aufgenommenen *BCRLF Pilots* vom September 2001 an, lässt sich feststellen, dass Projekte aus allen Staaten, von Massachusetts bis Florida, von Michigan, Kansas, Kalifornien bis Arizona zur Förderung ausgewählt wurden (United States Environmental Protection Agency 2001a: 3)

Die *EPA* nennt weitere *Meilensteine* ihrer Gewerbebrachen-Initiative, auf die hier jedoch nicht weiter eingegangen werden soll:
- das *Clean Air/Brownfields Pilots Partnership*-Programm
- das *Targeted Brownfields Assessments*-Programm
- das *RCRA/Brownfields Prevention Pilots*-Programm.

Teil III: Fallstudie River's Edge in Traverse City in Michigan

Die Fallstudie greift ein Projekt aus einer Mittelstadt in Michigan – Traverse City – auf. Das Beispiel ist nicht besonders spektakulär, aber typisch für kleinteiligere Gewerbebrachen in kleineren Städten. Das Beispiel soll in einer Perspektive *von unten* die Probleme darstellen, wie sie sich in der Praxis der Planung in den USA ergeben. Es handelt sich um ein innerstädtisches *Mixed Use*-Projekt. Auch das ist heute typisch für die innerstädtischen Projekte in vielen Städten.

Der Fall ist besser zu verstehen, wenn man ihn in einen knappen Überblick über die Wirtschaftsgeschichte des Staates Michigan einbettet:

Aspekte der Wirtschaftsgeschichte des Staates Michigan
   Der Bundesstaat Michigan ist einer der *Grand Lakes States*. Er liegt – etwas vereinfacht – zwischen dem Lake Michigan und dem Lake Huron. Wie man auf Abbildung 5 sieht, besteht Michigan im wesentlichen aus zwei Halbinseln. Im Süden des Staates liegt der Hauptteil des Landes – die sog. *Lower Peninsula*. Im Norden liegt die sog. *Upper Peninsula*, die im wesentlichen an Kanada, den Lake Superior und den Staat Wisconsin grenzt.

Michigan ist ein leicht hügeliges Land, eine heute im wesentlichen landwirtschaftlich genutzte Parklandschaft, ohne spektakuläre landschaftliche Höhepunkte. Größere zusammenhängende Waldflächen findet man nur noch in der *Upper Peninsula* – dort lebt man auch sehr weit entfernt von der modernen amerikanischen Zivilisation. Als die ersten Weißen in die Gegend kamen, die heute Michigan ist, war dieses Land dicht bewaldet und verfügte über eine reiche Tierwelt. Es war dünn besiedelt und bewohnt von den Irokesen, Huronen, Shawnees und anderen Indianerstämmen.

Im 17. Jahrhundert begannen die Franzosen das Land in Besitz zu nehmen. Sie wurden im 18. Jahrhundert von den Engländern verdrängt. Diese wurden in der Folgezeit in etliche kriegerische Auseinandersetzungen mit den Indianern und in Kämpfe gegen die vordrängenden Amerikaner verwickelt. Am Ende des 18. Jahrhunderts (1796) mussten die Engländer Michigan aufgeben. Die Amerikaner waren die Gewinner der ständigen Auseinandersetzungen. Michigan wurde aber erst in den 30er Jahren des 19. Jahrhunderts ein Staat der Vereinigten Staaten.

Das wirtschaftliche Wachstum Michigans beruhte zunächst auf den Naturschätzen der Region. Die erste wichtige Einnahmequelle, die z.B. den bekannten Deutschen Astor zum Millionär machte, war der Pelzhandel.

Die ökonomische Entwicklung machte einen großen Sprung, als auf der *Upper Peninsula* Bodenschätze entdeckt wurden: reiche Kupfer- und Eisenerzvorkommen bildeten die Grundlage für zahlreiche Bergbauunternehmen. Darauf aufbauend

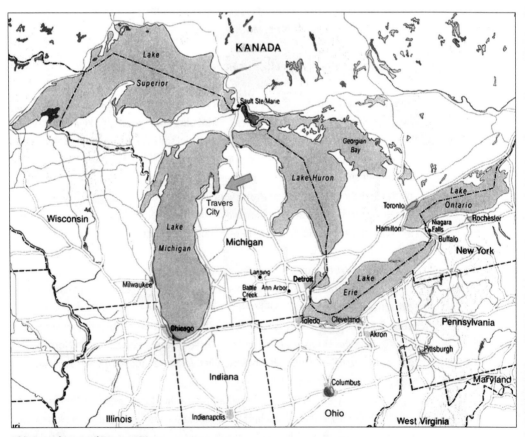

Abb. 5: Michigan und Traverse City
(eigene Darstellung)

entstanden weiterverarbeitende Betriebe der Grundstoffindustrien, Eisen- und Stahlproduktionen, Gießereien, Walzwerke etc.

Die dritte Basis der Ökonomie Michigans wurde wenig später die Landwirtschaft: Über lange Jahre war Michigan die Kornkammer der Vereinigten Staaten, und es kommt nicht von ungefähr, dass die bekannten *Kelloggs Cornflakes* aus Michigan stammen. Der Hauptsitz der Firma Kelloggs ist heute noch die Kleinstadt Battle Creek mitten im ländlichen Michigan.

Die vierte Quelle der ökonomischen Entwicklung wurde die Holzindustrie. Ende des 19. Jahrhunderts wurden die reichen Waldbestände Michigans abgeholzt, womit neue Reichtümer verdient wurden. Auf der Basis der Holzproduktion entstanden zahlreiche Holz verarbeitende Betriebe im Land: Sägewerke, Möbelindustrien und Papierfabriken. Der Wirtschaftsschiffsverkehr über die Seen und die Kanäle spielte dabei eine bedeutende Rolle. Die meisten kleinen Hafenstädte am Lake Michigan und am Lake Huron entwickelten sich damals zu Industriestandorten mit einem Wirtschaftshafen. Die Spuren davon sind heute noch sichtbar und berühren das Brachflächenthema unmittelbar.

Die genannten Faktoren führten zu Beginn des 20. Jahrhunderts u.a. dazu, dass an verschiedenen Stellen in Michigan Autofabriken entstanden (Rohstoffe waren nahe, Verkehrswege waren ausgebaut, Kapital war akkumuliert, Ingenieure waren vorhanden). So wurde Michigan der Staat der Automobilproduktion und die Region Detroit die wichtigste Automobilregion der USA. Lange Zeit war Detroit die größte Automobilstadt der Welt.

Die Zeiten haben sich geändert. Die Holzproduktion ist lange ausgelaufen, die Bergwerke auf der *Upper Peninsula* sind seit den 70er Jahren des 20. Jahrhunderts stillgelegt. Die frühen Eisenwerke, Gießereien und Walzwerke waren zu klein und sind vom Markt verschwunden. Ebenso sind die Sägewerke und die Papierfabriken am Lake Michigan zum großen Teil aufgegeben worden.

Die Automobilfabriken in der Stadt Detroit haben die Stadt längst verlassen. Die Ford-Werke und die General-Motors-Werke liegen heute weit außerhalb der Stadt, irgendwo im suburbanen Raum der 5-Mio-Einwohner-Agglomeration Detroit. Die Folge davon sind Gewerbebrachen – und zwar überall über das Land verstreut. Faktisch jede Kleinstadt am Lake Michigan hat ihr Gewerbebrachenproblem. Die 1,3-Mio-Einwohner-Stadt Detroit ist heute die problematischste Großstadt in den USA, die verzweifelt darum kämpft, ihre alte Attraktivität wiederzugewinnen, während die suburbanen Gemeinden jenseits der City von Detroit blühen.

Die Hauptstadt Michigans ist Lansing, eine kleine Stadt mit rd. 130.000 Einwohnern und ebenfalls erheblichen Brachflächenproblemen. Von hier fährt man etwa 4 bis 5 Stunden mit dem Auto, um nach Traverse City zu gelangen.

Das Projekt River's Edge in Traverse City
Traverse City ist eine hübsche kleine Stadt von 15.000 Einwohnern. Die Stadt wurde 1847 als Handelsposten für die Pelzhändler gegründet. Sie liegt verkehrsgünstig

am Lake Michigan. Als der Pelzhandel an Bedeutung verlor, waren es vor allem der Holzeinschlag in den riesigen Wäldern in der Umgebung der Stadt sowie die Landwirtschaft, die der kleinen Stadt einen bescheidenen Wohlstand verschafften. Heute finden besonders die Obstplantagen weithin Beachtung. Das *Nationale Kirschenfestival* zeigt, dass die Region so etwas wie das *Alte Land* in der BRD ist.

Die wichtigste Wirtschaftsbranche ist mittlerweile der Tourismus. Die Lage am See, aber auch die zentrale Lage, von der aus man viele Ausflüge in die Umgebung machen kann, haben die Traverse City Region zu einer Wachstumsregion gemacht. Zwar ist die Einwohnerzahl von Traverse City seit Jahren unverändert, aber das suburbane Wachstum ist beachtlich: Die Zahl der Einwohner stieg hier von 52.000 (1980) auf 73.000 im Jahr 1997.

Beim Projekt *River's Edge* geht es um die Wiedernutzung einer alten Industriefläche, die im Innenstadtrandgebiet von Traverse City liegt. Die besondere Lagequalität des Standortes ist offensichtlich – es ist die Lage am Fluss, dem Boardman-River, der mitten durch die Stadt vom Boardman Lake zur Grand Traverse Bay führt.

Abb. 6: Lage des Standortes in der Innenstadt von Traverse City
(Quelle: River's Edge Project: o.J.: 1)

Die Gesamtfläche des Standortes misst 3,2 ha; das Grundstück war über 100 Jahre lang Standort einer mächtigen Gießerei, der *Traverse City Ironworks*. Diese wurde Ende der 60er Jahre geschlossen und bestand dann als Gewerbebrache, an deren Wiedernutzung niemand Interesse zeigte, rd. 15 Jahre lang (Robin 2000: 1-3).

Im Jahr 1985 erwarb ein Konsortium aus einer örtlichen Baufirma und einem Projektentwickler das Grundstück. Man hatte sehr ehrgeizige Entwicklungspläne. Aus vielen Gründen kam das Projekt aber nicht richtig in Gang. Einer der wichtigsten Gründe waren die in Michigan zur damaligen Zeit sehr strengen Haftungsgesetze im Hinblick auf die Altlastenrisiken auf dem Grundstück.

Das Grundstück war hoch mit Kontaminationen belastet: zahlreiche hochgiftige Schwermetalle in den üblichen Gießerei-Sänden, vermischt mit Gießerei-Schlacke. Zusätzlich waren unerwartete unterirdische Vorratstanks gefunden worden und damit weitere Bodenbelastungen festgestellt. Ende der 80er Jahre waren zumindest die aufstehenden Gebäude abgerissen worden, zurück blieb aber ein „Schandfleck" mitten in der Stadt.

Anfang der 90er Jahre wollte die *Downtown Development Authority* (DDA) von Traverse City das Projekt wieder in Gang bringen – in Zusammenhang mit dem neuen *Master Plan* für die Stadt. Aber überschlägige Kalkulationen erbrachten bald, dass eine Wiedernutzung in Anbetracht der hohen Sanierungskosten weder für einen privaten Investor noch für die Stadt bezahlbar wäre.

Dennoch wurde weiter gedacht. Man entdeckte, dass man ein spezielles Programm des Staates Michigan nutzen konnte, das sog. *Coastal Management Program* (sozusagen das Küstenschutzprogramm des Staates Michigan), aus dem eine gewisse Grundfinanzierung sichergestellt werden konnte. Die Stadtverwaltung von Traverse City und die Kreisverwaltung von Grand Traverse County führten gemeinsam Umwelt- und Marktstudien durch, um das Ausmaß der Kontaminationen und die angemessenen und möglichen zukünftigen Nutzungen bestimmen zu können. Im Grunde wollte zu diesem Zeitpunkt der Kreis die Fläche kaufen, sanieren und verkaufen.

Im Jahr 1995 verabschiedete der Staat Michigan einige neue Gesetze, die mehr *Incentives* dafür boten, sich auch als privater Unternehmer mit der Wiedernutzung von Gewerbebrachen zu beschäftigen. Die wichtigsten gesetzlichen Neuerungen waren zum einen die Festlegung von Sanierungsmaßstäben, die sich auf die zukünftigen Nutzungen beziehen und von diesen abgeleitet werden. Zum anderen spielte eine neue Haftungsrichtlinie eine Rolle, die für die Eigentümer einer verseuchten Fläche, die aber nicht die Verursacher dieser Verschmutzungen sind, von Bedeutung ist. Dies brachte ein neues Developerteam dazu, die Fläche zu erwerben und sich an die Wiedernutzung zu machen.

Im neuen Gesetz, dem sog. *Michigan's Part 201*, ist festgelegt, dass ein Projektentwickler für eine bestehende, von ihm nicht verursachte Verschmutzung auf dem

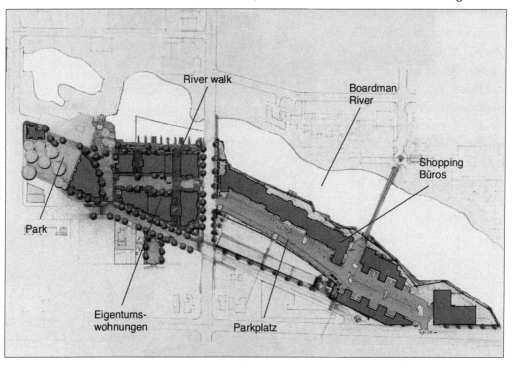

Abb. 7: Der städtebauliche Entwurf für das Mischnutzungsprojekt River's Edge
(Quelle: River's Edge Project: o.J.: 2)

Grundstück nicht verantwortlich gemacht werden kann, wenn er auf seine Kosten eine sog. *Baseline Environmental Assessment* (*BEA*) durchgeführt hat (also eine grundlegende Umweltanalyse). Der Projektentwickler ließ daraufhin noch im Jahr 1995 eine solche *BEA* durchführen und übernahm die Kosten für Vorsorgemaßnahmen (sog. *Due-Care Requirements*), die in den Staatsgesetzen festgelegt worden sind. Bei den Vorsorgemaßnahmen im *Rivers Edge*-Projekt wurden im wesentlichen Einkapselungen der schwermetallverseuchten Sände erforderlich. Zusätzlich wurde eine 600 Meter lange und 8 Meter tiefe Stahlschutzwand entlang des Flusses gezogen, um zu verhindern, dass die verseuchten Sände durch Ausschwemmungen in den Fluss gelangen konnten.

In enger Kooperation mit Stadt und *Council* entwickelte danach das Developerteam in relativ schnellem Tempo die Fläche für ein Mischnutzungsprojekt aus Wohnen, Einzelhandel und Büros. Dieses Mischnutzungsprojekt stand in völliger Übereinstimmung mit dem Stadtentwicklungsleitbild, festgehalten in einem *Traverse City's Master Plan*, der Ende der 80er Jahre verabschiedet worden war. Projektentwickler und Planer der Gemeinde waren sich darin einig, das ein Projekt realisiert werden sollte, das in der Philosophie des *New Urbanism* steht.

Im Rahmen des Projektes wurden die Sanierungsmaßnahmen im wesentlichen durch einen Wiedernutzungszuschuss in Höhe von 1,6 Mio. Dollar aus Mitteln des *Department of Environmental Quality* (*DEQ*) des Staates Michigan finanziert. Eine weitere Förderung bestand in Steuernachlässen, welche die *Traverse City Downtown Development Authority* für 30 Jahre vergeben kann, wenn die Mittel für die Schaffung öffentlicher Infrastrukturen verwendet werden. In diesem Fall wurden ein Spazierweg am Fluss sowie Erschließungsstraßen und Parkplätze angelegt und die restlichen Fabrikanlagen auf dem Grundstück beseitigt. Weiter erhielt die Projektwicklungsgesellschaft einen Kredit, den das neu gegründete *DEQ* aus Umsatzsteuermitteln bereitstellte (generell für Abriss und Wiederaufbau auf der Fläche). Insgesamt flossen aus den unterschiedlichen Programmen 9 Mio.

Abb. 8: Projekt River's Edge: Luxuseigentumswohnungen (Quelle: Robin 2000: 5)

Abb. 9: Der River Walk
(Quelle: Robin 2000: 6)

Dollar Subventionen in das Projekt. Der Projektentwickler selbst kalkuliert die eigenen Investitionen auf etwa 100 Mio. Dollar (D'Addona/Helzer/Wills 2001: 5).

Zwischen dem Projektentwickler und der *Downtown Development Authority* wurde ein städtebaulicher Vertrag geschlossen, in dem sich Gemeinde und Projektentwickler zu verschiedenen, eng aufeinander abgestimmten Maßnahmen verpflichteten.

Das Projekt *River's Edge* ist eine für Traverse City sehr große Maßnahme eines Mischnutzungsprojektes, das in seiner Gesamtheit mehr als 100 Mio. Dollar kosten wird. Der erste Bauabschnitt wurde im Jahr 2001 fertig. Er besteht aus sieben großen Gebäuden, in denen vor allem Luxus-Eigentumswohnungen verkauft werden, in denen aber auch Flächen für ein Café und ein Restaurant vorhanden sind.

Der zweite Bauabschnitt besteht aus dem gewerblichen Teil: In einem sog. *Residence Village* sollen sich im Erdgeschoss kleinteilige Einzelhandelsnutzungen niederlassen, und in den zwei Obergeschossen Büroflächen angeboten werden. In diesem Abschnitt finden sich auch große oberirdische Parkplatzflächen, während die Parkplätze für die Eigentumswohnungen unterirdisch sind.

Ein kleiner Park gehört zum Gesamtprojekt, ebenso ein sog. *River Walk*, den die Stadtverwaltung angelegt hat. Weitere Maßnahmen sind der Bau einer Straße, welche die verschiedenen Bauabschnitte voneinander trennt, sowie die Neuanlage einer Fußgängerbrücke, um die Innenstadt fußläufig mit dem neuen Projekt zu verbinden.

Es ist nicht überraschend, dass sich die Projektentwickler in der Tradition des amerikanischen *New Urbanism* fühlen. Sie sind stolz darauf, ein Stück Innenstadt in einer modernisierten Mischnutzung gebaut zu haben. Und in ihrer Werbung wird sehr prononciert auf die Philosophie des *New Urbanism* abgestellt (vgl. Abb. 10). Geschickter und lustvoller kann man die Vorteile einer nachhaltigen Stadtentwicklung für die Bewohner einer innerstädtischen Mischnutzung kaum zum Ausdruck bringen.

Das häufig in Michigan als Vorzeigeprojekt gehandelte Vorhaben ist allerdings Anfang des Jahres 2002 in die Krise geraten. Nach einem Bericht der örtlichen Zeitung *Traverse City Record-Eagle* hat die Rezession in den USA dazu geführt, dass die Nachfrage nach hochpreisigen Wohnungen und teuren Büroflächen auch in Traverse City stark zurückgegangen ist. Das Projekt weist Anfang des Jahres 2002 erhebliche Leerstände auf. Der Projektentwickler ist dadurch finanziell in erhebliche Schwierigkeiten geraten. (N.N. 2002b: 1-2)

Teil IV: Brownfields Redevelopment in Michigan – Gesetze und Programme

Michigan gilt als einer der Vorreiterstaaten bei der Bewältigung der *Brownfields*-Problematik (IFC Consulting & The E.P. Systems Group 1999: 3ff). Insbesondere seit Mitte der 90er Jahre hat die Staatsregierung zahlreiche Innovationen im Hinblick auf das Thema *Land Development* auf den Weg gebracht, die seitdem umgesetzt werden.

Abb. 10: Sensible Urban Living

Save Time
- No traffic
- No commute (Saving half an hour a day equals 4-6 extra weeks a year)
- More time für family, friends, personal interests
- Shopping, dining, entertainment, beaches, work are right here

Save Money
- Forget the car... you can walk, bike or bus anywhere
- CarSharing is available... far less than owning a vehicle
- Compact development = lower infrastructure costs
- Assessments are lower than the operating costs of a single family home

Save Yourself
- No lawn to mow
- No snow to shovel
- No house to maintain
- No street in traffic
- Walking is healthy
- Protected parking under the buildings
- Conveniant elevator access

Save The Community
The integration of businesses and residents downtown
- Sustains the neighborhood economy
- Creates a vibrant social environment
- Improves safety
- Makes more efficient use of parking
- Reduces pavement for parking
- Increases people space

Save The Environment
- preserve our beautiful orchards, fields, woodlands
- More efficient use of land
- Driving less reduces traffic, pollution
- Higher density can support more open space, parks, programs

Have Fun
- River Walk & trails for biking, rollerblading, walking, relaxing
- Canoeing, kayaking, waterskiing, sailing on Boardman Lake
- Great fishing at the dam, on the river or on Boardman Lake
- Beaches, marinas, fitness facilities nearby
- Bountiful nightlife

(Quelle: www.riversedge-tc.com/aboutnu.cfm - 12/2001)

Im Jahr 1995 wurde das *Department of Environmental Quality* neu geschaffen. Diesem Department wurden Aufgaben übertragen, die zuvor das *Department of Natural Resources* wahrgenommen hatte. Die immer größere Bedeutung der Umweltziele und umweltbezogener Maßnahmen hatte dazu geführt, dass die Schaffung eines neuen Ministeriums als notwendig erachtet wurde. Auf der Basis strategischer Planungsziele arbeitet das neue Department an der Verbesserung der Umweltsituation in Michigan. Es ist auch zuständig für die *Land Development*-Programme des Staates, deren wichtigster Bestandteil die verschiedenen Maßnahmen zur Wiedernutzung von Gewerbebrachen sind.

Von entscheidender Bedeutung für die gesteigerten Aktivitäten der privaten Träger und der öffentlichen Hände im Bereich der Wiedernutzung von Gewerbebrachen in Michigan wurde eine Gesetzesänderung, die schon in der Fallstudie *River's Edge* in Traverse City eine wichtige Rolle gespielt hat. Dabei handelt es sich um einige Ergänzungen zum Michigan *Natural Resources and Environmental Protection Act*, insbesondere um die Ergänzungen zum *Part 201 Environmental Remediation Act* (1995), in dem die wesentlichen Teile der *Brownfields*-Thematik geregelt werden.

Mit der Gesetzesänderung wurde auf die Problematik der Altlastenhaftung, auf die Forderung nach einheitlichen Sanierungsstandards und auf Fragen der Kosten von Sanierungsmaßnahmen reagiert. Wesentliche Teile dieses Gesetzes berühren die folgenden Aspekte:

- Das Gesetz schafft das Instrument der sog. *BEAs* (*Baseline Environmental Assessments*). Damit sind grundlegende Untersuchungen gemeint, die eine Einschätzung der vorhandenen Altlastensituation erlauben. Auf der Basis dieser *BEAs* sollen *unschuldige* Neuerwerber eines Grundstücks davor geschützt werden, für von anderen verursachte vorhandene Altlasten finanzielle Haftungen übernehmen zu müssen.
- Ebenso wurde die Regelung eingeführt, dass Eigentümer einer belasteten Fläche für die Altlastensanierung nur dann haftbar gemacht werden können, wenn diese Eigentümer selbst die Kontamination verursacht haben. Auch ein Erwerber einer belasteten Fläche, der vor einigen Jahren diese Fläche erworben hat und möglicherweise darauf produziert, aber die bestehenden Altlasten nicht verursacht hat, soll nicht für die Kosten der Beseitigung der Kontamination haften.
- Es ist die ausdrückliche Auffassung des *DEQ* des Staates Michigan, dass mit dieser Neuregelung der Haftungsfragen eines der wesentlichen Hindernisse für die Entwicklung oder Wiedernutzung von Brachen beseitigt wurde. Tatsächlich ist die Zahl der von Projektentwicklern erworbenen Flächen mit Altlastenrisiken seit 1995 deutlich in die Höhe gegangen (N.N. 2002b: 1).
- Weiter wurden Standards für die Altlastensanierung eingeführt, die den bei einer Sanierung anzustrebenden Standard von der neuen Nutzung abhängig machen. Damit wurde eine alte Regelung außer Kraft gesetzt, nach der auf jeder Fläche – unabhängig von der Folgenutzung – die gleichen Reinigungsstandards galten. Auch durch diese Regelung werden neue gewerbliche Nutzungen erleichtert, denn die Projektentwickler gehen mit Recht davon aus, dass auf diese Weise eine gewerbliche Wiedernutzung deutlich kostengünstiger wird.
- Außerdem wurden Regelungen geschaffen, welche die Anforderungen an Wassersanierungsmaßnahmen flexibler gestalteten und die behördlichen Kontrollen und Maßnamen zum Schutz der Oberflächenwasser klarer fixierten.
- In Zusammenhang mit diesen Neuregelungen wurden weiter sog. *Due Care Requirements* formuliert – generelle Sorgfaltspflichten, die für alle Eigentümer und Nutzer von kontaminierten Grundstücken gelten, unabhängig von der Frage der Haftung für die endgültige Beseitigung der Kontaminationen. Hiermit soll sichergestellt werden, dass auch von nicht vollständig sanierten Flächen keine Gefahren für die öffentliche Sicherheit und Gesundheit ausgehen. Die *Due*

Care-Vorschriften der Neuregelungen des Part 201 verlangen, dass ein Eigentümer oder Nutzer, der Kenntnis von einer Kontamination auf einem Grundstück hat, Schritte zur Verhinderung der Ausbreitung der entsprechenden Kontaminationen unternimmt, Maßnahmen ergreift, die unakzeptable Höhen von Umweltbelastungen vermeiden, und durch Kontrollmaßnahmen sicherstellt, dass keine Dritten auf der entsprechenden Fläche geschädigt werden können. Die begrenzten Maßnahmen, die den Due Care-Vorschriften entsprechen, sind in der Regel deutlich kostengünstiger als eine vollständige Sanierung.

Im Jahr 1996 wurden mehrere Finanzierungsprogramme des Staates Michigan verabschiedet, die

- eine Wiedernutzung von Gewerbebrachen zum erklärten Ziel eines Staatszuschusses in Zusammenhang mit der Sanierung einer Fläche machen,
- Möglichkeiten für die Kommunen schaffen, erhöhte Steuereinnahmen als Folge erfolgreicher Wiedernutzung abzuschöpfen und für weitere Sanierungsmaßnahmen zu verwenden,
- Möglichkeiten für die Kommunen in bestimmten Gebieten (in sog. Brownfields Redevelopment Zones) schaffen, von den Unternehmen zu zahlende Gewerbesteuern als Kredite für Unternehmen zu deklarieren, wenn sie für Wiedernutzungsmaßnahmen verwendet werden,
- Zuschüsse und Kredite an lokale Gebietskörperschaften vorsehen, wenn sie zur Unterstützung von Wiedernutzungmaßnahmen ausgegeben werden.

Im November 1998 konnten die Wähler im Staat Michigan über eine großangelegte Clean Michigan Initiative des Governor John Engler abstimmen, der zuvor von der Gesetzgebung des Staates Michigan zugestimmt worden war. Kern dieser Initiative, die auch die Wähler bejahten, ist die Auflage einer 335 Mio. Dollar Staatsanleihe des Staates für Umweltschutzmaßnahmen. Eines der wichtigsten Ziele dieser Initiative ist der Wiedernutzung von Gewerbebrachen. Die Initiative betont den engen Zusammenhang zwischen dem Oberziel: Reduzierung des Urban Sprawl und der Wiedernutzung von Gewerbebrachen insbesondere in den Kernen der Verdichtungsräume.

Zu Beginn des Jahres 2002 betreibt das Department of Environmental Quality des Bundesstaates Michigan verschiedene Programme unter dem Oberbegriff Land Development. Zu diesen Programmen gehören:

- das Programm Brownfields Redevelopment,
- das Programm Community/Site Redevelopment,
- das Programm Site Reclamation,
- das Programm Waterfront Redevelopment,
- das Programm USTfield Redevelopment (UST = Underground Storage Tanks).

Alle diese Programme kreisen um das Thema Wiedernutzung von Gewerbebrachen und stellen zum einen privaten Unternehmen, zum anderen Kommunen finanzielle Mittel, aber auch Beratung und andere Unterstützungsmaßnahmen zur

Verfügung. Über die Homepage des *DEQ* sind beeindruckende Listen von Wiedernutzungsprojekten und entsprechende Fallstudien zu erschließen, die in den Jahren von 1999 bis 2001 im Rahmen der *Clean Michigan Initiative* bearbeitet wurden (www.deq.state.mi.us 2002).

Teil V: Die lokale Ebene

All die Bundesprogramme sowie die bundesstaatlichen Maßnahmen und Programme können nicht zur Geltung kommen, wenn die lokale Ebene nicht mitzieht, die letzten Endes Adressat der verschiedenen Programme ist. Schon vor der Ausrufung der *Brownfields Economic Regeneration Initiative* haben viele größere und kleinere Städte in den USA eigene Initiativen ins Leben gerufen, die sich um die Wiedernutzung der Gewerbebrachen bemühten. Diese Initiativen der lokalen Ebene haben durch die Maßnahmen des Bundes und der Staaten einen erheblichen Auftrieb erhalten. Weiter sind natürlich durch die Programme der übergeordneten Gebietskörperschaften zahllose weitere Aktivitäten ausgelöst worden, wie die Überblicke dieses Beitrags verdeutlichen sollten, die ja tatsächlich nur einen kleinen Ausschnitt aus der Vielzahl der Projekte darstellen, die es in der Realität der Vereinigten Staaten heute gibt.

Die Ansätze der lokalen Ebene, ihre unterschiedlichen Ausgangssituationen und verschiedenen Maßnahmen sollen hier exemplarisch an drei Beispielen aus der Gruppe der *Brownfields Showcase Communities* beleuchtet werden.

Gila River Indian Community, Arizona
Die *Gila River Indian Community* (*GRIC*) ist eine von der Bundesregierung anerkannte kleine Indianergemeinde, die in der Nähe von Phoenix am Gila River lebt. Die Gemeinde aus Pima- und Maricoba-Indianern umfasst 15.000 Mitglieder. In der ersten Hälfte des 20. Jahrhunderts wurde die frühere landwirtschaftliche Basis der Gemeinde durch den Verlust des Oberflächenwassers als Folge unkontrollierter Wasserentnahme durch weiße Farmer beinahe vollständig zerstört. In den 70er Jahren hat die *GRIC* versucht, durch drei Industrieparks und die Ansiedlung einer Luftwaffenbasis die große Arbeitslosigkeit zu bekämpfen. Die Luftwaffenbasis ist mittlerweile aufgegeben worden und viele der einstmals angesiedelten Unternehmen haben die Region wieder verlassen. Zurückgeblieben sind erhebliche Kontaminationen in den Industrieparks und auf dem Gelände der Luftwaffenbasis, verbunden mit zahlreichen wilden Müllkippen. Anfang der 90er Jahre betrug die Arbeitslosigkeit in der Gemeinde 60 Prozent.

Die Situation ist seitdem durch die Eröffnung von zwei von den Indianern betriebenen Spielbanken etwas verbessert worden. Seit 1995 bemüht sich die Gemeinde darum, unter der Zielsetzung der *Sustainable Development*, die Sanierung der kontaminierten Flächen mit zahlreichen Maßnahmen der Regionalentwicklung zu verbinden. Wassersanierungs- und -gewinnungsmaßnahmen sollen die zu verwendenden landwirtschaftlichen Flächen erheblich ausdehnen. In den sanierten Industrieparks sollen neue Arbeitsplätze angeboten werden. Bei den Sanierungsmaßnahmen sollen zahlreiche arbeitslose Einheimische qualifiziert und für den modernen Arbeitsmarkt ausgebildet werden. Neue bezahlbare Wohngebiete sind geplant und werden ebenfalls mit den Sanierungsmaßnahmen verbunden (United States Environmental Protection Agency 2000b: 1-3).

Niagara Region, New York
Die Niagara Region im Staat New York – zusammengesetzt aus den Städten Buffalo und Niagara Falls sowie den *Counties* Erie und Niagara – ist vom Niedergang der alten Industrien besonders betroffen. Das Gebiet mit einer Einwohnerzahl von 1,2 Mio. Menschen hat zahlreiche schrumpfende Industriegemeinden in den ländlichen und suburbanen Regionen. Auch die Städte Buffalo und Niagara Falls haben – für die USA – hohe Arbeitslosenquoten von 8,6 und 9,4 Prozent. 33 Prozent der Bevölkerung gehören zu den sog. Minoritäten. Zurzeit leben mehr als 40 Prozent der Bewohner unter der Armutsgrenze. Die Abwanderung der Bevölkerung, eine stagnierende Wirtschaft, ein schwacher Grundstücksmarkt und eine besonders hohe Konzentration von Industriebrachen mit schweren Kontaminationen machen das Gebiet zu einer jener Regionen in den USA, die am meisten hinter der Gesamtwirtschaftsentwicklung zurückbleiben. Es gibt mehr als 300 belastete Gewerbebrachen, darunter sehr große Flächen wie die *South Buffalo Redevelopment Area* (300 ha) und die *Bethlehem Steel Plant-Area* (250 ha) im Erie County. Viele der Belastungen vergiften schon lange das Grundwasser in dieser wasserreichen Region.

Die Städte Buffalo und Niagara Falls und die o.g. *Counties*, dazu eine staatliche Universität sowie diverse regionale Entwicklungsgesellschaften haben sich zu einer *Niagara Region Brownfields Coalition* zusammengeschlossen. Diese in den USA einzigartige Initiative ist ein großangelegter Versuch, die Wiedernutzung und Sanierung von Gewerbebrachen mit der ökonomischen, sozialen und ökologischen Erneuerung der Gesamtregion zu verbinden. Hier kommt das ganze mögliche Instrumentarium zur Geltung und zum Einsatz, das in den USA und im Staat New York an Unterstützungsmaßnahmen besteht: es gibt drei *EPA Brownfields Assessment Demonstration Pilots*, es gibt einen *Brownfields Cleanup Revolving Loan Fund Pilot* und eine *Western New York Brownfields Training Initiative*. In der Region gibt es drei *Economic Development Zones* des Staates New York (die Städte Buffalo, Niagara Falls und Lackawanna im Kreis Erie). Die Stadt Buffalo ist zusätzlich *Federal Enterprise Community*, und kann damit ein Instrument des Bundes verwenden, das besondere Fördermaßnahmen für ökonomische Entwicklungen erlaubt. Weiter kommen besondere Beteiligungen großer Firmen wie *Standard Ceramics* und *Bethlehem Steel* zur Geltung, die sich ebenfalls für die Revitalisierung von Grundstücken und der gesamten Region engagieren.

Zurzeit konzentrieren sich die Revitalisierungsmaßnahmen auf Standorte, die den höchsten Nutzen für die langfristige ökonomische und ökologische Nachhaltigkeit bringen sollen. Das sind Standorte in der Nähe der Flüsse Niagara und Buffalo, entlang des Erie-Kanals sowie in der Region der *Eighteen Mile Creek* Wasserscheide (United States Environmental Protection Agency 2000c: 1-3).

Chicago/Illinois
Die Großstadt Chicago gehört zu einer der ersten Städte in den USA, die eine eigene Bracheninitiative ins Leben gerufen haben. Schon 1993 startete der damalige Mayor Daley die *Chicago Brownfields Initiative*, mit dem Ziel, verlassene und brachliegende Gewerbebrachen insbesondere im Stadtkern zu reaktivieren und verloren gegangene Arbeitsplätze wieder in den Stadtkern zurückzubringen. Von Anfang an verstand sich die Initiative als Mittel, einen Beitrag dazu zu leisten, *Urban Sprawl* zumindest zu reduzieren. Viele Argumente begründeten sich darauf, nachzuweisen, dass die Wiedernutzung von Brachen insgesamt kostengünstiger sei als die *Greenfields Development* mit ihrer Notwendigkeit des Neuaufbaus von Infrastrukturen, die im Stadtkern schon vorhanden sind.

Mit Pilotstudien wurden fünf Gewerbebrachen saniert und für eine erneute Nutzung vorbereitet. Das Prozess dieser Pilotstudien wurde sehr intensiv von einem *Brownfields Forum* begleitet, das im Jahr 1995 seinen Endbericht und einen Aktionsplan vorlegte (City of Chicago 1995). In diesem Endbericht wurden die wesentlichen Gründe identifiziert, die eine Wiedernutzung der Gewerbebrachen bis dahin verhindert hatten. Das Forum schlug verschiedene Instrumente zur Finanzierung der Recycling-Maßnahmen vor und gab Empfehlungen zum Erwerb der kontaminierten Flächen. Im Jahr 1997 wurden die Empfehlungen des *Brownfields Forum* noch einmal überprüft. Seit 1998/99 ist Chicago eine der wichtigsten *Showcase Communities*.

Zum Programm der *Chicago Brownfields Initiative* gehören u.a. folgende Aspekte:
- Vier Industrieparks in drei Stadtbezirken Chicagos werden revitalisiert. In zweien dieser Stadtteile sind 90 Prozent der Bevölkerung Afroamerikaner, in einem dieser Stadtteile sind beinahe 30 Prozent der Bevölkerung Hispanoamerikaner. In diesen Stadtteilen herrschen Arbeitslosenquoten zwischen 8 und 18 Prozent und der Anteil der Menschen, die unter der Armutsgrenze leben, beträgt zwischen 17 und 44 Prozent.
- In der ersten Phase des Programms werden 26 Standorte saniert und einer neuen Entwicklung zugeführt.
- An 100 weiteren Standorten werden Altlastenuntersuchungen durchgeführt
- Die Stadt Chicago hat einen Kredit von 72 Mio. Dollar beim *Federal Department of Housing and Urban Development (HUD)* aufgenommen. Dieser Kredit soll aus den Einnahmen durch den Verkauf der Flächen und aus zusätzlichen Grundsteuereinnahmen zurückgezahlt werden.

- Zusätzlich hat die Stadt eine 2,5 Mio. Dollar Subvention aus dem *Brownfields Economic Development Initiative (BEDI) Grant*-Programm der Bundesregierung erhalten.
- Die Stadt hat eine eigene Anleihe aufgelegt, deren Einnahmen für die Sanierung der *Brownfields* verwendet werden.
- Durch die Designierung als *Showcase Community* hat die Stadt zusätzliche Instrumente gewonnen: es können die Mittel für Gefährdungsabschätzungen in Anspruch genommen werden, eine Personalstelle wird zeitweise von der *EPA* finanziert etc.
- Weiter nutzt die Stadt das Instrument der *Model Industrial Corridors* in denen besondere Steuerermäßigungen für Unternehmen gegeben werden können, ebenso das Instrument der *Empowerment Zones* und des *State Enterprise Community*-Programms des Staates Illinois.

Zahlreiche weitere Aktivitäten der Stadt und der beteiligten Partner aus Bundesregierung, Staatsregierung und der Stadtverwaltung sowie privater Unternehmen sollen garantieren, dass Chicago weiter als eine Beispielsstadt vorgezeigt werden kann, in der *Urban Sprawl* entschieden bekämpft, die Umweltsituation verbessert und neue Arbeitsplätze in die besonders benachteiligten Stadtteile gebracht werden (United States Environmental Protection Agency 1998: 1-3).

Abschließende Bemerkungen
Unser Überblick versucht, deutlich zu machen, dass in den USA das Thema *Wiedernutzung von Gewerbebrachen – Brownfields Redevelopment* einen sehr hohen Stellenwert hat. Die Entfaltung der staatlichen und privaten Maßnahmen läuft mit großer Entschlossenheit, mit hohem Tempo und mit teilweise überraschend pragmatischen Lösungen ab. Dabei werden die mit dem Thema verknüpften Ansätze immer komplexer. Während zunächst die Frage der Altlastensanierung auf Gewerbebrachen und die wirtschaftliche Wiedernutzung dieser Gewerbebrachen im Mittelpunkt der Betrachtung standen, wird heute die Frage des *Brownfields Redevelopment* umfassender gesehen. So werden Maßnahmen des *Brownfields Redevelopment* in wachsendem Maße Ausgangspunkte für umfassendere Konzepte im Rahmen von Programmen zur Bekämpfung des *Urban Sprawl*. Dabei gibt es deutliche Bezüge zu den Philosophien des *New Urbanism*. In immer mehr Fällen erhalten *Brownfields Redevelopment* - Konzepte aber auch eine regionale Komponente und bilden den Anfangspunkt umfangreichere regionalpolitische Entwicklungsstrategien.

Anmerkungen

1 Comprehensive Environmental Response, Compensation and Liability Act (CERCLA), 1980. Eine gute deutsche Quelle für dieses Gesetz wird gesucht.
2 Englischer Originaltext: „EPA's Brownfields Economic Redevelopment Initiative is designed to empower states, cities, tribes, communities, and other stakeholders in economic redevelopment to work together in a timely manner to prevent, assess, safely clean up, and sustainably reuse brownfields."

3 Deutsche Übersetzung: „Gewerbebrachen sind verlassene, ungenutzte oder untergenutzte Industrie- und private Dienstleistungseinrichtungen, bei denen eine Erweiterung oder Wiedernutzung durch reale oder vermutete Kontaminationen erschwert wird."

Literatur

City of Chicago (Hrsg.) (1995): Brownfields Forum: Recycling Land for Chicago's Future. Final Report and Action Plan. November 1995.

D'Addona, John J., Eric P. Helzer und Michael W. Wills (2001): River's Edge Development – A New Beginning; www.Brownfields2001.org/proceedings-old/3-09d.pdf

IFC Consulting, Fairfax, VA & The E.P.Systems Group, inc. Lousville, KY (1999): Assessment of state Initiatives to Promote Redevelopment of Brownfields. Prepared for: US Department of Housing and Urban Development, Office of Policy Development and Research. December 1999

N.N. (2002a): Bank forclosing on River's Edge. In: Traverse City Record Eagle; www.record-eagle.com/2002/jan/11river.htm

N.N. (2002b): 2001 Update of the Impact of the 1995 Part 201 Amendments on Cleanup and Redevelopment. 2002; www.michigan.gov/deq/1,1607,7-135-3311_4110_4220-9519—,00.html

River's Edge Project (o.J.): River's Edge – A Walkable Downtown Community. www.riversedge-tc.com/aboutre.cfm Zugriffsdatum: 30.11.2001

Northeast-Midwest Institute (Hrsg.)(2001): Brownfields Basics: An Issue Primer. Washington. www.nemw.org/brownfields.htm

Robin (Regional Online Brownfields Information Network of the Great Lakes Brownfields Project) (Hrsg.) (2000): Case Studies: River's Edge, Traverse City, Michigan; 15 March 2000; http://www.glc.org/robin/cases/riversedge.html

Süßkraut, G., W. Visser und A. W. Burgers (2000): Ökonomische Aspekte der Altlastensanierung. Leitfaden über Finanzierungsmöglichkeiten und -hilfen in der Altlastenbearbeitung und im Brachflächenrecycling. Kapitel 10.3; www.Umweltbundesamt.de/altlast/web1/berichte/finanz/finanz_t.htm

United States Conference of Mayors (Hrsg.) (2000): Recycling America's Land. A National Report on Brownfields Redevelopment – Volume III; Executive Summary. February 2000

United States Environmental Protection Agency (1995): The Brownfields Action Agenda 1995; www.epa.gov/swerosps/bf/aa.htm

United States Environmental Protection Agency (1997a): The Brownfields Action Agenda. Brownfields Pilot Resource Kit – Action Agenda; 10.9.1997. Washington DC.. www.epa.gov/swerosps/bf/aa.htm

United States Environmental Protection Agency (1997b): Brownfields Glossary of Terms; September 30, 1997. www.epa.gov/swerosps/bf/glossary.htm

United States Environmental Protection Agency (1998): Brownfields Showcase Community, Chicago, IL; Quick Reference Fact Sheet. November 1998. www.epa.gov/brownfields

United States Environmental Protection Agency (2000a): Brownfields Economic Redevelopment Initiative. Quick Reference Fact Sheet; Washington. Oktober 2000. www.epa.gov/brownfields/

United States Environmental Protection Agency (2000b): Brownfields Showcase Community: Gila River Indian Community, AZ; Quick Reference Fact Sheet. October 2000. www.epa.gov/brownfields/

United States Environmental Protection Agency (2000c): Brownfields Showcase Community: Niagara Region, NY; Quick Reference Fact Sheet. Ocober 2000. www.epa.gov/brownfields

United States Environmental Protection Agency (2001a): Brownfields Cleanup Revolving Loan Fund Pilot Program. September 2001. www.epa.gov/brownfields/

United States Environmental Protection Agency (2001b): Brownfiels Pilots and Demonstrations; October 2001; www.epa.gov/swerosps/bf/pilot.htm

United States Environmental Protection Agency (2002): Superfund Cleanup Figures. www.epa.gov/superfund/action/process/mgmtrpt.htm. 12. März 2002

Wilson, Daniel S. und Tara A. Butler (2002): The New Market Frontier. Unlocking Community Capitalism Through Brownfiedls Redevelopment. Issued by The American Institute of Architects. Washington DC

Winkler, B., L. Kriebel u.a. (1992): Strategien zur Vermeidung zukünftiger Gewerbebrachen. In: Bundesforschungsanstalt für Landeskunde und Raumordnung (Hrsg.): Strategien zur Vermeidung zukünftiger Gewerbebrachen. Materialien zur Raumentwicklung, Heft 48. Bonn

www.deq.state.mi.us; 2002

www.riversedge-tc.com/aboutnu.cfm; 12/2001

Klaus R. Kunzmann
Las Vegas und das Ruhrgebiet

Was kommt nach der Industriekultur?
Nach der Industriekultur kommt Las Vegas an die Ruhr!

La Vegas n'est rien d'autre, que notre horizon urbain...
...nous sommes tous des habitants de Las Vegas (Bruce Bégout)

Immer noch Lernen von Las Vegas?

„Lernen von las Vegas" war der Titel eines Buches, das Anfang der Siebzigerjahre des vergangenen Jahrhunderts auf die besondere Rolle einer Stadt in der Wüste Nevadas aufmerksam gemacht hat, der im allgemeinen nur das Image einer amerikanischen Spielhölle anhaftet. In dieser Stadt, in der jährlich Hunderttausende von Amerikanerinnen und Amerikanern an Roulette-Tischen, beim Pokern und an einarmigen Banditen ihr Geld verspielen, so die Argumentation der Autoren (Venturi, Scott und Izenour 1972), werden Bilder erzeugt, die weltweit erheblichen Einfluß auf die Stadt des ausgehenden 20. Jahrhunderts haben werden. Zu Beginn des 21.Jahrhunderts, also mehr als 30 Jahre später, hat diese Argumentation nichts von ihrer Gültigkeit verloren. Im Gegenteil: Was in Las Vegas heute geschieht, was dort gebaut wird, die Bilder, die dort erfunden und gebaut, die Lebensstile, die dort kreiert oder erprobt werden, sie werden morgen anderswo kopiert und reproduziert. Las Vegas, die Stadt, in der die Mormonen nicht ohne Einfluß sind, ist in der Tat zu einem der urbanen Laboratorium für die Zukunft der Stadt geworden, das weit über die Dimensionen „Fun City" und „Entertainment" hinaus geht. „Rome und Gomorroha", diese Charakterisierung der Stadt ist nur mehr eine Facette dieser Stadt, die als Amerikas Stadt des 21. Jahrhunderts gilt und deren Bildbotschaften an vielen Orten gierig aufgesogen werden (Andersen 1994, Bégout 2002). In Macao entsteht, mit fachlicher Entwicklungshilfe aus Nevada

Abb. 1: Erlebnislandschaft Ruhrgebiet
(Marketingprospekt des Kommunalverbandes Ruhrgebiet 2002)

ein chinesisches Las Vegas. In Japan, wo sich die Moderne in den Städten mit sehr guter ästhetisch-funktionaler Architektur durchgesetzt hat, wird die unterschwellige Sehnsucht nach etwas Romantik und Kitsch mit Referenz zu Las Vegas bedient. Und auch das Ruhrgebiet ist ein guter Schüler der phantasievollen Bildproduzenten von Las Vegas (Abb.1)

„Städte erzählen keine Geschichten. Aber sie können etwas über Geschichte erzählen. Städte können ihre Geschichte in sich tragen und sie können zeigen, sie können sichtbar machen, oder sie können verbergen. Sie können Augen öffnen, so wie Filme, oder sie können sie schließen. Sie können aussagen, und sie können die Fantasie nähren (Wenders 1992: 42).

Las Vegas: die zweigeteilte Stadt

Las Vegas, das sind mindestens zwei Städte. Da ist das Las Vegas entlang des „strip", eine hoch verdichtet Kunstwelt mit all den Bildern des Vergnügens, ein Mischung aus Assoziationen an Albert Speer, Leni Riefenstahl und Walt Disney. Und da ist Las Vegas, eine ganz normale amerikanische Stadt, jedenfalls eine stadtähnli-

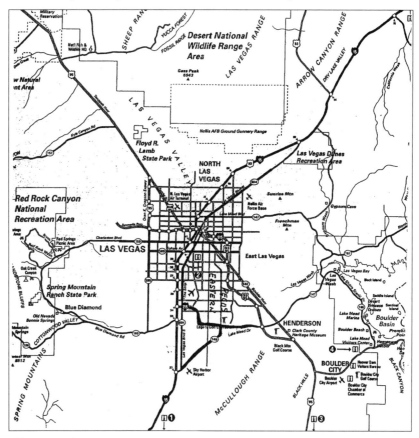

Abb. 2: Die Stadtregion Las Vegas
(Tourismusprospekt)

che Ansammlung von Vorstädten in der Wüste. Beide Städte, die normale und die „verruchte" Stadt wachsen friedlich nebeneinander auf. Sie haben wenig miteinander zu tun. Der „strip" ist nicht das Einkaufs-und Vergnügungszentrum der Stadt, und das Hinterland des Vergnügungsviertels sind Amerika und die ganze, Glück und Entspannung suchende Welt, nicht die Vorstädte von Las Vegas.

Als Las Vegas, die 1855 gegründete Missionsstation der Mormonen in einem grünen Tal in der Wüste von Nevada zum Eisenbahnknoten wurde, war nicht vorherzusehen, daß die Brettersiedlung in der Wüste, 100 Jahre später eine Millionenstadt werden sollte (siehe die Chronik von Las Vegas in Tab. 1). Und wäre nicht im Jahre 1931 in ihrer Nähe der Hoover Damm gebaut werden, der dafür sorgte, daß die in Las Vegas lebenden 8000 Einwohner sorgenfrei Wasser trinken und ihre Gärten im Wüstensand 24 Stunden wässern konnten, dann wäre Las Vegas sicher bald wieder von der amerikanischen Landkarte verschwunden, wie manche andere

1830	Ein grünes Tal in der Wüste von Nevada erhält den Namen „Las Vegas"
1855-58	Eine Missionsstation der Mormonen wird in Las Vegas errichtet
1905	Las Vegas wird Eisenbahnknoten. Die Grundstücksspekulation beginnt.
1906	1.500 Einwohner leben in der Stadt
1909	Las Vegas wird Kreisstadt und Sitz eines Landrates.
1911	Ein Eisenbahn-Reparaturwerk wird in der Stadt errichtet.
1931	Der Bau des Hoover Damms rettet die Stadt vor der Verödung. Strom- und Wasserversorgung für Las Vegas sind endgültig gesichert.
1935	Glücksspiel (und Prostitution) werden gesetzlich geduldet.
1940	Die Stadt hat 8.422 Einwohner. Benjamin „Bugsy" Siegel tritt auf die Bühne der Stadt. Der „Aufstieg" von Las Vegas zum Paradies der amerikanischen Unterwelt beginnt. Das Casino Flamingo wird gebaut. In Nevada wird eine Militärakademie gegründet und in der Wüste wird ein Übungsfeld für Piloten des 2. Weltkrieges eingerichtet.
1945	17.000 Einwohner leben in Las Vegas.
1950-96	Nevada ist Testgelände für Nuklearsprengköpfe.
1951-57	Elf Casino-Hotels werden mit Geld aus der Unterwelt gebaut.
1966	Der Millionär Howard Hughes erscheint auf der Bildfläche der Stadt. Seine Präsenz verändert das Image der Stadt
1989	Steve Wynn baut das 3.000 Zimmer Hotel und Casino Mirage
1990-99	Weitere Hotelkomplexe werden gebaut: Hotel Excalibur, Luxor, Treasure Island, MGM Grand (5.005 Zimmer), Monte Carlo, New York, 1998 Hotel Bellagio (3,5 Milliarden DM), Mandalay Bay, The Venetian and The Paris.
1999	Die Stadt hat nun 1,25 Millionen Einwohner. Der Rechtsanwalt der Mafia Bosse, Oscar Goodmann wird Bürgermeister.
2000	35 Millionen Besucher kommen in die Stadt. Neue Casino-Hotels werden gebaut: Aladdin und Sundance.
2003	Clark County hat 1,486 Mio Einwohner. 503.000 leben in der Stadt Las Vegas

Tab. 1: Las Vegas, wie es begann und wie es weiter ging – Eine Zeittafel

Goldstädte im Westen der USA. Aber noch zwei andere, sehr nachhaltige Bilder verhalfen der Stadt zu ihrem weltweiten Image. Die Bilder der riesigen Casinos und die der Atombombe. Es war die Steuerfreiheit in Nevada, die eine halb-legale Unterwelt-Ökonomie als Chance nutzte, und die Stadt ohne sonstige wirtschaftliche Potentiale zum Spielerparadies machte. Und es waren die Atombombenversuche in der Wüste von Nevada, nur 90 km von Las Vegas entfernt, deren eindrucksvoll-makabre Atompilze als Bilder um die Welt gingen.

Heute, im Jahre 2003, ist Las Vegas fast eine normale Stadt, jedenfalls eine Stadt auf dem Wege zur amerikanischen Normalität. Und während entlang der Entertainment-Achse, immer wieder neue und immer großartigere thematische Kunstwelten gebaut werden, entsteht sozusagen daneben, ein dynamische polyzentrische Stadtregion, in der Lebensqualität „à l'américaine" eine große Rolle spielt (Abb. 2). Dieses andere Las Vegas ist ein sich täglich in die Wüste weiter hineinfressender polyzentrischer Siedlungsbrei mit all der funktionalen Infrastruktur, die aneinander gereihte Vorstädte in den USA in der Regel aufweisen, mit Schulen und Einkaufszentren, mit Gewerbeparks und vielen Golfplätzen. Die Stadtregion Las Vegas („Clark County") hat eine Universität, die ebenso rasch wächst wie die Stadt

Abb. 3: Die Vorstädte von Las Vegas
(Quelle: Ausschnitt aus dem Katasterplan der Stadt Las Vegas 1999)

und die mit den Kunstwelten von Las Vegas nichts oder nur sehr wenig zu tun hat. Dieses andere, ganz normale Las Vegas ist ein attraktiver Wohnort für viele Amerikaner aus dem Norden der USA, aber auch aus Kalifornien, die diesen Staat am Pazifik verlassen, weil er ihnen zu teuer geworden ist. Las Vegas, das ist daher auch eine sehr „weiße" Stadt. 72% der Bevölkerung im Jahre 1997 waren Weiße, nur 9% Schwarze, 19% andere, vor allem Latinos und Asiaten, deren Anteil, wie überall in den USA kontinuierlich wächst. Im Jahre 2003 waren es im Statt Nevada 65,4% Weiße, 6,9% Schwarze, 20,7% Latinos und 5,7% Asiaten. Die Menschen, die sich in der Stadtregion Las Vegas niederlassen, kaufen sich dort ein Haus in einer mehr oder weniger umgrenzten und gesicherten Nachbarschaft (*Gated Community*), haben dort viel Sonne, einen Swimming Pool, breite Straßen. Sie zahlen wenig Abgaben und wenn das Leben in der suburbanen Landschaft wenn schon nicht nur Hölle, dann vielleicht zum Fegefeuer wird, suchen sie ihr Glück dort in Las Vegas, wo es versprochen wird. In diesen Vorstädten von Las Vegas ist auch das Ende der Stadt, so wie Europäer sich die Stadt vorstellen, absehbar (Davis 2002).

Die Stadtregion Las Vegas profitiert von der großen Wanderung aus den kalten Nordstaaten, dem altindustriellen *rustbelt* in die sonnigen Südstaaten, nach Florida, Arizona, New Texas, New Mexico und auch Nevada. Die Stadt ist die derzeit am schnellsten wachsende Großstadt in den USA. Ihre Bevölkerung (46% Männer, 54% Frauen) nimmt jährlich um etwa 7,0 % zu, einer Wachstumsrate, die ansonsten nur für asiatische Städte zutrifft. Zwischen 1990 und 2000 wuchs die Bevölkerung in der Stadtregion um 89 %. Im Jahre 2003 leben 1,48 Mio in Clark County, davon 503.000 in der Stadt Las Vegas. Also werden zweimal im Jahr die Telefonbücher neu gedruckt, und einmal im Jahr muß der Stadtplan neu aufgelegt werden. Die öffentliche Infrastruktur kommt mit diesem enormen Wachstum nicht mit, nicht weil es an Baukapazitäten mangelt, sondern weil die Stadt zu wenig Steuern einnimmt. Dies ist die Kehrseite einer Politik, die mit niedrigen Steuern viele Investoren nach Las Vegas lockt und auf die selbst-regulierenden Kräfte des Marktes und der Zivilgesellschaft vertraut. Und, wie überall in großen Stadtregionen gibt es auch in Nevada den Konflikt zwischen der Kernstadt (Las Vegas) und den Gemeinden im Umfeld (Clark County) um die Steuereinnahmen aus der *„property tax"* (Abb. 4).

Von der Casinowirtschaft zum Freizeitpark

Trotz der rasanten Entwicklung von Las Vegas zu einer ganz normalen Stadt, ist die lokale Ökonomie noch weitgehend von der Casinowirtschaft abhängig, und sie wird es wahrscheinlich noch lange sein. Casinowirtschaft, das ist traditionelles „gambling", also Glückspiel in vielfältigen Variationen, und das ist Adult-Entertainment vom Striptease bis zur Prostitution (Gottdiener et al. 1999, Parker 1999). Hinzu kommt ein vielfältiges Angebot an Unterhaltungsveranstaltungen, von Siegfried und Roy, der Schau der deutschen Stars mit den weißen Tigern im Hotel Mirage, bis zum Cirque du Soleil im Hotel Bellagio, ein breites ethnisches und qualitativ breites Spektrum an Restaurants, sowie ein, allerdings noch sehr kleines und qualitativ sehr unterschiedliches Angebot an bildender Kunst, auch wenn das von Rem Kolhaas entworfene Guggenheim Museum im „Venetian" mangels Besucher inzwischen seine Pforten wieder schließen mußte. Der angedachte Weg von der Spiel- zu Kulturmetropole, von der „fun city" zur Kulturhauptstadt, wird also doch noch etwas länger werden.

33 Millionen Besucher kommen jedes Jahr nach Las Vegas. Auf dem Flughafen der Stadt landen und starten täglich 800 Jets. Die Touristen, Spieler und Kongress-

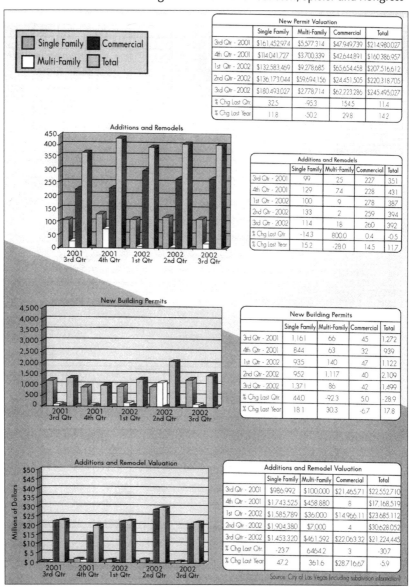

Abb. 4: Baugenehmigungen in Las Vegas 2002
(Quelle: Las Vegas Growth Watch, 2002)

besucher der Stadt sorgen für einen Jahresumsatz von etwa acht Milliarden US$. Die Umsätze in Las Vegas übersteigen die in allen anderen amerikanischen Themenparks der USA, einschließlich aller Disney-Einrichtungen.

Nach Angaben der Betreiber verlieren die Spieler in Las Vegas beim Spielen etwa sechs Milliarden US$ jährlich, also Einkünfte, die in der Regel anderswo erzielt oder auch erarbeitet wurden, und sie geben noch einmal sechs Milliarden in Las Vegas für Unterkunft und Verpflegung aus, sowie, selbst wenn sie nur wenig Glück beim Spielen haben, beim „fun-shopping" oder „shoptainment" für Dinge, die ihnen in die Augen fallen, weil sie in Urlaubshochstimmung sind oder sich für Verluste trösten müssen.

Strukturelle Veränderungen der Casinowirtschaft zeichnen sich schon seit einiger Zeit ab. Das nachlassende Interesse an den einarmigen Banditen, die harte Konkurrenz der Casinobetreiber untereinander und die erfolgreiche Konkurrenz der Kasinos in den Indianer-Reservaten (z.B. Foxwoods Ressort Casino in Connecticut) zwangen die Investoren dazu, sich immer neue Verführungen auszudenken. Die komplexen Themenhotels sind eine Antwort darauf, denn neben dem Spiel und den Abend-Shows bieten sie als Ergänzungen und auch Alternativen zum Glücksspiel, immer spektakulärere Attraktionen und illusionäre Kunstwelten an, die das Spielen an Automaten oder am Roulette-Tisch mehr und mehr verdrängen.

Las Vegas hat heute mehr als 120.000 Hotelzimmer und weitere sind im Bau. 18 der 21 größten Hotels der Welt sind in Las Vegas. Das breite Spektrum von Hotels

Abb. 5: Einblicke in den Immobilenmarkt in Las Vegas
(Quelle: Wall Street Journal und FAZ, Anzeigenmontage)

und die Verlockungen der sehr vielfältigen Vergnügungsindustrie sind zweifellos der Grund, warum die Stadt eine der beliebtesten Orte für Fachkongresse in den USA ist. Im Jahre 1997 haben 3.700 Kongresse der lokalen Wirtschaft Einnahmen von 4,4 Milliarden US$ eingebracht. Allerdings haben die Ereignisse um den 11. September auch Auswirkungen auf die Casinowirtschaft in Las Vegas. Nach einer Untersuchung amerikanischer Ökonomen verlor die sehr tourismusabhängige Stadt dadurch 5% ihrer Arbeitsplätze.

Für immer mehr Besucher ist Las Vegas heute eine Stadt, in der man ein paar angenehme Tage in einem Luxushotel zu erträglichen Preisen lebt, preiswert isst und am Hotelpool für ein paar Stunden in der Sonne liegt, und dann mit großen Augen flaniert. Und die modernen Flaneure haben genügend Alternativen In Las Vegas: Sie können sich stundenlang in einer der phantastischen Themenwelten die Zeit vertreiben oder sie können entlang der Vergnügungsachse von Thema zu Thema wandern, faktisch von Region zu Region, letztendlich von Kultur zu Kultur, auch wenn die jeweils wahrgenommen Bilder jeweils nur Kopien von Originalen sind, oder gar nur Simulacra von Kulturen, also von Bauten, die im Geist von ganz anderen Originalen neu erfunden sind.

Auch der gute Ruf von Las Vegas als Heiratsparadies trägt in nicht unerheblichem Maße dazu bei, die lokale Wirtschaft zu stärken. Damit die Hochzeiten auch wirklich Stil haben, verfügt jedes große Hotel über eine eigene Hochzeitskapelle. Und selbst die extrem hohe Scheidungsrate in Las Vegas, die höchste alle Städte in den USA, ist anscheinend kein Grund dafür, nicht in Las Vegas zu heiraten.

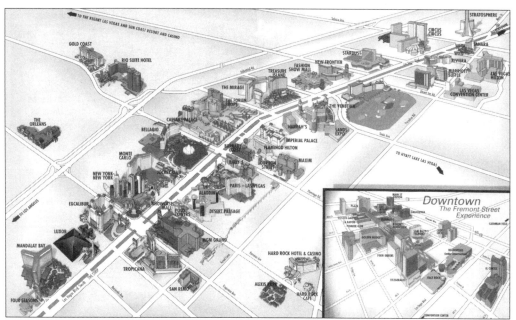

Abb. 6: Der „Strip", die Unterhaltungsmeile in Las Vegas
(Prospekt „Where", Las Vegas, April 2001)

Es sind wenige große Konzerne, die die Macht über die Casinowirtschaft und Entertainment Industrie in Las Vegas haben, die Mirage Ressorts Inc., Sheldon Adelson, Caesars, Las Vegas Sands Inc., und die Circus Circus Enterprises Inc.. Sie stehen untereinander in hartem Wettbewerb und verkaufen ihr umfangreiches Know How inzwischen auch anderswo. Bei der Ausschreibung von Casinos in Macao konnten sie mit ihren langen Erfahrungen zwei der drei ausgeschriebenen Lizenzen für Spielcasinos erwerben. Las Vegas bekommt also bald eine asiatische Zwillingsstadt, die für die wachsende Mittel- und Oberschichten Chinas das sein wird, was Las Vegas für die USA waren und sind, ein Ort der Glück verheißt.

The Venetian: „fun-shopping par excellance"

Der Bürgermeister von Venedig, Massimo Cacciari, weigerte sich, zur Eröffnung des venezianischen Hotelkomplexes „The Venetian" nach Las Vegas zu kommen. Der Philosph und Historiker wollte die Ansammlung venezianischer Versatzstücke nicht durch seine Anwesenheit legitimieren und adeln. Die Eröffnung des venezianischen Hotelkomplexes und „entertainment centres" „The Venetian" am Strip in Las Vegas musste ohne ihn stattfinden. Sein Nachfolger im Amt, Paolo Costa, früher Rektor der Universität von Venedig und Stadtökonom, versucht inzwischen, Venedig als Marke zu schützen und weltweit zu vermarkten (vgl. Kunzmann 2003). Überall in der Welt gibt es kleine und größere Anspielungen auf Venedig, seine Bauten und seine Kanäle, die im wesentlichen in der Zeit entstanden sind, als Venedig Weltstadt war. Seit mehr als 500 Jahren beschäftigt Venedig die Phantasie von Menschen und Künstlern und die Bilder der Stadt haben schon immer Investoren gereizt, Teile davon nachzuahmen. In London gibt es ein „Little Venice", „the prettiest and most romantic spot in town" (The Original Walks in Town 2002). Im Wiener Prater baute der Wiener Dekorationsarchitekt Oskar Marmorek zu beginn dieses Jahrhunderst ein kleines Venedig mit Kanälen und Gondeln. Und auch in Los Angeles gab es zu Beginn des 20. Jahrhunderts ein „Venice", mit Gondeln und Kanälen,

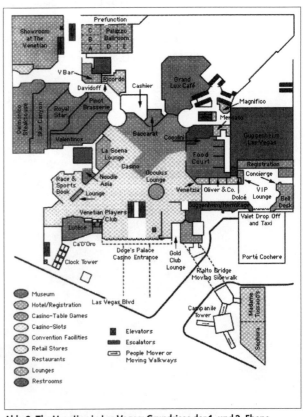

Abb. 9: The Venetian in Las Vegas: Grundrisse der 1. und 2. Ebene (Hausprospekt des Hotels Venetian)

das nun, da Venice Beach ein „hot spot" in der Stadt am Pazifik ist, wiederbelebt werden soll. Die Disney Corporation hat den großen Erfolg des Vergnügungsparks in Tokio – und es ist der einzige der vielen thematischen Vergnügungsparks in Japan, der im Jahre 2002 profitabel war – zum Anlass genommen, ihn durch eine italienische Stadt am Wasser mit venezianischem Flair zu erweitern. Und im ehemaligen Hafen von Tokio, dem attraktiven Stadterneuerungsgebiet von Tokio mit seiner großartigen modernen Architektur, ist in einem von außen unscheinbaren fabrikähnlichen Schuhkarton von etwa 300m Länge und 80m Breite ein komplettes italienisches Einkauszentrum „nur für Frauen", „Venusfort", entstanden, mit Kirche Plätzen und Brunnen unter einem blauen, elektronisch gesteuertem Tiepolo Himmel. In Boston hat sich Isabella Gardener 1903 ein wunderschönes Museum im Stile eines venezianischen Palastes bauen lassen, und in Glasgow war es William Leiper, der dort 1898 in der Stadt eine Teppichfabrik im venezianischen Stil bauen ließ, die heute ein sehr attraktiver Bürokomplex ist. Es ist also leicht Bilder von Venedig zu vermarkten, Investoren versprechen sie Gewinn, auch Filmemachern... „We are all Venetians...", schrieb Witold Rybczinski in der Financial Times (Rybczynski 2003).

Das 1998 erbaute und 1,5 Milliarden teure Projekt in Las Vegas ist ein grandioses Beispiel dafür. Seit seiner Eröffnung im Jahre 1998 ist es eine der großen Attraktionen der Stadt. Ein Kampanile dient als Wegweiser am Strip, und latino-italienische Gondolieri bieten am Straßenrand ihre Gondeln zu einer Fahrt auf dem 350m langen und etwa 1,50m tiefen (geruchsfreien) Canale Grande an. Wer lieber zu Fuß geht nimmt den Weg über die Rialto Brücke, die zwar nicht, wie im echten Venedig von Läden gesäumt ist, die aber, und dies ganz im Gegensatz zum Original, und *„politically correct"* Rolltreppen hat, damit sie auch behinderten Touristen den leichten Zugang zu Venedig ermöglicht. Wer dann das italienische Einkaufsparadies zu beiden Seiten des Kanals betritt, ist von der vermeintlichen Authentizität des Komplexes fasziniert. Das Tageslicht in dem von einem blauen Tiepolo-Himmel überdachten Ausschnitt aus einer venezianischen Stadtlandschaft wechselt elektronisch gesteuert von der Morgensonne zur

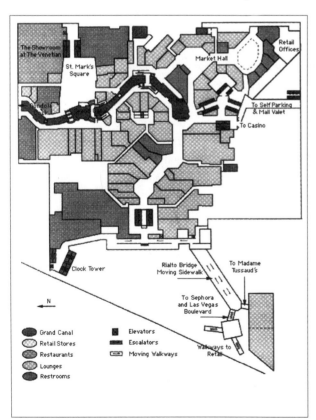

Abendsonne. Wer des „window shoppings" in den sechzig oder mehr italienischen Läden müde ist, trinkt an der Piazza San Marco einen Capuccino oder ordert eine Pizza und ein Glas italienischen Rotwein. Venezianische Musik schwebt im Raum. Die Gondolieri singen und kostümierte Schauspieler animieren die Besucher. Nur echte Tauben hat die Lokale Gesundheitsbehörde nicht zugelassen, und animierte Kunsttauben sind wohl noch zu teuer. An edlen Materialien wurde nicht gespart, um den Eindruck zu vermeiden, dass dies alles nur eine billige Filmkulisse sei. Die 2.000 Spielautomaten und die 110 Spieltische in einem Raum mit einer Kopie der Decke der sixtinischen Kapelle in Rom (nicht Venedig, aber das ist ein vernachlässigbares Detail) sind ein wenig aus dem Blickfeld gerückt. Dies ist ein deutliches Zeichen dafür, dass das Glückspiel nicht mehr die alleinige Attraktion von Las Vegas ist. Ein nobles Geschenk an die kunstsinnigen Besucher des Venetian, das von Rem Kohlhaas konzipierte 21 Millionen US$ teure Guggenheim, musste indes schon zwei Jahre nach seiner Eröffnung wieder geschlossen werde. Das Interesse daran war zu gering, es war der Bilderflut und der Faszination des duplizierten Venedigs nicht gewachsen.

Über dem ganzen „entertainment" Komplex erhebt sich dann schließlich auch noch das weit weniger spektakuläre 35 Geschosse hohe Fünf-Sterne Hotel mit 3.026 65m^2 großen Suiten. Die Erweiterung auf 7.000 Betten ist geplant (SZ 25.08.2001). Der Investor, Sheldon Adelson, der Sohn eines New Yorker Taxifahrers, ist optimistisch, dass er auch dies einträglich vermarkten kann.

Der Besucher des „Venetian" erlebt einen Tag in Venedig, oder auch nur einen Nachmittag, ohne Reise-Stress, in größtmöglicher durch Videokameras geschützter Sicherheit vor Terroristen, Bettlern und Taschendieben. All dies in einem hygienisch sauberen und kinderfreundlichem Umfeld ohne Aggression und Lärm und mit Sprinklerdüsen im venezianischen Himmel. Er zahlt keinen Eintritt und muss auch nicht konsumieren, wenn er der Verlockungen widerstehen kann. „Warum noch nach Venedig reisen?"(Koydl 2002). Ist die Authentizität des Originals die Mühe und die Kosten und die Gefahren wert? Auch die Hochzeitsreise nach Venedig erübrigt sich, denn auch das „Venetian" hat eine eigene Hochzeitsgondel, ist also bestens auf diese Zielgruppe vorbereitet. Und wenn die Braut aus versehen in das selbstverständlich sterilisierte Wasser des Canale Grande fällt, ist dies kein Unglück.

Das echte Venedig, also das Original, das sei noch nachzutragen, kann sich – und dies im Gegensatz zur Kopie in Las Vegas – schon lange nicht mehr allein auf die Einnahmen aus dem Tourismus verlassen. Die meisten Touristen kommen nur noch für einen Tag (wie im Venetian…), bringen ihr Essen und ihre Getränke mit, und lassen den Müll und Abwasserbelastung zurück. Da blieb der Stadt schließlich nur noch der Ausweg, den mit Bussen anreisenden Pauschaltouristen eine Eintrittsgebühr für Venedig abzuverlangen. Die Ironie will es, dass die größte Einnahmequelle Venedigs heute das Spielcasino am Canale Grande ist. Also Venedig in Las Vegas und Las Vegas in Venedig.

Der neue Bürgermeister von Venedig besann sich des wertvollen Marktwertes des Namens, flog nach Japan, und vermarktete dort Venedig als Label für Konsumprodukte. Da mehr als 150 Produkte weltweit bereits den Namen Venedig führen, versprach er sich davon zusätzliche Einnahmen für die Stadt, die immer weniger finanzielle Mittel hat, um die mehr und mehr zum Stadtmuseum alternierende Museumsstadt am Leben zu erhalten. Und er versprach, die Einnahmen aus den Lizenz-Verträgen ausschließlich für die Erhaltung und Restaurierung der Lagunenstadt zu verwenden.

Vielleicht werden Lizenzen für die Raumbilder Europas die wichtigste Einnahmequelle für europäische Städte im späten 21. Jahrhundert sein, wenn schließlich alle industriellen Arbeitsplätze des alten Kontinents nach Asien abgewandert sind, die kommunale Infrastruktur der Städte Europa amerikanischen Abschreibegesellschaften gehört und die Millionen Touristen aus China lieber doch im Lande bleiben wollen.

Von Las Vegas lernen?

Das Venetian in Las Vegas ist ein gutes Beispiel dafür, dass in Zeiten der Globalisierung nicht nur Bilder, nein ganze Städte, oder jedenfalls Teile davon auf Reisen gehen (Groys 2002). Nicht der Tourist kommt in die Stadt, die Stadt kommt zum Reisenden, zum Flaneur. Eine Kopie von einer Stadt kann für denjenigen Besucher, der nur wiedererkennbare Bilder, nicht aber Authentizität sucht, nur Komfort, nichts Neues, der Berechenbarkeit dem Abenteuer vorzieht, mühevolles Reisen ersparen. Es macht die Fernreise entbehrlich was auch aus ökologischer Sicht nicht schadet. Las Vegas ist voller Städte, Venedig, Rom und Bellagio, Paris und New York. Peking und Bangkok bieten sich als Nächstes an, vielleicht auch Rothenburg oder Heidelberg, Athen oder Sevilla. Wenn die Städte im Zeitalter der neuen Globalisierung zu den Menschen reisen, wird die Tourismusindustrie sich Neues ausdenken müssen. Jedenfalls werden die Belastungen für die Umwelt dadurch geringer.

Vieles läßt sich von Las Vegas lernen, nicht im Sinne von „best practice", dem aufwendigen Kommunikationsinstrument der Europäischen Kommission in Brüssel, das Städten in Europa nahe legt,

Abb. 7: Las Vegas in Venedig
(Foto: Wang Fang)

von anderen Städten in anderen Ländern zu lernen, wie lokale Probleme besser gelöst werden können. Aber das urbane Laboratorium in der Mohave Wüste von Nevada zeigt neue Dimensionen der Entwicklung von Städten, auch von europäischen Städten auf, die in Ansätzen auch in Deutschland schon sichtbar sind.

Städte, jedenfalls die architektonischen Kulissen dieser Städte, das zeigt die eine Hälfte von Las Vegas, werden zu Bühnen für eine urbane Gesellschaft, die aus den gesichtslosen Vorstädten zurück in die Stadtzentren drängt, und die nicht mehr damit zufrieden ist, in immer stärker uniformierten Fußgängerzonen nach Feierabend oder in der Mittagspause einzukaufen. In der (Noch-) Überflussgesellschaft ist Einkaufen ein Erlebnis, und die Stadt, die dieses Erlebnis nicht befriedigt, verliert ihre Kunden. Daran werden auch Planer und Denkmalschützer nichts ändern können, aber sie werden diese Bedürfnisse mit in ihr strategisches Kalkül einplanen müssen. Und Erlebnis heißt, es gibt attraktive, multifunktionale öffentliche Räume für Augen- und Ohrenmenschen, wo immer Neues zu entdecken ist. Das ist inzwischen hinlänglich beschrieben (Häußermann 1993, Zukin 1995, Hannigan 1998, Schulze 2000, Opaschowski 2000). Für die europäische Stadt im 21. Jahrhundert lernen wir aus Las Vegas zweierlei:

Ihre Identität ist die Stärke von Städten, auch wenn es in der Regel nur die Identität eines kleinen Ausschnitts einer Stadt ist, denn nur wenige Touristen verlieren sich in die nicht sehr identitätsstarken Vorstädte von London oder Paris, Rom oder Madrid, die oft nur über Autokennzeichen und Businformationen zu identifizieren sind, während die Wohnsiedlungen meist gänzlich anonym bleiben. Der Bewegungsradius von 98% der Stadttouristen ist in der Regel nicht viel größer als die begehbaren („walkable") Räume im Umfeld von Museen und touristischen Zielen in diesen Städten. Und der geheime Charme heruntergekommener Vorstädte in den Großräumen von London, Rom oder Paris findet sich meist nur in alternativen Stadtführern, schwarz-weißen Fotobänden und kritischen Filmen wieder. Doch diese Identität, das zeigt die thematische Projektentwicklung in Las Vegas, ist leicht kopier- und multiplizierbar, wenn sie nur äußerlich und dekorativ ist, also nur die Verpackung zeigt. Die Identität einer Stadt zu erhalten, sie aber gleichzeitig nicht zum Museum werden zu lassen, das verlangt nach sehr sorgfältiger Planung und behutsamer Weiterentwicklung mit den

Abb. 8: Original und Kopie: Wo ist der Unterschied? Venedig und The Venetian (Zeichnung: Klaus R. Kunzmann)

Menschen die dort leben, arbeiten und sich dort unterhalten. Stadt ist nicht nur Wohnort, nicht allein Arbeitsort, sie ist immer auch Vergnügen, sowohl für diejenigen, die von Stadtkultur sprechen, wenn sie in die Oper gehen oder ein Museum besuchen, als auch für diejenigen, die vielfältige Zerstreuung, menschliche Kontakte und nächtliche Abenteuer in den Städten suchen und finden (Kunzmann 2002).

Planer haben damit ihre Schwierigkeiten. Erst in jüngster Zeit haben sie entdeckt, dass sie auch solche Bedürfnisse befriedigen sollten. Gleichzeitig aber wissen sie, daß ihre Interventions-Instrumente zur Steuerung des Vergnügens in der Stadt sehr stumpf sind. Sie können nur kontrollieren oder bestenfalls zulassen, wo etwas geschieht, was die Stadtbevölkerung und was Stadttouristen suchen. Aber sie können sich zu Sachwaltern öffentlicher Räume machen, wenn sie vermeiden wollen, wie dies in Las Vegas geschieht, daß diese urbanen Erlebnisräumen völlig privatisiert sind. Vielleicht sollten die finanzschwachen Städte auch darüber nachdenken, ob sie nicht Abgaben für die Nutzung öffentlicher Räume einführen, wenn die Nutzer immer weniger Steuern an die Stadt abführen wollen.

Planer haben, das verlangt ihre berufliche Ethik, ein besondere Verantwortung für soziale Dimensionen der Stadtentwicklung. Daher haben sie sich lange Zeit lieber mit Wohnungsbau als mit Gewerbeentwicklung beschäftigt. Wenn sie aber an den Bedürfnissen der Bevölkerung nicht vorbei planen wollen, müssen sie akzeptieren, dass auch Unterhaltungsqualität ein wichtiger Standortfaktor für den Erhalt von Arbeitsplätzen ist. Im Wettbewerb der Städte um Investoren und qualifizierte Arbeitskräfte in Europa spielt dieser Standortfaktor jedenfalls eine nicht unerhebliche Rolle. Auch daran liegt es, dass Duisburg weniger Chancen hat, als Düsseldorf, Schwedt weniger als Potsdam.

Das Ruhrgebiet auf dem Weg nach Las Vegas ?

Natürlich verbietet sich jeder Vergleich des Ruhrgebietes mit Las Vegas. Abgesehen vom Casino in Dortmund und der neuen Spielstätte in Duisburg ist das Ruhrgebiet kein Spielerparadies, bzw. nur eines für Fußballspieler. Dies widerspricht dem Pragmatismus der regionalen Gesellschaft und der industriellen Tradition des Ruhrgebietes. Es ist auch keine Sonnenoase mit trockenem Wüstenklima, das Touristen aus Europa an die Swimmingpools der nüchternen Hotels in Dortmund, Bochum oder Essen locken könnte. Und schließlich verliert die alte Industrieregion immer Menschen, während Las Vegas wächst und wächst, ohne dass sich ein Ende des Booms absehen läßt, es sei denn die Stadtregion kann ihren Wasser- und Energiehunger nicht mehr preisgünstig stillen.

Auch die andere Seite von Las Vegas, die der Stadt mit den geschlossenen Wohnoasen, den *„gated communities"*, wird nicht nur ein amerikanisches Phänomen bleiben. Mit zunehmender, nach der Aufkündigung des Solidaritätsprinzips in Deutschland voraussichtlich unvermeidbarer sozialer Polarisierung im Ruhrgebiet werden auch in dieser Region, jedenfalls dort wo an den Rändern Neues gebaut wird, Überlegungen zum Bau von geschlossenen Wohnsiedlungen aufkommen.

Aber es gibt einige Entwicklungen in der Region zwischen Ruhr und Lippe, die Ähnlichkeiten mit den Entwicklungen haben, die in Las Vegas zu beobachten sind oder die mit dem Symbol Las Vegas zu tun haben. In dieser Region, in der Arbeit eine große Rolle spielt, hat auch Erholung von der Arbeit immer eine große Bedeutung. Also war und ist Freizeit ein wichtiges Element im Leben der regionalen Gesellschaft. Diese freie Zeit haben die jungen Kohle- und Stahlarbeiter entweder in einem der vielen Sportvereine verbracht, die im Ruhrgebiet immer eine wichtige Rolle gespielt haben, in einem der wenigen regionalen Vergnügungsparks, wie dem Lunapark in Dortmund, oder außerhalb der Region, weil dem Ruhrgebiet frische Luft, Wasser und Berge fehlten, weil der Himmel lange Zeit nur selten blau war, weil die Landschaft im Vergleich zur Toskana oder dem Salzkammergut nicht besonders schön ist, und die Städte keine Aufenthaltsqualität auf Plätzen und Straßen hatten. Das Ruhrgebiet ist „Weltmeister im Verreisen" hatte die von der IBA eingesetzte Tourismuskommission im Jahre 1998 konstatiert. Und vermutlich ist die Zahl der Ferntouristen pro tausend Einwohner nirgendwo in Deutschland so hoch, wie im Ruhrgebiet, auch wenn es dafür keine empirischen Belege gibt.

In der Sechziger Jahren entstanden im Ruhrgebiet die heute nicht mehr so ganz attraktiven „Regionalen Grünzüge" mit denen sich der damals noch so genannte SVR (Siedlungsverband Ruhrkohlenbezirk) einen internationalen Namen gemacht hat. Doch diese Parks konnten natürlich nicht mit den europäischen Urlaubsparadiesen an den Küsten des Mittelmeers, der Türkei oder Südostasiens konkurrieren. Sie waren Wochenendoasen für diejenigen, die nicht das Geld hatten zu verreisen, oder die lieber zu Hause bleiben wollten. Gelegentlich kommt auch die Arena aus Verona in die der Westfallenhalle um dort ihre Version der ägyptischen Aida mit großem Publikumserfolg zu zeigen. Dann wird die funktionale Arena, die sonst für Ausstellungen, Sechstagerennen und Parteitage genutzt wird, in ein ägyptisches Bilderbuch verwandelt.

Einem dringenden Bedürfnis der Region folgend wurde in den 80er Jahren, in Zeiten höchster Arbeitslosigkeit, im Süden von Dortmund von weitsichtigen sozialdemokratischen Politikern ein Casino gebaut, um dem leeren Stadtsäckel zusätzliche Einnahmen zu sichern. Es wird als Casino Hohensyburg vermarktet, weil Dortmund nicht als Ort spielerischer Exklusivität gilt. Es klingt auch besser und vermeidet jede Assoziation mit der Hauptstadt der Sozialdemokratie in Deutschland. Seit Jahren ist es das erfolgreichste Casino der Republik und in Europa nimmt es eine Spitzenstellung ein. Mehr als 85 Millionen Euro Überschuss hat es im Jahre 2002 erspielt und 10% davon gehen in die Stadtkasse von Dortmund. Aber auch das Duisburger Spielcasino, das in der alten Post untergebracht wird, kann sich bereits sehen lassen, auch wenn dort der Überschuss von 12,5 Millionen Euro nicht ganz so eindrucksvoll ist. Aber dieser Gewinn wurde ausschließlich an den 131 Automaten erspielt, die dort installiert sind. Erst im Jahre 2005 wird das Kasino in Duisburg seinen Vollbetrieb aufnehmen. Dann verfügt die von Strukturwandel und Arbeitslosigkeit so gebeutelte Region über zwei gewinnträchtige Casinos und folgt damit den Fußstapfen der Stadt Detroit, wo auch Spielkasinos als Hoffnungsträger für einen erfolgreichen Strukturwandel in die Stadt gebeten wurden.

Seit den 90er Jahren ändert sich Manches in der Region. Innovative Investoren haben die umfangreichen Flächenpotentiale im Ruhrgebiet entdeckt, die die niedergehende Montanindustrie, nach langem Zögern und mit Hilfe des Grundstücksfonds Ruhr schrittweise frei gibt. Erst wurden die Musicals entdeckt, die eine Dekade im Ruhrgebiet eine hohe Blüte erlebten. „Broadway an der Ruhr" war der Slogan, mit dem lokale Wirtschaftsförderer, goldene Zeiten der Vergnügungsindustrie heraufbeschworen. Aber bald mussten die ersten Theater wieder schließen. Die erhofften Besucher aus anderen Regionen Deutschlands oder aus Belgien und den Niederlanden wollten im Ruhrgebiet nicht das sehen, was sie schon in New York oder London gesehen hatten.

In Kirchhellen lockt ein an Hollywood orientierter Film-Park, die „Movie World" Bewohner der Region und aus den Niederlanden in das Ruhrgebiet (Abb. 10), und in Bottrop ist auf einer Halde ein künstliches Skiparadies entstanden, das fehlende Berge auf unterhaltsame Weise wettmachen soll, wenn es auch finanziell bislang nicht die Erwartungen vom Marc Giradelli erfüllen konnte. In Oberhausen entstand in den 90er Jahren dort, wo vorher ein Stahlwerk stand, das Centro, ein modernes Einkaufszentrum, das für viele, vor allem für junge Bewohner des Ruhrgebietes zu einem attraktiven Freizeitzentrum, einem „entertainment" oder „fun shopping centre" geworden ist, also zu einem Ort, an dem freie Zeit unterhaltend und konsu-

Abb.10: Hollywood in Germany
(Prospekt der Warner Bros. Movie World, Bottrop)

Abb. 11: Las Vegas im Ruhrgebiet
(Werbeanzeige des Veranstalters)

mierend verbracht wird. Daneben soll nun auch „Opolis" entstehen, ein „edutainment centre" rund um das Thema Mensch. Dortmund wollte den guten Beispielen folgen und bot den Hauptbahnhof als Lande- und Ankerplatz für ein „Ufo" an, ein überdimensioniertes fun-shopping und entertainment Zentrum, das den Oberhausener Centro einige seiner Kunden abjagen und neue aus Westfalen gewinnen sollte (vgl. UFO Arbeitsgruppe 1999). Das Projekt wurde, trotz tatkräftiger Unterstützung der Landesregierung, nicht verwirklicht, auch nicht das etwas kleiner dimensionierte Nachfolgeprojekt eines portugiesischen Investors.

Die IBA hatte den Trend der Zeit erkannt (dazu musste sie nicht nach Las Vegas schauen) und in Duisburg-Meiderich ein aufgelassenes Stahlwerk in eine attraktive Freizeitlandschaft verwandelt, eine nicht kommerzielle, immer am finanziellen Tropf der Landesregierung hängende Attraktion, die mit ihren farbigen Lichtinszenierungen ganz neue und sehr eindrucksvolle Bilder des Ruhrgebietes produziert hat. Die Triennale, der neue kulturelle Hoffnungsträger der Region, nutzt die von der IBA in Wert gesetzten und inzwischen noch einmal mit viel Mitteln der europäischen Union modernisierten früheren Montanstandorte als Spielstätten für innovative Theaterereignisse, um die Region überregional als Kulturregion attraktiv zu machen. Die von dem Bochumer Symphonikern schon früher entdeckte Jahrhunderthalle in Bochum ist dabei ein besonders bevorzugter und nun auch mit hohem finanziellen Aufwand spielfähig gemachter geliebter Spielort. In den Augen der regionalen Kulturelite schließen sich Kultur und *entertainment* meistens aus, aber am Ende wird auch die Triennale nichts anderes sein, als ein Unterhaltungsangebot auf höchstem internationalem Niveau für die kulturbeflissene aufgeklärte Mittelklasse der Region, für Kulturschaffende und für Journalisten der Feuilletons überregionaler Zeitungen.

Abb. 12: Aida in der Westfalenhalle
(Prospekt des Veranstalters)

Das Interesse an diesen Einrichtungen und die wirtschaftlichen Erfolge des Centro in Oberhausen zeigen, dass sie den Bedürfnissen und Wünschen der regionalen Bevölkerung sehr entgegenkommen. Wenn die Städte in der Region freie Mittel für Investitionen hätten, wenn die Landesregierung für ihre auslaufenden Montansubventionen neue Branchen suchen würde, und wenn die aus der Montanwirtschaft hervorgegangen bodenverwertenden Immobilienunternehmen Mut und Phantasie hätten, wäre ein „Strip" entlang der Emscher, mit einem Metrorapid, der die lokalen „highlights" miteinander verbindet, nicht mehr nur ein Phantasieprojekt. Entlang der B1 wurde jedenfalls solch eine Achse der Imaginationen bereits vorgedacht (Koch/Sander/Wachten 2003).

Abb. 13: Broadway an der Ruhr
(Werbeprospekt des Veranstalters)

Das gesellschaftliche Wertesystem der Region, die sich immer das leisten wollte, was es anderswo gab und dort Erfolg hatte, wäre jedenfalls für eine Las Vegasierung mit montanem Lokalkolorit sehr empfänglich. Das Ruhrgebiet als Vergnügungspark, als *funshopping* und *edutainment* Region würde den geheimen Bedürfnissen vieler Bewohner der Region sehr entsprechen. Vielleicht geben die vielen in der Region jetzt entstehenden bio-medizinischen Technologie-Cluster den Anstoß, zusammen mit den Heilbädern in Ostwestfalen, im Ruhrgebiet „welltainment" Oasen auf brachliegenden Industrieparks anzulegen. Und wenn dann noch der Flughafen Dortmund, das neue Konzept des „delaytainment" (Sauter-Servaes/Rammler 2003) als Attraktion für das Ruhrgebiet und die aus ihm fliehenden Sonnen-Urlauber für sich entdeckt hat, dann ist die entertainment Achse von Unna bis Duisburg komplett.

Nirgendwo in Deutschland leben so viele Menschen in einer Stadtregion, und keine andere Region im Lande ist so offen für Entwicklungen, wie sie in Las Vegas zu beobachten sind (Abb.11). Nirgendwo anders sind die Flächenreserven so groß, die es erlauben neue große Projekte ohne bauliche Bindungen und Parkplatznöte zu entwickeln, und nirgendwo sind die Bindungen an historische Baustrukturen so schwach und ist die gesellschaftliche Akzeptanz für bauliche Moden so hoch, als dass nicht attraktive Simulacra aus der ganzen Welt hier errichtet werden können. Nirgendwo versucht man sich so schnell von alten Traditionen zu trennen, weil sie ihre wirtschaftliche Funktion verloren haben. Das Ruhrgebiet hat Zukunft als Laboratorium für die Spaßgesellschaft in Europa. Las Vegas ist das Modell.

Literatur

Andersen, Kurt (1994): Las Vegas, USA. Time, 36-43.
Bégout, Bruce (2002): Zéropolis. Paris: Editions Allia.
Davis, Mike (2002): Dead Cities – A Natural history. New Press
Gottdiener, Mark, Claudia Collins und David R. Dickens (1999): Las Vegas : the social production of an all-American city. Malden, Mass.: Blackwell.
Groys, Boris (2002): Unsere Welt auf Reisen. Die Zeit, 11.07.02.
Hannigan, John (1998): Fantasy city: pleasure and profit in the postmodern metropolis. New York: Routledge.
Häußermann, Hartmut (1993): Festivalisierung der Stadtpolitik. Stadtentwicklung durch große Projekte. Leviathan: Sonderheft 13. Opladen: Westdt. Verlag.
Koch, Michael, Hendrik Sander und Kunibert Wachten (Hg.) (2003): Stadtraum B1-Visionen für eine Metropole. Wuppertal
Koydl, Wolfgang (2002): Wenn die Kellner Gondeln tragen (Menschen im Hotel V). Süddeutsche Zeitung, 25/26.08.2002.
Kunzmann, Klaus R. (2002): The Future of the European City: Qingdao, Celebration or Las Vegas? In: Thomsen, Henning (Hg.): The Copenhagen Lectures: Future Cities. Fonden Realdania. Copenhagen, 91-108
Kunzmann, Klaus R. (2003): Venice, Venice and Venice: Three Realities of the European City. In: Koll-Schretzenmayr, M. et al. (Hg.) (2003): The Real and Virtual Worlds of Spatial Planning. Berlin/ Heidelberg: Springer. 31-41
Opaschowski, Horst W. (2000): Kathedralen des 21. Jahrhunderts, Erlebniswelten im Zeitalter der Eventkultur. BAT-Freizeit-Forschungsinstitut-GmbH. Hamburg: Germa Press
Parker, Robert E. (1999): Las Vegas Casino Gambling and Local Culture. In: The tourist City, edited by D. R. a. F. Judd, Susan S.: Yale University.
Rybczynski, Witold (2003): Why we are all Venetians now. Financial Times, 25. 1. 2003.
Sauter-Servaes, Thomas und Stephan Rammler (2003): Delaytainment. Frankfurter Allgemeine Zeitung, 7. Juli 2003
Schulze, Gerhard (2000): Kulissen des Glücks, Streifzüge durch die Eventkultur. Frankfurt [u.a.]: Campus-Verlag
UFO-Arbeitsgruppe der Fakultät Raumplanung (1999): Die Überbauung des Dortmunder Hauptbahnhofs, raumplanerische Beiträge zu einem Großprojekt. Arbeitspapier/Institut für Raumplanung, Universität Dortmund
Venturi, Robert, Denise Scott-Brown und Steven Izenour (1972): Learning from Las Vegas. Cambridge, Mass.: MIT Press. Deutsch (1979): Lernen von Las Vegas - zur Ikonographie und Architektursymbolik der Geschäftsstadt. Bauwelt-Fundamente, 53. Braunschweig : Vieweg
Wenders, Wim (1992): The Act of Seeing-Texte und Gespräche. Frankfurt/M.: Verlag der Autoren.
Zukin, Sharon (1995): The Cultures of Cities. Cambridge/Mass., Oxford: Blackwell

Michael Wegener
Portland – rationalistische Planung im deregulierten Amerika

Aus europäischer Sicht wird die räumliche Entwicklung nordamerikanischer Städte im allgemeinen als ein abschreckendes Beispiel wahrgenommen. Ausufernde Vorstädte, das ganz auf das Auto ausgerichtete Verkehrssystem und verödende Innenstädte gelten als die Folgen des Verzichts auf steuernde Planungseingriffe im Zeichen neoliberaler Deregulierung von Wirtschaft und Gesellschaft.

Dieses Bild ist grundsätzlich richtig, aber zu einfach. Der Hauptunterschied zwischen der amerikanischen und europäischen Stadtentwicklung sind die weitaus geringeren Dichte und die aus ihnen resultierenden größeren und disperser verteilten Wegeentfernungen mit der Folge, dass der Autoverkehr allgemein als notwendig angesehen wird und alle Versuche, ihn einzudämmen politisch kaum durchzusetzen sind. Um so erstaunlicher ist es, dass gerade vor dem Hintergrund einer überwiegend marktgesteuerten Wirtschafts- und Gesellschaftsentwicklung und der mit ihr verbundenen prinzipiell schwachen Stellung der räumlichen Planung in den

Abb. 1: Seattle, Salt Lake City und Portland

USA in den letzten Jahren innovative Ansätze zur Umwandlung der Städte entstanden sind, die in ihrer Konsequenz nichts weniger als eine grundsätzliche Transformation der amerikanischen Stadt vom flächenfressenden und autoabhängigen *urban sprawl* zu nachhaltigeren, verdichteten und durchmischten Formen der Stadtentwicklung zum Ziel haben. Da diese Ansätze die traditionelle amerikanische Stadt – und damit die europäische Stadt – zum Modell haben, sind sie für europäische Stadtplaner, die im allgemeinen heute eher ihre Aufgabe in der Abwehr „amerikanischer" Tendenzen in der Stadtentwicklung sehen, von großem Interesse.

Allerdings beschränken sich die neuen Ansätze bisher weitgehend auf theoretische Erörterungen und vereinzelte innovative Projekte. In nur wenigen Städten und Stadtregionen haben sie sich politisch durchgesetzt und Einfluss auf Planung und Umsetzung gewonnen. Zu den wenigen Stadtregionen, in denen die Vision einer nachhaltigen Stadtregion aktiv verwirklicht wird, gehören Seattle, Washington, Salt Lake City, Utah und Portland, Oregon (Abbildung 1). Vor allem Portland ist in den USA zu einem Begriff für entschiedene nachhaltigkeitsorientierte Stadtplanung geworden. In diesem Beitrag wird untersucht, was an diesem Mythos wahr ist.

Vorgeschichte

Portland (510.000 Einwohner) ist die größte Stadt im US-Bundesstaat Oregon. Die Stadt liegt am nördlichen Ausgang des Flusstals des Wilamette River zwischen dem

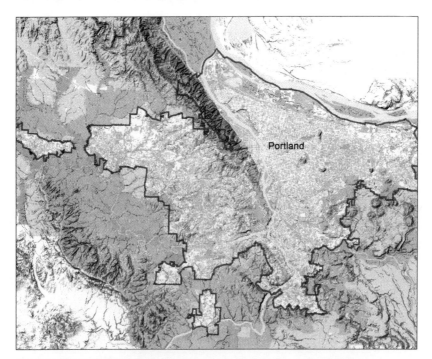

Abb. 2: Die Urban Growth Boundary von Portland (Quelle: Calthorpe und Fulton 2001)

Küstengebirge und der Cascade Range. Im Norden wird das Stadtgebiet vom Columbia River begrenzt, der die Grenze zum Bundesstaat Washington bildet.

Bereits im Jahre 1973 beschloss der Staat Oregon die Einführung einer *Urban Growth Boundary* für Portland (Abb. 2). Die Urban Growth Boundary legt das Gebiet fest, innerhalb dessen Stadterweiterungen zulässig sind. Außerhalb der Urban Growth Boundary dürfen nur landwirtschaftliche Gebäude errichtet werden. Die Urban Growth Boundary muss periodisch dem Flächenbedarf der Stadt angepasst werden. Innerhalb der Urban Growth Boundary sollen Flächen für zwanzig Jahre Bautätigkeit vorhanden sein.

Im Jahr 1979 wurde aufgrund einer Volksabstimmung der Regionalverband *Portland Metro* gegründet. Metro umfasst Teile von drei Counties mit 24 Gemeinden und rund 1,3 Millionen Einwohnern und deckt etwa das Gebiet der Urban Growth Boundary ab. Metro ist bis heute die einzige direkt gewählte regionale Gebietskörperschaft in den USA. Die Hauptaufgabe des Verbands ist die regionale Flächennutzungs- und Verkehrsplanung. Außerdem unterhält Metro Regionalparks und Naturschutzgebiete, den Portland Zoo und das Portland Convention Center.

Die Urban Growth Boundary diente ursprünglich in erster Linie dem Schutz landwirtschaftlicher Flächen vor Bodenspekulation und Zersiedelung. Sie änderte

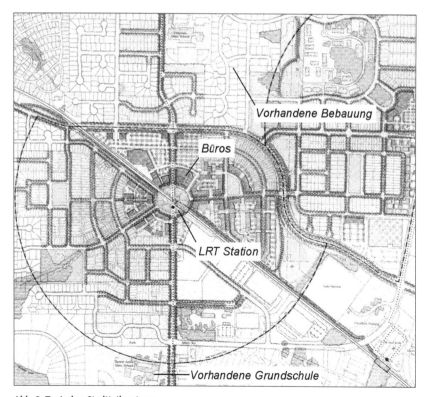

Abb. 3: Typisches Stadtteilzentrum
(Quelle: Calthorpe, 1993)

die Natur der Suburbanisierung nicht. Ende der achtziger Jahre wurde klar, dass die Suburbanisierung allein durch die Urban Growth Boundary nicht gestoppt werden konnte.

Zugleich plante das Oregon Department of Transportation für 200 Millionen Dollar eine neue westliche Umgehungsautobahn außerhalb der Urban Growth Boundary, den Western Bypass Highway. Gegen dieses Projekt erhob sich breiter öffentlicher Protest, der von der Umweltorganisation *1000 Friends of Oregon* angeführt wurde. 1000 Friends of Oregon führte auf eigene Kosten eine siebenjährige Untersuchung (1991-1997) zur Entwicklung einer Alternative zur Stadtentwicklung der Zersiedlung, des Verkehrswachstums und der Umweltzerstörung durch. Der Name des Projekts war *Making the Land Use, Transportation, Air Quality Connection* (LUTRAQ).

LUTRAQ entwickelte – nach Sacramento und San Diego – einen für die USA neuen Typ von Stadtentwicklung, der nicht mehr auf das Auto als Hauptverkehrsmittel, sondern auf einen leistungsfähigen öffentlichen Personennahverkehr ausgerichtet ist: *Transit-Oriented Development* (TOD). Transit-Oriented Development besteht aus den folgenden Elementen:

- einem Netz von Schnellstraßenbahnen (Light Rail Transit) als Rückgrat des regionalen öffentlichen Personennahverkehrs,
- einem dichten Busnetz als Zubringerverkehr zu den Haltepunkten der Schnellstraßenbahnen,
- Konzentrationen von Arbeitsplätzen, Dienstleistungen und Wohnungen an den Haltestellen der Schnellstraßenbahnen.

Dabei gibt es drei Typen von Zentren:

- *Mixed-use centers*: neue große Stadtteilzentren mit hoher Dichte und vielen Arbeitsplätzen an den Hauptknotenpunkten der Schnellstraßenbahn,
- *Urban TODs*: kleinere Stadtteilzentren mit mittlerer Dichte und einem mittleren Anteil an Arbeitsplätzen an Haltepunkten der Schnellstraßenbahn im Außenbereich und
- *Neighborhood TODs*: Nachbarschaftszentren mit überwiegend Wohnungen in bis zu zwei Meilen Entfernung von einem Haltepunkt der Schnellstraßenbahn mit Zubringerbus.

Abb. 3 zeigt ein typisches Stadtteilzentrum. Unmittelbar an der Haltestelle der Schnellstraßenbahn befindet sich ein kleiner Park mit Läden, Versorgungseinrichtungen, Büros und Appartments. Die sternförmig von dem Park ausstrahlenden Straßen führen zu Nachbarschaften mit Stadthäusern, Reihenhäusern und Einfamilienhäusern – Anklänge an Gartenstadtplanungen vom Beginn des 20. Jahrhunderts sind unübersehbar. Keine Wohnung ist weiter als zwei Straßenblöcke von einem Nachbarschaftspark entfernt. Im Süden des Stadtteilzentrums befindet sich eine vorhandene Grundschule. Im Norden ist ein Stück vorhandener Bebauung mit üblichen Einfamilienhäusern an Sackgassenstraßen zu erkennen. Rechts oben befindet sich ein Neighborhood TOD, das mit einem Zubringerbus an die Schnellstraßenbahn angebunden ist.

Eine Analyse zeigte, dass rund ein Drittel der Flächen innerhalb der Urban Growth Boundary ungenutzt oder untergenutzt war. LUTRAQ entwickelte einen alternativen Flächennutzungsplan für den westlichen Teil der Region (Washington County) mit Achsen für den öffentlichen Personennahverkehrs, mixed-use centers, Urban TODs und Neighborhood TODs mit einem projektierten Zuwachs von 150.000 Einwohnern und 100.000 Arbeitsplätzen innerhalb der Urban Growth Boundary. Über 75 Prozent der geplanten Wohnungen waren weniger als eine halbe Meile von der nächsten Haltestelle des öffentlichen Personennahverkehrs entfernt.

Aufgrund des Drucks der öffentlichen Meinung wurde die LUTRAQ-Alternative in das Verfahren zur Umweltverträglichkeitsprüfung des Western Bypass Highway einbezogen. Es zeigte sich dass die LUTRAQ-Alternative als einzige die Anforderungen des Clean Air Act von 1991 erfüllte. 1996 legte das Oregon Department of Transportation einen neuen Planentwurf auf der Grundlage des LUTRAQ-Flächennutzungsplans ohne Umgehungsautobahn und mit einer ostwestlichen Schnellstraßenbahnlinie vor. Zusätzlich schrieb der Staat Oregon allen Städten über 25.000 Einwohnern vor, ihre Verkehrspläne zu überarbeiten. Zielvorgaben waren

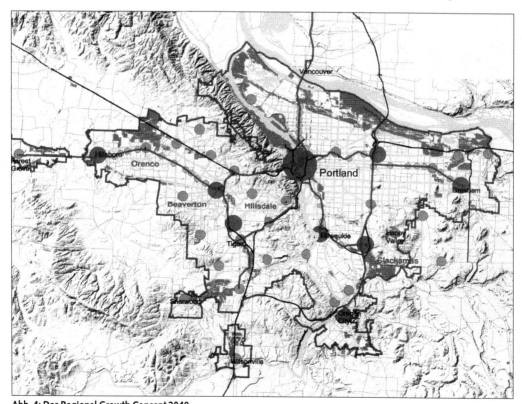

Abb. 4: Das Regional Growth Concept 2040
(Quelle: Calthorpe and Fulton 2001)

die Stärkung von Alternativen zum Auto, fußgängerfreundliche Straßen an Linien des öffentlichen Nahverkehrs, keine Sackgassen in Wohngebieten, die Verringerung der mit dem Auto zurückgelegten Entfernungen und der Ausbau von Fuß- und Fahrradwegen.

Für die langfristige Entwicklung der Region entwickelte Portland Metro in einem Regional Framework Plan mit dem Titel *Regional Growth Concept 2040* vier räumliche Szenarien für die Siedlungs- und Verkehrsentwicklung in der Region. Das Basisszenario sah eine Erweiterung der Urban Growth Boundary um 40.000 ha vor, Szenario A um 10.000 ha und Szenario B überhaupt keine Erweiterung. Als Kompromiss wurde ein Zielszenario C mit 4.000 ha entworfen (Abb. 4). Alle vier Szenarien enthielten in abgestufter Form Transit-Oriented Development, eine hierarchische Siedlungsstruktur mit Regional Centers, Town Centers und Village/TOD Centers und detaillierte Angaben zum Landschaftsschutz.

Damit ist das Regional Growth Concept ein Musterbeispiel für heute in den USA mit dem Begriff *Smart Growth* umschriebene nachhaltige Flächennutzungs- und Verkehrsplanung. Smart growth ist nicht unumstritten. Für seine Verfechter umfasst Smart Growth Urban Growth Boundaries, Park- und Freiraumkonzepte, Transit-Oriented Development, Umwidmung von „Highway-Dollars" für Fuß- und Radwegprojekte, Änderung von Steuergesetzen, die Zersiedlung begünstigen, Nutzerbeiträge für neue Infrastruktureinrichtungen, Stadterneuerungsprojekte und ökologische Schutzzonen und Schutzzonen zur Katastrophenabwehr (Sierra Club, 2001). Kritiker sehen in Smart Growth eher einen Vorwand wohlhabender Gemeinden, den Zuzug von Haushalten mit geringem Einkommen zu verhindern.

Umsetzung

Landmanagement in Oregon ist organisiert als Top-down-System mit starker Stellung des Bundesstaats und des Planungsverbands Metro gegenüber den Gemeinden. Vom Regionalparlament gefasste Beschlüsse zur Flächennutzungs- und Verkehrsplanung sind bindend für die Gemeinden. Die Metro Charter von 1992 sieht vor (Portland Metro 1992):

„To the maximum extent allowed by law, the (Metro) council shall adopt ordinances: (1) requiring local comprehensive plans and implementing regulations to comply with the regional framework plan within three years after adoption of the entire regional framework plan. (…) (2) requiring the council to adjudicate and determine the consistency of local comprehensive plans with the regional framework plan; (3) requiring each city and county within the jurisdiction of Metro to make local land use decisions consistent with the regional framework plan until its comprehensive plan has been determined to be consistent with the regional framework plan."

Die tatsächliche Entwicklung und Umsetzung der Flächennutzungsplanung erfolgt jedoch in Partnerschaft zwischen Staat, Metro, Gemeinden und Bürgern und wäre ohne die Beteiligung der Bürger und der Gemeinden gar nicht möglich. Der regionale Flächennutzungsplan entsprechend dem Regional Growth Concept 2040 wurde im Jahr 1996 rechtskräftig beschlossen.

Eine wichtige Rolle bei der Entwicklung und politischen Diskussion der Planungen spielt eine systematische und großzügig finanzierte Stadtforschung. Portland Metro und das Oregon Department of Transportation entwickelten umfassende Computersimulationsmodelle zum Durchspielen von Szenarien der räumlichen Stadtentwicklung. Portland ist eine Anwendungsstadt des von der amerikanischen Bundesregierung mit mehr als 50 Millionen Dollar finanzierten Modellprojekts zur Mikrosimulation des Stadtverkehrs *TRANSIMS* (Barrett et al. 1999). Das Oregon *Transport and Land Use Model Improvement Program* (TLUMIP) hat die Entwicklung eines integrierten Simulationsmodells der Siedlungs- und Verkehrsentwicklung im Staat Oregon zum Ziel, in dem langfristige Strategien der Siedlungsplanung- und Verkehrsplanung durchgespielt werden (ODOT 2002).

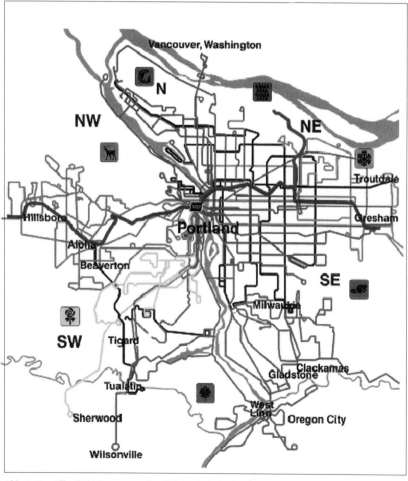

Abb. 5: Das öffentliche Personennahverkehrsnetz in Portland
(Quelle: TriMet 1992)

Portland heute

Die erste Linie der Schnellstraßenbahn, des *Metropolitan Area Express* (MAX), wurde 1999 eröffnet. An den wichtigsten fertiggestellten und geplanten MAX-Haltestellen entstanden neue Stadtteilzentren als *mixed-use centers* mit mittlerer Dichte und einem hohen Anteil an Büroarbeitsplätzen. Der regionale Verkehrsverbund Tri-Met unterhält ein ausgedehntes Netz von Schnellstraßenbahnlinien und Bussen in den drei Counties (Abb. 4). Das Rückgrat des Netzes des öffentlichen Personennahverkehrs ist der Metropolitan Area Express mit Busbahnhöfen für den Bus-Zubringerverkehr an seinen Hauptknotenpunkten. Die Benutzung von Bussen und Bahnen im Stadtzentrum von Portland ist kostenlos.

Obwohl Stadtentwicklung ein langsamer Prozess ist, zeigen sich bereits heute die ersten Erfolge. Die Stadt wächst in kompakterer Form als andere Städte in den USA. Die Benutzung des öffentlichen Nahverkehrs ist um sechzig Prozent gestiegen. Verkehrsstaus in Portland sind seltener als in anderen Städten in den USA. In den beiden MAX-Korridoren sind Wohnungen und Arbeitsplätze für 2,4 Milliarden Dollar entstanden oder in der Planung. Mehr als ein Viertel aller Baumaßnahmen finden in Baulücken oder durch Verdichtung bereits bebauter Grundstücke statt.

Dennoch gibt es eine lebhafte Diskussion darüber, ob Flächennutzungsbeschränkungen im Umland durch die Urban Growth Boundary negative Auswirkungen auf die Wettbewerbsfähigkeit und soziale Ausgewogenheit einer Stadt haben.

Ein Argument ist, dass die Urban Growth Boundary zu einer Verknappung des Bodens in der Stadtregion führt und deshalb die Bodenpreise stärker steigen als in Städten ohne growth management. Mehr noch, die Urban Growth Boundary begünstigt Eigentümer von Grundstücken innerhalb und benachteiligt solche von Grundstücken außerhalb der Urban Growth Boundary, da diese als Baugrundtücke nicht mehr in Frage kommen (Anas 1999).

Richtig ist, dass innerstädtische Stadterneuerungsprojekte in Portland sich vorwiegend and Mittel- und Oberschichthaushalte wenden. Hauspreise und Mieten haben sich in den neunziger Jahren fast verdoppelt, und Portland wurde 1997 von der National Homebuilders Association zur „least affordable" Stadt in den USA gewählt (Harmon 1998).

Andere Analysen kommen zu anderen Ergebnissen. Es wird daran erinnert, dass auch in den siebziger Jahren, als noch reichlich Land innerhalb der Urban Growth Boundary verfügbar, ähnliche Preissteigerungen zu beobachten waren. Porter (1997) wies nach, dass Bodenpreissteigerung in Städten mit growth management hauptsächlich auf Attraktivitätssteigerungen zurückzuführen waren. Nelson und Peterman (2000) zeigten, dass amerikanische Städte mit growth management im Durchschnitt wirtschaftlich erfolgreicher waren als Städte ohne growth management. Downs (2002) schließlich kam zu dem Ergebnis, das Hauspreise in Portland nicht schneller gestiegen seien als in vergleichbaren anderen Stadtregionen in den USA.

Die Kritik an den mögliche sozialen Folgen der Urban Growth Boundary blieb nicht ohne Folgen. In der Fortschreibung des Regional Framework Plan des Jahres 1998 wurde die Bereitstellung von preiswerten Wohnungen ausdrücklich als Ziel erwähnt. Es wurde vorgeschlagen, dass jede Gemeinde entsprechend ihrem Anteil an der Arbeitsplätzen der Region einen angemessen Anteil („fair share") an preiswerten Wohnungen bereitzustellen hat. Mehr noch, in jedem neuen Wohngebiet soll ein bestimmter Anteil an Wohnungen für Haushalte mit weniger als 80 Prozent des mittleren Haushaltseinkommens gebaut werden (Harmon, 1998).

Es bleibt abzuwarten, wie diese Vorstellungen in der Praxis umgesetzt werden. Inzwischen ist deutlich geworden, dass auch in Portland politische Entscheidungen Kompromisse sind. Die Urban Growth Boundary wird wahrscheinlich in Kürze um rund 7.500 ha erweitert werden, 3.500 ha mehr als im Zielszenario der Planer vorgesehen.

Schlussfolgerungen

Insgesamt kann die Planungskultur Portlands als ein Beispiel für das Planungsmodells der umfassenden Entwicklungsplanung, des *synoptischen Rationalismus*, verstanden werden. Die Renaissance dieses Modells der strategischen Planung ist um so erstaunlicher, als sie sich vor dem Hintergrund einer weitgehend auf die unsichtbare Hand des Marktes bauenden deregulierten Wirtschafts- und Gesellschaftssystems der Vereinigten Staaten abspielt.

Erklärungsversuche, die die Planungskultur Portlands auf die Tradition der vielfach aus skandinavischen Ländern stammenden ersten Einwanderungsgeneration Oregons oder die relative homogene wohlhabende Bevölkerungsstruktur ohne schwerwiegende ethnische Konflikte zurückführen, sind aufschlussreich, reichen aber nicht aus, da diese Voraussetzungen auch für andere Städte des amerikanischen Nordwesten zutreffen. Vielmehr handelt es sich hier um eine außergewöhnliche Konstellation – und Kooperation – von weitsichtigen Politikern, engagierten Umweltorganisationen und einer aufgeklärten und politisch aktiven Öffentlichkeit. Das sind Erfolgsfaktoren, die auch anderswo möglich sind.

In europäischen Städten sind die Voraussetzungen für eine nachhaltige Stadtentwicklungspolitik sogar weitaus günstiger. Die Bevölkerungsdichte in Europa ist im Durchschnitt viermal so hoch wie in den USA, Europäer legen nur 40 Prozent so viel Kilometer im Jahr zurück wie Nordamerikaner, es gibt je Kopf der Bevölkerung 40 Prozent weniger Autos, und mehr als die Hälfte aller Wege in Städten werden zu Fuß oder mit öffentlichen Verkehrsmitteln durchgeführt.

Von diesen Verhältnissen können die Stadtplaner in Portland nur träumen. Worin Portland aber für europäische, insbesondere deutsche, Städte als Vorbild dienen kann, ist die Überwindung der Konkurrenz zwischen Städten und Umlandgemeinden um Einwohner und Arbeitsplätze. Das Beispiel Portlands zeigt, dass dies unter den gegebenen Umständen der sich weiter verschärfenden Wettbewerbs zwischen

Städten und Regionen im Zuge sich öffnender globaler Märkte allein durch freiwillige Kooperation nicht erreicht werden kann, sondern eine wirkungsvolle nach dem Mehrheitsprinzip entscheidende Kompetenz auf übergemeindlicher Ebene erfordert. Der Planungsverband Region Hannover und ähnliche Ansätze in den Regionen Frankfurt und Stuttgart sind hierzu erste Ansätze.

Literatur

Anas, A. (1999) : The cost and benefits of fragmented metropolitan governance and the New Regionalist policies. *Planning and Markets* 2 (http://www-pam.usc.edu/volume2/v2i1a2s1.html).

Barrett, C.L. et al. (1999) *TRansportation ANalysis SIMulation System (TRANSIMS)*. Version TRANSIMS-LANL-1.0. Volume 0: Overview. LA-UR 99-1658. Los Alamos National Laboratory, Los Alamos, NM. http://transims.tsasa.lanl.gov/PDF_Files/Vol0-jmhF_990602_.pdf

Calthorpe, P. (1993): *The Next American Metropolis*. Ecology, Community and the American Dream. Princeton: Princeton Architectural Press.

Calthorpe, P. und W. Fulton (2001): *The Regional City*. Planning for the End of Sprawl. Washington: Island Press.

Downs, A. (2002): Have housing prices risen faster in Portland than elsewhere? *Housing Policy Debate* 13, 7-31.

Harmon, T. (1998): Who pays the price for regional planning? How to link growth management with affordable housing. *Planners Network* 128, 11-15.

Nelson, A.C. und D.R. Peterman (2000): Does growth management matter? The effect of growth management on economic performance. *Journal of Planning Education and Research* 19, 277-285.

ODOT – Oregon Department of Transportation (2002): *Transport & Land Use Modeling*. http://www.odot.state.or.us/tddtpau/modeling.html.

Porter, D. (1997): *Managing Growth in American Communities*. Washington, DC: Island Press.

Portland Metro (1992): *The Charter*. www.metro-region.org/article.cfm?articleid=629.

Sierra Club (2001): *Stop Sprawl*. www.sierraclub.org/sprawl/factsheet.asp#Solutions

Abbildungsnachweis

Die Abbildung 3 wurde mit freundlicher Genehmigung von Princeton Architectural Press, New York, NY, entnommen aus: ‚The Next American Metropolis' von Peter Calthorpe (Copyright 1993 Peter Calthorpe).

Die Abbildungen 2 und 4 wurden mit freundlicher Genehmigung von Island Press, Washington, DC, entnommen aus ‚The Regional City' von Peter Calthorpe und William Fulton (Copyright 2001 Peter Calthorpe und William Fulton).

Harald Kegler
New Urbanism –
Bewegung und Strategie für die postmoderne Stadt

Der Sprawl – "Kampfbegriff" des New Urbanism

Eine der weitreichendsten urbanistischen Visionen des 20. Jahrhunderts, die der Auflösung der Stadt, beginnt sich selbst aufzulösen. Der Traum von einer wahrhaft demokratischen Stadt, die Gleichheit und Freiheit für alle ermöglicht, sollte in der dezentralisierten Stadt verwirklicht werden. Visionäre von Ebenezer Howard bis Frank Lloyd Wright entwarfen die Bilder einer neuen Stadt, die die alte urbane Struktur überwindet zugunsten eines Siedlungssystems, das über das ganze Land verteilt ist und eine Symbiose von Haus und Landschaft ermöglicht. Die USA wurden zum Inbegriff dieser Vision. Robert Fishman nannte eine solche Stadt „die befreite Megalopolis" (Fishman 1991: 73ff). Insbesondere die alte Industriestadt mit ihrer Teilung in Zentrum und Peripherie, mit Geschäftsviertel, Wohnbereichen, Industrie- und Handelszonen sollte ersetzt werden durch eine gleichmäßig besiedelte Landschaft, in welcher jeder Zugang zu den natürlichen Schönheiten und den Ressourcen der Landschaft hat. Voraussetzung für diese demokratische Teilhabe an der Landnutzung sollten die modernen Kommunikationsmittel sein – zunächst die Eisenbahn und dann das Auto. Die Vision einer vollkommen dezentralisierten „Stadt-Landschaft" entsprach in Amerika dem Verständnis der Pioniere, die das Land nach dessen Eroberung besiedelten. Sie wollten eine neue Ära der Stadtentwicklung einleiten, die sich von der des „alten" Europa, das sie verlassen hatten, unterschied: Keine Hierarchie, kein Zentrum-Peripherie-Gefälle, keine Steuerung durch ein Machtzentrum sondern freie Entscheidung für jeden, sich anzusiedeln, wo er es wollte als Ausdruck des „American Way of Life" (Holzer 1996: 119).

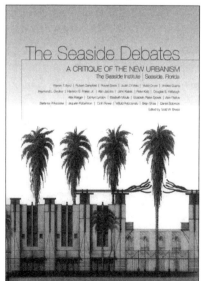

Abb. 1: The Seaside Debates
(Quelle: Bressi 2002)

Damit gingen die Vorstellungen weit über das hinaus, was in Europa unter Dezentralisierung verstanden worden war, nämlich eine geordnete Suburbanisierung von den Zentren aus, die auf ein klar hierarchisch gegliedertes Siedlungssystem abzielte. Howard hatte ein solche vorgeschlagen, mit der der Begründer der Gartenstadt die vorhandene Industriestadt überwinden wollte. Die Pragmatiker der neuen Disziplin Stadtplanung, die international um 1900 entstand, und der Gartenstadtbewegung sahen eine gezielte Bildung von Satellitenstädten vor, die eine Trennung von Stadt und Landschaft aufrecht erhielt und beides zugleich in neuer Weise verknüpfen sollte (Kegler 1987: 92). Die Großsiedlungen und Einfamilienhausgebiete der Nachkriegszeit haben in nahezu allen Industriestaaten Ernüchterung aufkommen lassen. Zersiedlung auf der einen Seite und Schrumpfung auf der anderen markieren das Ende einer im wesentlichen auf industriellem Wachstum beruhenden Stadtentwicklung, und zwar in ähnlicher, wenngleich quantitativ verschiedener Weise in Europa und den USA (Müller/Rohr-Zänker 2001: 35-38; Sieverts 2001: 14-17).

Wright griff diese „Urvorstellung" des neuen Amerika in seiner Vision der „Broadacres" auf und entwickelte ein Bild der neuen amerikanischen Stadt für das 20. Jahrhundert – eine *Democrathy in Overalls*, welches einige Gemeinsamkeiten mit den Prinzipien der Charta von Athen aufwies, doch wesentlich konsequenter eine ahistorische und grenzenlose Stadtvorstellung propagierte (Wright 1960: 261-264). Es sollte eine Stadt sein, die „überall und nirgends" liegt – eine Stadt, die auf der „Dimension der Zeit und nicht mehr auf dem Raum aufgebaut ist" (Fishman 1991: 79). Dies setzte voraus, dass jeder Amerikaner über ein Auto verfügt. Das Auto wurde zum Schlüsselmoment der Entwicklung einer neuen Stadt, besser Stadtlandschaft. Gleichzeitig sollte die Unwirtlichkeit der städtischen Realität, mit ihren sozialen Konflikten, dem nebeneinander sozialer Gruppen im öffentlichen Raum von Straßen und Plätzen, die Probleme des Aushandelns von Nutzungsverteilungen in urbanen Strukturen, das eine Stadtplanung und reale politische Auseinandersetzung notwendig machte, durch „Boardacre"-City überflüssig werden. Die unendlichen Weiten der USA boten (scheinbar) genügend Raum, um den konkreten städtebaulichen überwinden zu können.

Die atemberaubende Naivität dieser Vorstellung verhalf ihr offenbar zu gewaltigem Erfolg. Das Nachkriegsamerika verfügte über die Ressourcen, um die autoorientierte „suburban Nation" (Duany/Plater-Zyberk 2000: 86ff) Wirklichkeit werden zu lassen. Auto und Einfamilienhaus ersetzten zunächst in den Köpfen und dann in der Wirklichkeit die reale Stadt. Diese beiden Wohlstandssynonyme avancierten zum Ausdruck des *American Way of Life*. Die entstehende neue Stadt erhielt im Laufe der Zeit vielfältige Namen: „Exurb, Spread City, Urban Village, Megalopolis, Outtown, Sprawl, Lurb, ‚The Burbs', Nonplace Urban Field, Polynucleated City und ... Technoburb" (Fishman 1991: 75).

Mit „Levittown", im Umfeld von New York, wurde in den 50er Jahren der Prototyp dieser neuen „Stadt" geboren – und nach 50 Jahren hat sich dieser Typ zu einer „urbanized Area", letztlich zur „suburban nation" ausgewachsen mit dem Ergebnis, dass diese Vorstellung des „American Beauty" sich allmählich in das Gegenteil zu verkehren begann. Nicht erst seit den Amokläufen von Schülern in Vororten von Denver/Bolder ist die soziale Problematik der selbstgewählten „Isolationshaft" im Einfamilienhaus an der Sackgasse ‚in the center of nowhere', die jedwede Gemeinschaftlichkeit verloren hat (Kunstler 1994: 185) und in die sich inzwischen mehr als 60% der Amerikaner begeben haben, deutlich geworden. Der „suburban Sprawl" wird zunehmend zu einem der zentralen Themen der öffentlichen Debatte.

Von Anbeginn der Debatte über die Zukunft der amerikanischen Stadt konkurrierte die radikale Position eines Wright mit der der „City Beautiful"-Bewegung, die sich seit der Jahrhundertwende vornehmlich in den Küstenregionen der USA verbreitet hatte. Zwar verfolgten deren Verfechter auch eine Stadt, die sich mit der Landschaft vereint, jedoch ging es ihnen stets um die Gestaltung eines urbanen Lebensraumes und nicht um die Ablösung dessen durch die Bewegung im Automobil. Ihr Ziel bestand im Wandel der vorhandenen industriellen Großstadt und in der Schaffung einer neuen Landschafts-Stadt. Dabei knüpften sie ausdrücklich an europäischen Traditionen der realen Gartenstadtbewegung, aber auch an denen der Landschaftskunst an. Wichtigste Vertreter dieser Bewegung waren Landschaftsarchitekten wie Olmstedt und Nolen, aber auch Developer wie Merrick oder Stadtplaner wie Burnham. Sie entwarfen Visionen und bauten Raumstrukturen, vom Landschaftspark bis zur Gartenstadt, von der urbanen Wasserfront bis zum großstädtischen Zentrum. Dabei griffen sie sowohl auf architektonische Vorbilder aus Europa, wie z.B. die spanische Baukultur, als auch auf neue amerikanische Ausdrucksformen wie den Art Deco zurück. In diesen Traditionen liegen die Anknüpfungspunkte für den heutigen New Urbanism (Lejeune 2000: 71).

Nach den Erfahrungen, dass die Vision von Wright in den endlosen „Mobile Home"-Gebieten des mittleren Westens oder den stereotypen Mittelklasse-Siedlungen zwischen Chicago und Miami verendete und andererseits die Ideen Olmstedts in Gated Communities der Oberschichten oder den Kunstrasenlandschaften der Vorgärtenkultur ihre sinnentleerte Verwirklichung fanden, wird nunmehr seit gut 10 Jahren unter dem Banner eines „New Urbanism" die Quadratur des Kreises versucht – in Ansätzen durchaus erfolgreich: Es geht dabei um eine neue Stadt-Landschaft, die aus dem Umbau der nahezu total suburbanisierten und einem nach wie vor unter starkem Wachstumsdruck

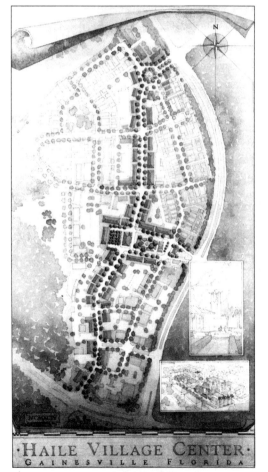

Abb. 2: Plan von „Haile Village Center"
(Quelle: Begleitmaterial zum X. CNU-Kongress, Miami, 2002)

liegenden „Landschaft" zu gestalten wäre. In dieser sollen sich Elemente vergangener Hoffnungen ebenso wiederfinden wie neue Möglichkeiten, die die postmoderne Gesellschaft zu bieten hat. Ein konstitutives Moment ist dabei die bauliche RE-Urbanisierung, die durch ein Konstruieren von städtebaulicher Raumkultur eine soziale wie ästhetische Bindungskraft für die Bewohner erzielen soll. Traditionen, Nachbarschaft, Fußläufigkeit, funktionelle Mischung, differenzierte Angebote an Wohnformen, Wiedergewinnung von urbaner Kultur in brachfallenden monofunktionalen Gebieten wie Shopping-Centres oder Infrastrukturarealen sind Kriterien, die die Ideale einer humanen Stadt wieder erstehen lassen. Doch diese Ansätze treffen auf eine Gesellschaft, die es in weiten Teilen verlernt hat, im offenen städtischen Raum zu leben und sich zu artikulieren. Es geht um den Versuch, durch städtebauliche Mittel eine neue soziale Bindungskraft für die postmoderne Gesellschaft zu entwickeln. New Urbanism versteht sich, bei aller Offenheit der Ziele, aber bei klarer Kritik an suburbanen Zuständen, als Gegenentwurf zum bisherigen städtebaulichen Ausdruck des „American Way of Life" (CNU/Charter 1999: 5-10).

Am Ende des 20 Jahrhunderts erlebt die Polarisation in der Debatte um die Zukunft der Stadt eine Wiederbelebung, wenngleich in neuer kultureller Konstellation. Es wird der Versuch gestartet, Poesie, menschliche Dimension und Tradition in den Städtebau zurück zu holen und damit eine Debatte um den qualitativen Umbau des Sprawl eingeleitet. Diese Position des New Urbanism deutet eine wichtige Richtung an: die Stadtbaukunst für die postmoderne Urbanisierung neu zu erfinden und der Ästhetik einer Stadt ohne Eigenschaften, wie sie Rem Koolhaas programmatisch als Zukunftsvision aus der neuen Quantität der urbanen Architektur der Großstädte abgeleitet hat, eine andere, aber ebenso konstruierte Zukunft für die Weiten des suburbanisierten Landes entgegen zusetzen (Speaks 2002: 67).

New Urbanism: Bauprogramm und Bewegung

In den 1970er Jahren formierten sich Kritiker am Sprawl an der Yale-Universität und begannen erste Konturen einer Städtebaureform zu entwickeln. 1993 schließlich erfolgte die offizielle Gründung des „Congress for the New Urbanism" (CNU) und Florida wurde „the State of the New Urbanism" – eines der ersten Experimentierfelder der entstehenden Bewegung (Kegler 1998: 335 sowie Brain 2002: 1). Seit 1981 verfügte die entstehende Bewegung über ein erstes Referenzprojekt: Seaside.

Mit Seaside, der Resort City am Golf von Mexiko, traten die Akteure des späteren New Urbanism erstmals an die Öffentlichkeit. Die Mitbegründer des CNU, Duany und Plater-Zyberk, entwarfen den Masterplan. Im damals noch weitgehend von Touristen unberührten Panhandle, dem Nordwesten Floridas, wurde i. w. S. der Grundstein für eine Umbaustrategie des suburban Sprawl gelegt. Zugleich ist Seaside von Anbeginn Gegenstand heftiger Auseinandersetzungen um die Art der Reform, die Folgen des eingeschlagenen Weges oder die Auswirkungen auf die

Entwicklung der „Regional City". Seaside begann eine Art Laboratorium lebendiger Auseinandersetzung um die Städtebaureform dar. Die „Seaside Debate", veranstaltet vom Seaside-Institut, einer Art Begleitinstitut für die Praxis des New Urbanism, ist beredter Ausdruck dessen (Bressi 2002). Doch nicht nur die sichtbaren und damit auch bewertbaren Projekte des CNU heben Florida als eine Hochburg des New Urbanism und eben als ein Laboratorium des Suburbia-Umbaus heraus. Hier sind auch die wichtigsten Forschungs- und Ausbildungsstätten konzentriert. Neben der Universität Miami, School of Architecture, stellen die staatliche Florida Atlantic Universität sowie das New College of Florida oder das Rollins College wichtige Stätten dar, die sich dem New Urbanism widmen. Doch im Laufe der 90er Jahre hat sich New Urbanism an vielen anderen Universitäten der USA platziert und Kalifornien sowie Maryland sind zu weiteren wichtigen Standbeinen des New Urbanism geworden.

Im Verlauf des praktischen Experimentierens haben sich fünf planerische Strukturelemente sowie vier wesentliche methodische bzw. instrumentelle Bausteine des New Urbanism herausgebildet:

Die Strukturelemente:

a) für den Siedlungsneu- bzw. Umbau im Wachstumsbereich: die qualitative Veränderung des Sprawl durch „TND" (Traditional Neighbourhood Development), d. h. die Wiederentdeckung und Neuinterpretation der Kleinstadt unter Bezugnahme auf Prinzipien des Städtebaus vom Beginn des 20. Jahrhunderts in Europa und den USA;

b) für den Umbau im Bestand: „Infill", d. h. die Umwandlung von brachgefallenen Arealen des Großhandels, des Dienstleistungs- und Verkehrssektor in fußgängerorientierte Mischgebiete mit großem Verdichtungsgrad, bei wenig geschossiger Bauweise;

c) für die Ausprägung von Randbereichen: „Transect" und „Urban Growth Boundaries", d. h. die Ausbildung von Übergangszonen und Wachstumsgrenzen der bebauten Strukturen, die über mehrere Stufen bis in die geschützte bzw. abgegrenzte Landschaft reichen;

d) die Entwicklung von neuen Orten

Abb. 3: „Die Grenze zwischen Stadt und Land" – der sich ausbreitende Sprawl mit Mobile Homes zwischen Denver und Bolder in Colorado
(Quelle: National Geographic, Nov. 1996, Washington, S. 99)

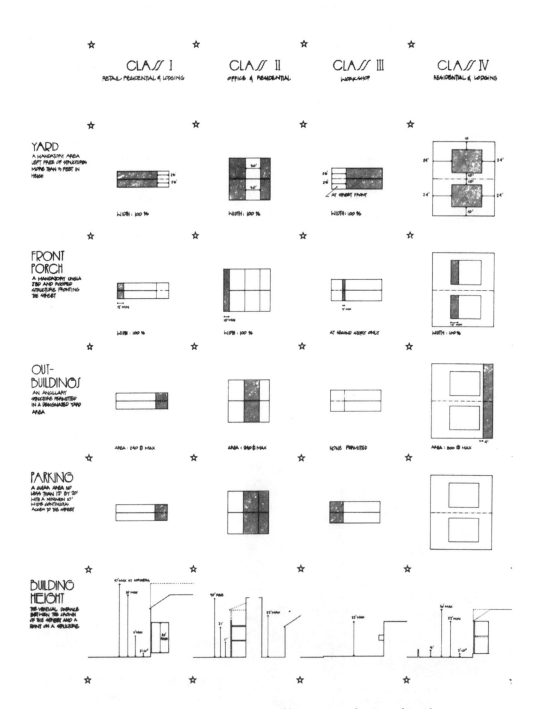

Abb. 4: Zoning Code – Town of Seaside

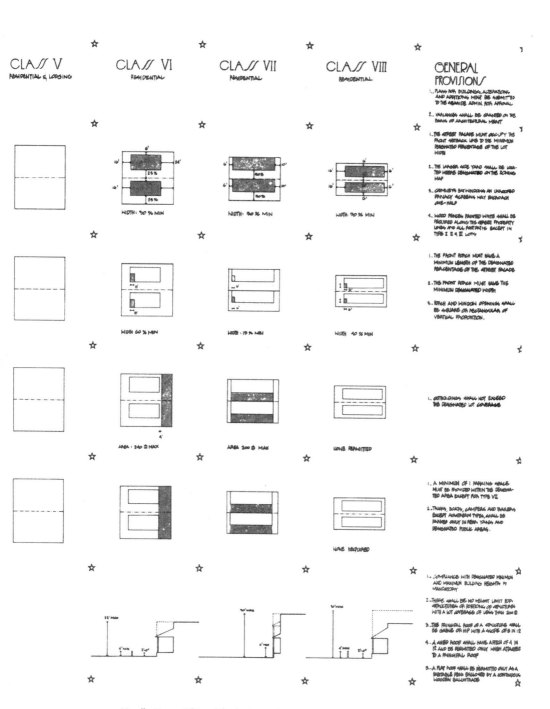

(Quelle: Duany/Plater-Zyberk 1992: 97)

oder der Umbau bestehender an den Knotenpunkten des öffentlichen Verkehrs: „TOD" (Transit Orientated Development) und „Pedestrian Pockets", d. h. die Stärkung vor allem des schienengebundenen Nah- und Fernverkehrs und der Bau von neuen Wohn- und Mischgebieten an den Haupthaltestellen, von denen dann Fußwegenetze mit sogenannten „5-Minute-Walk"-Bereichen ausgehen;

e) für die integrative Gestaltung einer postmodernen Stadtlandschaft: „Regional City", d. h., ausgehend von der Tatsache, dass das ganze Land „Stadt" geworden ist, kommt es nun darauf an, die suburbanisierten Areale übergreifend zu vernetzen und zu einer neuen Stadtqualität zu führen, die kulturell, sozial und ökologisch langfristig tragfähig ist.

(Ellin 1999: 93-99; Calthorpe/Fulton 2001: 30)

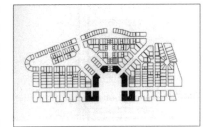

I

Auf der methodischen bzw. instrumentellen Ebene haben sich folgende miteinander zu verknüpfende Bausteine als die wesentlichen erwiesen, mit denen Vorhaben umgesetzt werden können:

a) das Verfahren der öffentlichen Beteiligung: „Charrette", d. h. ein Verfahren der zeitlich begrenzten, radikal öffentlichen und streng umsetzungsorientierten Beteiligung verschiedenster Akteure eines Gebietes an der Planung;

II

b) der Plan für die bauliche Entwicklung bzw. den Umbau: der „Masterplan", d. h. ein Rahmenplan, der die hauptsächlichen Konturen der Entwicklung bis auf die Ebene der Baublöcke und der Parzellen umreißt, dabei jedoch zukünftig veränderbar bleibt (also nicht wie ein deutscher B-Plan festgesetzt wird); der Masterplan ist zugleich das wichtigste Arbeitsinstrument der Charrette;

c) das Regelwerk für die bauliche Umsetzung: der „Urban Code", welcher die Typologie der Bauten, aber auch die Gestaltung der Freiräume, der Straßen- und Fußwegenetze sowie der Plätze im Sinne eines verbindlichen Rahmens regelt; der Code wird in den Konturen ebenfalls im Charrette-Verfahren ausgehandelt und dann administrativ festgeschrieben, er stellt den komplementären Teil zum Masterplan dar;

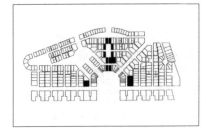

III

d) die Umsetzungspartnerschaft: „Privat-Public-Partnership", d. h. die im gesamten Verfahren angelegte Umsetzungsorientierung unter Marktbedingungen setzt die direkte Beteiligung der Marktakteure (Developer) voraus; damit wird eine Form demokratischer Beteiligung verfolgt, die die Realisierbarkeit am Markt zur Bedingung hat und zugleich über die Charrette und den Masterplan eine Chancengleichheit

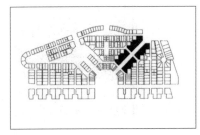

IV

Abb. 5: Zoning Code – Town of Seaside

aller interessierten Akteure, einschließlich der öffentlichen Hand ermöglicht. (Duany/Plater-Zyberk 1992: 21-24; Dutton 2000: 150ff; Kunstler 1994: 249-267)

Die ideelle Grundlage für den New Urbansim bildet die 1996 beschlossene ‚Charta for the New Urbanism', die auf den räumlichen Ebenen vom Baublock über die Stadt bis zur Metropolregion Handlungsgrundsätze darlegt. Sie umreißen sehr detailliert das, was in Europa mit nachhaltiger Stadtentwicklung zu umschreiben wäre, allerdings sehr viel umsetzungsorientierter und zugleich so offen, dass eine breite Koalition für eine Städtebaureform ermöglicht werden kann (CNU 1999: 13ff). Das macht natürlich die Bewegung auch angreifbar. Andererseits werden damit „Lagerkämpfe" in isolierten Kreisen minimiert und kontroverse Debatten in das Forum des CNU hineingeholt, was die innere Lebendigkeit der Bewegung erhält. Die Art der Organisation des CNU in Form eines permanenten Kongresses, der jährlich zu Generalversammlungen an verschiedenen Orten der USA zusammentrifft unterstützt diesen offenen Charakter. Hier finden sich die derzeit ca. 2.000 Mitglieder quer durch die Disziplinen wieder: Vom Architekten über den Developer und Umweltaktivisten bis zum Politiker und Verkehrsplaner reicht das Spektrum.

Fügt man das Bild des Spektrums realisierter Projekte zusammen, so ergeben sich erste Konturen eines offenen Bauprogramms, das die Richtung der Reform erkennbar werden lässt (Calthorpe/Fulton 2001: 105ff). Keines der Projekte erfüllt alle Forderungen, wie sie in der Charta des CNU aufgestellt werden, idealtypisch. Der zunächst vornehmliche Adressat dieser Projekte ist die weiße Mittelklasse – auch einer der durchaus verständlichen Kritikpunkte am New Urbanism. Der Hintergrund dieser Orientierung ist, dass der New Urbanism als Planungssystem lediglich die Marktpräferenzen der Akteure des Marktes beeinflussen kann und will (Hall/Pfeiffer 2000: 384). Reformen bleiben an den Rahmen der Marktverhältnisse gebunden und diese sind in den USA weit stringenter und in größerem Maße staatsfern als das in Deutschland der Fall ist. Bis auf ein staatliches Förderprogramm für sozialen Wohnungsbau, HOPE VI, das für besonders problematische Gebiete aufgelegt wurde und welchem sich der New Urbanism auch widmet, gibt es keinen staatlich geförderten Städtebau. Sollen also Reformen greifen, müssen zunächst die hauptsächlichen Träger des „American Way of Life", eben jene weißen Mittelschichten, angesprochen werden. Erst wenn sich hier eine

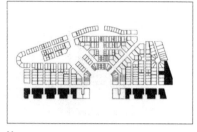

V

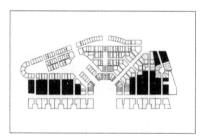

VI

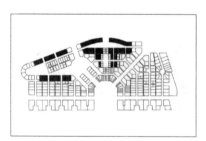

VII

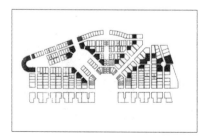

VIII

(Quelle: Duany/Plater-Zyberk 1992: 97)

Wende am Markt vollzieht, folgen andere soziale Gruppen, so die zentrale These des CNU (Bodenschatz 2000: 29).

Mit der inzwischen kompakten Organisationsstruktur und einem breiten praktischen Anwendungsfeld der Ideen des New Urbansim sind günstige Voraussetzungen gegeben für die schrittweise Durchsetzung von Reformen. Doch darf nicht übersehen werden, dass die reale Ausbreitung des Sprawl in den USA derzeit noch ungleich dynamischer verläuft als die Zunahme von New Urbanism-Projekten. Der weit größte Teil des Gebauten wird immer noch im Sinne der „Subdivision"-Planung für den Sprawl gebaut – 10 Jahre Reform sind noch nicht viel Zeit für die Veränderung des Marktes (Dialer 2002: 35-36).

New Urbanism:
Privater Städtebau zwischen Umbau des Sprawl und Regional City

Zwei Beispiele aus Florida verdeutlichen die Pole, zwischen denen sich zukünftig die Versuche zur qualitativen Steuerung des Wachstums bewegen werden: *Hail Village Center*, ein New Urbansim-Projekt in der Nähe von Gainsville, und das „Regional City"-Projekt der St. Joe Entwicklungsgesellschaft für den *Nordwesten Floridas*.

Seit Ende der 70er Jahre wurde unweit der Universitätsstadt Gainesville ein 1.700-acre Wohngebiet, Haile Plantation, nach den für Subdivisions üblichen Prinzipien des autoorientierten Einfamilienhausbaus erschlossen. Vorrangig Angestellte der Universität zogen hier ein. Seit Anfang der 90er Jahre begann der Bau eines Zentrums durch den Developer, der einem neuen Konzept folgte und nicht den Supermarkt mit riesigem Parkplatz errichten wollte. Das Zentrum sollte als Kleinstadtstraße implantiert werden und entlang differenzierter Platzfolgen eine Mischung an öffentlichen Nutzungen, wie Geschäfte, Restaurants, Pensionen, das Rathaus mit einem öffentlichen Versammlungssaal und Dienstleistungseinrichtungen in den Erdgeschosszonen sowie Wohnangebote für unterschiedliche Bewohnergruppen in zweigeschossigen Reihenhäusern beinhalten. Das Zentrum umfasst ca. 50 acre und ist konsequent fußläufig zu erschließen. Die von den Stadtplanern Kramer und Kaskel entworfene romantische Straßenführung erinnert an eine Renaissance der Stadtbaukunst um 1900. Doch die historischen Vorbilder allein taugen nur soviel, wie sie für die soziale und die Marktsituation um 2000 planerisch neu interpretiert werden können. Dies ist in Haile Village Center gelungen. Das inzwischen fertig gestellte Implantat wirkt fremd in den Weiten des Sprawl um Gainsville und wurde deshalb zunächst zögerlich angenommen. Schließlich hat es sich durchgesetzt (Bodenschatz/Kegler 2000: 52-54).

Gleichzeitig besteht weiterhin der Expansionsdruck. Einen Weg, diesen in qualitativ neue Bahnen zu lenken und auf diese Weise ökonomisch zu verwerten, beschreitet die St. Joe Company, der größte Landbesitzer der USA, mit Sitz in Jacksonville, Florida. Hervorgegangen aus einem Forst- und Holzverarbeitungsunternehmen, betreibt diese Gesellschaft über eine Reihe von Tochterunternehmen private Regionalentwicklung. Faktisch der gesamte Nordwesten des Bundesstaates Florida wird durch St. Joe entwickelt. Das Unternehmen verfolgt dabei einen sehr komplexen Marketingansatz. Es geht nicht nur um Erschließung und Vermarktung von Bauflächen, sondern um einen holistischen Ansatz: Von der Infrastruktur, über Naturschutz bis zum Bau und Betrieb von Resort-Cities, vom Flugplatzbau bis zu Renaturierungen reicht das Spektrum der Entwicklungstätigkeit des Unternehmens. Der Staat hat sich auf die Rolle des Festsetzens von Grenzen für den Verbrauch natürlicher Ressourcen, insbesondere die Wassereinzugsgebiete und einige Naturreservate, sowie auf die Ausweisung von Militärbasen und Bundesstraßen beschränkt. Alles andere entwickelt St. Joe.

Kern des regionalen Entwicklungsprogramms ist eine Kaskade von 15 Resort-Cities entlang der Golfküste, die weitgehend im Bau sind. Diese greifen viele der Prinzipien des New Urbanism auf. So werden separierte Kleinstädte und keine Hotellandschaften errichtet, Naturschutzgebiete als Pufferzonen angelegt und Fußläufigkeit garantiert. Dazu kommen Dienstleistungszentren und ein Regionalflugplatz sowie eine Reihe von Wohnanlagen, die – und das ist bemerkenswert – sowohl als Subdivision (z. B. James Island) als auch als „Traditional Neighbourhood Development"-Anlagen des New Urbanism ausgebildet werden – je nach Marktlage. Es ist eine „Regional City" im Bau, die ein Stadtwachstum jenseits des Sprawl verfolgt – ein Musterland der Freizeitwirtschaft für den weißen Mittelstand. Das Durchsetzen von neuen städtebaulichen Prinzipien gerinnt zum sozialen Balanceakt. Die regionale Entwicklung durch große Developer stellt eine der wichtigsten Herausforderungen, mit Chancen, aber auch Risiken einer „neofeudalen Entwicklungssteuerung" dar. Das hat der X. Kongress des New Urbanism in Miami 2002 kontrovers erörtert (www.cnu.org, www.joe.com).

Ein Fazit

Der Ausgang des Experiments eines „New Urbanism" ist offen. Darin liegt eine Stärke der sich etablierenden Städtebau-Reform-Bewegung. New Urbanism ist einer sektenhaften Abschottung in isolierte Fachzirkel abhold. Die Bewegung hat eine Struktur aufgebaut, die es ihr ermöglicht, effizient über Disziplingrenzen hinweg zu kommunizieren, sich eine mediale Öffentlichkeit zu schaffen, durch gebaute „Produkte" Referenzen zu erzeugen, neue Verfahren einer aktivierenden Beteiligung ganz unterschiedlicher Marktakteure am Planungsprozess zu entwickeln, sich über verschiedene Institutionen zu reproduzieren und sich selbst kritisch voran zu treiben. Die Architektur ist am Markt orientiert, was für europäische Augen bisweilen befremdlich wirkt. Doch der Städtebau wird als dominantes öffentliches Gut strikt einem – öffentlich erarbeiteten – Code unterworfen, der eine Art Qualitätssicherung für den Raum darstellt, was inzwischen auch viele Developer als ertragssicherndes Element erkannt haben.

In den USA laufen Entwicklungen ab, die in vielem etwas vorweg nehmen, was auch in Europa z.T. in abgemilderter Form stattfinden wird. Europa kann aus einem reichen Erfahrungsschatz der städtebaulichen und regionalen Entwicklung insbesondere der Revitalisierung altindustrieller Areale, des Umgangs mit Stadtzentren oder der Entwicklung eines wirksamen öffentlichen Nahverkehrs sowie einer Hochbaukultur einiges in einen möglichen Diskurs einbringen. Umgekehrt sind die Erfahrungen aus den USA im Umgang mit einer der größten Herausforderungen der Stadtentwicklungspolitik, dem Sprawl, unter den Bedingungen des Übergangs zu einer postindustriellen und zugleich vermehrt privat betriebenen Stadtentwicklung für eine Qualifizierung eigener Strategien in Deutschland/Europa außerordentlich nützlich, ohne mechanisch kopierbar zu sein. Z. B. könnte eines der wichtigsten Elemente des New Urbanism, das Charrette-Verfahren, für die Beteiligung von Bewohnern beim Stadtumbau von Interesse sein. Erste Versuche dies auf die Bedingungen der schrumpfenden Städte in Ostdeutschland anzuwenden verliefen erfolgreich (www.dr-kegler.de, www.charrette.de). Besonders wichtig ist jedoch die Erfahrung beim Aufbau einer öffentlichen Bewegung für die Reform des Städtebaus, wie sie der CNU darstellt (Bodenschatz 2003: 278/279).

Mit dem ersten European Council für einen EURBANISM, der Anfang April 2003 in Brüssel als loser Kreis von etwa 100 Vertretern unterschiedlicher Sichtweisen auf eine Städtebaureform zusammengetreten ist, vollzog sich ein erster Schritt zur Formierung einer europäischen Bewegung.

EURbanism and New Urbanism[1]

Sechs Thesen für das erste transatlantische Treffen für eine Städtebaureform in Brüssel im April 2003

Wir plädieren für den Aufbau einer starken Bewegung des europäischen Städtebaus, des EURbanism, und einen intensiven Dialog zwischen dem New Urbanism und dem EURbanism auf der Basis der jeweiligen Erfahrungen.

1. These
New Urbanism bietet dem europäischen Städtebau sehr viele Anregungen. Nicht nur hinsichtlich der praktischen Projekte und des Programms, sondern auch hinsichtlich Institution, Diskurs und Strategie – also als Reformbewegung.

2. These
Europa kann auf ein sehr reiches Erbe des traditionellen Städtebaus zurückblicken, ein Erbe, das allerdings etwas in Vergessenheit geraten ist. Diese Geschichte muss erst wieder in ihrer ganzen Dimension entdeckt werden. Zwei bedeutende Jubiläen im Jahre 2003 unterstreichen die Spanne, in der sich der europäische Städtebau bereits um 1900 entfaltete: der 100. Todestag von Camillo Sitte und der 100. Geburtstag der ersten Gartenstadt Letchworth. Sitte steht für die Rehabilitierung der mittelalterlichen und barocken Stadt sowie für städtebauliche Qualität in der kompakten Stadt und Stadterweiterung, Letchworth steht für geplante qualifizierte Dezentralisierung. Der traditionelle Städtebau war auch während des 20. Jahrhunderts in Europa immer präsent. Einen Höhepunkt erreichte er wieder in den

1970er Jahren, als mit dem europäischen Denkmalschutzjahr eine einzigartige Kampagne zur Rettung der historischen Städte begann. Während in den 1970er Jahren der Schwerpunkt auf der Erhaltung der Städte lag, rückte seit den 1980er Jahren die an der Tradition, insbesondere am historischen Stadtgrundriss orientierte Umgestaltung der alten Städte in den Vordergrund. Dabei spielte der öffentliche Raum eine wichtige Rolle – etwa in Barcelona und Lyon. Die Geschichte des europäischen Städtebaus hat ihre Besonderheiten. Dazu gehören auch die Erfahrungen mit den Diktaturen, vor allem auch in Italien und in der Sowjetunion.

3. These
Die städtebaulichen Erfahrungen in Europa sind andere als die in den USA. Zu allererst spielt die öffentliche Hand in Europa eine stärkere Rolle, und zum anderen ist der Zustand der Zentren der großen Stadtregionen weniger dramatisch als oft in den USA, und die Suburbanisierung ist noch nicht ganz so weit fortgeschritten. Das hat zur Folge, daß das Thema Suburbanisierung in Europa noch nicht ausreichend vertieft worden ist – wir wissen hier viel weniger über die Suburbanisierung und deren Folgen als in den USA. Das gilt auch für das Thema „Qualifizierung von Suburbia". Auf der anderen Seite kennen wir seit den 1970er Jahren eine breite Palette an Projekten der Erhaltung und des Umbaus der kompakten Stadt sowie der Konversion nicht mehr gebrauchter Industrie-, Hafen-, Bahn- und Militärflächen. Hier liegt zweifelsohne ein größerer Erfahrungsschatz vor als in den USA, der aber nicht systematisch aufgearbeitet und verbreitet ist.

4. These
In Europa gibt es kein Netzwerk, das nur annähernd den Netzwerken in den USA (New Urbanism, Smart Growth usw.) gleicht. In Europa gibt es sehr isolierte Zirkel, die sich mit Städtebau beschäftigen. Diese Zirkel liefern oft sehr wichtige Beiträge, die aber aufgrund der Isolation nur begrenzt Wirkung zeigen. Es gibt räumlich isolierte Diskurse, es gibt thematisch isolierte Diskurse, und es gibt disziplinär isolierte Diskurse. Das ist ein Hintergrund für die strategische Schwäche des EURbanism.

5. These
Wichtig für eine strategische Offensive des EURbanism ist eine klare Unterscheidung von Städtebau und Architektur. Wir sollten uns auf einen traditionellen Städtebau verständigen und die Frage der Architektur offen lassen – wie beim New Urbanism in den USA. Es gibt auch – seltene – Beispiele für traditionellen Städtebau mit moderner Architektur. Sabaudia in Italien oder Betondorp in den Niederlanden aus den 30er bzw. 20er Jahren sind hierfür positive Beispiele. Der Vorschlag eines auf den Städtebau fixierten Programms bedeutet keine Missachtung der traditionellen Architektur, im Gegenteil: Über eine solche strategische Entscheidung wird es besser möglich sein, traditionelle Architektur erfolgreich einzubringen.

6. These
Institutionell schlagen wir vor,
- eine fachübergreifende und europaweite Organisation mit einer Art Sekretariat (mit Sitz vielleicht in Brüssel) aufzubauen, die Architekten, Stadtplaner, Landschaftsplaner, Umweltschützer, Sozialaktivisten, private Investoren, Akademiker, Journalisten, Politiker und Verwaltungsleute und andere umfasst – analog zum CNU und in Partnerschaft zu diesem,
- jährlich oder zweijährlich Kongresse abzuhalten,
- ein Internet-Kommunikationsforum aufzubauen und
- mittelfristig eine Zeitschrift auf europäischer Ebene aufzubauen.

Damit kann eine Basis geschaffen werden für einen transatlantischen Austausch über Städtebau. Ziel ist eine dem CNU ähnliche Bewegung mit einem Programm, das viele Menschen anspricht, denen die Qualifizierung der europäischen Stadt am Herzen liegt. Eine Bewegung, die aus den jeweiligen kulturellen Kontexten kommt, die kulturellen Eigenarten erhält und dabei sehr eng kooperiert.

Autoren:
Harald Bodenschatz/ Harald Kegler/ Karl-Heinz Maschmeier, Berlin/ Dessau, 4. Februar 2003

Anmerkung

1   Der Vorschlag, diese Initiative für eine europäische Bewegung EURBANISM zu nennen, stammt von Harald Bodenschatz.

Literatur

Bodenschatz, Harald (2000): New Urbanism – Die Neuerfindung der Amerikanischen Stadt. In: Stadtbauwelt 145. 22-31
Bodenschatz, Harald und Harald Kegler (2000): Städtebaureform auf Amerikanisch: Projekte des New Urbanism. In: Stadtbauwelt 145. 42-59
Bodenschatz, Harald (2003): Fundus am Tacheles. In: Bauwelt 8/2003. 18-21
Bodenschatz, Harald (2003): New Urbanism and the European Perspective. In: Krier, Rob: Town Spaces. 266-279
Bressi, Todd W. (2002): The Seaside Debates. New York
Calthorp, Peter und William Fulton (2001): The Regional City. Washington
CNU – Congress for the New Urbanism (1999): Charta of the New Urbanism. New York
Dialer, Claudius (2002): „Garten.Stadt.Ideen". Insbruck
Duany, Andres und Elizabeth Plater-Zyberk (1992): Towns and Town – Making Prinziples. New York
Duany, Andres und Elizabeth Plater-Zyberk (2000): Suburban Nation. New York
Dutton, John A. (2000): New American Urbanism. Milano
Ellin, Nan (1999): Postmodern Urbanism. New York
Fishman, Robert (1991): Die befreite Megalopolis: Amerikas neue Stadt. In: Arch+ 112. 73-83
Hall, Peter und Ulrich Pfeiffer (2000): URBAN 21 – Expertenbericht zur Zukunft der Städte. Berlin
Holzer, Lutz (1996): Stadtland USA: Die Kulturlandschaft des American Way of Life. Gotha
Kegler, Harald (1987): Die Herausbildung der wissenschaftlichen Disziplin Stadtplanung. Weimar
Kegler, Harald (1998): New Urbanism – Mehr als nur die Sehnsucht nach der alten Stadt. In: Die Alte Stadt, 4/98. 335-346 (deutsche Erstübersetzung der Charta des New Urbanism)
Kegler, Harald (2002): Charrette – neue Möglichkeiten effektiver Beteiligung am Stadtumbau. In: Die Alte Stadt, 4/2002. 299-307
Krier, Rob (2003): Town Spaces. Basel
Kunstler, James H. (1994): Geography Of Nowhere: The Rise And Decline of America'S Man-Made Landscape. New York
Lejeune, Jean-Francois (2000): Die Wurzeln des New Urbanism. In: Stadtbauwelt 145. 70-77
Müller, Wolfgang und Ruth Rohr-Zänker (2001): Amerikanisierung der „Peripherie" in Deutschland? In: Brake, Klaus, Jens S. Dangschat und Günter Herfert (Hg.) (2001): Suburbanisierung in Deutschland. Opladen. 27-39
Sieverts, Thomas (2001): Zwischenstadt. Basel
Speaks, Michael (2002): Niederländisch. In: Arch+ 162. 64-67
Wright, Frank Lloyd (1960): Writings and Buildings. Cleveland
www.charrette.de
www.charretteinstitute.org
www.cnu.org
www.dr-kegler.de

Arnold Voß
Immer wieder aufstehen und den Tiger reiten –
New York Citys Stadtentwicklung vor und nach dem
11. September 2001

**Der 11. September
hat die Stadt schwer getroffen, aber nicht grundsätzlich verändert**

Über den Terroranschlag vom 11. September 2001 und seine unmittelbare Wirkung auf die Stadt New York und ihre Bewohner ist alles schon gesagt, gezeigt und beschrieben worden und es wäre an dieser Stelle nicht sinnvoll es noch einmal zu tun. Vielmehr kann man davon ausgehen, dass das Ereignis selbst in einer Weise in das kollektive Gedächtnis nahezu der ganzen Weltbevölkerung eingegangen ist wie kein anderes zuvor. Insofern ist es nicht nur für die Stadt New York sondern für den ganzen Globus in Art und Maß ein vorerst singuläres Vorkommnis, das schon deswegen keine generalisierenden Schlussfolgerungen erlaubt. Erst recht nicht für den Städtebau und die Stadtplanung dieser Stadt, um die es aus Sicht des 11. September im folgenden gehen soll.

So musste auch die hektische, durch die Medien angeheizte Architekturdebatte über das „zu hohe" Hochhaus über kurz oder lang im Sande verlaufen und ist aktuell wieder da angekommen, wo sie in New York seit Beginn seiner vertikalen Dynamik stand, bei der Frage nach der Bodenrendite. Die Stadt ist zwei Jahre nach dieser in jeder Weise die Grundfesten der Stadt erschütternden Katastrophe dadurch auch wieder zu dem gezwungen, zu dem sie immer verdammt war: einen mehr oder weniger positiven Blick in die Zukunft. Denn eine Stadt wie New York kann ihrer eigenen ökonomischen Dynamik nicht entkommen, dazu ist diese zu fest in ihre politisches, und auch in ihr gebautes System verankert und in den Köpfen ihrer Bewohner als kollektives stadtkulturelles Selbstverständnis eingegraben.

Das heißt natürlich nicht, dass der 11. September letztlich spurlos an dieser Weltmetropole vorbei gegangen ist. Dafür war und ist das dadurch ausgelößte menschliche Leid einfach zu groß und der kollektive Angstzustand einfach zu intensiv gewesen. Wie sagte einst ein berühmter Gehirnforscher: „Der Mensch kann zwar seine Erinnerungen vergessen, aber die Erinnerungen vergessen ihn nicht". Selbst nach vielen Jahren wird denen, die den 11. September selbst erlebt haben beim Anblick der Lücke, die die beiden Türme des World Trade Center in der Skyline gerissen haben, oder aber auch beim Sichten dessen, was, ihnen baulich gefolgt ist, ja was sie vielleicht sogar bewusst ersetzen sollte, ihre eigenen ganz persönlichen Erinnerungen daran wieder überfallen. Ob sie das wollen oder nicht.

Angst ist allerdings im mehr oder weniger großem Ausmaß, vor allem im öffentlichen Raum dieser Stadt, ein fester Bestandteil des kollektiven und des individuellen Gefühlshaushaltes, den die meisten New Yorker alltäglich zu überwinden haben. Da aber das Verdrängen von Ängsten, vor allem wenn man ihre Ursachen als Einzelner nicht verändern kann, häufig der einzig gangbare Weg ist, mit ihnen umzugehen, ist auch dieser Vorgang ein fester Bestandteil der städtischen Psyche.

Natürlich haben die New Yorker nicht vergessen, dass nur wenige Jahre vor der Jahrtausendwende schon einmal islamische Terroristen per Dynamit beladenem Lastwagen das WTC von unten zu sprengen versuchten. Aber es blieb ihnen gar nichts anderes übrig, als diesen Tatbestand absichtlich aus ihrem Bewusstsein zu entfernen, wenn sie nicht zugleich die Entscheidung hätten fällen wollen, ihren Wohnort für immer zu verlassen. Sie haben es nach dem ersten Anschlag auf ihr Wahrzeichen nicht getan und sie taten es auch nach dem 11. September nicht. Die die kurzfristig gingen, waren ein paar Hundert und von denen ist die Mehrzahl wieder zurück gekommen. Es war kein geringerer als Woody Allen der dieses Phänomen in seine unnachahmlichen Art kurz nach der Katastrophe des 11. September auf den Begriff brachte in dem er den Journalisten sagte: „Eh sie mich aus meiner Stadt vertreiben, müssen sie schon eine Atombombe werfen, und damit hätte sich die Frage im nachhinein von selbst erledigt."

Aber selbst die massive materielle Stadtzerstörung war den New Yorkern vor dem 11. September nicht grundsätzlich fremd. Nicht nur, dass ein großer Teil der Gebäude, vor allem in Manhattan nur deswegen überhaupt entstehen konnte, weil ein anderes, meisten kleineres und vor allem niedrigeres abgerissen wurde. In den 70er Jahren des letzten Jahrhunderts begann eine Art von baulich-räumlicher Vernichtung, die in ihre Intensität und Ausbreitung – wenn auch über einige Jahre und in der Fläche viel mehr verteilt –, mit Ausnahme der vielen Toten in den Folgewirkungen dem 11. September kaum nachstand. Ganze Stadtviertel wurden verwüstet, über 100.000 Wohnungen in zigtausenden von Häusern gingen verloren. Ganze Straßenzüge sahen aus, als hätte ein feindlicher Luftangriff sie in Schutt und Asche gelegt. Dieser Angriff auf die Stadt kam allerdings von innen, war in gewisser Weise Teil der ökonomischen und sozialen Eigendynamik der Stadt, und insofern bleibt der 11. September auch aus dieser Perspektive ein bislang und wahrscheinlich auch in Zukunft einmaliges Ereignis.

Genau aus diesem Grunde hat er allerdings, rein ökonomisch gesehen, die Stadt auch weniger getroffen als die Täter sich wohlmöglich erhofft hatten. Nicht nur, dass neben der versicherungsrechtlich gesicherten finanziellen Wiedergutmachung auch noch eine sehr große Summe nationalen Geldes als materielle Hilfestellung in die Stadt geflossen ist. Entscheidender ist vielmehr der Umstand, dass durch den Anschlag zwar zig Tausende Arbeitsplätze im wahrsten Sinne des Wortes vernichtet wurden, aber nicht die damit verbunden Märkte, sprich der Bedarf nach ihnen und den dafür notwendigen Gebäuden. Auch städtebaulich wird man aus diesem Grunde New York schon in wenigen Jahren, zumindest auf den ersten Blick, die durch den Terrorangriff zugefügte Wunde nicht mehr ansehen.

Dies wird den kollektiven Verdrängungsmechanismus seiner Bewohner, sofern nicht ein weiterer ähnlicher Anschlag geschieht, in den nächsten Jahren erheblich erleichtern und verstärken. Das gleiche gilt, jetzt schon absehbar, aber auch für seine vielen Besucher, denn die Hotels waren zur Mitte des Jahres 2003 schon wieder zu durchschnittlich 80 % ausgelastet. Aber es ist nicht nur die Verdrängungsneigung, die den New Yorkern bei der Bewältigung dieses einmaligen Schocks helfen wird und sie würde in ihrer Zweischneidigkeit auch nicht dafür ausreichen. Hinzu kommt eine ebenso in die Soziokultur der Stadt tief eingegrabene quasinatürlicher Risikobereitschaft und ein damit verbundener unbändiger Überlebenswillen, den diese Stadt seit ihre Gründung von jedem verlangt, der sich ihr alltäglich und auf längere Zeit zu stellen wagt. Beide Eigenschaften lassen für die meisten ihrer Bewohner jede Bedrohung zugleich zur neuen Herausforderung werden, und sei es nur in dem Sinne, dass man sich, wenn man sie weder verhindern, geschweige denn noch länger verdrängen kann, zumindest nicht von ihr überwältigen lässt. Wenn man sich vor Augen führt, was ein totaler Stromausfall – wie kürzlich in New York geschehen – nach dem 11. September für individuelle und kollektive Retraumatisierungspotentiale eröffnet, und dann das schon mehr als gelassene Verhalten der Betroffenen beobachten konnte, weiß man wovon hier die Rede ist.

Dieser alltägliche Überlebenswille hat zu einer alltäglichen Solidarität geführt, die man dieser Bevölkerung auf den ersten Blick gar nicht zutraut, nicht zuletzt weil ihre Stadt von ihnen – zumindest aus europäischer Sicht, in ihrer alltäglichen Nutzung, aber auch in ihrem ökonomischen Grundsystem jede Menge an Ellebogenverhalten und Egoismus abverlangt. Diese Hilfsbereitschaft ist aus diesem Grunde allerdings auch mehr eine latente, denn eine manifeste. New Yorker unterstützen einander nur dann, wenn sie vom Erfolg dieser Unterstützung überzeugt sind oder wenn es gar keine Alternative dazu gibt, und das egal zu welcher Schicht oder zu welcher Ethnie sie gehören. Sie wägen pragmatisch ab, ob sie wirklich helfen können und/oder unausweichlich müssen. Dann allerdings tun sie es in der Mehrzahl sofort und mit voller Kraft. Die materielle und soziale Schadensbewältigung des 11. September war dafür ein schlagendes Beispiel in ganz großem, in gewisser Weise unvergleichlichen Maßstab. In viel kleinerem kann diese Hilfsbereitschaft jedoch, gerade im öffentlichen Raum dieser Metropole alltäglich beobachtet werden.

Um diesen pragmatischen und zugleich über alle Schichten hinweg solidarischen Umgang mit alltäglich krisenhaften Zuspitzungen und kollektiven Katastrophen allerdings richtig einschätzen zu können, muss man sich vor Augen führen, dass New York City von seiner Entstehungsgeschichte keine rein amerikanische Stadt ist, sondern ein europäisch-amerikanisches Amalgam und dass sie bis heute, wie kaum eine andere amerikanische Stadt der dauerhaften Einwanderung unterliegt.

Das europäisch-amerikanische Amalgam oder:
New York ist eine sozialliberale Stadt

Geschichtlich begründet liegt dies natürlich in der Zusammensetzung der ersten Einwanderergenerationen und in der Tatsache, dass bis heute die Europa-Amerikaner und unter ihnen insbesondere die jüdische Gemeinde einen großen politischen und kulturellen Einfluss in der Stadt haben. Das hat der Stadt insbesondere im 20. Jahrhundert eine für amerikanischer Verhältnisse geradezu sozialdemokratische Prägung gegeben, in der Liberalität mit sozialstaatlicher Orientierung verbunden wurde. New York ist bis heute eine der wenigen amerikanischen Grosstädte, die so etwas wie Mieterschutz, Sozialhilfe und Wohnungsbau für die unteren Einkommensschichten flächendeckend kennt und diese Errungenschaften von der politischen Führungsschicht als auch von der Bewohnerseite her mehrheitlich und grundsätzlich verteidigt. Gerade die farbige Bevölkerung der Stadt ist ja auch insbesondere darauf angewiesen und der Einfluss ihre politischen Führer, der zwar immer noch weit unterhalb des Anteils ihres faktischen Populationsanteils von gut 45 % liegt, nimmt in den letzten 20 Jahren langsam aber sicher zu.

Die spezielle europäisch-amerikanische Mixtur der Metropole ist aber auch direkt im Städtebau sichtbar. Nicht nur dass fast alle europäischen Architekturstile des 19. und 20. Jahrhunderts in der Stadt repräsentiert sind. Auch das Raster selbst ist, wenn man es zusammen mit seiner parzellenartigen Füllung und deren gestalterischer Individualität näher betrachtet, eine Mischung aus dem amerikanischen Pragmatismus der optimalen ökonomischen Nutzung und der vorrangig automobilen Erreichbarkeit einerseits sowie der europäischen Tradition der kompakten und kleinteiligen Stadt mit Blockstruktur und relativ klarer Aufteilung von öffentlichen und privaten Räumen andererseits. Sie ist obendrein nicht nur eine (amerikanische) Auto- sondern auch und vor allem in Manhattan eine (europäische) Fußgängerstadt par excellence, gestützt von einem öffentlichen Nahverkehr, um den sie selbst europäische Metropolen beneiden. Gerade Manhattan hat dadurch einen Grad an Urbanität erreicht, die, gestützt durch eine in den Untergeschossen der Hochhäuser erstaunlich kleinteilige und gesamtstädtisch eher dezentrale Versorgungsstruktur und kombiniert mit einem äußerst liberalen Ladenschlussgesetz, gerade für die europäischen Touristen von besonderer Anziehungskraft ist.

Ja das strenge Raster selbst ist durch eine auch de facto von den Europäern beeinflusste Platz- und Parkstruktur ergänzt und zum Teil regelrecht organisch aufgebrochen worden. „Rein" amerikanisch ist eigentliche nur die vertikale Ausprägung der Stadt als Hochhauslandschaft, die bis fast in die Mitte des 20. Jahrhunderts überhaupt noch keine gesetzliche Höhenbeschränkung kannte. Aber auch hier zeigt die seit neuestem wieder belebte Tradition des Set-Back-Hochhauses, die durch nach oben hin zurückspringende Aussenkanten und Fassaden für mehr Belichtung der Straßenschluchten und damit auch für eine besseres Mikro- und Mesoklima sorgen, die „mäßigenden" Elemente europäischer Stadtkalküle. Bei näherer Betrachtung spiegeln aber auch die Mezzanin- und Foyergeschosse sowie die fein ornamentierten Fassaden und Spitzen der frühen und wieder auch der postmodernen Wolkenkratzer das Bedürfnis nach (europäischer) gestalterischer Domestizierung der optimalen Flächen- und Höhenausbeute.

Im Kern jedoch und trotz aller Europäisierung ist das Gesamtwachstum der Stadt in Form und Inhalt ein ungebrochen amerikanisches und dessen Kriterien lauten nach wie vor und flächendeckend und nicht nur in New York: Speed and Volume!

Der zivilgesellschaftliche Einfluss der kontinuierlichen Einwanderung

Ebenso grundamerikanisch sind die zivilgesellschaftlichen Wirkungen dauerhafter Einwanderung. Genauer gesagt bestimmt die mit der Einwanderung unweigerlich verbundene grundsätzliche Risikobereitschaft und der daraus folgende unbändige Überlebenswille am neuen Lebensort das amerikanische an New York. Aus ihr erwuchs und erwächst täglich – gerade auf Grund ihrer strukturellen Benachteiligung – ein überdurchschnittlicher Grad an Selbstorganisation. Das gilt jedoch noch mehr für ihre religiösen Institutionen und deren Führer. Nicht nur dass sie in den ethnischen Gruppen selber über erheblichen sozialen, kulturellen und politischen Einfluss verfügen. Sie mischen sich vielmehr kontinuierlich in die Zielbildungsprozesse der Stadtentwicklung und des Städtebaus ein und verfügen z.T. über eigene Planungsorganisationen, die die Interessen ihrer Klientel schon im Vorfeld konkreter Maßnahmeplanung in die Entscheidungsprozesse einbringen.

Die Entwicklung bestimmter rein ethnischer und zugleich sehr verarmter Stadtteile, wie z.B. die vom gänzlich schwarzen Harlem, lassen sich überhaupt nicht ohne den Einfluß religiöser Institutionen und Führer erklären. Was hier die schwarze Kirche auch für den Wiederaufbau dieses Stadtteils getan hat, ist von unschätzbarem Wert, wobei ihr spezieller Einfluss auf die schwarzen Frauen oder genauer auf deren besondere Gläubigkeit auch schon in den Jahrzehnten des Niedergangs noch Schlimmeres verhindert hat. Die völlige Zerstörung der dortigen Sozial- und vor allem Familienstrukturen wurde vor allem durch ihre emotionale, geistige und in hohem Maße auch körperlichen Arbeit und die bei den meisten von ihnen dahinter stehenden religiösen Tugenden von Glaube, Liebe und Hoffnung aufgehalten. In Central Brooklyn wurde sogar ein Teil des Wohnungsneubauprogramms direkt und materiell von der schwarzen Kirche finanziert.

Der zivilgesellschaftliche Einfluss von privaten Stiftungen und Mäzenatentum

Ebenso zivilgesellschaftlich einflussreich in der New Yorker Stadtplanung sind private Stiftungen und das Mäzenatentum des Großkapitals. Diese Foundations und philantropischen Einzelpersonen kümmern sich neben anderen Thematiken nicht nur um allgemeine raumplanerische und städtebauliche Fragen sondern fühlen sich in besonderer Weise mit der baulichen und sozialen Entwicklung „ihrer" Stadt verbunden und setzen dieses Interesse häufig zusammen mit den in dieser Stadt immer noch sehr aktiven Intellektuellen aus Kunst, Architektur und Literatur auch öffentlich durch, oder zumindest in Szene. Dabei geht es nicht nur um den Erhalt von Landmarks und die Förderung von Verschönerungs- und Revitalisierungsmaßnahmen im öffentlichen Raum sondern auch um die Thematisierung von Verarmung, Aids, Drogenabhängigkeit und Obdachlosigkeit. Gerade im letzten Problembereich hat sich ein Bündnis der Betroffenenorganisationen der Homeless-people mit dem oben genannten zivilgesellschaftlichen Organisationsbereich der Oberschicht herausgebildet, der zumindest eine Zeit lang recht erfolgreich zusammen operierte. Sie war jedoch in Anbetracht des erneuten Durchmarsches der Dienstleistungsökonomie und des auch von den meisten New Yorkern geschätzten und von Giuliani systematisch vermarkteten „öffentlichen Sicherheitsgefühls" aber nicht mehr so erfolgreich wie in den 80er Jahren. Das ist nicht verwunderlich, denn an der tief in die New Yorker Geschichte eingegrabenen sozial-liberalen Seite der Stadtkultur und den aus ihr immer wieder geborenen Versuchen, zumindest bei ausreichendem Stadtsäckel eine nachhaltige und sozialverträglichere Heilung des immer wieder kehrenden Leides an und in dieser Metropole zu versuchen, sind die parallel verlaufenden gesellschaftlichen Gesamttendenzen der sich immer weiter polarisierenden amerikanischen Gesellschaft und der damit immer weiter gehende Abbau letzter sozialstaatlicher Sicherungen, nicht spurlos vorübergezogen.

Downtown-Manhattan und die regionalökonomische Antriebsrolle der CBDs

Diese oben genannten besonderen zivilgesellschaftlichen Rahmenbedingungen erklären zwar über die aktuelle Not und ihre Handlungszwänge hinaus, wieso New York die sozialorganisatorische und materielle Glanzleistungen der bisherigen Aufräumarbeiten am Ground Zero in so kurzer Zeit vollbringen konnte, den Wiederaufbaudruck erklären sie jedoch nicht. Dazu muss man sich vielmehr den besonderen Standort der Verwüstungen vergegenwärtigen, denn die Grundfläche des WTC war und ist einer der wichtigsten Areale in Down-Town-Manhattan und damit zentraler Teil eines der beiden Central Business Districts, die das pulsierende Doppelherz von New York City ausmachen. Downtown und Midtown sind nicht nur die ökonomischen Motoren der Metropole sondern bestimmen auch jenseits der unendlich vielen gebäudlichen Einzelausprägungen die städtebauliche Form der Stadt. Ihre beiden Hochhausgebirge prägen das Nah und das Fernbild der Skyline, die bei guter Sicht auch von den Landreisenden schon oder noch aus 100 Km! Entfernung zu orten ist. Ihre ökonomische Macht hat sich so relativ umstandslos in architektonische Dominanz übersetzt und zugleich Städtebaugeschichte geschrieben.

Wie zwei immer wieder unter Druck stehende Kessel haben die beiden CBD's durch und seit ihrer Entstehung abwechselnd und überlagernd Bewohner und Arbeitsplätze aus Manhattan und später auch aus New York City heraus- und immer weiter in das Umland gespült. Das eigentliche Stadtgebiet von New York City hielt noch 1920 gut 75 % aller Arbeitsplätze der gesamten Metropolitan Arrea, von denen wiederum der größte Teil in Manhattan konzentriert war. Selbst 1956 hatte dieser Stadtteil noch 40 % sprich zwei Fünftel aller Arbeitsplätze der gesamten Region auf sich vereinigt und das wiederum im wesentlichen in Downtown und Midtown. Kurz vor Beginn des zweiten Jahrtausends sind es „nur" noch 25 %. Betrachte man jedoch die absolute Menge der Arbeitsplätze so ist diese auf sage und schreibe fast drei Millionen Menschen angestiegen. War das Umland also der quotenmäßige Gewinner der Arbeitsplatz- und damit auch der Einwohnerentwicklung – was im übrigen auch dort zu neuen Downtowns und Bürohausclustern geführt hat – so hat New York City und vor allem Manhattan seine Zentrumsposition sowohl qualitativ als auch quantitativ nicht nur behalten sondern ausgebaut.

Dabei hat sich vor allem in den letzten 40 Jahren und massiv beschleunigt in den letzten 20 Jahren auch ein erheblicher Strukturwandel innerhalb der dortigen Arbeitsplätze vollzogen. Waren noch zu Beginn der Nachkriegsepoche fast alle Sektoren der Ökonomie, sprich das produzierende, das transportierende und das verteilende Gewerbe einschließlich der schon zu diesem Zeitpunkt überdurchschnittlich vorhandenen Dienstleister in Manhattan und den direkt angrenzenden Stadtgebieten vertreten, so drückte der unaufhaltsame Siegeszug des letzteren Sektors alle anderen mehr oder weniger aus dem Zentrum heraus.

Jetzt, zwei Jahre nach dem verheerenden Anschlag auf das World Trade Center zeigt sich diese Grundtendenz wieder deutlich an seiner Wiederaufbauplanung. Die verloren gegangenen 1.245.000 Quadratmeter Bürofläche sollen nicht nur wieder ganz neu entstehen sondern durch noch höhere Gebäude vermehrt werden. Es ist absehbar, dass der Architekt Daniel Liebeskind, durch sein Holocaustmuseum in Berlin weltberühmt geworden und Träger des ersten Preises für den Neubau, durch den dahinter stehenden Druck des Immobilienkapitals zu erheblichen Konzessionen gezwungen sein wird. Hinzu kommt die Jahrzehnte alte innerstädtische Standortkonkurrenz zwischen den beiden CBDs selbst. Während Midtown nicht nur rein räumlich größere Ausdehnungsmöglichkeiten hat, es verfügt obendrein noch über die Nähe zum Central Park und damit einen relativ großes Wohnungsangebot gehobener Qualität für das mittlere und obere Einkommensegment der vor allem im Banken-, Versicherungs- und Finanzwesen beschäftigten Mitarbeiter. Die geringeren Ausdehnungsmöglichkeiten der Gegenden um die Wallstreet war im übrigen der Hauptgrund dafür, dass das World-Trade-Center den bisherig gesetzten Höhenmaßstab so massiv durchbrechen und so auch zum neuen Wahrzeichen der ganzen Stadt werden konnte. Das in unmittelbarer Nähe gelegene und gut 15 Jahre später errichtete Spitzenwohngebiet Battery Park City sollte dazu den Nachteil der Nicht-Park-Lage endlich ausgleichen. Auch hier sind im übrigen die Mietpreise, die unmittelbar nach dem Hochhauscrash fast um die Hälfte gesunken waren, mittlerweile wieder auf die alte Höhe, ja sogar darüber hinaus angestiegen.

Aber nicht nur der ökonomische Baudruck sondern die Mehrheit der New Yorker verlangt danach eben nicht nur das Denkmal, die symbolische Erinnerung, sondern zugleich den eigenen Überlebenswillen zu demonstrieren. Nicht umsonst war schon kurz nach der Zerstörung der beiden Türme der fast trotzige massenhafte Wunsch aufgetaucht, sie genauso wieder aufzubauen. Erst in der Phase der ersten trauernden Verarbeitung ist diese spontane Idee einem stärkeren Denkmalkonzept gewichen, das auch zur Ablehnung der aller ersten in jeder Weise monströsen Wiederaufbauentwürfe der schnell herbeigerufenen oder sich selbst autorisierten weltweiten Architekturelite geführt hat. Jetzt, da zumindest für die nicht direkt Betroffenen auch die Trauerphase dem Ende zugeht, ist die Öffentlichkeit wieder bereit der angestammten und bewährten Wiederaufbau- und Verdrängungsstrategie zu folgen und dem Neuen mehr Platz zu geben als dem Erinnern.

Der besondere Umgang mit privatem Bodeneigentum und Kapital

Zugleich kommt etwas zum tragen, was das am meisten amerikanische an New York ist: der starke und bestimmende Einfluss des privaten Kapitals als solchem in der New Yorker Stadtplanung. Generell und traditionell ist die Kapitalmobilität in den USA sowieso schon größer als in Europa, wenn auch im Rahmen der Globalisierung entsprechende Tendenzen in der ersten Welt zunehmend Raum greifen. Sie wird auch durch die besondere Förderung des privaten Eigentums in der amerikanischen Verfassung, d.h. auch in der daraus abgeleiteten Boden- und Immobiliengesetzgebung traditionell unterstützt. Sie ist aber auch in der besonderen gesellschaftlichen Anerkennung der Person des Unternehmers und seiner individuellen Aufstiegsdynamik und Tatkraft zivlgesellschaftlich stark und alle Schichten übergreifend verankert. Hinzu kommt, das die Bodenertrags- und Veräußerungssteuer eine der wichtigsten Einnahmequellen der meisten amerikanischen Städte ist und diese sich damit dem ausschließlich am privaten Gewinn orientierten Umgang mit ihrem Boden grundsätzlich nur in Ausnahmefällen entgegen stemmen können. Das aber erst recht nicht in einer ständig wachsenden und sich verändernden Stadt wie New York City, mit der sich die überwiegende Zahl ihrer Bewohner gerade wegen dieser Eigenschaften – trotz aller Belastungen, die sie ihnen dabei immer wieder auferlegt – identifiziert. Im übrigen fordert diese Stadt auch – zumindest bis zum Anfang der siebziger Jahre – von der Kapitalseite im nationalen Vergleich weit überdurchschnittliche steuerlichen Abgaben.

In dieser gesamtgesellschaftlich begründeten und durch die spezifischen Entwicklungsdynamik der Stadt strukturell gefestigten Macht des spekulativen und/oder des investiven Geldes war deswegen immer nur ein Korrektiv gegenüber der Kapitalseite möglich: Die Von-Vorne-Herein-Kopplung gesetzlichen Verwaltungshandelns mit der konsensorientierten Verhandlung. Dieses Prinzip spiegelt sich auch in den Raumplanungsverfahren wieder, die in ihren Nutzungs-, Dichte- und Höhenfestlegungen von Anfang an Verhandlungsspielräume vorsehen oder offen halten. Diese wiederum sind jedoch zugleich auch Einfallstore für die jeweilige städtische Gegenmacht, die zivilgesellschaftlichen Einflussmöglichkeiten außerhalb und gegen das reine und vor allem private Profitabilitätskriterium. In diesem Rahmen haben sich bestimmte Problemlösungen sogar als üblich und normal eingebürgert, die zu Anfang vielleicht nur als Ausnahmeregelungen gedacht waren, wie z.B. die Möglichkeit, über die auch in New York formal festgelegten Geschossflächen hinaus zu bauen, wenn der Investor in den untere Etagen öffentliche oder zumindest öffentlich zugängliche Flächen schafft.

Mittlerweile werden jedoch komplette Infrastrukturmaßnahmen wie ganze U-Bahnhöfe oder zumindest ihre komplette Erneuerung privat finanziert, um im Gegengeschäft zugleich darüber die vorgeschriebenen Höhen des Bauwerks zu überschreiten. Auch andere eher sozial orientierte sogenannte Linkage-Geschäfte sind nicht selten. So wurde z.B. beim Bau der Battery Park City von den privaten Investoren für die dortigen Luxus- und Mittelschichtswohnungen Geld oder sogar Investitionsverpflichtungen in und für das Lower-Income-Housing Programm abgezweigt.

So ist auch beim Wiederaufbau auf der ehemaligen Fläche des World Trade Centers ein spezifisches Verhandlungsmarathon zu erwarten, denn zum einem sind die Grundstücke überwiegend im Besitz öffentlichen Institutionen, zum anderen aber ist ein Teil von ihnen und das drauf stehende World Trade Center an Larry A. Silverstein, einen privaten Immobilienmogul, verpachtet gewesen, der auf Grund der versicherungsrechtlichen Zahlungen und seinem eigenen Milliardenvermögen über das alles entscheidende Kapital für den Neubau verfügt. Er zahlte bislang an den Bodeneiner, New Yorks 1921 gegründete Port Authority, der auch die beiden Flughäfen der Stadt gehören, 130 Millionen Dollar pro Jahr an Pachtzins und verlangt bei Reduzierung der Neubaugeschossflächen eine entsprechende Reduzierung dieser Zahlungen. Die von der Port Authority gegründete Lower Manhatten Development Corporation (LMDC), die für die bisherigen und zukünftigen Planungen verantwortlich ist, will natürlich die alte Pachtsumme, ja wenn nicht eine höhere für die Port Authority herausschlagen und besteht deswegen ebenfalls auf eine optimale Büroflächenausbeute. Von städtischer Seite werden zusätzlich ein Hotel, weitere Kultureinrichtungen und vor allem mehr Wohnraum als bisher gefordert. Diese will die LMDC allerdings wenn möglich außerhalb der eigenen Flächen realisiert sehen.

Die Stadtkonkurrenz mit Jersey City

Hinzu kommt, das New Yorks Port Authority auch für die ehemaligen und noch in Betrieb befindlichen Hafengelände auf der anderen Seite des Hudsons, also im Bundesstaat New Jersey, genauer gesagt in den Städten New Jersey und Bayonne zuständig ist. Deswegen sitzt neben dem Gouverneur des Staates New York auch der Gouverneur des Staates New Jersey im Aufsichtsrat der Hafenbehörde.
Hinter diesem sitzen wiederum die Pächter und Eigner der Grundstücke, auf denen sich in Blickweite des ehemaligen WTC, gerade mal eine Fähren- bzw. Path-Train-Station entfernt auf der anderen Seite des Hudson Rivers, in den letzten 15 Boomjahren eine neue attraktive Skyline mit Büro- und Wohntürmen entwickelt hat.

Die Steuerbehörde dort verlangt obendrein schon seit vielen Jahren weniger Grundsteuern um weitere Arbeitsplätze von Manhattan wegzulocken und so kam den dortigen Immobilienhaien der Anschlag auf ihren Konkurrenten, bei aller menschlichen Tragik, rein ökonomisch natürlich zu pass, in dem ihre spekulativen Leerstände auf der anderen Seite des Flusses sofort besetzt und im Neubau befindliche stante pede ausgebucht waren.

Natürlich ist auch den Investoren in New Jersey am Wiederaufbau in Manhattan gelegen, nicht zuletzt weil der Anschlag auch die unter dem WTC gelegene gewaltige Untergrundbahnanlage und damit die direkte Bahnverbindung nach Downtown Manhattan zerstört hat. Mit der kürzlich vorgenommenen Einweihung des Neubaus dieser ehemals unterhalb des WTCs abgesiedelten Bahnhofs durch den neuen Bürgermeister Michael Bloomberg ist dieses Manko zwar wieder behoben. Den durch die Zerstörung der Bürogebäude und die absehbare Zeit des Wiederaufbaus gegönnten Zeitvorsprung allerdings wird man in New Jersey zu nutzen wissen. Sind doch dort, im Gegensatz zu Downtown Manhattan, noch ausreichend Ausdehnungsflächen frei.

So erhöht sich aber andererseits der Baudruck auf der Manhattan Seite weiter, denn jeder Monat Bauverzögerung bringt weitere Vorteile für den Standort um den Exchange Place. So ist es nicht verwunderlich das einer der erste neuen Bürogebäude am Rande von Ground Zero schon fast fertig gebaut ist, ehe überhaupt der Masterplan zum Gesamtgelände parlamentarisch beschlossene Sache ist. Ebenso überrascht es nicht, dass die eigentliche Denkmalfläche aus der Mitte des Grundstücks an den Rand verlegt werden soll, denn nur so lässt sich der weitere Neubau forcieren ohne dauernd auf den aktuellen Stand der Trauer- und Erinnerungsvorstellungen der Betroffenen Rücksicht nehmen zu müssen.

Deren Vorstellungen zu einem Mahnmal sind mittlerweile so vielfältig, dass die Stadtverwaltung auch hier einen ebenfalls weltweiten und unbeschränkten Wettbewerb ausgeschrieben hat. Die Resonanz übertraf alle Vorstellungen der Initiatoren, denn schon in kürzester Zeit waren mehr als 5.000 Einsendungen zu verzeichnen, was die weitere Vorgehensweise keineswegs vereinfachen und damit den Baubeginn zumindest des Mahnmals selbst weiter verzögern wird. So kommt die ökonomische Dynamik der Stadt immer mehr in Konflikt mit der Trauerarbeit, die für die, die beim Anschlag ihre Angehörigen und Freunde verloren haben, aus der Natur der Sache heraus viel mehr Zeit braucht, als es sich die Stadt als ganze erlauben kann.

Die Ungleichzeitigkeit und Gegenläufigkeit der Stadtentwicklung als Normalität

Diese Ungleichzeitigkeit, ja Gegenläufigkeit von sozialen und ökomischen Dynamiken ist jedoch ebenfalls ein fester Bestandteil des kollektiven Erfahrungsschatzes dieser Stadt und damit ein Teil ihrer Soziokultur. Während am Ground Zero immer noch, wenn auch zum Teil schon hoch kommerzialisierte Erinnerungsarbeit geleistet wird, findet gerade mal in 800 Meter Luftlinie davon entfernt mittlerweile wieder der Festivaltrubel am Pier 17 statt, und wer es selbst erlebt hat, kann darin weniger den Zynismus als den oben schon mehrfach erwähnten unbedingten Überlebenswillen dieser Stadt in Aktion sehen.

Aber auch innerhalb der Ökonomie der Stadt gab es immer schon die Gleichzeitigkeit von Wachsen und Schrumpfen, von Krisenzuspitzung und Boom. Sie fand natürlich nie unmittelbar auf dem gleichen Areal statt, aber die räumliche Entfernung zwischen negativer und positiver Dynamik war manchmal nicht mehr als ein Baublock und auch bei viel größerer Distanz blieb die Differenz für die Mehrheit immer als zu ein und der selben Stadt gehörig wahrnehmbar. Das damit verbunden systematische meiden ganzer Stadtbezirke – sofern man nicht selbst gezwungen war dort zu wohnen oder zu arbeiten – gehörte während der gesamten siebziger und achtziger Jahre des letzten Jahrhunderts zum Alltagskodex der Stadt und ging dabei weit über das in Metropolen dieser Art üblichen räumlichen Ausweichverhaltens hinaus. Der Besuch bestimmter Straßenzüge in der South-Bronx, in Central Brooklyn, in Harlem und in der Lower East Side bargen ernst zu nehmende tödliche Bedrohung auch für den zufälligen Passanten. Bystanderkilling, sprich unschuldiger Tod durch zufälliges Nahbeisein, wurde in dieser Zeit zum feststehenden Begriff. Aus der Sicht der sich beschießenden Banden, würde man heute von innerstädtischen „Colateralschäden" sprechen. Um diesen „Kriegszustand" und die Wirkung auf die Stadt und ihre Bewohner zu verstehen muss man allerdings tiefer in die Krisengeschichte der 70er Jahre eintauchen. Diese hatte ihre sozialräumlichen Voraussetzungen allerdings schon in den 50er und 60er Jahren entwickelt. Seit dieser Zeit fand eine verstärkt zunehmende Abwanderung vor allem der weißen aber auch der aufgestiegenden schwarzen Mittelschicht in die Stadtrandgebiete die sich durch die Wirtschaftskrise der 70er Jahre in den oben genannten Stadtteilen besonders beschleunigte und in den betroffenen Arealen eine fatale Eigendynamik der sozialen Deklassierung in Gang setzte.

Die zu dieser Zeit massiv zunehmende Arbeitslosigkeit auf Basis eines schon hohen Erwerbslosensockels in der noch verbliebenen schwarzen und der Latinobevölkerung bedeutete nämlich vor allem für eine ganze Generation jugendlicher Farbiger den Verlust jeder Aufstiegsperspektive, ja überhaupt jeder Arbeits-, und damit regulären Verdienstperspektive. Gleichzeitig wurde durch die zunehmende Arbeitslosigkeit ihrer Väter und Mütter, die ja zum großen Teil in den niedergehenden Branchen der Stadt beschäftigt waren, der familiäre Rückhalt geschwächt oder sogar gänzlich zerstört.

Die Krise der Siebziger Jahre als innerstädtischer Kriegszustand

Der Übergang zur materiellen Zerstörung ganzer Stadtviertel hat dabei zum einen mit der teilweise rigorosen Geldpolitik der New Yorker Banken aber auch mit den speziellen Grundsteuergesetzen der Stadt zu tun. Während die Banken im Interesse der Bodenspekulanten, wie schon häufig in der Stadtgeschichte, den absehbaren Niedergang bestimmter Stadtareale beschleunigten, indem sie sie nach gemeinsamer Absprache von jeglichen Krediten ausschlossen, in Fachkreisen „Redlining" genannt, weil solche Bezirke mit roter Farbe auf dafür vorgesehenen Karten umrandet wurden, versuchten Hausbesitzer, die z.B. auf Grund sinkender Mieteinnahmen keine Grundsteuern mehr zahlen konnten, dem dadurch programmierten Verlust ihrer Häuser an die öffentliche Hand durch Brandstiftung zu entgehen. Die damalige Steuergesetzgebung der Stadt sah nämlich vor, dass nach drei Jahren ohne Grundsteuerzahlungen das Haus automatisch ins Eigentum der Stadt überging. Da bot die vorherige und absichtliche Zerstörung des Hauses, zumindest wenn einem diese nicht nachgewiesen werden kann, zumindest den Gewinn einer Versicherungssumme. Brennende Häuser, zunehmendes Bandenunwesen der arbeits- und perspektivlosen Jugendlichen und eine allgemein sich verschlechternde ökonomische Lage hatte dann auch den Rest derer vertrieben, die noch in Arbeit und Brot standen.

Diese „Kriegszonen" der Stadt infiltrierten natürlich auch die umliegenden Gebiete, indem sie zu Drogenumschlagsplätzen und Kriminalitätsherden wurden, wobei gerade der flächendeckend zunehmende Straßenraub zum größten Teil selbst nichts anderes als Drogenbeschaffungskriminalität darstellte. Gleichzeitig wurden auf dem Höhepunkt der Krise, weil die Stadt faktisch bankrott war, auch bei der Polizei und der Feuerwehr massive Entlassungen vorgenommen. Die gleichzeitig aus der puren Not vorgenommen radikalen Einschnitte im städtischen Gesundheitswesen führten, nachdem die Obdachlosenzahlen schon durch die Verarmung und die Stadtzerstörung massiv angestiegen waren, obendrein zu einer neuen Welle ganz spezifischer Obdachlosigkeit, da eine große Zahl der stationär versorgten psychisch und geistig Kranken im wahrsten Sinne des Wortes auf die Straße gesetzt und sich dort selbst überlassen wurden. Sie boten zusammen mit den anderen Wohnungslosen wiederum ein neues riesiges Einfallstor für den Verkauf von Drogen.

Mitte der achziger Jahre verschärft sich das durch die Krise massiv zunehmende Drogenproblem ein weiteres Mal durch den neuen Billigstoff namens „Crack", was wiederum die in New York weit überdurchschnittlich ausgebreitete Aidsseuche vorantrieb. Damit wurde auch die Straßenkriminalität noch weiter verbreitet und für die Opfer gefährlicher, denn die Täter hatten sich selbst immer weniger unter psychischer Kontrolle und griffen immer häufiger auch dann zur Waffe, wenn dies aus der Situation gar nicht geboten war. Um diese weitere Verschärfung des innerstädtischen Krieges richtig zu verstehen, muss man eine weitere soziokulturelle Besonderheit New Yorks als amerikanische Stadt mit ins Erklärungskalkül ziehen: Den besonderen Zusammenhang der nationalen Waffen- und Drogenpolitik.

Die Mafia, die Drogen und der öffentliche Raum

Sie liegt zwar jenseits der Einflusses der New Yorker Stadtverwaltung steht aber seit vielen Jahrzehnten mit einer weiteren ihrer zivilgesellschaftlichen Besonderheiten in enger Verbindung: der lokalen Mafia. Die mit der italienischen und vor allem sizilianischen Cosa nostra immer noch verbundene und in der italienischen Gemeinde der Stadt tief verankerte Kriminellenorganisation, die lange Zeit auch die örtliche Gewerkschaftsbewegung unterwandert hatte, ist hier zu aller erst und in großem Maßstab ins Drogengeschäft eingestiegen und hat dieses von dort aus über das ganze Land verbreitet. Zugleich hat sie ein weltweites Zuliefersystem aufgebaut, dass in den USA vor allem aus Lateinamerika gespeist wird.

Diese Drogen wurden und werden zwar – mehr als in den gesamten USA – in New York auch von der Ober- und oberen Mittelschicht konsumiert. Der eigentliche lokale Massenmarkt lag jedoch – wie auch in den anderen Großstädten des Landes – immer in den farbigen Armutsstadtteilen und hat sich dort auch ständig vergrößert, bzw. wurde er dort von der Mafia durch ein diffiziles Unterverteilungs- und Abhängigkeitssystem systematisch ausgebaut. Allein die zahlenmäßige Größe der betreffenden New Yorker Stadtteile und die traditionell besonders schwierige soziale Lage vor allem der schwarzen Ghettos in Harlem und Brooklyn machten hier das Drogengeschäft besonders lukrativ. Zugleich förderte die Armut selbst den Aufbau des Dealerwesens, kann man doch auf Grund der horrenden Gewinnraten auch dem kleinsten Rädchen des Verteilersystems „Gehälter" bezahlen, die eine komplette Großfamilie ernähren und dem Dealer selbst ein Leben mit allen äußerliche Zeichen des Wohlstandes versehen. Ein Angebot, dem vor allem ansonsten chancenlose Jugendliche trotz der tödlichen Gefährlichkeit dieses Jobs nur schwer widerstehen können. Hebt er doch zugleich das für sie besonders wichtige Ansehen in ihrer Peergroup enorm. Selbst Eltern mit noch vorhandenem Verdienst und ansonsten großem Einfluss auf ihre Kinder sind hier machtlos. Erst recht die, die über beides nicht mehr verfügen. Sie unterstützen sogar häufig Wohl oder Übel die „Tätigkeit" ihres Sprößlings wenn er sie damit zugleich mit ernährt.

Die massive und in diesem Ausmaß bisher unbekannte bauliche und soziale Zerstörung von Teilen der Stadt in den 70er und Teilen der 80er Jahre, aber auch die daraus erwachsende Drogenkriminalität lässt sich nur unter Berücksichtigung dieses sozialen Mechanismus erklären. Aber auch die reine Armutskriminalität der vorrangig jugendlichen Täter hatte laut den diesbezüglichen sozialwissenschaftlichen Untersuchungen ihr erstes Übungs- und Erprobungsfeld in den niedergegangen und nur noch von der Sozialhilfe gespeisten Nachbarschaften und dehnte sich von da aus auf die ganze Stadt und damit auch auf Manhattan aus. Nicht zuletzt weil die dort konzentrierten Touristen nicht nur von der Menge sondern auch von ihrer Unerfahrenheit leichte und zugleich und in der Regel besser bestückte Beute waren und sind.

Die abgebrannten oder leerstehenden Häuser in den zerstörten Armutsgebieten der Stadt verschlimmerten aber die Situation in den Entstehungsgebieten des zunehmenden Straßenverbrechens, dienten sie doch häufig als erst von den Betroffenen und später auch in Fachkreisen so genannte „Shootgaleries", d.h. als auch von der Nachbarschaft nicht mehr kontrollierbarer Drogenverteilungs- und vor allem auch Einnahmeplätze. Zugleich führte der Kampf um den so vergrößerten und zugleich immer ungestörteren mikrolokalen Suchtmarkt zu immer wiederkehrenden und immer brutaleren Auseinandersetzungen unter verschiedenen Dealern und Dealergruppen. Da diese häufig auch mit den dort wachsenden Jugendgangs verbunden oder direkt als solche organisiert wurden, war in diesen Stadtteilen der öffentliche Raum überhaupt nicht mehr zu sichern. Das beschleunigte wiederum ihren weiteren Niedergang enorm.

Der zunehmende und durch die Drogen selbst beförderte Waffengebrauch führte durch die unzureichenden und zugleich in der New Frontier Kultur des Landes tief verwurzelten amerikanischen Waffengesetze diesbezügliche zu einer Aufrüstung der Gangs, die diese Quartiere im wahrsten Sinne des Wortes in den dauernden Kriegszustand versetzen. Selbst wenn die Polizei in dieser Zeit gewillt und zahlenmäßig in der Lage gewesen wäre, dort die öffentliche Ordnung wieder herzustellen, es wäre ihr im Angesicht der Bewaffnung und der äußersten Gewaltbereitschaft ihrer Kombattanten mit Sicherheit sehr schwer gefallen.

Giulianis „Zero Tolerance" als Folge des innerstädtischen Krieges

Gulianis „Zero Tolerance" Politik, mittlerweile weltweit nachgeahmt, war in Anbetracht der verfehlten nationalen Drogenpolitik und dem Zustand im öffentlichen Raum der Stadt zu Beginn seiner Amtsperiode nichts anderes als die einzige pragmatische Möglichkeit, auf städtischer Ebene zumindest Teilen der Bevölkerung im öffentlichen Raum wieder Sicherheit zu verschaffen. Auch die farbigen New Yorker dankten es ihm mit einer fulminanten Wiederwahl. Seine konservative rechtstaatliche Grundüberzeugung war es aber auch, die ihn, in den Jahren vor seiner Wahl zum Bürgermeister, als Generalstaatsanwalt im Gegensatz zu seinen liberaleren Vorgängern relativ erfolgreich und ohne Rücksicht der lokalen Mafia selbst an den Kragen gehen ließ. Auch dies war eine Voraussetzung seines Wahlerfolges als erster Republikaner im Bürgermeisteramt. Noch mehr jedoch war es der oben beschriebene Zustand des öffentlichen Raumes selbst, den er in seinen Law-and-Order-Wahlreden immer wieder thematisierte. Dabei war er jedoch nicht der Erfinder dieses „Wehret den Anfängen" Konzeptes. Entstanden ist es vielmehr in den Jahren vor seinem Amtsantritt bei der Führung der U-Bahnpolizei, dessen Chef dann, nachdem er dessen Effizienz quasi unter Tage nachgewiesen hatte, unter Giuliani zum Leiter der gesamten städtischen Ordnungskräfte aufstieg.

Das die unendlich verzweigten und in den achziger Jahren zunehmend verwahrlosten U-Bahnhöfe sowie das völlig herunter gekommenen Innere der U-Bahnwagen der Stadt der Ausgangspunkt der neuen Politik für den öffentlichen Raum waren, verwundert allerdings nicht. Hier schaukelte sich die strukturelle Unkontrollierbarkeit, das massiv verringerte Personal und die materielle Zerstörung des öffentlichen Raumes zum Bedrohungs- und Kriminalitätsherd Nr. 1 der Stadt auf. Die U-Bahnstationen und Wagen waren, nur noch ähnlich den städtischen Parks in der Dunkelheit, ein fast ganztägiger Angstraum für ihre Benutzer. Selbst zu Rushhour Zeiten, ja zum Teil gerade dann, kam es zu immer brutaleren Überfällen, wobei es sogar vor kam, das Passanten nur „zum Spass" aus dem Getümmel heraus von den meist jugendlichen Tätern vor die einfahrenden U-Bahn gestoßen wurden.

Die Aufstockung der Polizeikräfte um sage und schreibe 5.000 Cops gleich zu Beginn von Giulianis Amtszeit war da nur folgerichtig, wobei nicht unerwähnt bleiben darf, das damit rein zahlenmäßig nicht viel mehr als das Angleichen an die Zeit vor den radikalen Haushaltskürzungen geschehen war. Die Präsens der Polizei im öffentlichen Raum konnte unabhängig von dieser Tatsache damit allerdings erheblich erhöht werden. Gerade in den schwierigeren Stadtteilen wurden sie zusätzlich auf Fahrräder gesetzt um den gerade den äußerst ortskundigen und wieselschnellen jungen Straftätern in ihrer microlokalen Mobilität gewachsen zu sein.

Vom inneren zum äußeren Feind

Für Giuliani selbst war der innerstädtische Krieg jedoch weniger ein Ausdruck struktureller sozialer und ökonomischer Konflikte sondern eine extreme Verhaltensform bestimmter Leute, die es rigoros und direkt zu bekämpfen, bzw. deren Aktionen es von vorneherein zu verhindern galt. Gesetzesbrecher standen dabei letztlich auf der gleichen Ebene wie Obdachlose, Drogenabhängige oder Prostituierte, bzw. machte er die Letzteren dazu, in dem er für sie die Aufenthaltsregeln so verschärfte, dass sie z.B. durch das Übernachten auf einer Parkbank zur Kriminellen wurden. Sie alle waren für ihn Störer des städtischen Friedens den er zugleich und nicht zu Unrecht als zentrale Voraussetzung für das ökonomische Wohlergehen New Yorks ansah. In diesem Sinne konnte es für ihn letztlich auch keine Unterscheidung zwischen inneren und äußeren Feinden „seiner" Stadt geben.

Im Umgang mit kollektiven Ängsten erprobt, von tief puritanischen und konservativ-christlichen Überzeugungen geprägt, rigoros bis zur Selbstverleugnung in seiner Entscheidungsfähigkeit, war er so auch wie geschaffen zu einem der schillernden Helden des 11. Septembers zu werden, der mit unglaublicher Selbstdisziplin und Souveränität das Stadtschiff durch einen seiner dramatischten Stürme führte. Im Gegensatz zu seinen Vorgängern Ed Koch und David Dinkins war er aber auch von seiner Denktradition her in der Lage die Liberalität der Stadt für das höhere Ziel der Sicherheit einzuschränken. Dabei brauchte er in der Folge des Terroranschlages seinem bisherigen Ordnungs- und Kontrollverhalten keine wirklich neue Qualität sondern nur eine wesentlich größere Intensität und Reichweite geben. Die Sicherheit und Ordnung dieser Stadt war nun von innen wie von außen gefährdet und erforderte diesbezüglich ein noch striktere und härtere Führung. Das diese Politik dabei aber auch seiner autoritären Persönlichkeit und seinem an den Sekundärtugenden geschulten Charakter entsprach, verwundert in diesem Zusammenhang natürlich nicht und war in Anbetracht der realen Ereignisse wahrscheinlich sogar ein Vorteil für die gesamte Stadt.

Eine Politik, die sein Nachfolger im übrigen bis heute konsequent weiter führt und damit zur Zeit nicht nur im nationalen Trend liegt sondern auch auf die Zustimmung der Mehrheit der New Yorker rechnen kann. Das heißt jedoch noch lange nicht, dass das soziokulturelle Pendel nicht über kurz oder lang in dieser Stadt wieder in die gegenteilige ihr eher angestammte Richtung aus- oder besser zurückschlägt. Erst recht nicht, wenn dadurch ihr ökonomische und soziale Dynamik nicht eingeschränkt sondern eher gefördert wird.

Zu den Autorinnen und Autoren

Gerd Albers, Dr.-Ing., Dr.-Ing. e.h., em. Professor für Städtebau und Regionalplanung an der TU München. Hauptarbeitsgebiete: Stadtentwicklungsplanung, theoretische Planungsgrundlagen, Stadtplanungsgeschichte des 19. und 20. Jahrhunderts.

Gerhard Fehl, Dr.-Ing., MCD (Master of Civic Design); geb. 1934, Studium der Architektur in Stuttgart und Karlsruhe, Studium der Stadtplanung in Liverpool (UK) und Harvard (USA). ab 1971 Professor für Planungstheorie an der RWTH Aachen, seit 1996 emeritiert. Forschungsschwerpunkt: Geschichte der Stadtplanung, des Städtebaus und der Urbanisierung unter dem Aspekt der „Produktion von Stadt".

Gerd Held, Dr. rer. pol., Privatdozent; geb. 1951, Ausbildung und Berufstätigkeit als Maschineneinrichter, Studium der Sozialwissenschaften (Diplom) in Hannover, 1985-1993 Studium und Forschungstätigkeit in Paris und Valencia/Spanien, seit 1993 wissenschaftlicher Mitarbeiter am Fachgebiet geographische Grundlagen und Raumplanung in Entwicklungsländern an der Fakultät Raumplanung, Universität Dortmund, 1998 Promotion, 2003 Habilitation, Arbeitsschwerpunkte: Theorien und Modelle der Raumentwicklung; Neue Formen der Erwerbstätigkeit und Stadtentwicklung; Regionalentwicklung im westlichen Mittelmeerraum; Gemeingüter und Politikentwicklung.

Gerd Hennings, Univ.-Prof. Dr. rer. pol.; geb. 1941, von 1969 bis 1975 Studium der Volkswirtschaftslehre in Münster. Wissenschaftlicher Mitarbeiter am Institut für Siedlungs- und Wohnungswesen der Universität Münster, 1975-1981 Akademischer Oberrat am Fachgebiet Volkswirtschaftslehre, insbesondere Raumwirtschaftspolitik an der Fakultät Raumplanung, seit 1981 Professor für Gewerbeplanung an der Fakultät Raumplanung. Forschungsschwerpunkte: Büromärkte, Büroimmobilien, Bürostandorte, Wiedernutzung von Industrie- und Gewerbegebieten, Gewerbeflächenpolitik und Gewerbeflächenbedarf, Künstliche Erlebniszentren.

Birgit Kasper, Dipl.-Ing. Dipl.-Verw.; geb. 1967, Studium der Stadtentwicklungsplanung in Kassel, freiberufliche Tätigkeit in Planungsbüros in Frankfurt und Heidelberg, Oktober 1999-März 2001 Forschungsaufenthalt in Chicago, seit 2001 wissenschaftliche Mitarbeiterin am Fachgebiet Verkehrswesen und Verkehrsplanung der Fakultät Raumplanung an der Universität Dortmund. Aktuelle Arbeitsschwerpunkte: Integrierte Stadtentwicklungsplanung, Mobilität und Gesundheit älterer Menschen, qualitative Mobilitätsforschung.

Harald Kegler, Dr.-Ing.; geb. 1957, Stadt- und Regionalplaner, Studium Architektur und Stadtplanung an der Hochschule für Architektur und Bauwesen Weimar (Bauhaus-Universität), Planungs- und Forschungstätigkeit am Bauhaus Dessau (1987-1999), Planungsprojekte für die Korrespondenzregion zur EXPO 2000, seit 2000 Inhaber des Büros Labor für Regionalplanung, Lutherstadt Wittenberg/Dessau, Gastprofessor an der Universität Miami/Florida, School of Architecture

Klaus R. Kunzmann, Univ.-Prof. Dr. techn. Dipl.Ing. HonD Litt (Newcastle), HonMRTPI; geb.1942, Studium der Architektur und des Städtebaus an der TU München. Wiss. Assistent, Technische Universität Wien. 1974-1993 Leiter des Instituts für Raumplanung, Universität Dortmund. Seit 1993 Jean Monnet Professor für Europäische Raumplanung und seit 1999 Honorary Professor an der University of Cardiff, Wales. Gastprofessor u.a. am Institut Français d'Urbanisme (Paris, Val-de Marne), an der UCLA (Los Angeles), am MIT (Cambridge) und an der University of Pennsylvania (Philadelphia). Gründungspräsident AESOP 1988-1991; Mitglied des Conseil Scientifique de la DATAR, Paris (1998-2003). Aktuelle Arbeitsschwerpunkte: Europäische Raumentwicklung und Stadtpolitik; Raumplanung in alten Industrieregionen; Kultur und Raumentwicklung; Lernende Stadtregion.

Ursula von Petz, Dr.-Ing., Prof.; Architektur- und Städtebau-Studium an der TH/TU München. Tätigkeit in Architektur- und Planungsbüros in München, London (GLC) und Berlin. 1972-74 Forschungsaufenthalt in Rom. Seit 1975 als wiss. Mitarbeiterin/Akad. Rätin am Institut für Raumplanung der Universität Dortmund. Schriftleitung der „Dortmunder Beiträge zur Raumplanung". 1983/84 Gastdozentur an der Architektur Universität Venedig (I.U.A.V.), 1997-2001 Vertretungsprofessur Lehrstuhl Planungstheorie und Stadtplanung der Architekturfakultät der RWTH Aachen. Forschungsschwerpunkte: Planungsgeschichte, Stadtentwicklung, Stadtplanung, Stadterneuerung.

Frank Pflüger, Dr.-Ing.; geb. 1962, Wissenschaftlicher Oberingenieur, Studium der Raum- und Umweltplanung an der TU Kaiserslautern, Studium der Architektur (Studienschwerpunkt Städtebau) an der RWTH Aachen, Studium der Stadtplanung an der Universität Venedig, 1991 freier Mitarbeiter am Bauhaus Dessau, 1991-1997 angestellt beim Büro für Kommunal- und Regionalplanung, Aachen, seit 1996 wissenschaftlicher Mitarbeiter am Lehrstuhl für Planungstheorie und Stadtplanung der RWTH Aachen, seit 1998 Arbeitsgemeinschaft mit dem Planungsbüro Heinz und Jahnen, Aachen, Arbeits- und Forschungsschwerpunkte: Städtebauliche Planung, Stadtentwicklung und Neue Medien.

Dirk Schubert, Dr.-Ing., Privatdozent; geb. 1947, Studium der Architektur und Soziologie, Wiss. Mitarbeiter FU Berlin, 1981 Promotion, Akad. Oberrat an der TU Hamburg-Harburg, 1994 Habilitation, Arbeitsschwerpunkte: Stadtbaugeschichte, Stadterneuerung, Wohnungswesen und Revitalisierung von Hafen- und Uferzonen.

Arnold Voß, Dr. rer. pol.; geb. 1949, Studium der Raumplanung an der Universität Dortmund, Studium der Pädagogik, Lehre und Forschung an der TU Berlin, der TU Aachen und der Columbia University New York City in den Bereichen Stadtplanung, Städtebau und Stadtentwicklung, Berater und Gutachter für Politik/ Verwaltung, Bürgerinitiativen und private Investoren, zur Zeit Lehrbeauftragter im Aufgabenbereich einer C3-Professur am Fachbereich Landschaftsarchitektur der Universität GH Essen für das Fach „Planungsbezogene Soziologie", Arbeitsschwerpunkte: Städtebau und Stadtentwicklung, insbesondere New York City und das Ruhrgebiet, Inhaber des Planungsbüros „Office for the Art of Planning - OfAP"

Michael Wegener, Prof. Dr.-Ing.; geb. 1938, Studium der Architektur/Stadtplanung in Berlin, 1999-2003 Geschäftsführender Leiter des Instituts für Raumplanung der Universität Dortmund, seit 2003 Partner, Spiekermann & Wegener Stadt- und Regionalforschung, Dortmund. Forschungsinteressen: Raumentwicklungs- und Planungstheorie, insbesondere Siedlungsentwicklung und Verkehr, europäische Raumentwicklung, Theorien des Planungsprozesses und mathematische Modelle und Informationssysteme in der Raumplanung.

Christiane Ziegler-Hennings, Dr.-Ing., Studium der Landschaftsplanung an der Technischen Universität München, nach dem Studium arbeitete sie drei Jahre in freien Planungsbüros. seit 1978 wissenschaftliche Mitarbeiterin am Fachgebiet Landschaftsökologie/Landschaftsplanung der Fakultät Raumplanung, Universität Dortmund, 2000 Promotion, seit 1986 Gastdozentin an der Michigan State University/USA, 1995 Ernennung zum Ajunct Professor (apl. Professor) Michigan State University, Partnerschaftsbeauftragte der Kooperation mit dem Urban/Regional Planning Program der Michigan State University, Arbeitsschwerpunkte: Stadtökologie und Freiraumplanung, Planungsprojekte in Zusammenarbeit mit Stadtplanern.

Dortmunder Beiträge zur Raumplanung

BLAUE REIHE

115
Rolf Moeckel, Frank Osterhage
Stadt-Umland-Wanderung und Finanzkrise der Städte
Ein Modell zur Simulation der Wohnstandortwahl un d der fiskalischen Auswirkungen
2003, 220 S., € 18.50 (incl. Programm-CD)
ISBN 3-88211-144-5

114
Gerold Caesperlein, Katrin Gliemann
Drehscheibe Borsigplatz
Ein Einwanderungsstadtteil im Spiegel der Lebensgeschichten alteingesessener Bewohner
2003, 292 S., € 24.–
ISBN 3-88211-139-9

113
Martina Werheit
Monitoring einer nachhaltigen Stadtentwicklung
2002, 213 S., € 17.–
ISBN 3-88211-140-2

112
Micha Fedrowitz, Ludger Gailing
Zusammen wohnen
Gemeinschaftliche Wohnprojekte als Strategie sozialer und ökologischer Stadtentwicklung
2003, 143 S., € 14,–
ISBN 3-88211-141-0

111
Klaus R. Kunzmann
Reflexionen über die Zukunft des Raumes
2003, 272 S., € 26,–
ISBN 3-88211-138-0

110
Marion Klemme
Kommunale Kooperation und nachhaltige Entwicklung
2002, 206 S., € 16.–
ISBN 3-88211-135-6

109
Jörg Borghardt, Lutz Meltzer, Stefanie Roeder, Wolfgang Scholz, Anke Wüstenberg (Hg.)
ReiseRäume
2002, 372 S., € 26.–
ISBN 3-88211-132-1

108
Stefan Siedentop
Kumulative Wirkungen in der UVP
Grundlagen, Methoden, Fallbeispiele
2002, 278 S., € 23.–
ISBN 3-88211-136-4

107
Anne Haars
Kommunale Quartiersentwicklung in den Niederlanden
Konzept und Umsetzung des Stedelijk Beheer
2001, 128 S., € 13.–
ISBN 3-88211-130-5

106
Sabine Thabe (Hg.)
Raum und Sicherheit
2001, 255 S., € 22.–
ISBN 3-88211-129-1

105
Monika Teigel
Bodenordnung für Ausgleichsflächen
Die Umlegung als Mittel zur Durchsetzung des naturschutzrechtlichen Verursacherprinzips
2000, 215 S., € 17.–
ISBN 3-88211-128-3

104
Christine Grüger
Nachhaltige Raumentwicklung und Gender Planning
2000, 201 S., € 16.–
ISBN 3-88211-127-5

103
Antonio Longo, Ursula von Petz, Petra Potz, Klaus Selle (Hg.)
Spazi Aperti - Offene Räume
Freiraumplanung in Italien und Deutschland
2001, 339 S., €25.–
ISBN 3-88211-126-7

102
Julia Dettmer, Stefan Kreutz
Neue Partner fürs Quartier - Planungspartnerschaften in der englischen Quartierserneuerung
2001, 276 S., € 23.–
ISBN 3-88211-124-0

101
Hermann Bömer
Ruhrgebietspolitik in der Krise
Kontroverse Konzepte aus Wirtschaft, Politik, Wissenschaft und Verbänden
2000, 281 S., € 23.–
ISBN 3-88211-123-2

100
Irene Kistella, Detlef Kurth, Maria T. Wagener (Hg.)
Städtebau ... dem Ort, der Zeit, den Menschen verpflichtet
2000, 306 S., € 24.–
ISBN 3-88211-122-4

99
Detlef Kurth, Rudolf Scheuvens, Peter Zlonicky (Hg.)
Laboratorium Emscher Park - *Städtebauliches Kolloquium zur Zukunft des Ruhrgebietes*
1999, 175 S., € 15.–
ISBN 3-88211-120-8

98
Sabine Thabe (Hg.)
Räume der Identität - Identität der Räume
1999, 237 S., € 17.–
ISBN 3-88211-119-4

97
Jeannette Schelte
Räumlich-struktureller Wandel in Innenstädten
Moderne Entwicklungsansätze für ehemalige Gewerbe- und Verkehrsflächen
1999, 207 S., € 16.–
ISBN 3-88211-118-6

96
Jörn Birkmann, Heike Koitka, Volker Kreibich, Roger Lienenkamp
Indikatoren für eine nachhaltige Raumentwicklung
1999, 173 S., € 14.–
ISBN 3-88211-117-8

95
Jürgen Brunsing, Michael Frehn (Hg.)
Stadt der kurzen Wege
Zukunftsfähiges Leitbild oder planerische Utopie?
1999, 139 S., € 12.–
ISBN 3-88211-116-X

94
Seungil Lee
Umweltverträgliche Stadtentwicklung für Kwangju
2001, 196 S., € 18.–
ISBN 3-88211-115-1

93
Roger Lienenkamp
Internationale Wanderungen im 21. Jahrhundert
Migrationen auf der Basis von Fuzzy Logic
1999, 220 S., € 16.–
ISBN 3-88211-114-3

92
Ruth May
Planstadt Stalinstadt
Ein Grundriß der frühen DDR
1999, 471 S., € 34.–
ISBN 3-88211-113-5

91
Stefan Lehmkühler
Computergestützte Visualisierungstechniken in der Stadtplanung
1999, 160 S., € 13.–
ISBN 3-88211-111-9

90
Peter Schaal
Bodenschutz in der Stadtplanung
1999, 258 S., € 19.–
ISBN 3-88211-110-0

89
Klaus M. Schmals (Hg.)
Was ist Raumplanung?
1999, 348 S., € 24.–
ISBN 3-88211-109-7

88
Heike Schiewer
Stadtplanung in einer multikulturellen Gesellschaft *(Toronto/Kanada)*
1999, 129 S., € 12.–
ISBN 3-88211-108-9

VERKEHR

V2
Eckhart Heinrichs
Lärmminderungsplanung in Deutschland
Evaluation eines kommunalen Planungsverfahrens
2002, 181 S., € 15.–
ISBN 3-88211-137-2

V1
Anka Derichs
Nahverkehrspläne im Zeichen der Liberalisierung
2001, 80 S., € 8.–
ISBN 3-88211-134-8

PROJEKTE

P/24
Räumliche Szenarien für die Ruhrstadt 2030
2003, 172 S., € 14.–
ISBN 3-88211-143-7

P/23
Universitätsstadt Barop
2003, 99 S., € 12.–
ISBN 3-88211-142-9

P/22
Berlin – Ansätze zur Lösung der Finanz- und Planungskrise
Telekommunikation als Chance für neue Lebensstile und Arbeitsformen
2001, 151 S., € 14.–

Herausgeber: *Institut für Raumplanung, Fakultät Raumplanung, Universität Dortmund, August-Schmidt-Str. 6, 44227 Dortmund*
Tel.: 0231/755-2215, Fax: 0231/755-4788
e-mail: doku@irpud.rp.uni-dortmund.de

Vertrieb (i.A.v. Informationskreis für Raumplanung e.V.): *Dortmunder Vertrieb für Bau- und Planungsliteratur Gutenbergstraße 59, 44139 Dortmund*

Bestellungen an den Vertrieb per Post oder:
Tel.: 0231/146 565, Fax: 0231/147 465
e-mail: info@dortmunder-vertrieb.de

Weitere Informationen im Internet :
http://irpud.raumplanung.uni-dortmund.de/irpud/pub1.htm

€ 24,00